Y diwydiant Chwareli yng Nghymru - hanes

Quarrying industry in Wales - a history

To David Willie – had he lived,
he would have contributed
greatly to this project

To Carole for her patience

To all those working in the
industry, past and present

• • • • • • • • • • • •

I David Willie – pe byddai wedi
cael byw, byddai wedi cyfrannu
llawer i'r prosiect hwn

I Carole am ei hamynedd

I bawb sydd ac a fu'n gweithio
yn y diwydiant, ddoe a heddiw

Quarrying industry in Wales – a history*

Y diwydiant Chwareli yng Nghymru – hanes*

Ian A Thomas
National Stone Centre
Y Ganolfan Gerrig Genedlaethol

**Excluding slate*
**ac eithirio llechi*

Publisher: the National Stone Centre,
Porter Lane, Wirksworth, Derbyshire DE4 4LS

www.nationalstonececntre.org.uk

Design & layout: Steven Chadburn
and Ian Thomas (NSC)

Translator: Wil Roberts (Inc Cyfieithu
Translations, Delfryn Ala Road, Pwllhelli,
Gwynedd, LL53 5BL)

ISBN 9781871827385

Printed in Wales by Gawsg Gomer,
Llandysul, Ceredigion SA4 44JL

This project was largely funded by the Aggregate Levy Fund for Wales. Substantial voluntary and other input was made by the National Stone Centre. The work also relied heavily on contributions from a considerable number of organisations and individuals, which are gratefully acknowledged and recorded in Appendix 6.

Cyhoeddwr: the National Stone Centre,
Porter Lane, Wirksworth, Swydd Derby DE4 4LS

www.nationalstonecentre.org.uk

Dyluniad a gosodiad: gan Steve Chadburn
ac Ian Thomas (NSC)

Cyfieithiad: Wil Roberts (Inc Cyfieithu Cyf,
01758 604977, sue@inc-cyf.com,
www.english-welsh.com)

ISBN 9781871827385

Argraffwyd yng Nghymru gan Wasg Gomer,
Llandysul, Ceredigion SA4 44JL

Ariannwyd y prosiect hwn yn bennaf gan Gronfa'r Ardoll Agregau Cymru. Daeth llawer iawn o fewnbwn, gwirfoddol ac fel arall, gan y National Stone Centre. Mae'r gwaith wedi dibynnu llawer iawn hefyd ar gyfraniadau oddi wrth lawer iawn o sefydliadau ac unigolion, cydnabyddir a chofnodir hyn yn ddiolchgar yn Atodiad 6.

Ariennir gan
Lywodraeth Cymru
Funded by
Welsh Government

Forenote | Rhagair

Trevor Thomas was writing the forward to his ground-breaking book, 'the Mineral Wealth of Wales and its Exploitation' almost exactly 50 years to the day, before his direct professional successors in government were considering the application to fund the present project. His task was broader in the range of minerals covered, but he confined himself largely to a snapshot of the mainly expansionist period of the fifties. The remit here is deeper in its time perspective, but narrower in mineral scope. Having briefly served on the same committees as Trevor, I feel our content would have fascinated him, but doubtless with his encyclopaedic knowledge, he would have gently corrected and questioned our text in places!

This account is intended to stimulate interest in our quarry heritage. The coverage is representative rather than comprehensive, but is only the tip of a very large iceberg. It very much reflects the availability of information and past research – for example the contrast between the tremendous volume of existing work on the industry in North Wales and the paucity of material on quarries in the South Wales Coalfield (where colliery history rightly dominates) is stark; the latter certainly deserves further investigation. On the other hand, in retrospect, the section on North East Wales, should probably have been divided in two.

In addition to the significant support from the Aggregates Levy Fund for Wales administered by the Welsh Government, the research benefitted substantially from material provided by a large number of sources which are gratefully acknowledged in Appendix 6.

Roedd Trevor Thomas yn ysgrifennu'r rhagair i'w lyfr blaengar, "The Mineral Wealth of Wales and its Exploitation' bron iawn 50 mlynedd union i'r diwrnod pan oedd ei ddilynwyr proffesiynol uniongyrchol yn y llywodraeth yn ystyried y cais i ariannu'r prosiect hwn. Roedd ei dasg yn ehangach o ran yr amrywiaeth o fwynau oedd yn cael eu trafod, ond mae'n cyfyngu ei hunan yn bennaf i giplun o gyfnod, yn y pumdegau yn bennaf, pan oedd y gwaith yn ehangu. Mae'n maes ni'n ddyfnach o ran ei gyfnod, ond yn trafod amrywiaeth gulach o fwynau. Ar ôl gwasanaethu am ychydig ar yr un pwyllgorau â Trevor, rwy'n siŵr y byddai'r cynnwys yn ei swyno, ond, heb os, gyda'i wybodaeth eang, byddai wedi cywiro'r testun yn dyner ac wedi codi ychydig o amheuon ynghylch rhai agweddau!

Bwriad yr hanes hwn yw ennyn diddordeb yn nhreftadaeth ein chwaeli. Pigion yn hytrach na hanes cynhwysfawr sydd yma, a dim ond ychydig ar gwr y llen y mae'n ei godi. Mae wedi dibynnu ar faint o wybodaeth sydd ar gael ac ar faint o ymchwil a wnaed yn y gorffennol – mae gwahaniaeth enfawr rhwng y domen o waith sydd wedi'i wneud ar y diwydiant yng ngogledd Cymru a'r prinder enbyd o ddefnyddiau sydd yna ar chwareli ym maes glo'r de (lle mae hanes y glofeydd, yn bridodol iawn, wedi denu mwy o sylw). Yn bendant, mae angen rhagor o waith yma. Ar y llaw arall, o edrych yn ôl, efallai y dylai'r adran ar Ogledd-orllewin Cymru fod wedi'i rhannu'n ddwy.

Ar ben y gefnogaeth sylweddol gan Gronfa Ardoll Agregau Cymru, sy'n cael ei gweinyddu gan Lywodraeth Cymru, maenteisiodd yr ymchwil lawer iawn ar ddefnyddiau o lawer iawn o ffynonellau sy'n cael eu cydnabod yn ddiolchgar yn Atodiad 6.

Ian A Thomas 2014

©Gale Bale/Cath Wright (Ardenal.co.uk)

Health and Safety Caution

Although Britain's quarry industry now has probably the best safety record in the World, quarries are certainly not places for play, fooling around or even informal recreation.

Rock faces can often be capped by loose, weathered material, which can suddenly give way, especially after heavy rain or when frozen ground thaws.

The tops of faces can sometimes be hidden by vegetation or tipped material.

Flooded workings may look enticing for a swim in hot weather, but cold zones, depth of water, rock ridges and hidden underwater obstacles such as wire, netting, machinery, buildings, can prove severe hazards, even for experienced divers.

Abandoned buildings can also have significant risks – such as rotting or rusty walkways, ladders etc, unsafe roofs, asbestos, chemicals, electrical gear which might have been tampered with, rat infestation which can spread disease.

For many reasons active quarries can be just as dangerous, but visits (which have to be supervised) can often be arranged either directly with a quarry manager or though the main trade federations (see list in Appendix 1).

Rhybudd Iechyd a Diogelwch

Er bod y diwydiant chwareli ym Mhrydain, erbyn hyn, mae'n debyg, gyda'r mwyaf diogel yn y byd, yn sicr nid mannau i chwarae, na chwarae'n wirion, na hyd yn oed hamddena ynddyn nhw, yw chwareli -

- gall wyneb y graig gael ei chuddio gan ddeunydd rhydd sy'n chwalu'n hawdd, yn enwedig ar ôl glaw trwm neu rew caled.

- gall pennau wynebau'r creigiau gael eu cuddio gan lystyfiant neu rwbel.

- gall pyllau chwarel edrych yn lle braf i nofio mewn tywydd poeth, ond mae mannau oer, dyfnder y dŵr, creigiau a phethau cudd o dan y dŵr, megis hen wifrau, rhwydi a pheiriannau a hyd yn oed adeiladau, yn gallu bod yn berygl bywyd, hyd yn oed i blymwyr profiadol.

- gall hen adeiladau wedi gadael fod yn hynod beryglus – rhodfeydd ac ysgolion a'u tebyg wedi pydru neu rydu, toeau peryglus, asbestos, cemegolion, offer trydanol heb fod yn gweithio'n iawn, pla o lygod mawr sy'n gallu heintio.

Am nifer o resymau, gall chwareli sy'n gweithio fod yr un mor beryglus, ond gellir, yn aml, drefnu ymweliadau (sy'n rhaid bod o dan arolygaeth) un ai'n uniongyrchol â rheolwr y chwarel neu drwy'r prif ffederasiynau masnach (gweler y rhestr yn yr Atodiad 1).

Contents | Cynnwys

Introduction | Cyflwyniad

Area Sections | Adrannau Ardal

Appendices | Atodiadau

Introduction

There is an old joke that if Wales was flattened out, it would be the twice as big as England. These uplands are formed of resistant rock and here we are covering its extraction for use. We also describe sand and gravel, ie naturally crushed rock.

This account summarises the development of the 'stone' industry and its trade in Wales from earliest times, but it can only describe the 'tip of the iceberg'. A full analysis would have taken many more years to complete. It is therefore intended as a general framework for further research. It concentrates particularly on commercial activity over the last two centuries. Almost invariably each section begins with uses as a building stone as the initial stage in development of the diverse industry of today, with its multiplicity of other uses, notably as aggregates and in manufacturing industry. Slate is specifically excluded as it is beyond the scope of the funding relating to the Aggregates Levy. Also, like coal, it is reported so extensively elsewhere, that some have jested rather cruelly, that the literature exceeds the volume of mineral extracted. Indeed we cannot hope to match for example the meticulous research conducted into the slate industry, notably that by Richards (eg 1991, 1995*). Other sections of the industry, are largely outside the present brief – the main example being building stone and which now numbers far less than 0.002% of output (see also *Lott 2002*). It is only covered in passing and in any case, is actively being researched by the Welsh Stone Forum and an atlas of building stone is being prepared (*www.museumwales.ac.uk*).

Coal, iron, steel and slate are the key commodities which most people probably associate with Wales and these have certainly had a profound historical influence. But in terms of tonnage, since 1945, these goods now pale into the distance when compared with that everyday, taken-for-granted material, stone *(Graphs 1 & 2)*. It is therefore perhaps surprising that so little has been written about the contribution made by stone and the industry which produces it.

One of the main intentions of the present project is to stimulate a greater interest in and awareness of stone in Wales – there is plenty more to discover. This applies not only to its past story, but it still plays significant role in all our lives today – each of us in Wales depends on 3-4 tonnes a year of stone, sand and gravel being quarried to meet our needs for schools, hospitals, roads and even bread, milk, electricity and clean water. This rate of use is slightly less than that for Britain as

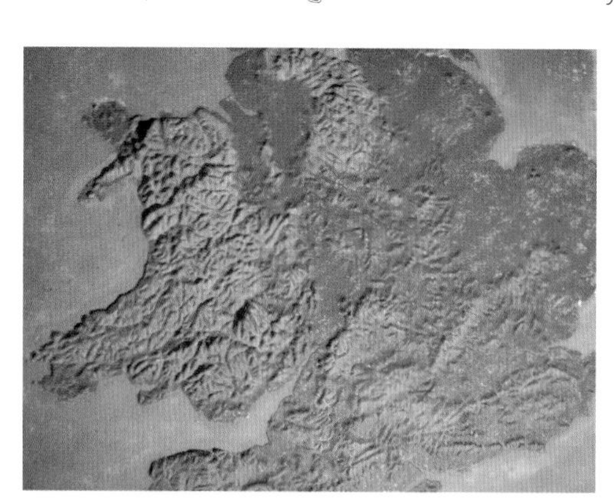

©Ian A Thomas

> Mae yna hen jôc – petai Cymru'n cael ei gwastadhau, byddai'n ddwywaith cymaint â Lloegr.
>
> There is an old joke that if Wales was flattened out, it would be the twice as big as England.

Mae yna hen jôc – petai Cymru'n cael ei gwastadhau, byddai'n ddwywaith cymaint â Lloegr. Mae'r mannau mynyddig hyn wedi'u ffurfio o greigiau caled ac yma rydym yn trafod y gwaith o'u cloddio at ddefnydd. Rydym hefyd yn disgrifio tywod a gro, hynny yw, cerrig wedi'u malu'n fân yn naturiol.

Mae'r hanes hwn yn crynhoi datblygiad y diwydiant 'cerrig' a'r fasnach yng Nghymru o'r amseroedd cynharaf ond dim ond crafu'r wyneb ellir ei wneud mewn gwirionedd. Byddai dadansoddiad llawn yn cymryd blynyddoedd lawer yn fwy i'w baratoi. Y bwriad, felly, yw cyflwyno fframwaith gyffredinol fel sail i ymchwil pellach. Mae'n canolbwyntio'n benodol ar weithgaredd masnachol yn ystod y ddwy ganrif ddiwethaf. Bron yn ddieithriad, mae pob adran yn cychwyn gyda'r defnyddiau, megis cerrig adeiladu, a oedd camau cyntaf yn natblygiad y diwydiant amrwyiol sydd ohoni heddiw, gyda'i nifer fawr o ddefnyddiau eriall, yn anad dim fel agregau, neu gerrig mân, ac mewn diwydiant gweithgynhyrchu. Mae'r diwydiant llechi'n yn cael ei eithrio'n benodol gan nad yw'n cael ei gynnwys yn yr ariannu sydd ar gael o dan y Dreth Agregau. Hefyd, fel glo, mae'i hanes wedi'i groniclo mor eang mewn mannau eraill nes bod rhai yn cellwair, braidd yn greulon, fod mwy o lenyddiaeth amdano nag o lechi a gloddiwyd o'r chwareli. Ond ni fyddai unrhyw obaith gwella ar yr ymchwil manwl a thrylwyr sydd wedi'i wneud i'r diwydiant llechi, yn enwedig gan Richards (e.e. 1991, 1995*). Mae adrannau eraill o'r diwydiant y tu allan i'r cylch gorchwyl presennol – yr enghraifft bennaf yw cerrig adeiladu (Gweler hefyd *Lott 2002*) sydd ond yn cael eu trafod wrth fynd heibio ac sydd, mewn gwirionedd yn destun ymchwil gan Fforwm Cerrig Cymru (*www.museumwales.ac.uk*).

Glo, haearn, dur a llechi yw'r nwyddau allweddol y mae'r rhan fwyaf o bobl yn debygol o gysylltu â Chymru ac yn bendant, mae ei hanes yn drwm o dan eu dylanwad. Ond, o ran y tunelli a gloddiwyd, mae'r nwyddau hyn, ers 1945, yn pylu o gymharu â'r deunydd pob dydd, sy'n cael ei chymryd yn ganiataol, cerrig. Mae'n ychydig o syndod, felly, fod cyn lleied wedi'i ysgrifennu am gyfraniad cerrig a'r diwydiant sy'n eu cynhyrchu *(Gweler graffiau 1 & 2)*. Un o brif ddibenion y prosiect presennol yw annog rhagor o ddiddordeb mewn, ac ymwybyddiaeth o, gerrig yng Nghymru – mae yna ddigon yn rhagor i'w ddargan-fod. Mae hyn yn wir, nid yn unig am ei hanes yn y gorffennol, ond maen nhw'n dal i chwarae rhan arwyddocaol ym mywyd pawb heddiw – mae pob un ohonom yng Nghymru'n dibynnu ar y 3-4 tunnell o gerrig, tywod a gro sy'n cael eu cloddio bob

(* See also/gweler hefyd *Lewis 1976; Jones 1977; Jones 1982; Gwyn 2000; Williams & Lewis 1987*)

Cyflwyniad

© Ian A Thomas

Mae cerrig yn ymron bopeth rydyn ni'n ei ddefnyddio - Bridgend Designer Outlet.
Stone is in almost everything we use – Bridgend Designer Outlet.

a whole which in turn is far less than is consumed in almost every other developed country. Part of the reason for this is that we generate less waste than others, but another is that in Britain, about a quarter of the aggregate we need comes from recycling old buildings, by-products such as blast furnace slag etc, far more than almost anywhere else.

Returning to the earlier 'joke', people often question if stone will ever run out? The short answer is 'No' but the existing pattern of operations is not particularly sustainable in environmental terms. It very largely reflects not only the resources ('minerals can only be worked where they are found in the ground'), but the overlay of generations of land ownerships, transport links, company decisions and legislation. The book touches on all these aspects through numerous case studies.

The author welcomes comment or additional information from readers and to hear of research by others into quarry history. *(ian@nationalstonecentre.org.uk)*

© Ian A Thomas

Gwaith amddiffyn rhag y môr, Llandrillo yn Rhos, Sir Ddinbych . Roedd cerrig o'r hen chwareli ar y trwyn yn cael eu cario ar longau i'r Alban ar un adeg (A1).
Sea defence works, Rhos on Sea, Denbighshire. The old quarries on the headland once shipped stone to Scotland (A1).

© Ian A Thomas

Mae Fforwm Cerrig Cymru'n hyrwyddo ymwybyddiaeth a diddordeb mewn cerrig Cymru drwy ymweliadau, cyflwyniadau a chyhoeddiadau.
The Welsh Stone Forum promotes awareness and interest in Welsh stone by visits, presentations and publications.

blwyddyn i gyfarfod ag anghenion ein hysgolion, ein hysbytai, ein ffyrdd a hyd yn oed bara, llaeth, trydan a dŵr glân. Mae hynny ychydig yn llai nag sy'n cael ei ddefnyddio ym Mhrydain gyfan ond mae'n llawer iawn llai nag sy'n cael ei ddefnyddio ym mron iawn pob gwlad ddatblygedig arall. Rhan o'r rheswm am hyn yw ein bod ni'n cynhyrchu llai o wastraff na gwledydd eraill, ond rheswm arall yw y daw tua chwarter o'r cerrig rydyn ni eu hangen ym Mhrydain o ailgylchu hen adeiladau, o sgil gynhyrchion megis slag ffwrneisiau chwyth ayb, llawer iawn mwy nag mewn, bron iawn, unrhyw le arall.

Ond a dychwelyd at y 'jôc' gynharach, mae pobl yn holi'n aml a oes pen draw i'r cyflenwad o gerrig? Yr ateb yn fyr yw 'Na' ond nid yw'r patrwm presennol o weithgaredd yn arbennig o gynaliadwy o ran yr amgylchedd. Mae'n adlewyrchu, gymaint â dim, nid yn unig yr adnoddau ('dim ond lle maen nhw i'w canfod yn y ddaear y gellir cloddio am fwynau') ond hefyd y cymhlethdod o berchnogaeth tir, cysylltiadau trafnidiaeth, penderfyniadau cwmnïau a deddfwriaeth. Mae'r llyfr hwn yn cyffwrdd â'r holl agweddau hyn trwy nifer o astudiaethau achos.

Byddai'r awdur yn croesawu sylwadau neu wybodaeth ychwanegol oddi wrth ddarllenwyr ac yn falch o glywed am ymchwil gan bobl eraill i hanes chwareli. *(ian@nationalstonecentre.org.uk)*

Introduction

Balist rheilffordd. Rail ballast.

©Ian A Thomas

Conventions used and layout

After a short historical overview, for our purposes, Wales has been divided into eleven 'stone quarrying areas' each of which is described in turn and labelled in the text, A1, A2, A3 etc. Interspersed within these geographic sections are a whole series of short accounts on sites, companies or themes to illustrate key aspects. Some themes are only relevant to a particular area; others such as 'Iron/Steel', 'Marine Works' may have a focus in one area, but also apply more widely. In the text as a whole, cross references are given as eg, '[A4]' directing you to Central Wales or sometimes more specifically to themes eg [A6T] or, where the reference is not so obvious, eg, [A6T – Porthgain]. Short sections at the end, cover sources of information and for schools, topic links with the National Curriculum in Wales.

In the English text, the spelling of place names is taken as that on current Ordnance Survey maps. Note that in this context, the Welsh spelling is now often the convention eg Caernarfon, Mynydd Preseli. In order to define certain areas more precisely, in the interests of brevity, the most appropriate old or new terms have been applied eg West Montgomeryshire (rather than west central Powys); Gwent or Monmouthshire (rather than listing all the component authorities). A list in the Appendix 5 repeats most of the smaller place names mentioned in the text, adding the relevant National Grid References.

Most tonnages cited before c1965/70 will be in respect of long tons (ie UK imperial: 2240lbs/1016kg); after that period, the metric tonne (2205lbs/1000kg) is used. However the variance is so small in the historical context that the two are not separately identified or converted.

Frequent references are made to dates of various events. These should be treated with caution. Where possible these have been double-checked, but there is often ambiguity eg between the announcement of a merger and a firm date of legal implementation, or an occurrence and its reporting in print. Many dates

Confensiynau A Ddefnyddiwyd A Gosodiad

Ar ôl trosolwg hanesyddol, byr, mae Cymru, at ddibenion y llyfr hwn, yn cael ei rhannu'n un ar ddeg o 'ardaloedd cloddio cerrig', pob un yn cael ei disgrifio yn ei thro ac yn cael ei labelu A1, A2, A3 ac yn y blaen yn y testun. Rhwng yr adrannau daearyddol mae yna gyfresi o hanesion byrion ynghylch safleoedd, cwmnïau neu themâu i ddangos agweddau allweddol. Dim ond i un ardal benodol yn unig mae rhai themâu yn berthnasol; gallai rhai eraill megis Haearn / Dur, Gwaith Morol fod yn bwysig mewn un ardal ond hefyd yn berthnasol yn ehangach. Yn y testun yn ei gyfanrwydd, rhoddir croes gyfeiriadau, er enghreifftiau '[A4]', yn eich cyfeirio at Ganolbarth Cymru neu weithiau'n fwy penodol at themâu megis [A6T] neu, pan nad yw'r cyfeiriad mor amlwg e.e. [A6T – Porthgain]. Mae adrannau bychan at y diwedd yn trafod ffynonellau gwybodaeth ac, ar gyfer ysgolion, pynciau sy'n cysylltu â Chwricwlwm Cenedlaethol Cymru.

Yn y testun Cymraeg, gelwir lleoedd yn ôl eu henwau Cymraeg, y rhai, gan fwyaf, sy'n cael eu harddel gan Ganolfan Ymchwil Enwau Lleoedd, Canolfan Bedwyr, Prifysgol Cymru, Bangor. Er mwyn diffinio rhai ardaloedd yn fanylach ac yn fwy cryno, defnyddir yr enwau hen neu newydd mwyaf addas, er enghraifft, gorllewin Sir Drefaldwyn (yn hytrach na gorllewin Powys ganol); Gwent neu Sir Fynwy (yn hytrach na rhestru'r holl awdurdodau lleol newydd). Mae rhestr yn yr Atodiad 5 yn ailadrodd y rhan fwyaf o'r enwau lleoedd sy'n cael eu crybwyll yn y testun gan ychwanegu'r Cyfeirnod Arolwg Ordnans perthnasol.

Mae'r rhan fwyaf o'r cynnyrch sy'n cael eu dyfynnu mewn tunelli cyn tua 1965/70 mewn tunelli imperial y DU: (2240lbs / 1016 cilogram); ar ôl hynny defnyddir tunelli metrig (2205lbs / 1000cilogram). Ond mae'r gwahaniaeth yn rhy fychan yn y cyd-destun hanesyddol i wahaniaethu rhyngddyn nhw.

Cyfeirir yn aml at ddyddiadau'r gwahanol ddigwyddiadau. Dylid trin y rhain yn ofalus. Lle'r oedd yn bosibl, mae'r dyddiadau wedi'u cadarnhau. Ond yn aml mae amwysedd e.e. rhwng dyddiad cyhoeddi fod cwmnïau'n cyfuno a'r dyddiad penodol pan oedd yn dechrau gweithredu'n gyfreithiol, neu rhwng dyddiad digwyddiad a'r dyddiad pan oedd hynny'n cael ei gyhoeddi mewn print. Gallai llawer o'r dyddiadau sy'n honni pa bryd yr agorwyd chwarel mewn man penodol fod yn cyfeirio at y gweithgaredd cyntaf i'w gofnodi yno ac nid pan ddechreuwyd gweithio ar y graig. Cyflwynir yr wybodaeth mewn ewyllys da ac ystyrir ei fod yn gywir ar adeg ysgrifennu. Mae wedi'i gadarnhau cyn belled ag yr oedd yn rhesymol bosibl, ond mae'r amgylchiadau economaidd presennol wedi arwain at gyfnod o newid trawiadol ac at lawer o chwareli'n cau, rhai, efallai, heb eu cofnodi.

Trosolwg Hanesyddol

Fel y nodwyd yn gynharach, mae'r hanes hwn yn canolbwyntio'n bennaf ar ddatblygiad y diwydiant chwareli yng Nghymru (ac eithrio llechi) o'r Chwyldro Diwydiannol ymlaen. Mae'r canlynol yn ceisio rhoi gweithgaredd y 250 mlynedd diwethaf yng nghyd-destun hanesyddol ehangach gweithio cerrig. Mae'r

Cyflwyniad

claiming the start of quarrying at a particular location may merely refer to the first recorded activity and not the digging of the first rock. The information is presented in good faith and is considered to be correct at the time of writing. It has been checked as far as is reasonably possible, but the present economic circumstances have resulted in a period of remarkable change with many closures taking place, not all of which may be recorded.

Historical Overview

As noted earlier, this account mainly concentrates on the development if the quarrying industry in Wales (apart from slate) from the industrial Revolution onwards. The following attempts to place the last 250 years of activity in the longer historic context of stone working. The story starts with Prehistoric uses as implements and weapons and this together with the Roman industry is summarised very briefly below.

Pre-Historic Times

Wales' oldest industry is stone, long predating agriculture. The hundreds of flint implements found in Pontnewydd Cave, Denbighshire are probably the earliest indicators, although they were fashioned from material brought in by Irish Sea ice and were not from the local bedrock. This site is over 70 miles (110km) beyond the north-western edge of other major concentrations of finds in the Palaeolithic period anywhere in Europe. Bones of a Neanderthal boy found here have been dated by the National Museum of Wales as being 230,000 years old.

Statistical and petrological studies of more recent non-flint stone implements in Britain have linked 4000 artefacts to about thirty general source areas in the UK (Clough and Cummins 1988). Of these, 17% were derived from Wales. Almost 10% of the total finds alone, were produced at Craig Llwyd (overlooking Penmaenmawr) [A2]. Most examples were axes, and within Wales, include roughouts as well as finished implements. However outside Wales, virtually all finds of Welsh items are of finished tools *(Davis 2002)*, Other Welsh producing centres were in north Pembrokeshire and on the Welsh Border at Hyssington/Corndon Hill, Montgomery. A small but significant consumer of stone mauls and mortars in the

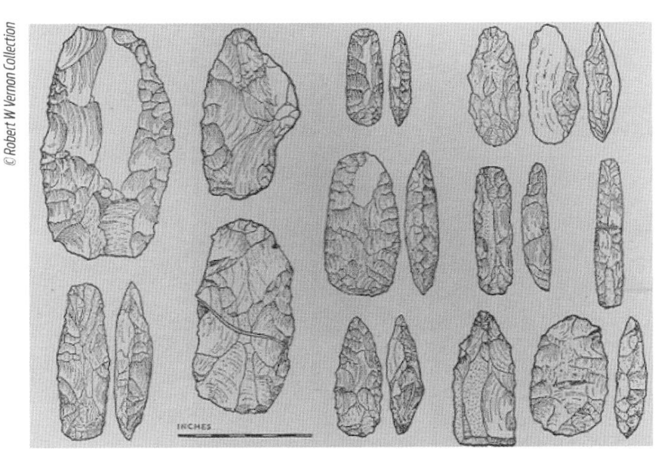

© Robert W Vernon Collection

Bwyeill o Graig Llwyd. Axes from Craig Llwyd.

© Ian A Thomas

Mae cerrig adeiladu wedi'u hailgylchu a defnyddiau amgen yn cyfrif am 25% o'n anghenion cerrig mân. Recycled construction and alternative materials make up 25% of our aggregates needs.

hanes yn dechrau gyda'r defnydd Cyn-hanesyddol o gerrig fel offer ac arfau ac mae hynny, yn ogystal â'r diwydiant Rhufeinig, yn cael ei grynhoi'n fyr iawn isod.

Y Cyfnod Cyn-hanesyddol

Cerrig yw diwydiant hynaf Cymru, mae'n llawer hŷn nag amaethyddiaeth. Mae'n debyg mai'r cannoedd o fflintiau ddaeth i'r fei yn Ogof Pontnewydd, Sir Ddinbych yw'r dystiolaeth gynharaf ohono, er mai o'r cerrig a gafodd eu cario gan rew Môr Iwerddon y maen nhw wedi'i gwneud, ac nid o'r graig leol. Mae'r safle fwy na 70 milltir (110 cilometr) y tu hwnt i'r ffin ogledd-orllewinol yn Ewrop lle canfuwyd y rhan fwyaf o ddeunydd o'r cyfnod Palaeolithig. Cafodd esgyrn bachgen o'r cyfnod Neanderthalaidd eu dyddio'n 230,000 o flynyddoedd oed gan Amgueddfa Genedlaethol Cymru.

Mae astudiaethau ystadegol a phetrolegol o offer cerrig ym Mhrydain, heblaw rhai wedi'u gwneud o fflint, wedi cysylltu tua 4,000 o arteffactau yn gyffredinol gyda thua thri deg o ffynhonnellau yn y DU *(Clough a Cummins 1988)*. O'r rhain, roedd 17% yn tarddu o Gymru. Roedd bron iawn 10% o'r cyfanswm wedi'u cynhyrchu yng Nghraig Lwyd (yn edrych dros Benmaenmawr) [A2]. Bwyeill oedd y rhan fwyaf o enghreifftiau, ac yng Nghymru, canfuwyd rhai wedi'u bras orffen yn ogystal â rhai oedd wedi'u gorffen yn drylwyr. Ond, y tu allan i Gymru, mae bron iawn y cyfan o'r offer sydd wedi'u canfod yn rhai gorffenedig *(Davis 2002)*. Roedd y canolfannau eraill a oedd yn cynhyrchu yng Nghymru yng ngogledd Sir Benfro ac ar y gororau yn Hyssington / Corndon Hill, Trefaldwyn. Defnydd bychan, ond arwyddocaol, o gerrig oedd gwneud morthwylion a mortar ar gyfer cloddio copr ac aur yn yr Oes Efydd *(Timberlake 1994)*. Roedd y rhan fwyaf yn cael eu gwneud o gerrig lleol e.e. y rhai a ganfuwyd ym Mwyngloddiau Copr y Gogarth, cerrig o'r traeth a gafodd eu cludo yno o Benmaenmawr mae'n debyg.

Mae'n siŵr mai'r enghraifft fwyaf enwog, a chyda'r cynharaf, o allforio cerrig o Gymru yw Cerrig Gleision y Preseli a aeth i Gôr y Cewri. Mae sut yr aethon nhw yno, eu cario gan rewlif neu gan ddynion, yn dal yn destun trafodaeth hyd heddiw [A6]. *(John 2010)*.

Introduction

Bronze Age was copper and gold mining *(Timberlake 1994)*. Most were sourced from local rocks e.g. those found at the Great Orme Copper Mines, probably using beach material, ultimately derived from the shore at Penmaenmawr.

Almost certainly the best known early Welsh stone 'export' was that of Preseli 'Bluestones' to Stonehenge. The means of transfer, whether by glacial movement or human endeavour, is still a matter of great debate [A6]. *(John 2010)*.

The extensive remains of Iron Age hut circles at Din Lligwy, Moelfre on Anglesey, demonstrate an early deployment of stone in building.

The earliest method of 'quarrying' was indeed the levering out of 'moorstone', ie loose surface boulders eg for megaliths - a practice still relatively common for vernacular building until the 1850s in some igneous rock terrains *(Stanier 2000; Hughes and North 1908)*.

Roman builders

Although the Romans mainly employed local stone, we see the first indications of a persistent trend to augment this with imported material. For example at Caerleon, cargoes of Preseli slate were excavated from a wharf area and a Cotswold type oolite has been used in some of the detailing. The latter was probably a carryover from the extensive use of such material by Romans on the other side of the Bristol Channel. Querns of Rhineland lava, common elsewhere,

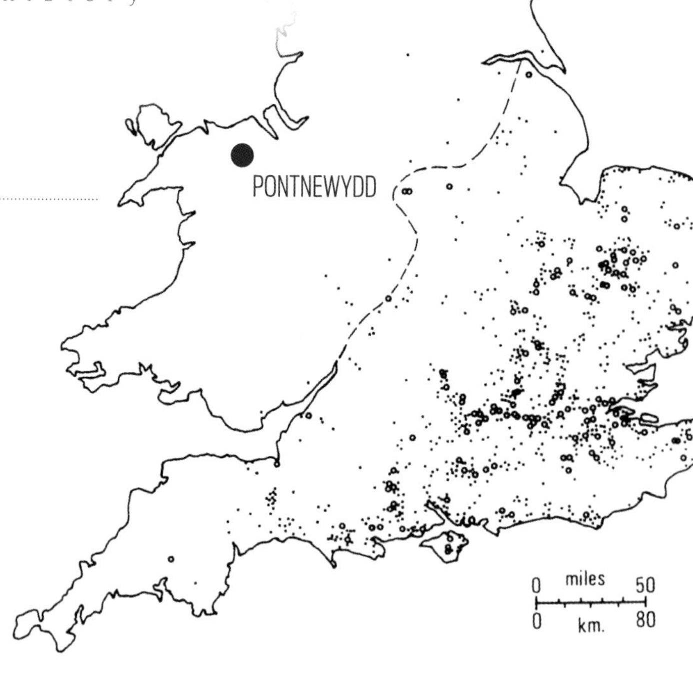

FLINT FINDS/
OFFER FFLINT

Ogof Pontnewydd yn Nyffryn Chwiler, Sir Ddinbych yw'r lle mwyaf gogledd-orllewinol lle ceir crynodiad o offer fflint yn Ewrop, 110 cilometr ymhellach na chanfyddiadau eraill (gan H S Green 1984).
Pontnewydd cave in the Wheeler Valley, Denbighshire, is the north western-most concentration of flint tools in Europe, 110 km beyond other finds (After H. S. Green 1984).

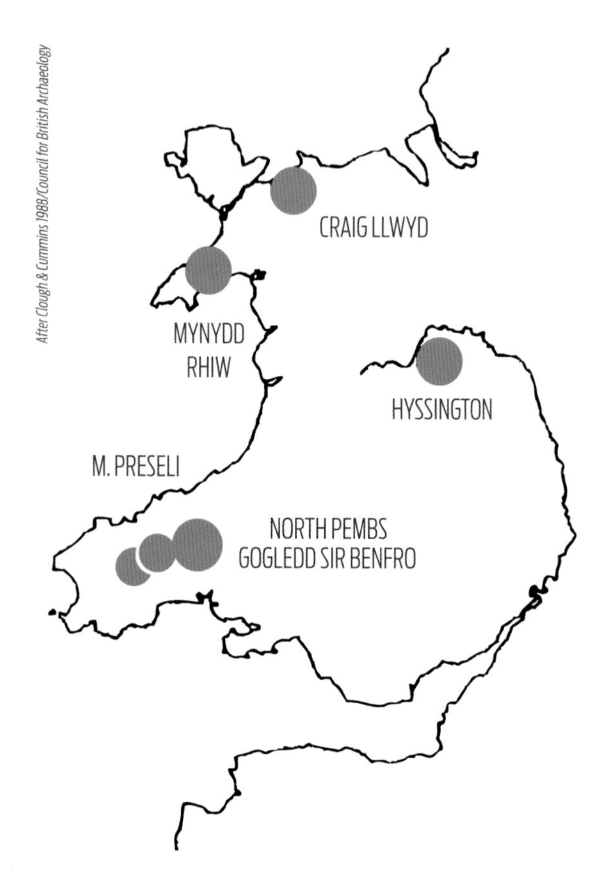

After Clough & Cummins 1988/Council for British Archaeology

Prif ganolfannau cynhyrchu offer cerrig Cynhanesyddol yng Nghymru.
Main production centres of Prehistoric stone implements in Wales.

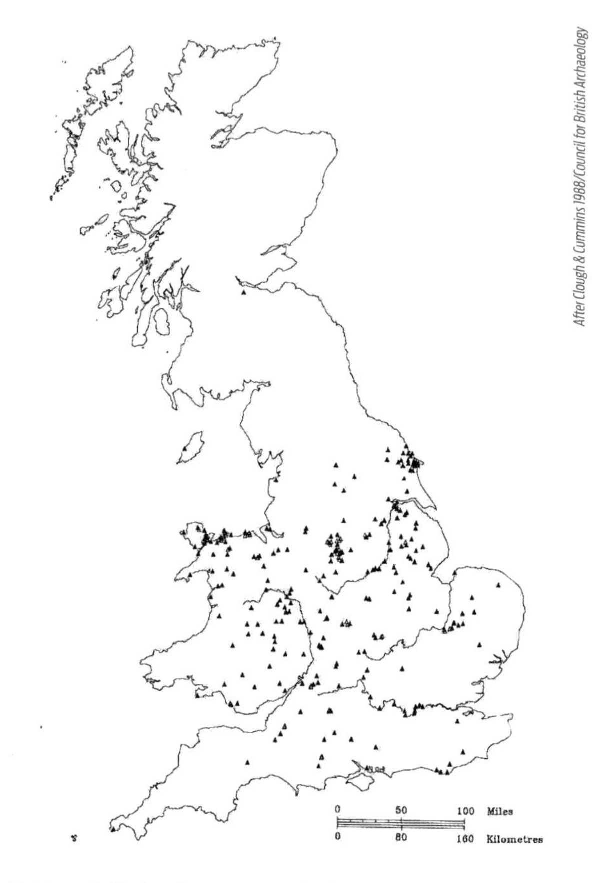

After Clough & Cummins 1988/Council for British Archaeology

Dosbarthiad darganfyddiadau offer cerrig o Graig Llwyd, Penmaenmawr.
Distribution of stone implement finds originating from Craig Llwyd, Penmaenmawr.

Cyflwyniad

© Ian A Thomas

Roedd Corndon Hill, a Hussington, yn ffynhonnell arfau cerrig.
Corndon Hill, with Hyssington was a source of stone tools.

were also found here. At Caerwent, the Romans appear to have exploited local sandstones, probably from Sudbrook. One of the few authenticated Roman quarries in Britain (none have yet been reported in Wales), that at Chester *(Blagg 1976)*, was the likely source of the red sandstone used to trim the rather drab local stone of the Roman station at Segontium, Caernarfon *(Neaverson 1947; Nash-Williams 1954)*.

After the Romans

Wales is fortunate in being able to offer good examples of the working, processing, transport and use of stone, so the later history is best covered here area by area enabling readers to track changes over time in their own areas. For example there are very marked differences in the way the industry has developed and responded to demand in say north east Wales and Pembrokeshire. The next section summarises the main trends over wider areas, most of which are dealt with later in more detail.

There are still some major gaps in our knowledge. For example, although some large military and church buildings are well documented (or sources can be identified petrologically – ie by

Mae gweddillion helaeth cylchoedd o Gytiau Gwyddelod yn Nin Llugwy ger Moelfre ym Môn yn dangos sut yr oedd cerrig yn cael eu defnyddio'n gynnar iawn mewn adeiladau.

Y mathau cyntaf o 'chwarel', mewn gwirionedd, oedd codi 'rhosfeini', hynny yw, cerrig rhydd ar yr wyneb e.e. ar gyfer megalithiau, dull a oedd yn dal yn gymharol gyffredin mewn adeiladau gwerin tan y 1850au mewn ardaloedd cerrig igneaidd.

Adeiladwyr Rhufeinig

Er mai cerrig lleol oedd y Rhufeiniaid yn eu defnyddio'n bennaf, dyna pryd y daeth yr arwydd cyntaf o'r tueddiad cyson i ddefnyddio cerrig o ffwrdd i ychwanegu atyn nhw. Er enghraifft, yng Nghaerllion, darganfuwyd llwythi o lechi o'r Preseli ar waelod cei a chafodd math o gronellfaen o'r Cotswolds ei defnyddio ym manylion rhai o'r adeiladau. Efelychiad oedd y diwethaf, mae'n debyg, o'r defnydd helaeth a wnâi"r Rhufeiniaid o'r cerrig hynny ar ochr arall Môr Hafren. Cafodd meini melin o lafa Glannau'r Rhein, sy'n gyffredin mewn mannau eraill, hefyd eu darganfod yma. Yng Nghaerwent, mae'n ymddangos i'r Rhufeiniaid ddefnyddio cerrig tywod

Introduction

Castell Caernarfon. Caernarfon Castle.

© Ian A Thomas

studying the type of stone), we know relatively little of other activities for the long period before the industrial revolution. This is mainly because, prior to about 1750, almost all other stone extracted was used very locally and went unrecorded, partly as it was such a plentiful material.

With the exception of carved crosses and very rare pre-Norman elements in churches (invariably in local stone), little new stone was worked in the six centuries following the Roman exodus – even the extensive Offa's Dyke used stone almost entirely as fill and only if readily to hand.

In contrast to that early Medieval period (ie 440-1066 AD), the two centuries after the arrival of the Normans saw more than a hundred new stone castles, many replacing initially timber fortifications. Within a year of the Conquest, work began at Chepstow, on one of the first great Norman stone castles, drawing upon a variety of stones. However most forts were small, entirely constructed of very local stone, and about a quarter, mainly in the north and west, were 'native' installations.

The Cistercians played major role as builders of abbeys and churches. As such, they were also notable quarriers and stone importers *(Crane 2002; Davies 2002 Williams 2000b)*.

Ongoing friction between the English (or Normans) and the Welsh, erupted into the significant events between 1277 and 1282 and indeed beyond. The Welsh princes had already built a number of castles in the north. Virtually all these were of stone won from within less than a kilometre of the castle or even on site (A2 Table 3). Edward I and his Lords masterminded a project running up massive costs and engaging skilled manpower comparable to World War II proportions (A2 Table 4). This programme was only brought to a halt by distractions on other fronts. In terms of stone extraction, the amounts involved were not exceeded until the introduction of the railways. Although mostly associated with North Wales, the South and the Borders also saw building on a significant scale. (AT2 –The Castles)

lleol, o Sudbrook, o bosibl. Mae'n debyg mai o un o'r ychydig chwareli gwirioneddol Rufeinig ym Mhrydain (ni chanfuwyd yr un, hyd yma, yng Nghymru), sef yr un yng Nghaer *(Blagg 1976)*, y daeth y garreg dywod goch a ddefnyddiwyd i addurno'r cerrig braidd yn llwydaidd, lleol, yng nghanolfan y Rhufeiniaid yn Segontiwm, Caernarfon *(Neaverson 1947; Nash-Williams 1954)*.

Ar ôl y Rhufeiniaid

Mae Cymru'n ffodus o fod ag enghreifftiau da o weithio, prosesu, cario a defnyddio cerrig, felly'r ffordd orau o drafod hanes diweddar yw fesul ardal, a fydd yn galluogi darllenwyr i ganfod y newidiadau o gyfnod i gyfnod yn eu hardaloedd nhw. Er enghraifft, mae yna gryn wahaniaeth yn y ffordd y mae diwydiannau wedi datblygu ac wedi ymateb i ofyn rhwng, dyweder, gogledd-ddwyrain Cymru a Sir Benfro. Mae'r adran nesaf yn crynhoi'r prif dueddiadau dros ardaloedd ehangach, a thrafodir y rhan fwyaf yn fanylach yn nes ymlaen.

Mae yna'n dal rai bylchau mawr yn ein gwybodaeth. Er enghraifft, er bod adeiladau militaraidd ac eglwysi wedi'u cofnodi'n dda (neu gellir canfod tarddiad drwy betroleg, hynny yw, drwy astudio'r mathau o gerrig), cymharol ychydig wyddom ni am y gweithgareddau eraill cyn y chwyldro diwydiannol. Mae hyn oherwydd, cyn tua 1750, cai bron iawn y cyfan o'r cerrig a gai eu cloddio eu defnyddio'n lleol iawn a heb eu cofnodi gan fod cymaint ar gael.

Ac eithrio'r croesau cerfiedig a'r elfennau prin iawn, cyn-Normanaidd, mewn eglwysi (yn ddieithriad o gerrig lleol) ychydig o gerrig newydd a gafodd eu cloddio yn y chwe chanrif ar ôl diflaniad y Rhufeiniaid – cafodd hyd yn oed Glawdd Offa ei adeiladu bron yn gyfan gwbl gyda cherrig yn cael eu defnyddio fel deunydd llanw, a dim ond os oedd rhai wrth law.

Yn wahanol i'r cyfnod Canoloesol cynnar (hynny yw 440-1066 AD), cafodd mwy na chant o gestyll cerrig, newydd, eu

Cyflwyniad

The Black Death, famine and civil unrest elsewhere minimised building in the fourteenth century, but by comparison, with the period immediately after September 1400, Wales was relatively calm. At first the stone castle walls proved sufficient to delay Glyndŵr's onslaught, but in 1404, Owain, considered by many to be the last true Prince of Wales, took Aberystwyth and Harlech Castles, holding them for four years.

With the exception of a handful of churches in north east Wales dating from the C15th and C16th, there were relatively few significant stone buildings of this period, say compared to the burst of activity in prosperous English wool towns.

With the Dissolution of the monasteries in the mid C16th, many ecclesiastical buildings became virtual quarries, stone being recycled into minor country houses and small towns, although the latter really came into their own in the following two centuries, in part, based on new-found mineral wealth. Lack of presentable stone locally and poor transport links, especially in central Wales, meant that local rubble walls tended to be rendered and limewashed, with imported stone being reserved for dressings.

© Dai Taylor

Dros filoedd o flynyddoedd, mae miloedd o filltiroedd o gloddiau cerrig sych wedi'u hadeiladu, o gerrig o gwmpas neu gyfagos (ac felly'n rhoi syniad da o ddaeareg yr ardal) mae'r enghraifft anghysbell hwn yng ngogledd mynydd-oedd y Rhiniogydd, i'r gorllewin o Drawsfynydd.

Over millennia, thousands of miles of dry stone walls have largely been build of stone dug on site or nearby (and therefore a good clue to local geology); this remote example is in the northern Rhinogs, west of Trawsfynydd.

hadeiladu yn y ddwy ganrif ar ôl cyrhaeddiad y Normaniaid, yn lle, i ddechrau, y caerau o goed. O fewn blwyddyn i oresgyniad y Normaniaid, dechreuodd gwaith yng Nghasgwent ar adeiladu un o'r cestyll cerrig Normanaidd, mawr, cyntaf, gan ddefnyddio nifer o fathau o gerrig. Ond rhai bychan oedd y rhan fwyaf o gaerau, bron yn gyfan gwbl o gerrig hynod o leol, ac roedd tua chwarter, yn y gogledd a'r gorllewin yn bennaf, yn rhai 'brodorol'.

Chwaraeodd y Sistersiaid ran fawr mewn adeiladu abatai ac eglwysi. Roedden nhw'n nodedig fel chwarelwyr ac am fewnforio cerrig *(Crane 2002; Davies 2002 Williams 2000b)*.

Ffrwydrodd yr hen gynnen rhwng y Saeson (neu'r Normaniaid) a'r Cymry yn frwydrau arwyddocaol rhwng 1277 a 1282 ac, yn wir, ar ôl hynny. Roedd tywysogion Cymru eisoes wedi adeiladu nifer o gestyll yn y gogledd. Daeth bron y cyfan o'r cerrig ar gyfer y cestyll o lai na chilometr o'r castell neu, yn wir, o'r safle (A2 Tabl 3). Roedd y prosiect yr oedd Edward I a'i arglwyddi'n ei arolygu'n defnyddio crefftwyr ar raddfa gymharol i'r Ail Ryfel Byd (A2 Tabl 4). Dim ond amgylchiadau o'r tu allan a'i hataliodd. Ni fu mwy o gloddio am gerrig tan ddyfodiad y rheilffyrdd. Er mai yng ngogledd Cymru yr oedd y rhan fwyaf o'r gweithgaredd, roedd yna adeiladu ar raddfa arwyddocaol hefyd yn y de ac ar y gororau. (AT2 – y Cestyll)

Oherwydd y Pla Du a newyn ac anhrefn sifil mewn mannau eraill, ychydig o waith adeiladu a wnaed yn y 14 ganrif, ond, o gymharu â'r cyfnod yn union ar ôl mis Medi 1400, roedd Cymru'n gymharol dawel. I ddechrau, roedd waliau cerrig y cestyll yn ddigon i oedi ymosodiad Glyndŵr ond, yn 1404, cipiodd Owain, sy'n cael ei ystyried gan lawer yr olaf o Dywysogion Cymru, gestyll Aberystwyth a Harlech a'u cadw am bedair blynedd.

Ac eithrio dyrnaid o eglwysi yng ngogledd-ddwyrain Cymru yn dyddio o'r 15 a'r 16 ganrif, ychydig o adeiladau cerrig sylweddol sydd o'r cyfnod hwn, o gymharu â'r cynnydd dramatig mewn adeiladu yn nhrefi gwlân ffyniannus Lloegr.

Pan chwalwyd y mynachlogydd yng nghanol yr 16 ganrif, daeth llawer o adeiladau eglwysig bron yn chwareli a'u cerrig yn cael eu hailgylchu i adeiladu plasau a threfi bychan, er mai yn y ddwy ganrif ddilynol y tyfodd y trefi mewn gwirionedd, yn rhannol oherwydd cyfoeth newydd a ddaeth o gloddio am fwynau. Roedd prinder cerrig hawdd eu trin a diffyg cludiant, yn enwedig yng nghanolbarth Cymru, yn golygu fod waliau o gerrig rwbel yn tueddu i gael eu plastro a'u paentio â chalch. Eu cadw ar gyfer addurno a gai'r cerrig oedd wedi'u cludo o bell.

Heblaw am brosiectau cymharol ddi-nod, prif ddiddordeb perchnogion chwareli o ddiwedd y 16 ganrif tan tua 1700 oedd carreg galch, ar gyfer chwalu calch ar dir i ddechrau, yna ar gyfer sment Portland, ond roedd ffermwyr de Cymru wedi sylweddoli gwerth calchio tir cyn y 1550au. Adeiladwyd cannoedd yn llythrennol o odynnau ar frigiadau carreg galch ac ar yr arfordir. Nodwedd arbennig arall o'r 18 a'r 19 ganrif oedd fod llawer o'r tîm comin yn cael ei gau. Mae Philip Clark (2002) wedi disgrifio dylanwad y gwahanol fathau o gerrig mewn gwahanol ardaloedd ar y mathau o waliau cerrig sych sydd yno ac mae rhai eraill wedi astudio adeiladau gwerin gwledig *(Peate 2004)*.

Introduction

© Ian A Thomas

Mae perygl i hyd yn oed chwareli hanesyddol bwysig gael eu difrodi neu eu defnyddio i dirlenwi; o Chwareli Cefn Mawr y cafodd Telford y cerrig ar gyfer Pont Cysyllte sy'n safle Treftadaeth y Byd erbyn hyn. Even historically important quarries are vulnerable to damage or loss to landfill; Cefn Mawr Quarries supplied Telford with stone for Pont Cysyllte – now a World Heritage site.

Apart from relatively low key projects, the main preoccupation of quarry owners from the later sixteenth century to about 1700 was limestone, initially for agricultural lime, later Portland cement, but farmers in South Wales had recognised the value of liming before the 1550s. Literally hundreds of kilns sprang up, along outcrops and the coast. Another notable feature of the eighteenth and nineteenth centuries was the enclosure of much common land. *Philip Clark (2002)* has described the influence of highly localised stone types on the styles of Welsh drystone walls and many others have examined rural vernacular building *(Peate 2004)*.

Quarrying becomes an industry

Iron and later, steel making, also generated a significant new demand for limestone as a flux and for a range of minerals to produce refractory (heat resistant) linings. Coke was first used to fire blast furnaces by Abraham Darby in 1709 just over the Border in Shropshire. The 1720s saw the first coke-fired blast furnace in Wales at Bersham and by 1759, a start at Dow-

Y Chwareli'n troi'n ddiwydiant

Daeth llawer iawn mwy o ofyn am galch ar gyfer gwneud haearn, ac, yn ddiweddarach, dur, ac fel fflwcs. Cynyddodd y gofyn hefyd am nifer o wahanol fwynau i gynhyrchu leinin dal gwres. Abraham Darby oedd y cyntaf i ddefnyddio côc i danio ffwrneisi chwyth yn 1709, ychydig dros y ffin yn Sir Amwythig. Cafodd ffwrnes chwyth yn cael ei thanio gan gôc ei hadeiladu gyntaf yng Nghymru ym Mersham yn y 1720au, ac roedd un wedi'i chodi yn Nowlais erbyn 1759. Erbyn 1840, roedd Cymru'n cynhyrchu 40% o gynnyrch haearn Prydain a Dowlais yn gartref i'r gwaith haearn mwyaf yn y byd. Ar y cychwyn, roedd y gweithgaredd ar ben gogleddol Maes Glo'r De ond, yn yr ugeinfed ganrif, symudodd.

Roedd hyn oll yn gofyn am ddulliau newydd o gludo a, rhwng 1794 a 1812, cafodd pedair camlas allweddol eu hadeiladu i agor pellafion Maes Glo'r De. Yma y datblygwyd llawer o 'reilffyrdd' cynharaf y byd nid yn unig i gario glo a mwynau haearn ond hefyd fflwcs carreg galch *(van Laun 2001)* [AT7;AT9]

Ym 1756, arweiniodd arbrofion Smeaton gyda chalch hydrolig (hynny yw, calch sy'n gallu caledu o dan ddŵr) at ddefnyddio'r Garreg Galch Liasig sydd yn Aberddawan [AT11].

Yn y Gogledd-ddwyrain, o'r 1880au, roedd cemegolion alcali a gwydr hefyd yn ymgiprys â'r diwydiant haearn am garreg galch gynyddol bur.

Newidiodd systemau cludiant newydd y patrymau dosbarthu'n llwyr. Er enghraifft, erbyn hyn roedd trefi glan y môr Bae Ceredigion yn gallu cael Tywodfaen enwog Grinshill a Chefn o'r gororau ar gyfer eu capeli a'u gwestai ac yn y blaen. Roedd gan y cwmnïau rheilffyrdd ran uniongyrchol ac anuniongyrchol yn y busnes: Rheilffordd y Taff Valley gyda'r deunydd mwyaf Fictorianaidd hwnnw, Cerrig Radyr, am ei nodweddion peirianegol ac, wrth ei ddefnyddio gyda Cherrig Sutton neu Quarella, ei effaith aml-liwiog, fel y gwelir yng ngwaith Seddon. Agorodd a chaeodd Chwarel enwog Arennig bron yr un pryd ag yr agorwyd ac y caewyd y rheilffordd o Flaenau Ffestiniog i'r Bala. Roedd adeiladu'r rheilffyrdd eu hunain yn cynhyrchu cerrig, fel y gwelwyd wrth i David Davies gloddio ei doriad enfawr yn Nhalerddig ger Caersws *(Williams 1991)*.

Yn y 19 ganrif hefyd y tyfodd y trefi yng nghymoedd y de gan greu gofyn anodd ei ddiwallu am gerrig adeiladu. Dyblodd poblogaeth Cymru, a mwy, yn y 60 mlynedd hyd at 1913 pan gyrhaeddodd allforion glo eu penllanw. Y cyfnod 1850-1914, felly, oedd yr adeg pan oedd y galw mwyaf am gerrig adeiladu (er mai ychydig o ddata swyddogol, penodol, sydd wedi'i gyhoeddi). Yn y de, cafodd llawer o'r galw ei ddiwallu gan dywodfaen Pennant [AT8 –Craig yr Hesg]. Yn y gogledd, cloddiwyd swm anferth o ithfaen ar gyfer palmentydd mewn trefi [AT2]. Er enghraifft, daeth y fasnach arfordirol o chwareli ithfaen Sir Gaernarfon yn hynod o bwysig, yn enwedig i gyflenwi cerrig palmant, setiau a cherrig ffyrdd i lannau Mersi [AT2].

Ar ôl hynny, ac yn enwedig ar ôl 1939, daeth cerrig mân i fri. Erbyn hyn, mae Cymru'n cynhyrchu tua 22 miliwn tunnell o gerrig y flwyddyn; dim ond 30,000 tunnell sy'n gerrig adeiladu, a daw'r rhan fwyaf o ddim ond llond dwrn o safleoedd sy'n cael eu gweithio'n rheolaidd.

O ran cerrig adeiladu eu hunain, mae'n debyg yr aeth y rhan fwyaf o'r swm anferth o gerrig a gloddiwyd yng Nghymru ar gyfer diwallu'r gofyn ar gyfer prosiectau morol [AT3], yn enwedig y morgloddiau yng Nghaergybi, Abergwaun a Phort Talbot, dociau Mersi [AT3] ac ym Môr Hafren ac ar gyfer y cron-

Cyflwyniad

© Ian A Thomas

Mae'r nodweddion ar y lôn fferm hon ger Carreg y Llam, Llithfaen - yn em o archeoleg ddiwydianol; mae'r grid gwartheg wedi'i addasu o rholiau cludydd, mae rheiliau'r rheilffordd fechan yn cael eu defnyddio fel pyst ffens ac mae'r sgrin gwrs (hidlen) ac offer diogelwch yn ffurfio rhwystr ar y chwith.
Farm track near Cerrig y Llam, Llithfaen - an industrial archaeological gem; the cattle grid is adapted from conveyor rollers, narrow gauge track is used as fence posts, a coarse screen (sieve) and a safety guard form the barrier on the left.

lais. In 1840 Wales was producing 40% of Britain's iron output and Dowlais was the World's largest works. Initially the focus was on the North 'Crop of the South Wales Coalfield, but in the C20th, it switched to the coast.

This activity required new forms of transport, so between 1794 and 1812 four key canals were completed to open up the South Wales Coalfield hinterland and many of the World's earliest 'railways' developed here, not only carrying coal and iron ore, but limestone for flux *(van Laun 2001, Hughes 1990)* [AT7; AT9]

In 1756, Smeaton's experiments with hydraulic lime (ie lime capable of setting under water), introduced him to the Liassic Limestone of Aberthaw [AT11].

In the North East, from the 1880s, alkali chemicals and glass joined the iron industry in requiring ever purer limestone [AT1].

New transport systems radically changed distribution patterns. The Cardigan Bay resorts for example now had direct access to the prestige Grinshill and Cefn Sandstones on the Welsh Border, utilising them in chapels and hotels alike. The railway companies directly and indirectly involved themselves: the Taff Valley Railway with that most Victorian material, Radyr Stone, both for its engineering properties and, used with Sutton or Quarella Stones, its polychromatic impact, exemplified by Seddon's work. The prominent Arenig Quarry virtually opened and closed almost coincident with the operation of the Bala-Ffestiniog Railway and the construction of railways themselves supplied stone, as in the excavation of industrialist David Davies' great Talerddig cutting, near Caersws *(Williams 1991)*.

The nineteenth century also brought a mushrooming of the Valley towns and an insatiable demand for building stone. The population of Wales more than doubled in the 60 years to 1913 when coal exports peaked. The period 1850-1914 there-

feydd dŵr [AT4] niferus yng nghanolbarth Cymru, yn y cyfnod o 1870 ymlaen. Ar ôl yr Ail Ryfel Byd, cerrig mân, at ei gilydd, oedd y prif ddeunydd ar gyfer adeiladu cronfeydd dŵr a ffyrdd mawr. Mae'r cronfeydd hŷn yng Nghwm Elan ac yn Efyrnwy wedi'i hadeiladu'n bennaf o ddefnyddiau a gafodd eu cloddio ar, neu'n agos iawn at, y safle *(Judge 1997)*.

Cloddiwyd 'pyllau dros dro' ar gyfer y rhan fwyaf o'r prosiectau hyn. Mae'r rhai a gloddiwyd ar gyfer y rhaglen adeiladu ffyrdd ar ôl 1945 yn cynnwys Cwrs Golff St Mary, Pencoed (M4) a Fidlers Elbow, Abercynon (A470). Fodd bynnag, mae rhai o'r safleoedd dros dro hyn yn dal i gael eu gweithio'n barhaol.

Daeth yr 20 ganrif â nifer o newidiadau trefniadol a thechnolegol sylfaenol i'r chanlyn. Ganrif yn ôl, unigolion a theuluoedd oedd yn rhedeg y rhan fwyaf o chwareli. Ychydig o gofnodion a gai eu cadw, heblaw gan rai yn masnachu fel cwmnïau cyfyngedig. Dim ond ar ôl 1918 y daeth cwmniau'n gyffredin (AT 9 – Datblygiad Diwydiant). Dechreuwyd gweithio ychydig â pheiriannau rhwng y ddau ryfel ac achosodd y Dirwasgiad i chwareli uno neu gau. Daeth yr Ail Ryfel Byd â gweithfeydd mawr militaraidd a diwydiannol i'w ganlyn a pharhaodd hynny ar ffurf ffyrdd a chronfeydd dŵr i'r 21 ganrif. Ond, fel arall, yng nghefn gwlad Cymru, unwaith y byddai cynllun yn darfod, byddai'r chwareli'n cau. Erbyn diwedd y 1950au, ychydig iawn o weithio â llaw oedd yna ar y graig ac roedd prosesu wedi'i fecaneiddio. Yn y ddegawd ddilynol, cafodd rheoli prosesu ei awtomeiddio a daeth cerbydau gyda theiars rwber i gymryd lle rheilffyrdd a'r rhan fwyaf o beiriannau ar draciau.

Yn y 1960au hefyd y cafodd chwareli lleol eu cipio gan gwmnïau chwareli mawr o Loegr (yn bennaf i adeiladu ffyrdd newydd) ac, erbyn y 1990au roedd y rhain wedi troi'n ymerodraethau rhyngwladol. Yna, yn y ddegawd ddiwethaf, cafodd

© Ian A Thomas

Anogir defnyddio rwbel o hen chwareli llechi, yn lle cerrig mân drud, drwy eithrio'r rwbel o'r Lefi Agregau.
The use of slate from extensive waste tips for alternative aggregates is encouraged by its exemption from the Aggregates Levy.

Introduction

© Ian A Thomas

Er bod Chwarel Pant ar Fynydd Helygain, Sir y Fflint, yn chwarel fawr sy'n dal i weithio, mae wedi'i dynodi'n Safle Ddaearegol o Bwysigrwydd Rhanbarthol. Although Pant Quarry on Halkyn Mountain, Flintshire, is a large active unit, it is designated a Regionally Important Geological Site (RIGS).

fore saw building stone output reach a peak (although little specific official data is published). In the south, Pennant sandstone met much of this demand [AT8 –Craig yr Hesg]. In North Wales, 'granite' provided urban paving on a tremendous scale [AT2]. For example the coastal trade from the igneous rocks quarries of Caernarfonshire became vitally important, particularly for paving, setts and roadstone for Merseyside [AT2].

y grwpiau hyn eu cymryd drosodd eu hunain gan gwmnïau anferth o Ewrop (neu, mewn un achos, o Fecsico). Arweiniodd cystadleuaeth prisiau gan rwbel llechi (yn y gogledd) a rhesymoli gan y cwmniau mawr at gau nifer o chwareli, yn enwedig yn y mannau mwy diarffordd. Hefyd, bu'r llywodraeth yn mynnu y dylid 'cyfnewid asedau' a gwerthu rhai rhag sefydlu monopolïau.

Mae'n debyg mai rhwng y ddau ryfel oedd y cyfnod brig ar gyfer cludo cerrig ar y môr. Erbyn hyn, dim ond o un neu ddwy safle y gwneir hynny (hynny yw, ar wahân i dywod a gro sy'n cael eu carthu o wely'r môr sydd, er yn bwysig, y tu allan i'n cylch gorchwyl) (A1;A2). Arferid cludo cerrig yn eu crynswth ar y rheilffyrdd tan y 1960au, bu bron i hynny ddiflannu'n llwyr, ond erbyn hyn mae balast ar gyfer rheilffyrdd yn cael ei gario o un chwarel yn y gogledd (Penmaenmawr) a cherrig arbennig ar gyfer ffyrdd yn cael eu cario i Loegr ar y rheilffyrdd o ychydig o chwareli yn de. Fel, arall, ar y ffyrdd y mae'r rhan fwyaf o gerrig yn cael eu cario. Mae'r teithiau at ei gilydd yn rhai cymharol fyr ac ychydig o reilffyrdd sy'n cysylltu â'r chwareli erbyn hyn.

Rheoli Cynllunio

Deddf Cynllunio Gwlad a Thref 1947 oedd yr ymgais arwyddocaol gyntaf i reoli cynllunio. O hynny ymlaen, byddai angen caniatâd cyn dechrau cloddio mewn chwareli ac roedd gofyn i awdurdodau cynllunio baratoi cynlluniau ar gyfer chwareli yn y dyfodol. Cyn hynny, y prif fath o reoli ar chwareli oedd ar ddiogelwch, a ddechreuodd ym 1894.

Erbyn y 1990au, roedd caniatâd i gloddio am symiau anferth o gerrig wedi cronni mewn rhai ardaloedd, yn codi'n aml o benderfyniadau cynllunio yn y 1940au. Roedd llawer o'r chwareli hynny wedi cau ac yn annhebyg iawn o ailagor. Roedd y rhain yn amharu ar gynllunio'n briodol ar gyfer cloddio am fwynau. Mewn ymateb, cytunodd y prif gorff masnach (yr adeg hynny, Cymdeithas Cynnyrch Chwareli – QPA) y dylai rhai cwmniau a oedd yn aelodau ildio'r caniatâd cynllunio ar rai chwareli ac roedd yr awdurdodau cynllunio mwynau hefyd yn cyflwyno Gorchmynion Gwahardd i atal rhagor o weithio. Roedd Chwarel Arennig ger y Bala a saith safle yn Llŷn yn rhan o'r broses hon a diddymwyd caniatâd cynllunio i gloddio am

Cyflwyniad

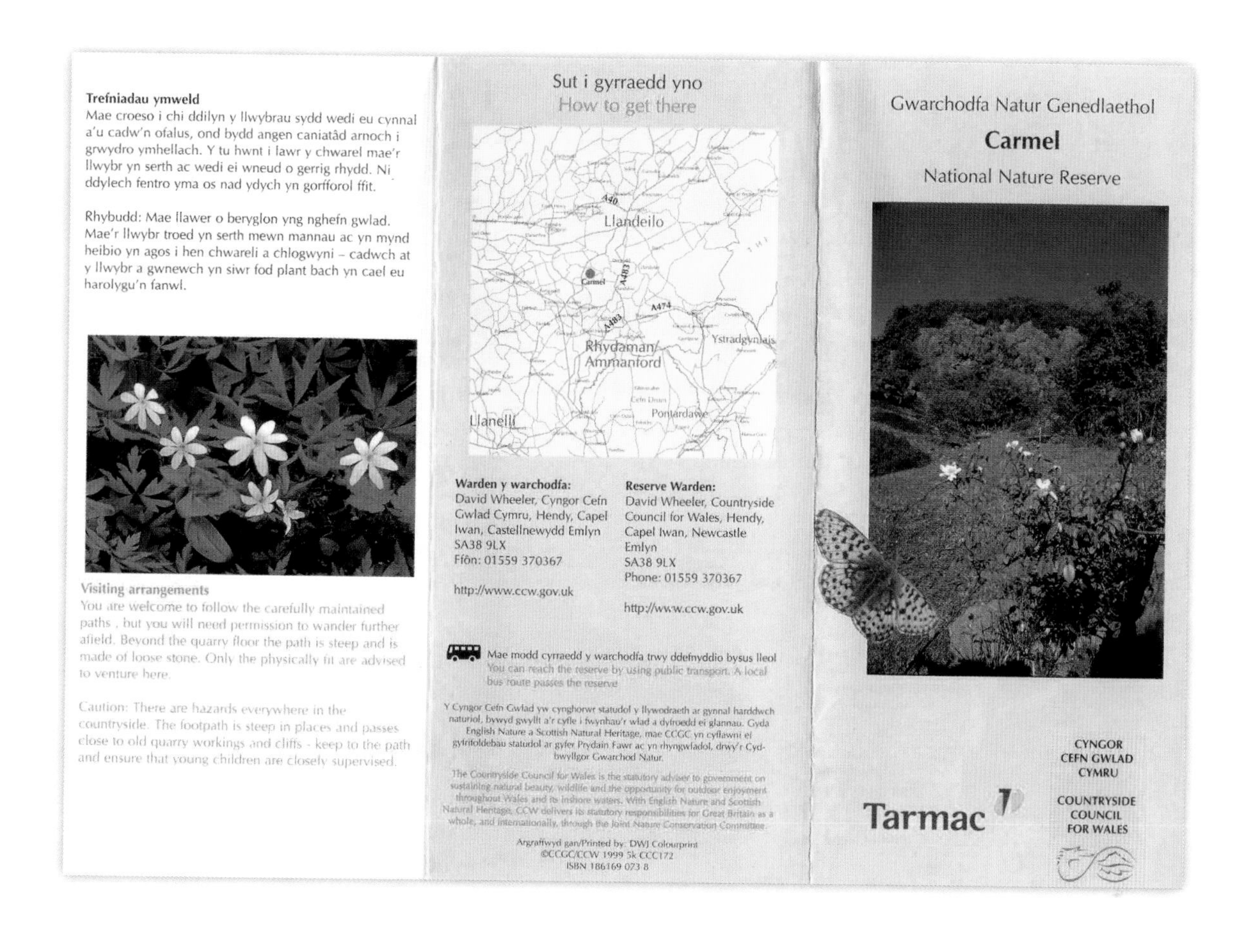

Mae cryn dipyn o hen chwareli erbyn hyn yn warchodfeydd natur ecolegol bwysig, megis Gwarchodfa Natur Genedlaethol Carmel, Llandybie.
A significant number of former quarries are now ecologically important nature reserves as at the Carmel National Nature Reserve, Llandybie.

© Tarmac

Thereafter, and especially from 1939 onwards, aggregates took centre stage, so that annual stone production in Wales is now typically 22Mt of which a mere 30,000t is accounted for by building stone, most of which is won from just a handful of regularly worked sites.

In terms of building stone per se, the largest tonnage ever worked in Wales was probably that for demand from massive individual marine projects [AT3] notably the breakwaters at Holyhead, Fishguard and Port Talbot, docks on the Mersey [AT3] and Bristol Channel and numerous reservoir dams [AT4] in mid-Wales during the period from 1870 onwards. After WWII aggregates generally formed the main construction material for building dams and major roads. The older Elan Valley dams and Vyrnwy largely relied upon materials worked material on, or very near site *(Judge 1997)*.

Most of these projects initiated temporary 'borrow pits'. Those for the post 1945 road building programme included at St Mary's Golf Course, Pencoed (M4) and Fidlers Elbow, Abercynon (A470). However some sites acquired for this purpose have morphed into permanent operations.

The C20th saw a number of fundamental organisational and technical changes. A century ago individuals and families ran most quarries and record keeping was often poor apart from those trading as limited compa-

rai cannoedd o filoedd o dunelli o gerrig. Erbyn hyn mae Datganiadau Technegol Rhanbarthol yn dangos faint o gerrig mân y disgwylir i bob ardal yn y wlad ei gynhyrchu i gyfarfod â'r gofyn. Mae'r system hon yn talu sylw i ffactorau amgylcheddol, i boblogaeth (sef syniad o'r gofyn) ac i faint o fwynau sydd ar gael.

Ar ôl gorffen cloddio, gellir defnyddio chwareli, yn aml, at rywbeth arall. Gellir eu llenwi a'u datblygu ar gyfer tai, ffatrïoedd, ysgolion ayb, eu defnyddio ar gyfer hamdden, amaethyddiaeth, setiau ffilmiau, cyrsiau golff, ffermydd pysgod ayb. Chwareli, yn wreiddiol, oedd cyfran dda o warchodfeydd natur heddiw.

Wrth gwrs, nid yw pob ôl-ddefnydd yn cael ei gynllunio'n swyddogol. Yn 'Dan y Wenallt' mae Dylan Thomas yn son fod Mr Waldo'n ymhél â Beatie Morris i fyny yn y chwarel.

Lleoliad- Lleoliad- Lleoliad

Y tair prif elfen allweddol sy'n penderfynu dosbarthiad chwareli yw daeareg (dim ond lle maen nhw i'w canfod yn y ddaear y gallwch chi gloddio am gerrig), marchnadoedd, a'r ddolen hanfodol, cludiant.

Yn fyr, roedd yr hen chwareli ffyniannus yn y gogledd, yn bennaf ar arfordir Llŷn, Môn ac ardal Bae Colwyn ac Abergele yn cyflenwi cerrig calch ar gyfer cynhyrchu haearn, neu gemego-

Introduction

nies. Companies only became common after 1918 (AT 9 - Evolution of Industry). Limited mechanisation mainly began between the Wars and the Depression forced mergers or closures. WWII resulted in large scale military and industrial works which continued in the form of roads and dams into the 2000s. But otherwise, in the Welsh Heartland, once schemes were completed, quarry operations closed. By the late 1950s, hand working at the face had been phased out and processing had been mechanised. In the following decade, control over processing had been largely automated and rubber tyred vehicles had superseded rail systems and most tracked plant.

The 1960s also saw local concerns being swept up by the majors based in England (mainly to construct new roads) which, by the 1990s had spawned international empires. Then in the last decade, these groups were themselves taken over by European (or in one case, Mexican) conglomerates. Price competition from slate waste (in the North) and rationalisation by the big companies led to closure of many quarries, especially in the more remote regions. In addition there have been 'asset swaps' and divestments demanded by government to prevent monopolies becoming established.

lion, neu ithfaen ar gyfer palmantau, i borthladdoedd yng ngwledydd Prydain, Iwerddon a'r cyfandir. Mae camlesi neu reilffyrdd yn cysylltu'r safleoedd arwyddocaol eraill, megis Llanymynech, Fron a Mineria ar y gororau (A1).

Dim ond yn ystod y cyfnod prysur o adeiladu ffyrdd yn y 1960 y daeth rhai Helygain – Llanarmon i'w bri.

Yng ngorllewin Cymru hefyd, datblygodd chwareli ar yr arfordir i ddiwallu, yn bennaf, y fasnach mewn cerrig calch, a dyfodd, yn gyntaf, o'r cynnydd yn y gofyn am fortar o tua 1600, ar gyfer amaethyddiaeth ac yna, yn ddiweddarach, ar gyfer smeltio metel.

Yn y de, wrth i'r diwydiant haearn a dur dyfu, agorodd chwareli ar derfyn gogleddol y maes glo tua 1800 a bu'n rhaid adeiladu camlesi a rheilffyrdd tramiau i'w cysylltu. Yn Sir Gaerfyrddin, calch ar gyfer amaethyddiaeth oedd y brif farchnad, ond, gydag eithriadau megis yn Llandybie, roedd cysylltiadau cludiant yn aml yn wael. Roedd y diwydiant chwareli at ei gilydd yn hwyr yn datblygu yn y de, heblaw am Corneli, ni ddatblygodd Ffynnon Taf a Machen mewn gwirionedd tan y 1960 pan gynyddodd y galw am gerrig mân. Yn y blynyddoedd cynnar, roedd deunydd chwarel yn cael ei gario mewn 'trows' neu gychod â gwaelod gwastad ar Afon Gwy. Mae Peaty (2006) yn disgrifio'r berthynas rhwng y rheilffyrdd a chwareli.

Roedd Aberddawan yn enghraifft gynnar arall ac anghyffredin a oedd yn gallu cario ar y môr, sment hydrolig yn gyntaf ac yna sment Portland.

© Ian A Thomas

Mae ysbwriel wedi'i gladdu mewn rhannau o chwarel Llanddulas fel rhan o gynllun adfer.
Parts of Llanddulas quarry have been used for landfilling as part of a restoration scheme.

Cyflwyniad

Sea transport probably peaked between the Wars and is now confined to one or two sites (ie apart from marine dredged sand/gravel which although a major contributor is outside our brief) (A1;A2). Rail continued to be used for bulk deliveries until the 1960s and almost died, but is now used by one quarry in North Wales (Penmaenmawr) for carrying rail ballast and a handful in the South delivering high specification roadstone to England. Otherwise, road transport is used as journeys are usually relatively short and few railways remain which link quarries to customers.

Planning Control

The first significant planning control came with the 1947 Town and Country Planning Act which required permissions to be granted before quarrying could begin and for planning authorities to prepare plans for future quarrying. Prior to this the main controls had been concerned with quarry safety, starting in 1894.

By the 1990s, massive permitted reserves of stone had built up in some areas, often arising from 1940s planning decisions. Many of these sites had closed, with little prospect of being reopened. Such reserves distorted the proper planning of future mineral working. In response, the main trade body (then, the Quarry Products Association - QPA) agreed that member companies would relinquish some of these planning consents and mineral planning authorities also served Prohibition Orders to prevent further working. Arenig Quarry near Bala and seven sites on Lleŷn were negotiated as subjects of this process which removed several hundred million tonnes of stone from planning status. Regional Technical Statements in Wales, now indicate how much aggregate production, each area of the country is expected to provide for, to meet demand. This system takes into account environmental factors, population (as an indicator of demand) and mineral resources.

When working has finished, quarries often have useful afterlives. They can be filled and developed for housing, factories, schools etc, used for recreation, agriculture, film sets, golf courses, fish farming etc. A significant proportion of nature reserves were once quarries.

Of course not all after uses are officially planned. In 'Under Milk Wood, Dylan Thomas has Mr Waldo 'carrying on with that Mrs Beattie Morris up in the quarry'.

Location- Location- Location

The three key factors determining the distribution of quarrying activity are geology ('you can only work mineral where it is in the ground'), markets and the essential link, transport.

Briefly, the older thriving operations in the North were mainly aligned along the coasts of Lleŷn, Anglesey, and the Colwyn Day-Abergele area, delivering to other British, Irish and Continental ports, limestone for iron or chemical making or igneous rock paving materials (A1-3). The other significant sites are found along the Welsh Borders, serviced by canal or tramways as at Llanymynech, Fron and Minera (A1). The success of the Halkyn-Llanarmon units did not really emerge until the road building boom of the 1960s (A4-5).

Ystadegau Sylfaenol

Ym 1899, mewn marchnad am gyfanswm o 4.8 miliwn tunnell o gerrig, roedd y galw mwyaf am dywodfaen 45% (2.1 miliwn tunnell), yna am garreg galch 39% (1.9 miliwn tunnell) ac yna cerrig igneaidd 15% (0.7 miliwn tunnell). Doedd fawr o sôn am dywod a gro gan nad oedd ystadegau'n cael eu casglu'r adeg hynny ynghylch chwareli bâs.

Ers hynny, daeth carreg galch yn bwysicach oherwydd ei bod yn hawdd ei thrin a'i phrosesu ac yn addas ar gyfer nifer o wahanol ddefnyddiau. Mae llai o dywodfaen a cherrig igneaidd yn cael eu cloddio, ond, er hynny, maen nhw'n dal i chwarae rhan bwysig mewn cynhyrchu cerrig mân o ansawdd da yn y DU.

Roedd carreg galch yn cyfrif am 62% (neu tua 14 miliwn tunnell) o'r cyfartaledd blynyddol o 22.5 miliwn tunnell o gerrig, tywod a gro a gloddiwyd yn y 2000au, cyn y dirwasgiad caled ar ôl 2008. Roedd tywodfaen, yn nodweddiadol, yn cyfrif am tua 18% (4 miliwn tunnell), cerrig igneaidd am tua 13% (3 miliwn tunnell) a thywod a gro o'r tir am tua 7% (1.5 miliwn tunnell). (gweler, graffiau 1/2).

Mae gwybodaeth hanesyddol ynghylch y defnydd yn y pen draw yn nodedig o wael. Er y byddai'r rhan fwyaf o ddigon o gerrig tywod ac ithfaen wedi'u ffrufio'n gerrig adeiladu tua 1900, roedd y gofyn am y rhain yn gostwng yn gyflym erbyn 1920 a'r gofyn am gerrig mân yn tyfu. Ar y llaw arall, roedd llawer o'r cerrig calch a dolomit yn mynd ar gyfer fflwcs metelegol, siment a chemegolion cymaint â 90% erbyn dechrau'r 1920au mae'n debyg. Ym 1949, mae'n bosibl fod hyd at draean o'r cerrig calch yn cael eu malu'n gerrig mân. O'r 1960au, roedd bron y cyfan o'r cerrig ithfaen, cerrig tywod a thywod yn cael ei droi'n gerrig mân.

Yn y pedair degawd hyd at 2008, cafodd tua 90% o'r 20 – 25 miliwn tunnell y flwyddyn o gynnyrch chwareli ei droi'n gerrig mân [gyda hyd at chwarter yn cael ei allforio i Loegr]. Roedd y 10% oedd yn weddill yn cael ei ddefnyddio'n bennaf fel fflwcs.

Mae'n anodd cael gafael ar ystadegau ynghylch faint o bobl oedd yn gweithio mewn chwareli, roedd y rhain yn cael eu cymysgu'n aml gyda gweithfeydd glo. Hyd yn oed yn Sir Gaernarfon lle nad oes yna unrhyw waith glo, roedd y data'n cynnwys y nifer fawr o bobl a oedd yn gweithio yn y chwareli llechi. Mae'r ffigurau cymharol ar gyfer Cymru fel a ganlyn: 1899 = 13344; 1905 = 11070; 1911= 10601; 1919 = 6662; 1938 = 7388 (A2). Mae hyn yn cymharu â chyfansymiau blynyddol o tua 500 ar gyfer Gwynedd, yn y 2000au; roedd tua 300-350 o'r rhain yn gweithio mewn chwareli llechi a'r gweddill mewn rhai cerrig a gro. Yn y 2000au, yng Nghymru'n gyffredinol, roedd tua 1500-2200 o bobl yn gweithio mewn chwareli, heblaw rhai llechi, bob blwyddyn.

Yn seiliedig yn bennaf ar fapiau Arolwg Ordnans, hen a newydd, mae'r Arolwg Ddaearegol Brydeinig *(Britpits)* wedi amcangyfrif fod nifer y chwareli yng Nghymru, dros y cyfnod, fel a ganlyn:

Introduction

The West Wales quarries also grew up along the coast, propelled by the export trade in limestone for lime, in response initially for mortar then from c1600, for agriculture and later metal smelting (A6-8).

In the South, the rise of the iron and steel industry was the main driver at first in opening up the quarries along the northern edge of the Coalfield around 1800 and motivating the necessary tramway and canal links. In Carmarthenshire, agricultural lime was the principal market, but with exceptions such as Llandybie, transport was often poor. The quarry industry in the south was generally a late developer, apart from Cornelly, Taffs Well and Machen, only really coming to life in the 1960s as demand for aggregates took hold. The River Wye supported a number of early operations accessed by trows, flat bottomed barges. *Peaty (2006)* describes the relationships between railways and quarries.

Aberthaw was another early exception having the benefit of sea trade in hydraulic cement followed by Portland cement.

Basic Statistics

In 1899, of a total market for stone and sand of 4.8Mt, sandstone predominated with 45% (2.1Mt) with limestone at 39% (1.9Mt) and igneous rock at 15% (0.7Mt). Sand and gravel barely featured as the statistics of the time excluded shallow workings.

Limestone, based on its workability, ease of processing and versatility in usage, has since risen in importance. By contrast, although reduced, sandstone and igneous rock still play an important UK role in supplying high specification aggregates.

Limestone accounted for 62% (or c14Mt) of the 22.5Mt annual average of stone, sand and gravel being produced in the 2000s, before the severe downturn after 2008. Sandstone typically made up 18% (4Mt), igneous rock 13% (3Mt) and land won sand/gravel, 7% (1.5Mt). (See; graphs 1/2).

Historical information on end-uses is notoriously poor. Whereas around 1900, the vast bulk of sandstone and igneous rock output would have been as shaped building and paving stone, by the late 1920s these applications were declining rapidly in favour of crushed aggregates. On the other hand limestone and dolomite was then largely destined for metallurgical flux, cement and chemicals and by the early 1920s these probably consumed more than 90%. In 1949, aggregates possibly accounted for up to a third of limestone produced. From the 1960s aggregates consumed almost all igneous rock, sandstone and sand.

In the four decades to 2008, about 90% of the 20-25Mtpa quarry output was converted to aggregates [of which up to a quarter was exported to England]. The remaining 10% was mainly used as flux.

Statistics for employment specifically in quarries are difficult to identify as they are usually grouped with coal mining. Even in Caernarfonshire where there is no coal, the data of course includes very substantial numbers engaged in working slate. For comparison, the Welsh figures were as follows: 1899 = 13344; 1905 = 11070; 1911= 10601; 1919 = 6662; 1938 = 7388 (A2). This compares with annual totals of around

Tabl 1: Chwareli yng Nghymru – ddoe a heddiw	
Carreg Galch	1774
Dologerrig	52
Tywodfaen	6305
Igneaidd/Metamorffig	573
Tywod/Gro	1254
Tywod silica	5
Carreg silica	66
Cyfanswm	**10029**
Llechi	923

Mae'n debyg fod hyn yn tanamcangyfrif cryn dipyn ar y cyfanswm cyffredinol o safleoedd chwareli.

Mae ffigurau cynhyrchu at gyfer rhai blynyddoedd i'w gweld yn Tabl 2 ond nodir mai ychydig o ddata sydd ar gael cyn 1895. Nid yw data hyd at ddiwedd y 1930au yn cynnwys gweithfeydd llai na 20 troedfedd (6.5m) o ddyfnder ac mae, felly, yn anghyflawn ar lefel sirol tan ddiwedd y 1960au. (Gweler Atodiad 1).

Cwmnïau - cynnydd y cwmnïau rhyngwladol

Mae'r rheolaeth ar gynhyrchu wedi symud o'r cwmnïau glo, cemegolion, haearn a rheilffyrdd, ac o gwmnïau gweddol leol, i, yn bennaf, lond dwrn o gwmnïau sydd erbyn hyn yn cyfrif am 90% o'r hyn sy'n cael ei gynhyrchu.

Mae diwydiant chwareli'r DU o dan ddylanwad pum grŵp, ac mae dau o'r rhain, Tarmac a Hanson, wedi arwain cynhyrchu cerrig yng Nghymru ers y 2000au cynnar. Mae trydydd, CEMEX/RMC, hefyd yn chwarae rhan bwysig. Sut y digwyddodd hyn?

Mae llawer o'r datblygiadau masnachol a arweiniodd at y sefyllfa sydd ohoni heddiw'n cael eu disgrifio'n fanylach yn yr adrannau ardal, ond mae'r prif elfennau a rhai o'r newidiadau lleol yn cael eu crynhoi yma.

Tarmac

Tarmac (h.y. y Grŵp Anglo American)*

Trefniant Tarmac gydag UTC Holdings yng nganol y 1970au ynghylch chwarel Penhow ger Cil-y-coed oedd eu cam cyntaf i'r diwydiant chwareli yng Nghymru, er eu bod wedi bod yn prosesu slag ffwrneisi chwyth fel graean, ers 1919, ar domen lo Cwmafon, Abersychan, ac yna yn Nowlais, Margam, Caerdydd ayb.

Yn y cyfamser, roedd y teulu Hobbs wedi crynhoi grŵp o 16 o chwareli yn ne-orllewin a de Cymru [AT9]. Cyfunodd Hobbs â Wimpey ym 1982. Ym 1995, gwerthwyd Alfred McAlpine Minerals Holdings [AT1] i George Wimpey plc (AT9), yna, fis Mawrth 1996, cyfnewidiodd Wimpey eu chwareli am fusnes tai Tarmac.

Yr un pryd, prynodd y grŵp cloddio rhyngwladol, Minorco, Nash Rocks Ltd (AT5- Little Gems) fel rhagflaenydd i brynu'r

Cyflwyniad

500 for Gwynedd in the 2000s of which c300-350 were engaged in slate and the remainder in stone and gravel working. In Wales as a whole in the 2000s, non-slate quarrying typically occupied c1500-2200 people annually.

Based largely on evidence from Ordnance Survey maps, past and present, the number of quarries over time in Wales has been calculated by BGS *(Britpits- 2/2013)* as follows:

Table 1: Quarries in Wales - Past & Present	
Limestone	1774
Dolostone	52
Sandstone	6305
Igneous/Metamorphic	573
Sand/Gravel	1254
Silica sand	5
Silica rock	66
Total	10029
Slate	923

This probably significantly underestimates the overall number of sites.

Production data for selected years is given in Table 2 but note that little information is available prior 1895. Data to the late 1930s omits operations less than 20ft (6.5m) deep and thereafter is incomplete at county level until the late 1960s. (See Appendix 1).

Companies - the rise of the Multi-nationals

Control of production has passed from the coal, chemical, iron and railway concerns or more local companies, mainly to a handful of groups now accounting for 90% of the output.

Five Groups dominate the UK quarry industry, two of which led Welsh stone production by the early 2000s, Tarmac and Hanson. A third CEMEX/RMC also plays an important. How did they build up to this position?

Many of the commercial developments leading up to this situation are described later in more detail in the area sections, but the main elements and some of the local changes are summarised here.

Tarmac (ie Anglo American Group)*

In the mid-1970s,Tarmac's arrangement with UTC Holdings concerning Penhow quarry near Caldicot, marked their first entry into quarrying in Wales although from 1919 they had been processing blast furnace slag as aggregate at Cwmavon tip, Abersychan, followed by Dowlais, Margam, Cardiff etc.

Meanwhile the Hobbs family had built a group of sixteen quarries in the South West and South Wales [AT9]. Hobbs combined with Wimpey in 1982. In 1995 Alfred McAlpine Minerals Holdings [AT1] was sold to George Wimpey plc (AT9), then in March 1996, Wimpey cwmni llawer mwy, Tilcon, oddi wrth BTR yn ddiweddarach ym 1996. Roedd gan Tilcon bresenoldeb sylweddol yng ngogledd-ddwyrain Cymru (Hendre; Llan Sant Sior; Trimm Rock). Prynodd y cwmni hefyd Bodfari (Quarries) Ltd (gan gynnwys chwarel carreg galch yn Burley Hill a gweithfeydd gro). Prynodd Minorco (â'i bencadlys yn Luxembourg) y rhan an-Affricanaidd o Anglo American yn 1993 ac ailsefydlu ei hunan fel cwmni wedi'i gofrestru yn Llundain yn 1999. Yna prynodd Anglo-American Tarmac ym 1999 am £1.2 biliwn. O ganlyniad, roedd yn rhaid iddo gael gwared ar rai o'i weithfeydd ar sail cystadleuaeth a gwerthodd rai i Hanson ac i Aggregate Industries ccc.

**ar adeg ysgrifennu, mae Tarmac a Lafarge yn trafod uno (daeth i ben yn 2013).*

Hanson (h.y. y Grŵp Heidelberger)

Mae yna gymaint o benodau i'r hanes hwn nes nad yw'n eglur ymhle y mae'n dechrau. Efallai mai'r symudiad cyntaf gan un o'r prif gwmnïau oedd Roads Reconstruction, cwmni o Fryste, yn prynu Chwarel Penderyn, Hirwaun, cyn 1924 (A7).

Cododd un o'r grwpiau pwysicaf cyntaf yn y diwydiant pan ffurfiwyd British Quarrying Co (BQC) yn 1928/9 (AT5), a oedd yn uno nifer o gwmnïau ar y gororau ac ar draws de Lloegr.

Ffurfiwyd Amalgamated Roadstone Corporation (ARC), yn bennaf drwy gyfuno chwareli ar arfordir de-orllewin Lloegr ond hefyd ddwy safle yn Nant Gwrtheyrn (AT2). Prynodd ARC asedau BQC ym 1947, ond, yn ddiarwybod i lawer, prynwyd ARC ei hunan gan John Roberts (o Thomas Roberts (Westminster) Ltd) ym 1960.

Ceisiodd Roads Reconstruction gael ARC i'w brynu ym 1967. Er iddo gael ei wrthod, cyfunodd y ddau yn ddiweddarach y flwyddyn honno a dal i fasnachu fel ARC. Ar ôl bid ddigroeso gan ymddiriedolaeth Hanson ym 1983/4,, cyfunodd Powell Duffryn ei fusnes chwareli yng Nghymru gydag ARC ym 1984 (AT10 - Powell Duffryn) a ffurfio Powell Duffryn Quarries. Yn gynharach, roedd Powell Duffryn wedi ychwanegu at ei bortffolio chwareli pan gafodd reolaeth o William Adams (Newport). Ym 1985, prynodd Consolidated Gold Fields (CGF) y Bath and Portland Group plc ac, yr un pryd, Kingston Minerals, gan gyfuno chwareli Penmaenmawr a Threfor.

Yn ddiweddarach y flwyddyn honno, daeth CGF hefyd i reoli'r hyn oedd erbyn hynny'n Amey Roadstone Corporation (ARC).

Prynwyd CGF gan Hanson ar ôl brwydr galed ym 1989 ac, fel Tarmac, aeth ymlaen i adeiladu busnes mawr dramor. Roedd y cwmnïau tramor a brynwyd yn cynnwys grŵp Pioneer o Awstralia, a oedd yn rhedeg nifer o chwareli yng Nghymru, gan gynnwys yn Aberduna, Gelligaer, Forest Wood a Rhydaman. Yn fuan ar ôl 2000, prynodd Hanson chwareli yr oedd Tarmac yn eu gwerthu ond, yn ystod y 15 mlynedd diwethaf, mae Hanson hefyd wedi gwerthu rhai megis Tonfannau (Tywyn) a Gwalchmai (Môn). Yn olaf, prynwyd Hanson ei hunan gan grŵp Heidelberg Cement o'r Almaen a oedd wedi prynu Tunnel Cement ynghynt ac felly waith Padeswood (AT1).

Wales: production of bulk minerals, coal and iron 000's tonnes Year

Cymru: cynnyrch mwynau, glo a haearn swmpus 000 tunnell fetrig Blwyddyn

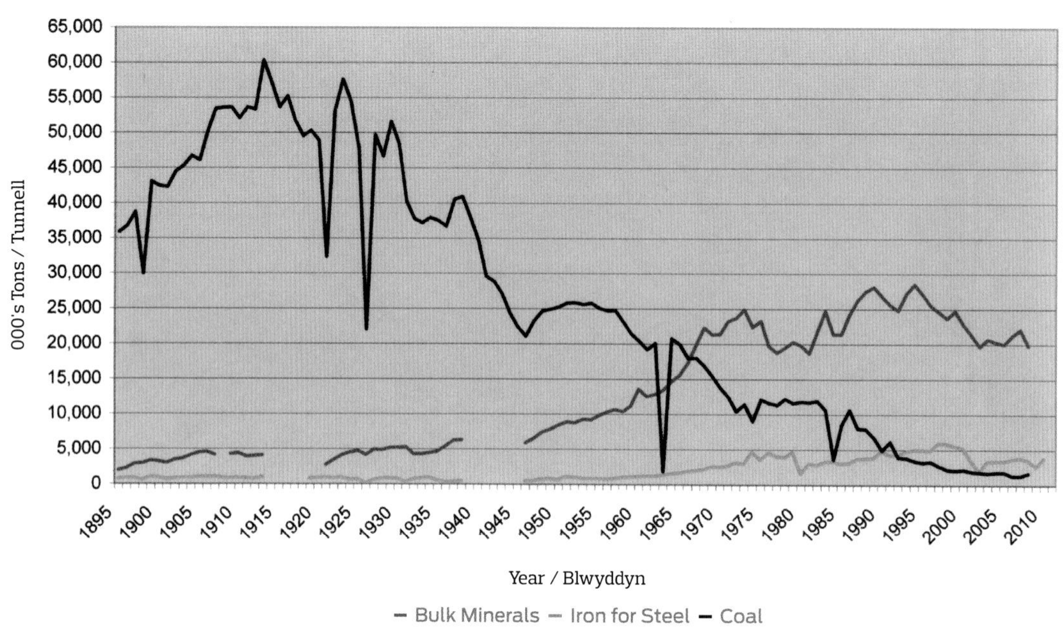

Wales: production of bulk minerals

Cymru: cynnyrch mwynau swmpus

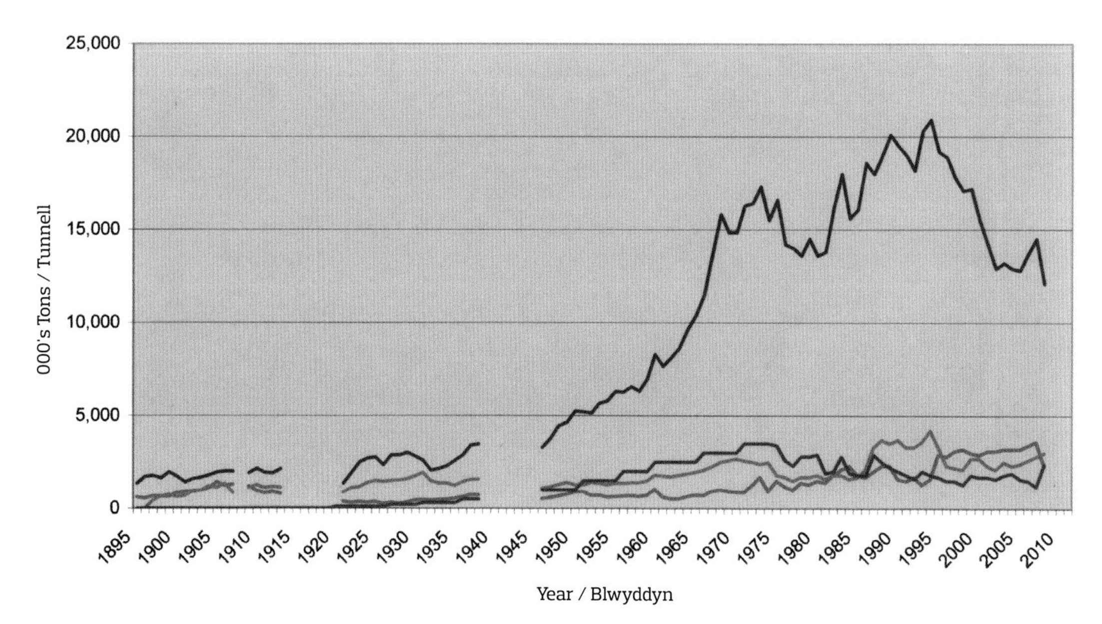

Table 2: County production statistics Tabl 2: Ystadegau cynnyrch sirol

County	Sir	1911 L/C	1911 I/I	1911 S/T	1911 G/G*	1935 L/C	1935 I/I	1935 S/T	1935 G/G*	1971 L/C	1971 I/I	1971 S/T	1971 G/G*	1994 L/Ce	1994 I/I	1994 S/T	1994 G/Gf*	2009 L/Ce	2009 I/I	2009 S/T	2009 G/G**	Co/Sir
		'000t																				
Flint	Fflint	79	-	7	2	168	-	43	183	2708	-	-	723	8279	-	8	1461	2958	-	?	492	Clwyd
Denbs	Ddyn	177	45	40	5	252	28	80	77	2903	-	-	1467b									
Anglsy	Môn	151	4	31	1	213	15	24	-	308	836	-	291	76	1278	-	182	g	627	-	139	Gwyn
Caern	Caer	451	618	2	22	509	756	-	5			-										
Mern	Meir	1	61	11	-	-	98	60	-	-	-		b									
Cards	Cere	-	-	-	1	-	14	26	-	-	-	317	303	2292	524	?	255	1297	475	?	130	Dyfed
Pembs	Benfr	21	326	2	-	40	99	4	-		1469											
Carm	Caerf	208	-	69	-	179	33	101	-	1350		-	a									
Rads	Faes	11	20	21	-	13	33	101	-			-	-	4409 c	2406	?		440 g	830	?		Powys
Mont	Dref	23	39	11	-	-	95	14	-	-		-	-									
Brecs	Brych	237	-	23	-	123	-	14	-	1543	-	-	-								10	
Glam	Morg	437	-	445	-	937	-	139	-	5791	-	458	476a	5826 d	-	?		3439	-	1141		Glam/Morg
Mon	Gwnt	125	-	173	-	147	-	31	-	1970	-		525	c	-	-		g	-	-		Gwent
Total	Cyfan.	1941	1114	834	33	2482	1245	549	265	16573	2618	775	3259	20883	4208	1568	1898	8131	1932	2667	771	Cyfan

Key/Allwedd

a	Glam/Morg/ Carms/Caerf	
b	Denbs/Ddynb/ Merion/Meirion	
c	Powys + Gwent + S Glam/ Dde Forgannwg	
d	Mid/W Glam only	Morg Gan/Gorll yn unig
e	excludes industrial dolomite (confidential)	Ac eithrio dolomit diwydiannol (cyfrinachol)
f	+ 139,000 t industrial sand	+ 139,000 tunnell o dywod diwydiannol
g	Powys + Gwynedd + Gwent	
	all G/G is land won [ie excl marine]	daw'r holl G/G o'r tir (h.y. nid o'r môr)

?	confidential	gyfrinachol
C		Calchfaen
G	sand and gravel	Tywod a graean
I	Igneous rock	Craig igneaidd
L	Limestone/dolomite	
S	Sandstone	
T		Tywodfaen

** land-won only; excludes marine dredged sand.*
**o'r tir yn unig, mae'n eithrio tywod wedi'i garthu o'r môr.*

*** In addition about 1 Mt pa of sand is dredged from the sea annually (see Sand from Sea).*
*** Hefyd, mae tua 1 miliwn tunnell y flwyddyn o dywod yn cael ei garthu oddi ar y lan (gweler Tywod o'r Môr).*

Introduction

swapped all their mineral interests for Tarmac's housing business.

In parallel, the multi-national mining group Minorco, bought Nash Rocks Ltd (AT5- Little Gems) as a precursor to taking on the much larger Tilcon, from BTR later in 1996. Tilcon had significant stake in N E Wales (Hendre; St George; Trimm Rock). They went on to acquire Bodfari (Quarries) Ltd (including limestone at Burley Hill and gravel operations). Minorco, (based in Luxembourg) acquired the non-African portion of Anglo American in 1993 and re-established itself as a London-registered company in 1999. Anglo-American plc then took control of Tarmac plc in 1999 for £1.2 billion. As a result it was required to reduce its holdings on competition grounds and therefore sold some units to Hanson and Aggregate Industries plc.

** at the time of writing a merger between Tarmac and Lafarge was under discussion. (Concluded 2013).*

Hanson (ie Heidelberger Group)

There are so many strands in this particular story that it is unclear where it began. Possibly the first move by one of the key players was the purchase by Bristol-based Roads Reconstruction of Penderyn Quarry, Hirwaun before 1924 (A7).

One of the industry's first significant groups resulted from the formation of the British Quarrying Co (BQC) in 1928/9 (AT5), which pulled together a number of concerns along the Border and across southern England.

Amalgamated Roadstone Corporation (ARC) was formed in 1935, largely by merging coastal quarries in South West England, but included two sites at Nant Gwrtheyrn (AT2). ARC took over BQC's assets in 1947 but, in a little reported move, were themselves bought out by John Roberts (of Thomas Roberts (Westminster) Ltd) in 1960.

Roads Reconstruction attempted a 'reverse take-over' of ARC in 1967. Although turned down, later that year the two companies merged continuing trading as ARC. Following a hostile bid from Hanson trust in 1983/4, Powell Duffryn merged its Welsh quarrying interests with ARC in 1984 (AT10 - Powell Duffryn) together forming Powell Duffryn Quarries. Powell Duffryn had earlier built up its quarries portfolio by gaining control of William Adams (Newport). In 1985 Consolidated Gold Fields (CGF) acquired the Bath and Portland Group plc and in the process, Kingston Minerals, merging Penmaenmawr and Trevor quarries. Later in the same year CGF also took control of what had by then become Amey Roadstone Corporation (ARC)

CGF was taken over by Hanson after a heated battle in 1989 and, like Tarmac, went on to build up large overseas interests. The foreign acquisitions included Australian group Pioneer in 1999 which operated a number of sites in Wales including Aberduna, Grove, Gelligaer, Forest Wood and Ammanford Quarries. Just after 2000, Hanson took on some of the Tamac divestments, but, over the last 15 years has also been party to disposals such as Tonfanau (Towyn) and Gwalchmai (Anglesey). Finally, Hanson itself was taken over by the German group Heidelberg Cement which had previously gained Tunnel Cement and hence Padeswood works (AT1).

CEMEX

Prynwyd RMC (o Fecsico) gan CEMEX (a sefydlwyd gan Ammentorp, o Ddenmarc, yn 1930) yn 2005. Yn y gogledd, ym 1964, prynodd RMC William Cooper Ltd, cwmni o Lerpwl. Drwy brynu'r cwmni hwn a rhai eraill, cafodd reolaeth ar chwareli Raynes (ICI Ltd, gynt) a Helygain (y ddwy'n chwareli carreg galch) a chwareli gro yn Llai, Wrecsam ac ym Mryncir ger Cricieth. Yn y de, mae'r cwmni'n rhedeg, erbyn hyn, chwareli Gwenfo, Ffynnon Tâf, (AT 9), Gilfach (AT 8-Pennant) a thair arall. Cafodd y rhain drwy brynu dau gwmni teuluol yng Ngwenfo (1969), Wotton Brothers o Gaerfaddon (1973), Thomas W Ward Ltd (ym 1982), a thrwy Lafarge.

Lafarge

Presenoldeb cymharol fychan yng Nghymru sydd gan ddau gwmni arall o 'bump mawr' y DU, sef Lafarge ac Aggregate Industries. Er i'r cwmni Ffrengig rhyngwladol, Lafarge, brynu Redland ym 1997, dim ond tair chwarel y mae wedi'u cadw (Graig, Llanarmon; Ewenni – y ddwy'n rhai carreg galch; Hafod Fach, Abercarn – tywodfaen Pennant). Yn gynharach, roedd Redland wedi prynu Cawoods (tua c1980) (A2; AT3 – Chwareli'r Dwyrain) a Steetley yn 1992 (AT9 – Ffynnon Taf). Yn 2009, prynodd Lafarge Blue Circle plc ac, i'w ganlyn, Waith Sment Aberddawan (AT11).

**ar adeg ysgrifennu, mae Tarmac a Lafarge yn trafod uno(daeth i ben yn 2013).*

Cwmnïau Arall

Mae Aggregate Industries (rhan o grŵp o'r Swistir, Holcim) yn rhedeg Cribarth, Allt y Garn a Chwm Nant Leici (chwareli tywodfaen yn y de - AT 8 - Pennant).

Erbyn hyn mae Hogan Aggregates yn rhedeg chwareli cerrig igneaidd Caer Glaw, Gwyndy a Hengae ym Môn. Erbyn hyn, Marshalls of Halifax sy'n rheoli Lloyds Quarries yn ogystal â chwareli yn Swydd Derby yw'r unig gwmni yn y DU sy'n cynhyrchu calsit grisialaidd, a ddefnyddir yn bennaf fel cerrig mân addurnol. Mae hefyd yn rhedeg chwarel y Gwrhyd ger Castell-nedd. Mae DP Williams (Holdings), erbyn hyn, yn rhedeg dwy chwarel gan gynnwys yr Hendre (Helygain). Tudor Griffiths Ltd sy'n cloddio yng Nghefn Graianog ac mae'n dod â thywod sy'n cael ei gloddio o'r môr i'r lan ym Mhorth Penrhyn, prynodd y ddau fusnes oddi wrth Tarmac. Yn ne Cymru, Cardigan Sand & Gravel (AT 4) a, tan yn ddiweddar, y diweddar Sammy Rees, yn masnachu fel T S Rees Ltd (A8), a'r Gilman Group (AT6) oedd bron yr unig berchnogion chwareli annibynnol. ■

Cyflwyniad

CEMEX

CEMEX (from Mexico) in 2005 took over RMC (set up by Ammentorp, a Dane in 1930). In the north, RMC acquired Liverpool-based William Cooper Ltd in 1964. This and other acquisitions brought in Raynes (previously ICI Ltd), Halkyn (both limestone), plus gravel sites at Llay, Wrexham and Bryncir near Criccieth. In the south, they now operate Wenvoe, Taffs Well *(AT 9)*, Gilfach *(AT 8-Pennant)* and three others. These were added either through take-over of two family firms at Wenvoe (1969), Wotton Brothers of Bath (1973), then Thomas W Ward Ltd (in 1982) or via Lafarge.

Lafarge

The two remaining companies in the UK 'big five', Lafarge and Aggregate Industries currently have only a comparatively minor Welsh presence. Although the French multi-national, Lafarge took over Redland in 1997, it has only retained three quarries (Graig, Llanarmon; Ewenny – both limestone; Hafod Fach, Abercarn – Pennant sandstone). Previously Redland had acquired Cawoods (c1980) (A2; AT3 – Eastern Quarries) and Steetley in 1992 (AT9 – Taffs Well).In 2009 Lafarge acquired Blue Circle plc and with it, Aberthaw Cement Works (AT11).

** at the time of writing a merger between Tarmac and Lafarge was under discussion (confirmed 2013).*

Other companies

Aggregate Industries (part of Swiss group, Holcim) operate Cribarth, Allt y Garn and Cwm Nant Leici (sandstone units in the south – AT 8 - Pennant).

Hogan Aggregates now work igneous rock sites at Caer Glaw, Gwyndy and Hengae on Anglesey. Marshalls of Halifax now manage Lloyds Quarries which, apart from a Derbyshire operator, was the only UK concern producing crystalline calcite, mainly employed as a decorative aggregate and they also control Gwrhyd near Neath. DP Williams (Holdings) now operate two quarries including Hendre (Halkyn). Tudor Griffiths Ltd works Cefn Graianog gravel pits and lands sea dredged sand at Port Penrhyn, both previously Tarmac. In South Wales, Cardigan Sand & Gravel (AT 4) and until recently, the late Sammy Rees trading as T S Rees Ltd (A8), and the Gilman Group (AT6) were effectively the only notable independent operators. ■

Limestone (including dolomite) – *the World's most useful rock*

Limestone finds its way into almost everything we use – either directly as stone, although it is often as part of a mix as in glass, coated roadstone, cement and concrete. Limestone is important in 'bulking out' expensive ingredients such as plastic resins. Or it may be burnt as lime, or is used in treating, refining, chemically changing other materials, as a catalyst, pollution controls etc, The examples below (not in order of importance), include old and modern applications, almost all of which have been employed at some time in Wales.

Carreg galch (gan gynnwys dolomit) – *carreg fwyaf defnyddiol y byd*

Mae'r garreg galch i'w chael ym mron bob dim rydyn ni'n eu defnyddio – un ai fel y garreg amrwd neu, yn amlach, yn gymysg â phethau eraill megis mewn gwydr, cerrig tarmac y ffordd, sment a choncrid. Mae'r garreg galch yn elfen bwysig sy'n 'chwyddo' cynhwysion drud megis resin plastig. Neu gellir ei llosgi fel calch, neu ei defnyddio wrth drin, mireinio a newid defnyddiau eraill yn gemegol, fel catalydd, rheoli llygredd ayb. Mae'r enghreifftiau isod, (nid yn nhrefn eu pwysigrwydd) yn dangos defnydd hen a newydd, bron bob un wedi'i bod yn rhan o fywyd Cymru ar un adeg.

LIMESTONE [including Dolomite] / *CARREG GALCH [gan gynnwys Dolomit]*

BLOCKS/SLABS / *BLOCIAU/SLABIAU*

BLOCKS/SLABS	*BLOCIAU/SLABIAU*
Building stone	Cerrig adeiladau
Paving	Palmant
Roofing	Toi
Armour stone	Cerrig amddiffyn

CRUSHED/ *WEDI' MALU*

COARSE/*BRAS*

COARSE	*BRAS*
Roadstone	Cerrig ffordd
Concrete	Concrid
Dry aggregate/ fill	Cerrig mân sych / llanw
Rail ballast	Balast rheilffordd
Water filtering	Hidlo dŵr
Sugar refining	Puro siwgr
Sodium carbonate [alkali]	Sodiwm carbonad [alcali]
Magnesium metal	Sodiwm carbonad [alcali]
Flux [iron, steel, other metals	Fflwcs [haearn, dur, metelau eraill

FINELY GROUND/ *LLWCH MEWN PYLLAU GLO*

FINELY GROUND	*LLWCH MEWN PYLLAU GLO*
Fertilisers	Gwrteithiau
Wall tiles	Teils wal
Glazes	Gwydredd
Animal feeds [cows, poultry]	Bwydydd anifeiliaid [gwartheg, dofednod]
Pottery	Crochenwaith
Asphalt	Asphalt
Plastics	Plastig
Paper	Papur
Paint	Paent
Adhesives	Glud
Polish	Polish
Abrasives	Sgraffinyddion
Rubber	Rwber
Medicines [pills, antacids]	Modion [tabledi, gwrthasid]
Cosmetics	Coluron
Sealants	Selyddion
Bread & flour	Bara a blawd
Carpet backing	Cefnau carpedi
Roofing felt	Ffelt to
Coal mine dusting	Llwch mewn pyllau glo

HEATED ('BURNT') IE LIME/ *POETH ('LLOSGI') HY CALCH*

HEATED ('BURNT') IE LIME	*POETH ('LLOSGI') HY CALCH*
Building mortars	Mortar adeiladu
Refractories	Atblygwyr
Flux [steel & other metals]	Fflwcs [dur a metelau eraill]
Treating mine waters	Trin dŵr pyllau mwynau
Treating sewage	Trin carthion
Neutralising power station gases	Niwtraleiddio nwyon gorsafoedd trydan
Town gas	Nwy trefol
Soaps	Sebon
Oil and bitumen refining	Puro olew a bitwmen
Candles	Canhwyllau
Detergents	Glanedyddion
Bleach	Canyddion
Sugar refining	Puro siwgr
Uranium preparation	Paratoi wraniwm
Wire drawing	Tynnu gwifrau
Tanning leather	Trin lledr
Stabilising soil	Sefydlogi priddoedd
Dyes	Llifynnau
Water softening	Meddalu dŵr
Fertilizers	Gwrteithiau
Pesticides & fungicides	Plaladdwyr a Ffwngladdwyr
Limewash	Gwyngalchu
Disinfectant	Diheintydd
Plasters & renders	Plaster a rendr
Pipe & cable insulation	Insiwleiddio pibellau a cheblau
Sand/lime bricks	Briciau tywod / calch
Medicines	Moddion
Rayon	Rayon
Purifying salt	Puro halen
Gelatine	Gelatin

BURNT WITH OTHER MATERIALS/*LLOSGI GYDA DEFNYDDIAU ERAILL*

BURNT WITH OTHER MATERIALS	*LLOSGI GYDA DEFNYDDIAU ERAILL*
Portland cement	Sment Portland
Alumina and other cements	Alwmina a mathau eraill o sment
Mineral insulating wool	Deunydd insiwleidio mwnol
Glass	Gwydr
Hydraulic lime	Calch hydrolig

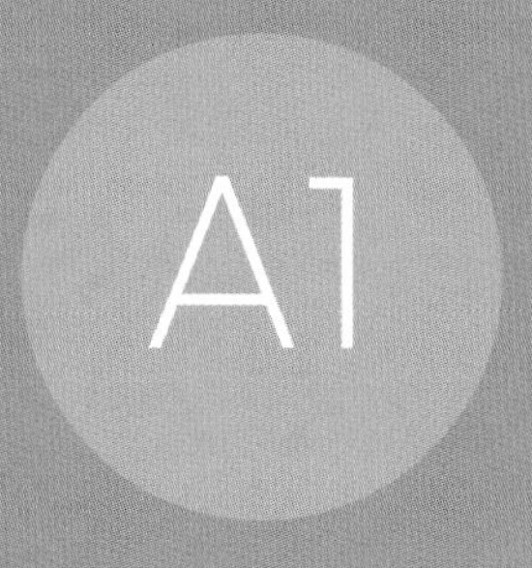

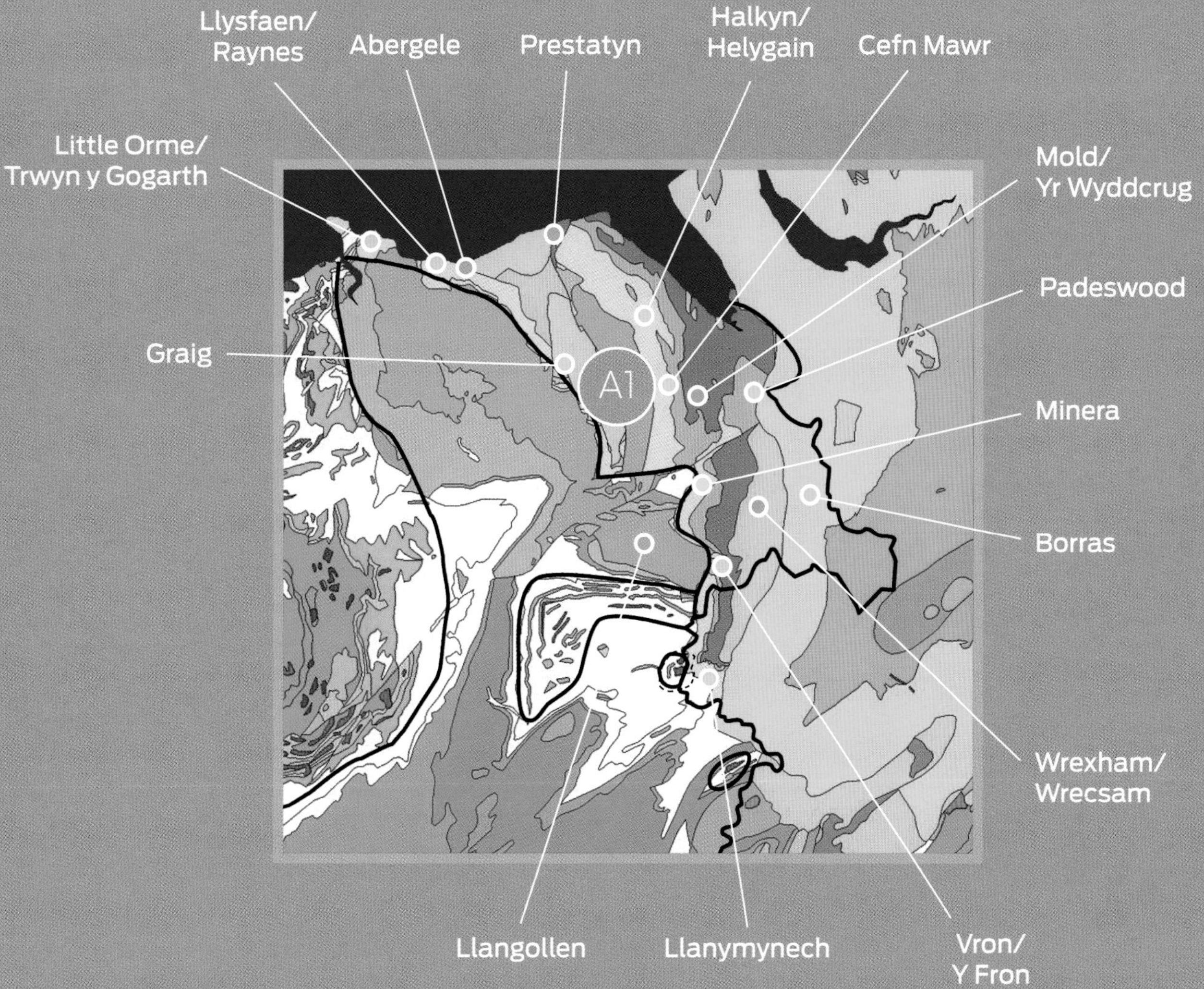

ARDAL 1:
GOGLEDD-DDWYRAIN CYMRU (A1)

AREA 1:
NORTH EAST WALES (A1)

Area 1

Ardal 1

NORTH EAST WALES (A1)

Geographic Area

The Great Orme marks the western limit of this area which includes the adjacent Little Orme. The remainder of the western boundary is defined by the western edge of the Carboniferous Limestone from Colwyn Bay i.e. running inland from the coastal strip then just west of the Vale of Clwyd.via Denbigh to Llanelidan; thence east to Llandegla, and southwards through Llangollen to the area just south of Oswestry (near Llanymynech). The coast and English Border mark the remaining boundaries.

Although geographically relatively easy to define, the sheer variety of operations and their resulting complicated industrial history might suggest that subdivision into say three parts might be a useful approach. On balance, as there were so many inter-relationships within the area, it was decided to treat the North East as a single entity, but the complexity is reflected in the length of this particular account.

Geological Setting

The most significant element comprises the Carboniferous Limestone, beginning with the heavily fault-broken outcrop at first running along the North Coast then swinging inland, defining the western flank of the Vale of Clwyd. To the east, the Vale of Clwyd is underlain by Permo-Triassic mudstones and soft sandstones, only rarely seen at the surface (they are masked by alluvium); further east, in succession – Ludlovian (Silurian) shales (virtually slates in parts) and sandstones make up the Clywdian range itself.

Then, parallel with the Dee Estuary, is a full sequence (although again, heavily faulted) of Carboniferous Limestone outcropping from Prestatyn/Dyserth to Llandegla, followed eastwards by a broken ridge of Namurian (Millstone Grit) from Talacre (near Point of Ayr) to Bwlch Gwyn (this then sweeps eastward towards Hope and Broughton).

Finally Westphalian rocks (Coal Measures) make up the coastal strip. All these are abruptly curtailed in the south by the east-west trending Llanelidan Fault. To the south of this, there is a single, much narrower outcrop of Carboniferous rocks, traceable as far south as Llanymynech in generally north/south bands, with the limestone on the west, moving to younger rocks along the English border (with eventually Permian sandstones in the south and Triassic sandstones in the north).

In terms of features of particularly geological interest, there are a number of places where the Carboniferous Limestone shoreline can be demonstrated. There are some classic and very evident geological structures related to landforms e.g. Eglwysig Rocks at Llangollen and those in Great Orme. Many of these limestone areas exhibit important cave systems and vein mineralisation. In places, the limestone has been naturally converted to silica (ie silicification) or carries extensive amounts of chert.

GOGLEDD-DDWYRAIN CYMRU (A1)

Ardal Ddaearyddol

Pen y Gogarth yw terfyn gorllewinol yr ardal hon ac mae'n cynnwys Trwyn y Gogarth, gerllaw. Mae'r gweddill y terfyn gorllewinol yn rhedeg ar ymyl orllewinol y Garreg Galch Garbonifferaidd o Fae Colwyn h.y. yn rhedeg i mewn i'r tir o'r llain arfordirol ac yna ychydig i'r gorllewin o Ddyffryn Clwyd, drwy Ddinbych i Lanelidan, yna i'r dwyrain i Landegla ac i'r de drwy Langollen i'r ardal ychydig i'r de o Groesoswallt (ger Llanymynech). Y terfynau eraill yw'r arfordir a'r ffin â Lloegr.

Er bod yr ardal yn un eithaf hawdd i'w diffinio'n ddaearyddol, mae yna gymaint o wahanol chwareli ac mae eu hanes diwydiannol mor gymhleth nes awgrymu y gallai fod yn haws rhannu'r ardal yn dair rhan. Ond, at ei gilydd, roedd yna gymaint o gyd berthnasau yn yr ardal nes y penderfynwyd trin y Gogledd-ddwyrain fel un uned ac mae'r ffaith fod yr hanes hwn mor hir yn dangos maint ei chymhlethdod.

Gosodiad Daearegol

Yr elfen fwyaf arwyddocaol yw'r Garreg Galch Garbonifferaidd, yn dechrau fel brigiadau wedi'u hollti'n drwm yn rhedeg yn gyntaf ar yr arfordir gogleddol ac yna'n troi at y tir ac yn ffurfio terfyn gorllewinol Dyffryn Clwyd. I'r dwyrain, ar lawr Dyffryn Clwyd, mae yna gerrig mwd a cherrig tywod meddal Permo-Triasig, sydd prin i'w gweld ar yr wyneb (maen nhw'n cael eu cuddio gan lifwaddod), ymhellach i'r dwyrain, mewn dilyniant – siâl Lwdlofaidd (Silwraidd) (sydd bron yn llechi mewn mannau) a thywodfaen sy'n ffurfio Bryniau Clwyd ei hunan, yna, yn gyfochrog ag Aber Afon Dyfrdwy, mae yna gyfres gyfan (er, eto, wedi hollti'n drwm) o Garreg Galch Garbonifferaidd yn brigo o Brestatyn / Dyserth i Landegla, ac yna, i'r dwyrain, grib fylchog Namwraidd (Melinfaen) o Dalacre (ger y Parlwr Du) i Fwlch Gwyn (sydd wedyn yn troi i'r dwyrain tuag at yr Hôb a Brychdyn), yna gerrig Westffalaidd (Maes Glo) ar y llain arfordirol. Daw'r rhain i ben yn sydyn yn y de wrth gyfarfod Ffawt Llanelidan yn rhedeg o'r dwyrain i'r gorllewin. I'r de o hyn, mae yna frigiad sengl, llawer culach, o graig Garbonifferaidd, y gellir ei olrhain mor bell i'r de â Llanymynech yn rhedeg, at ei gilydd, mewn bandiau gogledd / de, gyda charreg galch yn y gorllewin yn troi'n greigiau llawer ieuengach ar y ffin â Lloegr (gydag, yn y pen draw, dywodfaen Permian yn y de a thywodfaen Triasig yn y gogledd).

O ran y nodweddion o ddiddordeb daearegol penodol, mae yna nifer o leoedd lle gellir dangos traethlinau Carreg Galch. Mae yna rai nodweddion daearegol clasurol a hynod amlwg sy'n cael eu dangos yn ffurf y tir e.e. Creigiau Eglwyseg yn Llangollen ac ar Ben y Gogarth. Mae yna rwydwaith o ogofâu a gwythiennau mwynau pwysig mewn rhai o'r ardaloedd carreg galch hyn. Mewn mannau, mae'r garreg galch wedi troi'n naturiol i silica (h.y. siliceiddio) neu gyda llawer gormod o siert. Mae llawr Dyffryn Chwiler yn llawn o dywod a gro ffrwd-re-

The Wheeler Valley is floored with outwash fluvio-glacial sands and gravels, some of which are also found at higher levels. The widespread fluvioglacial gravels of the Cheshire Plain, just impinge on north-eastern Wales and are particularly important around Wrexham.

History

This intermix of highly useful rocks brought with it a whole host of extractive and inter-dependent industries. Indeed as far mining and quarrying are concerned, this area is probably the most intensively worked and perhaps most varied in Wales. This explains the length of this section The most obvious factor shaping of the historic economy of the area as whole was of course coal mining along the eastern flank, with a subsidiary, but important (until the 1980s) iron industry, itself supplied by not only local iron ore initially, but with limestone flux and refractory materials. The last two commodities resulted in significant quarrying activity notably for limestone at Minera, west of Wrexham and many lesser sites and for refractory linings – ie silica around Bwlch Gwyn, Halkyn Mountain, Moel Findeg etc and fireclay around Bulkeley. Attempts to use the siliceous rocks as aggregates have usually only met with limited success and so are largely outside the scope of this account.

The limestone areas also became some of the UK's most prolific lead mining fields, notably from Dyserth to Llanarmon and around Minera and supported a number of smelting works, mainly along the coastal strip where coal and shipping were available.

© Ian A Thomas

Chwarel ar dir Plas Wynnstay, Rhiwabon - prif ffynhonnell y cerrig ar gyfer ailadeiladu ym 1860.
Quarry in the grounds of Wynnstay Hall Ruabon – the main source of stone for rebuilding in 1860.

wlifol, ac mae rhai i'w canfod yn uwch i fyny hefyd. Prin fod gwelyau gro ffrwd-rewlifol helaeth ar Wastadeddau Caer yn cyffwrdd â gogledd-ddwyrain Cymru ond maen nhw'n eithriadol o bwysig o gwmpas Wrecsam.

Hanes

Denodd y gymysgedd hon o gerrig hynod ddefnyddiol haid o ddiwydiannau cloddio a rhai oedd yn dibynnu arnyn nhw. Yn wir, o ran cloddio a thorri cerrig, yr ardal hon sydd wedi cael ei gweithio galetaf a hi yw, efallai, y fwyaf amrywiol yng Nghymru gyfan. Mae hyn yn egluro pam fod yr adran hon mor hir. Y ffactor amlycaf a ffurfiodd economi'r ardal, yn hanesyddol, oedd, wrth gwrs, y pyllau glo ar yr ochr ddwyreiniol gydag is-ddiwydiant pwysig (tan y 1980au) yn y diwydiant haearn, a oedd nid yn unig yn cael mwynau haearn yn lleol ar y dechrau ond hefyd fflwcs carreg galch a defnyddiau sy'n gallu dal gwres. Arweiniodd y galw am y ddau olaf at gryn weithgaredd mewn chwareli, yn enwedig cloddio'r garreg galch ym Minera, i'r gorllewin o Wrecsam ac mewn llawer o chwareli llai am leinin dal gwres - hynny yw, silica, o gwmpas Bwlch Gwyn, Mynydd Helygain, Moel Findeg ac yn y blaen ac am glai tân o gwmpas Bwcle. Ychydig o lwyddiant a gafwyd wrth geisio defnyddio cerrig silicaidd fel cerrig mân ac mae llawer o hynny allan o gyrraedd yr hanes hwn.

Daeth yr ardaloedd carreg galch hefyd yn un o'r maes cloddio plwm mwyaf toreithiog yn y DU, yn enwedig o Ddyserth i Lanarmon ac o gwmpas Minera. Roedd yn cynnal nifer o weithfeydd toddi plwm, yn bennaf ar y llain arfordirol lle'r oedd glo a llongau ar gael.

© The owner & Hoseasons

Neuadd Wynnstay, erbyn hyn yn fflatiau preswyl a gwyliau moethus.
Wynnstay Hall, now high class residential and holiday apartments.

Ymhellach yn ôl, er bod rhai o adeiladau nodedig yr ardal wedi'u hadeiladu gyda charreg galch, tywodfaen a ddefnyddid yn bennaf; roedd yn haws ei naddu yn fuan ar ôl ei gloddio. Mae yna lawer o wahanol fathau o dywodfaen yn yr ardal, dim ond yn gymharol ddiweddar y mae'r Arolwg Ddaearegol Brydeinig wedi egluro mewn mapiau y dilyniant daearegol a'r brigiadau ac, erbyn hyn, mae angen cysylltu'r cerrig a ddefnyddiwyd i godi'r adeiladau gyda'u ffynonellau. Mae peth gwaith ymchwil ar y gweill ar hyn o bryd. Yn fyr, cafodd rhai o'r gwahanol dywodfeini eu defnyddio fel cerrig adeiladu da ac weithiau ardderchog, yma, mae'n debyg y mae rhai o'r cerrig adeiladu gorau yng Nghymru. Mae'r rhain yn cynnwys Talacre (Tywodfaen Gwesbyr) yn y gogledd, i Gefn Mawr (Tywodfaen Cefn) ac Erbistock (Tywodfaen Erbistock) ar hyd Afon Ddyfrdwy yn y de. Cafodd y rhain eu defnyddio i godi'r rhan fwyaf o'r adeiladau hanesyddol o'r canol oesoedd ymlaen - Cestyll y Fflint a Chaergwrle, eglwysi 'Stanley' y 15 ganrif (AT1), yn enwedig yn Wrecsam a'r Wyddgrug,

Area 1

© Ian A Thomas

Pontcysyllte (dyfrbont) sy'n croesi Afon Dyfrdwy, i'r dwyrain o Langollen, ac sydd, erbyn hyn, yn Safle Treftadaeth y Byd Defnyddiodd Telford gerrig o Gefn Mawr, cyfagos, i adeiladu'r colofnau.
Pontcysyllte (aqueduct) crossing the Dee, east of Llangollen, is now a World Heritage Site. Telford used stone from nearby Cefn Mawr to build the piers.

Further back in time, although limestone has been employed in some notable buildings in the area, sandstone was generally favoured as it was easier to shape when freshly dug. There are many different sandstones in the area; the geological sequence and outcrops have been greatly clarified relatively recently by BGS mapping, but attention now needs to be turned

© Ian A Thomas

Chwarel Cefn Mawr, Acrefair yn dangos hen olion offer - Tywodfaen Cefn o'r ardal hon oedd un o'r cerrig adeiladu cain oedd yn cael ei defnyddio fwyaf yng ngogledd Cymru.
Cefn Mawr Quarry, Acrefair showing toolmarks – Cefn Sandstone worked in this area was one of the most widely used fine building stones in N Wales.

ac ymlaen at y 19 ganrif, megis Dyfrbont Pontcysyllte (1805) a Phlas Wynnstay (1860au) ger Rhiwabon.

Prif ganolfannau gweithio'r dywodfaen oedd Talacre, Dyffryn Brychdyn / Moss (i'r gogledd-orllewin o Wrecsam) a Chefn Mawr / Acrefair. Mae'r rhain yn cynnwys ffurfiannau Namuraidd ond, yn bennaf, Westffaliaidd. Yn wir, fe welir y daeth y rhan fwyaf o'r garreg sy'n cael ei chloddio, Tywodfaen Cefn, o ddyddodion o'r ddau gyfnod. Fodd bynnag, roedd gorchudd trwm o ddyddodion Pleistosenaidd (Oes yr Iâ) yn golygu mai ychydig iawn oedd yn brigo i'r wyneb.

Plygiau, adenydd a chynnau yn bennaf yw'r dystiolaeth o weithio'r chwareli tywodfaen hyn, gyda'r rhai yn Acrefair / Cefn Mawr yn hynod ddiddorol. Nid yw'n ymddangos fod craeniau na chytiau naddu wedi goroesi.

Mae carreg galch yr ardal wedi'i defnyddio i gynhyrchu calch ers cryn amser, yn enwedig yn y 19 ganrif. Ar y dechrau, roedd yn cael ei defnyddio ar gyfer mortar e.e. yng Nghestyll Edward I yng Nghonwy, Rhuddlan a'r Fflint yn ogystal ag yng nghestyll Tywysogion Cymru (gweler tabl 3). Roedd Pen y Gogarth a Thrwyn y Gogarth yn ffynonellau pwysig, ond deuai cyflenwadau o lawer o chwareli o'r mewndir hefyd (AT1 – Graig). Gyda mwy a mwy o ffermwyr yn sylweddoli gwerth calch i wella tir, roedd y brigiadau (yn enwedig rhai yn y gorllewin) yn y lle gorau i gyflenwi calch i ardaloedd tywodfaen / cerrig

Ardal 1

to matching their use in buildings with sources. Some research work is currently in hand. In summary, most of the sandstones have been deployed as good or sometimes excellent building stones; indeed they probably represent some of the best building stones in Wales. They include Talacre (Gwespyr Sandstone) in the north, to Cefn Mawr (Cefn Sandstone) and Erbistock (Erbistock Sandstone) along the Dee, in the south. They contributed to most of the historic buildings from medieval times onwards – Fflint and Caergwrle Castles, the C15th "Stanley" churches (AT1), notably at Wrexham and Mold, and on into the C19th, such as Pontcysyllte Aqueduct (1805) and Wynnstay Hall (1860s) near Ruabon.

The main centres of sandstone working were Talacre, the Broughton/Moss Valley (north west. of Wrexham) and Cefn Mawr/Acrefair. They include Namurian, but are mainly Westphalian age formations. Indeed the most exploited stone, Cefn Sandstone, in places is found to have been deposited during both times. However the surface outcrops are extremely limited by the extensive cover of Pleistocene (Ice Age) deposits.

The evidence of working these sandstone quarries is very largely restricted to marks of plugs, feathers, and chisels, those at Acrefair/ Cefn Mawr being of interest. No cranes or cutting sheds appear to remain.

The limestones of the area have long been exploited for lime and particularly in the C19th. Initially they were utilised for mortar, eg. at Conway, Rhuddlan, Flint Castles of Edward I, as well as the castles of native princes (see table 3). The Great and Little Ormes were important sources, but many inland quarries were also suppliers (AT1 – Graig). With the growing knowledge of the beneficial use of lime as a soil conditioner, the outcrops (particularly those in the west) were especially well placed to serve the lime-starved lower Palaeozoic mudstone/sandstone areas of much of Hiraethog (Denbighshire Moors) and the Clwydian Range, so a string of small quarries became established, particularly along the edges of all the outcrops.

Bearing in mind the importance of coastal transport, the quarries on the two Ormes and those between Colwyn Bay and Abergele were especially well situated and grew in advance of the industrial revolution (eg exporting to Cheshire

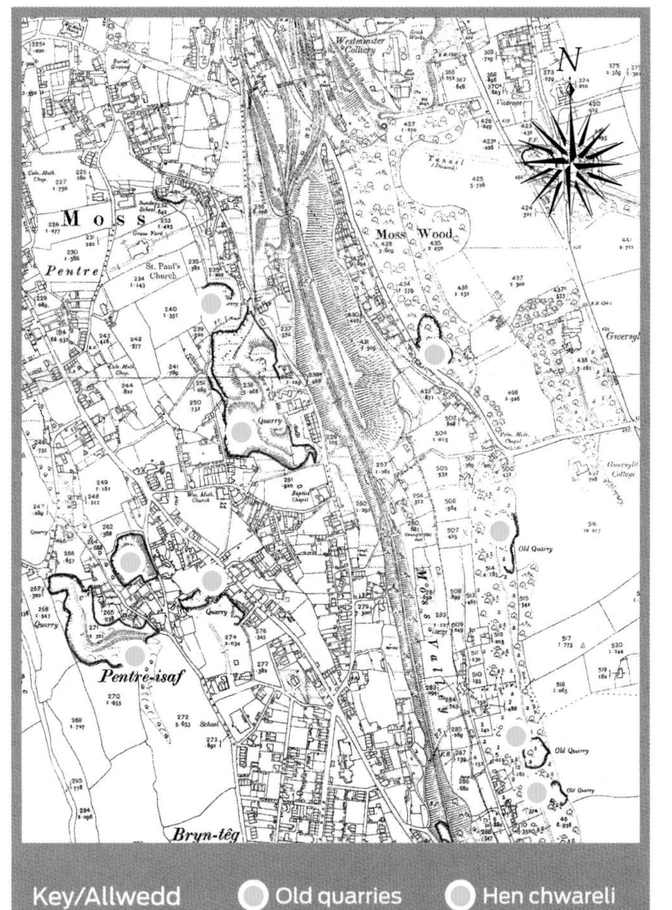

Roedd Dyffryn Moss yn un o'r ychydig fannau lle nad oedd Tywodfaen ardderchog Cefn yn cael ei gorchuddio gan ddyddodion rhewlif. O ganlyniad, denwyd nifer o weithredwyr chwareli bychan yno (1910).

The Moss Valley was one of the few areas of the excellent Cefn Sandstone not cloaked by glacial deposits. As a result it attracted many small quarry operators (c1910).

llaid Paleosoig isaf prin eu calch yn y rhan fwyaf o Hiraethog a Bryniau Clwyd. Dyna sut y tyfodd cyfres o chwareli bychain, yn enwedig ar ymylon y brigiadau.

O gofio pwysigrwydd cludo ar y môr, roedd chwareli ar Ben y Gogarth ac ar Drwyn y Gogarth, a'r rhai rhwng Bae Colwyn ac Abergele, mewn lle hynod o fanteisiol. Roedd y rhain yn ffynnu cyn y chwyldro diwydiannol (e.e. yn allforio i ffermwyr Sir Gaer) ac yn ffynnu hyd yn oed yn fwy yn ddiweddarach. Datblygodd absenoldeb unrhyw garreg galch ddigon pur yn yr Alban yn farchnad tymor hir i'r chwareli hyn, ac i rai ym Mhenmon, Môn, (AT3), er bod yna gystadleuaeth o sialc Cumbria a Gogledd Iwerddon.

Felly hefyd, er nad oedd cysylltiadau ar y môr, roedd chwareli Llanymynech (a brigiadau cyfagos ychydig i'r gogledd yn Lloegr yn Nant Mawr a Llynclys) a Vron (y Fron) ger Llangollen, lle'r oedd camlesi ar gael, a Minera gyda'i rwydwaith o gysylltiadau rheilffordd i'r dwyrain, yn ffynnu yn y 19 ganrif a than ar ôl yr Ail Ryfel Byd.

Ar safleoedd ar yr arfordir, mae yna nifer o o olion i'w gweld o lwybrau tramiau / trenau, twneli, glanfeydd, rhai odynau calch ardderchog a chymunedau chwareli e.e. mae nifer o chwareli o wahanol faint yn ardal Prestatyn – Dyserth yn cael eu cysylltu gan hen reilffordd (sy'n llwybr troed erbyn hyn). Roedden nhw'n cyflenwi carreg galch hynod bur i, ymysg eraill, waith alcali (carbonad sodiwm) ger Prestatyn.

Ond nid oedd chwareli eraill yn y mewndir wedi datblygu cymaint neu nid yw eu holion wedi'u cadw cystal. Y mae yna, fodd bynnag, rai eithriadau a rhai safleoedd diddorol yn y mewndir. Mae yna rai odynau cain o'r 19 ganrif ar fin y ffordd yn Chwarel y Graig yn Ninbych (AT1). Mae yna un neu ddwy safle ar frigiad y garreg galch yn y dwyrain, yn enwedig lle mae ffyrdd wedi'u torri drwy'r grib (fel arfer lle mae yna hollt), er enghraifft, yn Afon Wen yng Nghaerwys lle mae'r rhan fwyaf o olion hen waith sment yn dal i'w weld (dim ond un neu ddwy enghraifft arall sydd yna yng ngwledydd Prydain) (AT1 – Calch/Sment). O gwmpas Loggerheads, ar y ffordd rhwng yr Wyddgrug a Rhuthun, mae yna nifer o nodweddion sy'n gysylltiedig â chwareli ac sy'n werth eu hymchwilio ymhellach. Mae yna nifer o olion diwydiannol i'w gweld hefyd ar fynydd Helygain ond mae llawer wedi'u dinistrio gan

Area 1

farmers), only to expand even further in more recent times. The absence of any significant deposits of high purity limestone in Scotland provided a long term market for these quarries and Penmon on Anglesey (AT3), although they were in competition with Cumbria and N Ireland chalk.

Similarly, although lacking sea connections, Llanymynech (with neighbouring outcrops just to the north in England, at Nant Mawr and Llynclys) and Vron (Y Fron) near Llangollen, both with canal access, and Minera with its network of rail links to the east, all prospered from C19th into the post World War ll period.

In the coastal sites, there are generally remains of train/tramway routes, tunnels, jetties, some excellent lime kilns and quarry-based communities, eg a number of quarries of various sizes in the Prestatyn-Dyserth area are linked by a former railway (now a footpath). They served amongst others, an alkali works (soda ash) near Prestatyn with high purity limestone.

Twnnel milwr. ***twnnel milwr.***

© Nick Catford

By contrast the other inland sites were generally not as well developed or their remains are not still intact. There are however some exceptionally interesting inland sites. There are some fine roadside C19th kilns at Graig Quarry, Denbigh (AT1). There are one or two sites on the eastern limestone outcrop, especially where main routes have cut through the ridge (usually along a fault break), examples being at Caerwys where at Afon Wen the remains of an old cement works can still be largely seen (there are only one or two other examples in Britain) (AT1 – Lime/Cement). Around Loggerheads on the Mold-Ruthin road, there are a number of quarry-related features worthy of further investigation. Halkyn Mountain also displays various industrial remnants, but many have been destroyed by later quarrying and those which remain are not easy to piece together for interpretation.

In this area, many of the mineral rights, irrespective of surface owners, are either controlled by the Crown or the Duke of Westminster, when even extraction by the multi-national companies can only be worked under lease. There was also a practice of 'take notes', ie very short term authorisations to open up and test a site, before taking on say a 7 or 21 year lease. As a result, operators changed frequently, but their moves are usually well documented.

One of the most notable features of interest in the present project is almost unseen. The 10 mile/16km long Milwr Tunnel runs from Bagillt to Cadole, Loggerheads. Begun in 1897, it was designed to drain the mines of Halkyn Mountain and beyond. From 1939 to 1969, underground galleries were extended to produce up to 0.1Mtpa of exceptionally pure limestone eg for chwareli diweddarach a dyw hi ddim yn hawdd dod i ddeall digon am rhai y sydd ar ôl i'w dehongli.

Mae llawer o hawliau mwynau yn yr ardal hon, waeth pwy oedd piau'r tir wyneb, yn cael eu rheoli un ai gan y Goron neu gan Ddug Westminster, a dim ond o dan brydles y gallai hyd yn oed cwmnïau rhyngwladol mawr gloddio am fwynau. Roedd yna arfer hefyd o 'nodiadau cymryd', hynny yw, caniatâd am dymor byr iawn i agor a phrofi safle cyn cymryd prydles am, dyweder, 7 neu 21 mlynedd. O ganlyniad, roedd y rhai oedd yn rhedeg y chwareli'n newid yn aml, ond mae eu symudiadau, fel arfer, wedi'u cofnodi'n dda.

Mae un o'r nodweddion mwyaf trawiadol ac sydd o ddiddordeb i'r prosiect hwn, bron yn anweledig. Mae Twnnel Milwr, sy'n 10 milltir / 16 cilometr o hyd, yn rhedeg o Fagillt i Cadole, Loggerheads. Dechreuwyd ei gloddio ym 1897 i ddraenio pyllau mwynau ar Fynydd Helygain a thu hwnt. O 1939 tan 1969 cafodd y ponciau tanddaearol eu hymestyn i gynhyrchu hyd at 0.1 miliwn tunnell y flwyddyn o garreg galch eithriadol o bur i'w defnyddio, er enghraifft, gan Pilkingtons i wneud gwydr. Ar ôl hynny, roedd y twnnel yn cael ei ddefnyddio i gario dŵr i Courtaulds yn y Maes Glas ond, erbyn hyn, mae'n eithaf anodd mynd ato *(Ebbs 1993)*.

Mae yna chwareli enfawr i'w gweld yn yr ardal o Fae Colwyn i Abergele ac yn Nyserth, rhai yn cloddio carreg galch eithriadol o bur. Roedd llawer ohono'n mynd i weithfeydd cemegolion a dur, yn lleol yn ogystal ag yn Lloegr a thir mawr Ewrop. Yn wir, am nifer o flynyddoedd, roedd un o'r ddwy brif chwarel ym meddiant cwmni llongau (Kneeshaw Lupton, yna William Robertson o Glasgow yn Llanddulas) a'r llall ym meddiant cwmni cemegolion (United Alkali yns ICI Ltd yn Raynes) a oedd yn cyflenwi cwmni cemegolion lleol.

use by Pilkingtons in glass making. Subsequently, the tunnel was used to supply water to Courtaulds at Greenfield, but is not now generally accessible *(Ebbs 1993)*.

The area from Colwyn Bay to Abergele and at Dyserth displays some massive quarries, parts also worked very pure limestone. Much of this was consumed by chemical and steel works, locally as well as in England and mainland Europe. Indeed for many years, the owners of two of the main quarries were respectively a freight shipping company (Kneeshaw Lupton, then William Robertson of Glasgow at Llanddulas) and a chemical company (United Alkali then ICI Ltd at Raynes). Quarries at Dyserth supplied local chemical works.

Here the working of chert (nodules of silica in limestone) has its own parallel story, not only as an aggregate, but also as a pottery ingredient. More significantly chert was used either as blocks to line or be pushed around grinding mills, producing ceramic raw materials.

Near Gwernymynydd, a small mine used to supply fine siliceous sand to Lever Brothers as the main ingredient for 'Vim', a domestic scouring powder. It was opened up in 1906 by Mr L W Carder who had to develop a special patented plant and the product was at the time claimed to be superior to US an German imports.

Outside the conventional Carboniferous limestone and sandstone areas, there were literally dozens of small workings sandstone in the Silurian strata of the Clwydian range and Hiraethog hills (to supply each village or farm). Some Permo-Triassic sandstones supplied building stone and industrial sand e.g. Holt and Kinnerton respectively.

In most of Wales, with a few very notable exceptions, there is very little workable sand and gravel. The narrow Wheeler Valley, around Nercwys, has been worked extensively. More significant have been the large operations around Borras Airfield, east of Wrexham (AT1-Borras). These provide by far the largest source of sand and gravel in North Wales, indeed probably in Wales as a whole. They have really only developed "a history" since World War II and now serve a large part of Cheshire and Merseyside as well as more local markets in Wales.

Where to find out more

From the standpoint of historic evidence, the most interesting sites are all limestone-related and include Llanymynech, Minera, Afonwen/Rhydymwyn, Loggerheads. The coastal sites of Colwyn Bay/Llanddulas/ Abergele and Little Orme also have fascinating pasts although much of the evidence has been removed by a combination of modern quarrying, the construction of the A55 and extensive use of one site for landfill. Ideally these themes need to be correlated with transport stories and specific buildings.

There are some very useful accounts *(Williams 1986; Dodd 1990)*, photos etc still available and a number of local sources. Like the excellent detailed work on the quarries from Llysfaen to Minera by Bryn Ellis (1994, 1995,1996,1998), a description of these coastal operations could easily fill a book in its own right and is urgent in that the supporting oral history is rapidly being lost. Flintshire CC countryside

Roedd yna hanes cyfochrog yma o weithio siert (nodylau o silica mewn carreg galch) nid yn unig fel cerrig mân ond hefyd fel deunydd mewn crochenwaith. Yn fwy arwyddocaol, roedd siert hefyd yn cael ei ddefnyddio un ai fel blociau fel leinin neu i'w wthio o gwmpas melinau malu i gynhyrchu deunydd crai ceramig.

Ger Gwernymynydd, arferai chwarel fechan gyflenwi tywod silicaidd mân i Lever Brothers fel prif gynhwysyn 'Vim', powdr sgwrio domestig. Fe'i hagorwyd ym 1906 gan Mr L W Carder a oedd wedi cael patent ar beiriant arbennig ac roedd y cynnyrch yn cael ei gyfrif yn well nag unrhyw beth o'r Unol Daleithiau a'r Almaen yr adeg hynny.

Y tu allan i'r ardaloedd carreg galch Garboniferaidd a'r ardaloedd dywodfaen arferol, roedd yna yn llythrennol ddwsinau o chwareli tywodfaen bychan yn strata Silwraidd bryniau Clwyd a Hiraethog (i gyflenwi pob pentref neu fferm). Roedd rhai chwareli tywodfaen Permo-Triasig yn cyflenwi cerrig adeiladu e.e. Yr Hôb, a thywod diwydiannol e.e. Kinnerton.

Yn y rhan fwyaf o Gymru, gyda rhai eithriadau nodedig, ychydig iawn sydd yna o dywod a gro y gellir ei gloddio. Mae dyffryn cul afon Chwiler, o gwmpas Nercrwys, wedi'i gloddio'n helaeth. Ond bu cloddio hyd yn oed ehangach o gwmpas maes awyr Borras, i'r dwyrain o Wrecsam (AT1-Borras). Yma y mae'r ffynhonnell fwyaf o ddigon o dywod a gro yng ngogledd Cymru, ac, yn wir, yng Nghymru gyfan mae'n debyg. Dim ond ers diwedd yr Ail Ryfel Byd y mae yna 'hanes' o gloddio yma mewn gwirionedd ac erbyn hyn y mae'n cyflenwi rhannau helaeth o Sir Gaer a glannau Mersi yn ogystal â rhai marchnadoedd lleol yng Nghymru.

Lle i ganfod rhagor....

O ran y dystiolaeth hanesyddol sydd ar gael, mae'r holl safleoedd mwyaf diddorol ar garreg galch, gan gynnwys Llanymynech, Minera, Afonwen/Rhydymwyn, Loggerheads. Mae yna hanes hynod ddiddorol hefyd i'r chwareli ar yr arfordir o gwmpas Bae Colwyn / Llanddulas / Abergele a Thrwyn y Gogarth er bod llawer o'r dystiolaeth hanesyddol wedi diflannu drwy gyfuniad o gloddio modern, adeiladu'r A55 a defnydd helaeth o un safle ar gyfer tirlenwi. Yn ddelfrydol, dylai'r themâu hyn gael eu cyfuno gyda hanes cludiant ac ag adeiladau unigol, penodol.

Mae yna rai hanesion defnyddiol iawn, lluniau ayb yn dal ar gael mewn nifer o ffynonellau lleol. Fel y gwaith rhagorol a manwl ar chwareli o Lysfaen i Minera gan Bryn Ellis (1994, 1995,1996,1998), gallai disgrifiad o chwareli'r arfordir lenwi llyfr ei hunan ac mae'n hen bryd ei ysgrifennu gan fod y dystiolaeth lafar yn prysur ddiflannu. Mae Cyngor Sir y Fflint yn trefnu ymweliadau â chwareli sy'n gweithio (mae'n rhaid archebu lle - *www.flintshire.gov.uk/countryside*).

Ar Drwyn y Gogarth, er enghraifft, mae yna barc gwledig hyfryd - lle hawdd i'r cyhoedd fynd iddo yn uchel uwch ben y môr (a phoblogaidd e.e. gydag adarwyr, loncwyr a theuluoedd yn cerdded), lle'r oedd hen chwareli. *(Gweler Jacobs 1973; Culhane 1973)*.

Mae tair chwarel Llanymynech, Vron and Minera wedi gwneud cyfraniad nodedig i dreftadaeth hir y diwydiant. Mae'r rhain

Area 1

©Ian A Thomas

yn cael eu trafod yn fanylach isod (AT1 – Calch ayb).

Yn rhyfeddol, mae chwarel dywodfaen Berwig, un gymharol fechan ac sy'n llawn llystyfiant, ym Minera wedi bod ym mherchnogaeth y gymuned leol ers 1816.

Gwnaed cais cynllunio rai blynyddoedd yn ôl i droi Pistyll Gwyn (ger Llanarmon yn Iâl) yn adnodd hamdden gyda thema chwarelyddol.

Mae chwareli tywodfaen yn Acrefair/Cefn Mawr yn cael eu defnyddio'n rhannol ar gyfer hamddena cymunedol ac mae llwybrau cyhoeddus yn eu croesi'n blith draphlith. Mae llawer o'r rhai yng Ngwesbyr ac ym Moss / Brychdyn wedi neu yn cael eu defnyddio ar gyfer tirlenwi neu mewn defnydd diwydiannol. Ffurfiwyd partneriaeth gymunedol ym Mhentre Brychdyn ac mae yna grŵp hanes lleol gweithgar yno.

Roedd Parc Gwledig Trwyn y Gogarrth yn gyfres o chwareli ar un adeg ar ymyl y clogwyn ac yn anfon carreg galch i weithfeydd haearn yn yr Alban, ar y chwith roedd inclein tramiau, mae tomenni gwastraff wedi gordyfu dros lawer o'r safle.
Little Orme Country Park on was once a series of quarries located on the cliff edge, sending limestone to Scottish ironworks; on the left was a tramway incline; large waste overgrown waste tips cover much of the site.

©Ian A Thomas

service organise visits to operating quarries *(booking essential – www.flintshire.gov.uk/countryside).* At Little Orme for example there is delightful country park - a large publicly accessible area high above the sea and well frequented (e.g. by bird enthusiasts, joggers and leisure family walkers), based on former quarries. *(See also Jacobs 1973; Culhane 1973).*

Three quarries, Llanymynech, Vron and Minera made a marked contribution to the industry's long heritage. These are treated in more detail below (AT1 – Lime etc).

A relatively small but interesting and heavily overgrown sandstone quarry Berwig, at Minera remarkably has been owned by the local community since 1816.

A planning proposal was made some years ago to convert Pistyll Gwyn (near Llanarmon yn Ial) into a recreational facility with a related quarry theme.

Sandstone quarries at Acrefair/Cefn Mawr are in part used informally for community recreation and are criss-crossed by public paths. Those at Gwespyr and at Moss/Broughton are largely infilled/being infilled or in industrial use. At Pentre Broughton, a community partnership has formed and there is an active local history group.

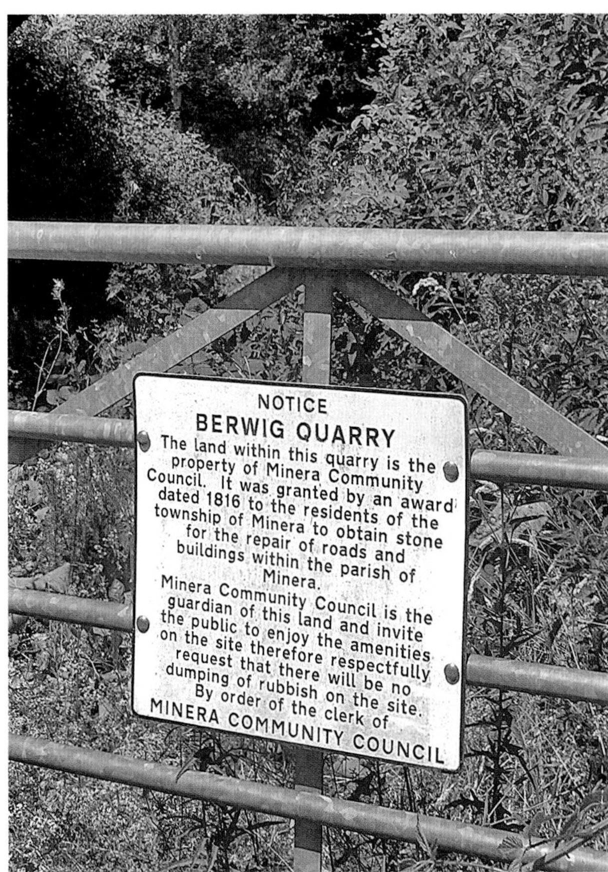

Chwarel dywodfaen y Ferwig, ger Minera, wedi gordyfu erbyn hyn, sydd ym mherchnogaeth y gymuned leol ers 1816.
Berwig sandstone quarry, near Minera, now largely overgrown, has been owned by the local community since 1816.

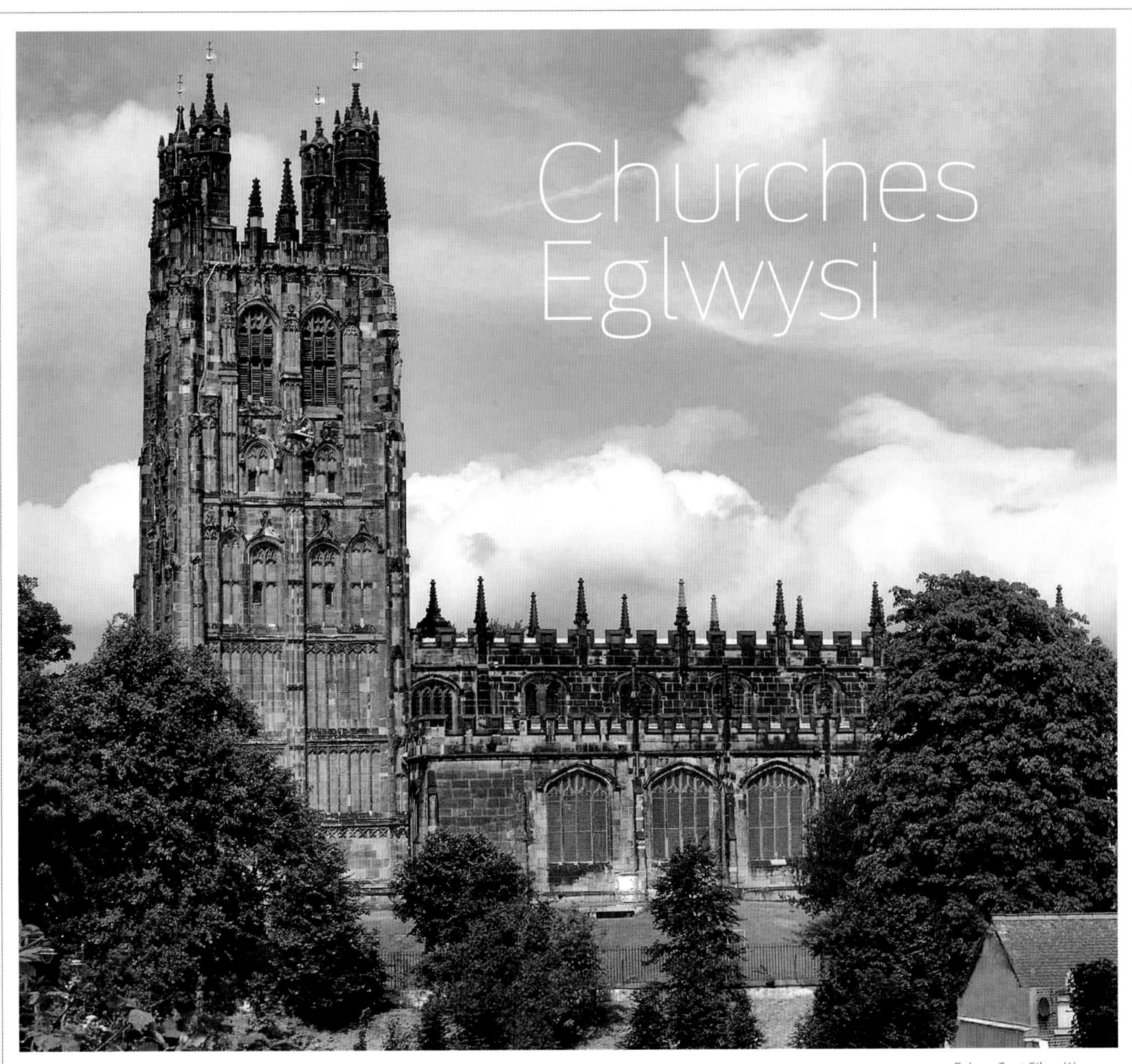

Eglwys Sant Silyn, Wrecsam.
St Giles Church, Wrexham.

© David Powell

Churches (AT1)

The five so-called Stanley churches at Wrexham, Holt, Northop, Mold and St Winefrede's Chapel (Holywell), bridge the fifteenth and sixteenth centuries. They were built under the patronage of Henry Tudor's mother. All dominate their surroundings in the manner of the 'wool churches' of Somerset. That at Wrexham is often regarded as the finest in Wales. Coal Measure sandstones were employed, effectively showcasing Cefn Stone from Cefn Mawr and Broughton, near Wrexham. The latter was also used in Gresford Church. In this period, we also see the development of similar sandstones within the triangle defined by Mold/Hawarden/Penymynydd, and in the far north, at Talacre/Gwespyr. All these sources regained their popularity in Victorian times.

Eglwysi (AT1)

Mae'r pum eglwys, sy'n cael eu galw'n eglwysi Stanley, yn Wrecsam, Holt, Llaneurgain, yr Wyddgrug a Chapel y Santes Gwenfrewi (Treffynnon), yn pontio'r bymthegfed a'r unfed ganrif ar bymtheg. Cafodd y pump eu hadeiladu o dan nawdd mam Harri Tudur. Mae pob un i'w gweld yn amlwg yn yr ardaloedd o'u cwmpas, tebyg i fel y mae'r 'eglwysi gwlân' i'w gweld yng Ngwlad yr Haf. Mae'r un yn Wrecsam yn cael ei chyfrif yn aml fel y gorau yng Nghymru. Cafodd ei hadeiladu o dywodfaen y Maes Glo, gydag enghreifftiau o Garreg Cefn o Gefn Mawr ac o Frychdyn, ger Wrecsam. Dyma'r garreg a ddefnyddiwyd hefyd yn Eglwys Gresffordd. Yn ystod y cyfnod hwn, gellir gweld fod tywodfaen tebyg yn cael ei ddefnyddio yn y triongl o'r Wyddgrug i Benarlâg i Benymynydd, ac yn y gogledd pell, Talacre / Gwesbyr. Daeth cerrig o'r mannau hyn yn boblogaidd unwaith eto yn ystod oes Fictoria.

Area 1

©Cath Wright & Gail Bale [ardenel.co.uk]

Ymweliad addysgol, Canolfan Arden.
Educational visit Arden Centre.

A Cluster of Learning Opportunities (AT1)

Arden Early Learning was established by Gale Bale and Catherine Wright. In 2000, they were asked by the managers of Aberduna Quarry near Mold to develop educational, material initially for Key Stage 2 (7-11 years) children. Their highly innovative activities are mainly adapted from quarry processes, or decisions which are made in the quarry industry. These are delivered largely through school and college workshops and visits to their centre and the quarry which now embrace all students and virtually all school curriculum subjects to some degree (*www.ardenel.co.uk*).

In parallel, starting with its predecessor, Pioneer, Hanson at Aberduna has developed extensive nature walks surrounding the quarry itself. In addition to Arden's visitors, these were also much used by school groups staying at the neighbouring Colomendy Activity Centre now part of a group of ten privately operated adventure venues, but previously run by Liverpool Council.

Nearby at Loggerheads, the site of an old works and quarries, there is a country park. Although there are nature trails here, at the moment little information is presented about the former quarrying activities or the geology. However Dr Jacqui Malpas, the Clwydian Range AONB Geodiversity Officer is now based there and geotrails and activities are being developed, some in partnership with Arden and supported by ALF (Wales) (*www.clwydianrangeaonb.org.uk* then go to geodiversity). Initiatives include a local geodiversity action plan (see website above).

CEMEX also welcome visitors by appointment, especially ecology students to examine their Cefn Mawr Quarry (Mold) restoration programme

A little further away, in 1998 the Millennium Ecocentre was established in a Tarmac building near the entrance to Borras Quarry, Wrexham (see below) to offer out-of-school experiences covering ecology, sustainable development as well as a wide range of other outdoor activities. It now also provides many adult learning opportunities, attracting 12,000 visitors annually. It benefits from support of the Aggregates Levy Fund for Wales. (*www.millenniumecocentre.org.uk*)

Clwstwr o Gyfleoedd Dysgu (AT1)

Sefydlwyd Dysgu Cynnar Arden gan Gale Bale a Catherine Wright yn 2000, ar gais rheolwyr Chwarel Aberduna ger yr Wyddgrug i ddatblygu deunydd addysg, i ddechrau, ar gyfer plant Cyfnod Allweddol 2 (7–11 mlwydd oed). Prosesau'r chwarel, neu benderfyniadau'r diwydiant chwareli, yw sail y deunydd yn bennaf ac mae'n hynod arloesol. Gweithdai mewn ysgolion a cholegau ac ymweliadau â'u canolfan a'r chwarel a geir yn bennaf ac erbyn hyn mae agweddau o'r gweithgareddau'n cyffwrdd pob myfyriwr ac yn berthnasol i bron iawn holl bynciau cwricwlwm ysgolion i ryw raddau (*www.ardenel.co.uk*).

Yr un pryd, gan ddechrau gyda'i ragflaenydd, Pioneer, datblygodd Hanson deithiau cerdded natur eang eu huanin o gwmpas y chwarel yn Aberduna. Mae'r llwybrau'n boblogaidd, nid yn unig gydag ymwelwyr ag Arden, ond hefyd gyda grwpiau ysgol sy'n aros yng Nghanolfan Gweithgareddau Colomendy sydd, erbyn hyn, yn rhan o ddeg lleoliad antur sy'n cael eu rhedeg yn breifat,ond a oedd ar un adeg yn cael eu rhedeg gan Gyngor Lerpwl.

©Ian A Thomas

Ecoganolfan y Mileniwm, chwarel Borras, Wrecsam - dysgu ymarferol.
The Millennium Ecocentre, Borras quarry, Wrexham – practical learning.

Gerllaw, yn Loggerheads, safle hen weithfeydd a chwareli, mae parc gwledig. Er bod llwybrau natur yma, ychydig iawn o wybodaeth sy'n cael ei gyflwyno ynghylch yr hen chwareli na'r ddaeareg. Fodd bynnag, mae Dr Jacqui Malpas, Swyddog Geoamrywiaeth AHNE Bryniau Clwyd yn gweithio yno erbyn hyn ac yn datblygu geolwybrau a gweithgareddau eraill, rhai mewn partneriaeth ag Arden ac yn cael eu cefnogi gan ALF (Cymru) (*www.clwydianrangeaonb.org.uk* yna mynd at geodiversity). Mae hynny' n cynnwys cynllun gweithredu geoamrywiaeth lleol (gweler yr wefan uchod).

Mae CEMEX hefyd yn croesawu ymwelwyr trwy apwyntiad, yn enwedig myfyrwyr ecoleg, i archwilio eu rhaglen adfer Chwarel Cefn Mawr (Yr Wyddgrug).

Ychydig ymhellach i ffwrdd, sefydlwyd Ecoganolfan y Mileniwm ym 1998 mewn adeilad Tarmac ger y fynedfa i Chwarel Borras, Wrecsam (gweler isod) i gynnig profiadau allan o'r ysgol sy'n cynnwys ecoleg, datblygu cynaliadwy ac amrywiaeth eang o weithgareddau awyr agored eraill. Erbyn hyn hefyd, mae'n cynnig llawer o gyfleoedd i oedolion ddysgu ac yn denu 12,000 o ymwelwyr y flwyddyn. Mae'n elwa o gefnogaeth Cronfa Dreth Agregau Cymru. (*www.millenniumecocentre.org.uk*)

Ardal 1

Sir Alfred McAlpine & Sons Ltd (AT1)

"Borras Airfield" is not one of the most inspiring places, being originally relatively flat farmland on the outskirts of Wrexham. But behind it is an intriguing story. It properly begins in 1935 when Sir Alfred McAlpine and his son decided to break away from the family firm of Sir Robert McAlpine and Sons Ltd. The Sir Robert McAlpine concern is a separate fascinating tale, but does not concern us here.

Before that in 1911, Alfred and his young family moved from Scotland to Cerrigydrudion, to supervise construction of the Alwen Reservoir. In 1918, they relocated again to Marchwiel, Wrexham. Post WWI contract work included building 3000 houses in Manchester, Manchester Ship Canal at Ellesmere Port and a new dam for the Aluminium Corporation at Dolgarrog in the Conway Valley. To manage ongoing work in the area, the then parent company set up Sir Robert McAlpine and Sons (Midlands) Ltd and Alfred was made chairman. At the time the biggest contract was the Birkenhead Section of the Mersey Tunnel. Incidentally after it was opened in 1934, the tunnel was to have a profound effect in shortening the distance from North Wales limestone quarries to Liverpool, thereby making the Clwydian quarries competitive with east Lancashire and Buxton, Derbyshire.

Following deals within the McAlpine family and considering economic conditions of the early 1930s, the main board decided to close down the Midlands subsidiary and concentrate on the south. Sir Alfred, being well-rooted in the North West and North Wales, decided to break away in 1935 and continue the company's work, founding Sir Alfred McAlpine and Son Ltd in 1940, but still retaining a good working relationship with the former company for many years. The massive Rootes car factory at Speke was built and later converted to aircraft making. In 1937 the company set up its first sand and gravel operation at Pant Farm, Gresford on the Wrexham to Chester road. United Gravel was Sir Alfred's first subsidiary and supplied a growing need by the industry as whole, including rivals Wimpeys, engaged in urgent war preparation work.

The outbreak of war bought, numerous large scale projects including about thirty airfields. By 1941, five small gravel pits were in operation around Gresford processing 5,000 tonnes a week, using steam derricks and grab shovels, feeding narrow gauge rail systems. United Gravel opened up many other sites, but considerable amounts of aggregate were also extracted from borrow pits dedicated to specific contracts.

In 1953 a small sand and gravel operation near Llay was purchased, but later extended over 215 acres (87 ha) across the River Alun from Pant.

In Wales, McAlpines became well known for power station construction - notably pump storage schemes at Tan y Grisiau (1957-63) and Dinorwig (1975-84), Rheidol hydroelectric (1958-60 – AT4) and Trawsfynydd nuclear (1958-63). Therefore in 1958 the Cefn Graianog gravel operations south of Caernarfon were bought to supply concrete aggregates to these contracts, including over 1Mt of sand and gravel delivered to Dinorwig alone.

Two of their largest road contracts were the M4 at Pontardulais (1974-7) and the A55 at Glan Conway (1981-4). In South Wales, the limestone quarry at Llandybie [AT7] was taken over in 1974 to supply the construction of the Pontardulas M4 works, then kept on to serve the local market, continuing to trade as

Sir Alfred McAlpine & Sons Ltd (AT1)

Nid yw 'Maes Awyr Borras' yn un o'r lleoedd mwyaf ysbrydoledig. Yn wreiddiol roedd yn dir amaethyddol cymharol wastad ar gyrion Wrecsam. Ond, y tu ôl iddo, mae hanes difyr. Mae'n dechrau mewn gwirionedd ym 1935 pan benderfynodd Syr Alfred McAlpine a'i fab dorri i ffwrdd o gwmni'r teulu sef Robert McAlpine and Sons Ltd. Mae hanes cwmni Syr Robert Mcalpine ynddo'i hun yn ddiddorol, ond nid yw'n berthnasol i ni ar hyn o bryd.

Cyn hynny, ym 1911, symudodd Alfred a'i deulu ifanc o'r Alban i Gerrigydrudion, i oruchwylio adeiladu Cronfa Ddŵr Alwen. Ym 1918 symudodd eto i Farchwiail, Wrecsam. Roedd y gwaith ar ôl y Rhyfel Byd Cyntaf yn cynnwys adeiladu 3,000 o dai ym Manceinion, y Manchester Ship Canal yn Ellesmere Port ac argae newydd i'r Aluminium Corporation yn Nolgarrog yn Nyffryn Conwy. I reoli'r gwaith yn yr ardal, sefydlodd y rhiant gwmni ar y pryd gwmni arall, Sir Robert McAlpine and Sons (Midlands) Ltd, a gwneud Alfred yn gadeirydd. Ar y pryd, y contract mwyaf oedd Rhan Penbedw o Dwnnel Mersi. Pan agorodd y twnnel ym 1934, byrhaodd yn aruthrol ar y daith o chwareli cerrig calch y gogledd i Lerpwl, a daeth chwareli Clwyd yn gystadleuol gyda rhai dwyrain Swydd Gaerhirfryn a Buxton, Swydd Derby.

Ar ôl ailwampio ar fusnes teulu McAlpine yn amodau economaidd anodd y 1930au cynnar, penderfynodd y prif fwrdd gau'r is-gwmni yng nghanolbarth Lloegr a chanolbwyntio ar dde Lloegr. Penderfynodd Syr Alfred, oedd â gwreiddiau dwfn yng ngogledd-orllewin Lloegr a gogledd Cymru, dorri i ffwrdd o'r prif gwmni ym 1935. Ond cadwodd ar delerau gwaith da gyda'r cyn gwmni am flynyddoedd lawer a sefydlu Sir Alfred McAlpine and Son Ltd ym 1940. Adeiladwyd ffatri ceir Rootes enfawr yn Speke, a gafodd ei throi'n ffatri awyrennau'n ddiweddarach. Ym 1937 sefydlodd y cwmni ei waith tywod a gro cyntaf yn Pant Farm, Gresffordd ar y ffordd o Wrecsam i Gaer. United Gravel oedd is-gwmni cyntaf Syr Alfred a bu'n bwydo'r gofyn brys cynyddol gan y diwydiant cyfan, gan gynnwys eu cystadleuwyr Wimpeys, wrth baratoi at ryfel.

Pan dorrodd y rhyfel allan, daeth nifer o brosiectau mawr i'r ardal, gan gynnwys adeiladu tua thri deg o feysydd awyr. Erbyn 1941, roedd pum pwll gro bychan yn gweithio o gwmpas Gresffordd. Roedd y rhain yn prosesu 5,000 tunnell yr wythnos, yn defnyddio derics stêm a rhawiau cydio ac yn cludo'r gro ar reilffyrdd cul, bychan. Agorodd United Gravel nifer o safleoedd eraill, ond cafodd llawer iawn o gerrig mân eu cloddio hefyd o byllau dros dro ar gyfer contractau penodol.

Ym 1953, prynodd McAlpines waith tywod a gro bychan ger Llai, ac, yn ddiweddarach, ei ymestyn i dros 215 erw (87 ha) ar draws Afon Alun o Pant.

Yng Nghymru, daeth McAlpines yn adnabyddus am adeiladu gorsafoedd trydan a chronfeydd trydan-dŵr yn Nhan y Grisiau (1957 - 63), Dinorwig (1975 - 84), Trydan Dŵr Rheidol (1958 - 60 - AT 4) a Gorsaf Niwclear Trawsfynydd (1958 - 63). Dyna pam y prynodd waith gro Cefn Graianog yn ne Sir Gaernarfon - i gyflenwi cerrig mân ar gyfer concrid i'r contractau hyn. Aeth dros filiwn o dunelli o dywod a gro oddi yno i Ddnorwig yn unig.

Y ddau gontract mwyaf i adeiladu traffyrdd oedd yr M4 ym Mhontarddulais (1974 – 7) a'r A55 yng Nglan Conwy (1981 – 4). Yn Ne Cymru, prynodd y cwmni'r chwarel carreg galch yn Llandybie [AT7] ym 1974 i gael cerrig i adeiladu rhan Pontarddulais o'r M4. Pan ddaeth y gwaith hwnnw i ben, fe'i cad-

Area 1

Lime Firms Ltd. Two others in Carmarthenshire, Torcoed Fawr (Pontyberem) and Dinas (Llansawel) were added to the group. Other quarries were opened up in Lancashire, but their main production has been in Wales. Hendre Limestone Quarry in the Wheeler Valley was bought to supply the building of the M6 (in the 1960s). *(Gray 1987)*

In 1996 former McAlpine quarries became part of Tarmac (See Introduction - Multinationals).

Slate is outside the general scope of this book but there is an interesting tailpiece. Slate interests were acquired almost incidentally in the course of the power station contracts, but as a result, for many years McAlpines were the largest producers in the UK. In addition to roofing and architectural slate, they developed a large market for waste slate as aggregate. In order to promote the use of slate waste for aggregates, slate does not attract the Aggregates Levy. This is seen as a sustainable solution, encouraging the removal of massive tips. Slate therefore has a competitive advantage over other aggregates. This has left some rock quarries in the former Gwynedd area, less economically viable. However, following a major financial debacle, McAlpine (now part of Carillon) sold these remaining operations in 2007, to Kevin Lagan, Belfast, now trading as 'Welsh//Slate'.

© Richard Hulse/Tarmac

Hen faes awyr RAF Wrexham, lle, erbyn hyn, mae chwarel cerrig mân fwyaf Cymru, Borras.
The former RAF Wrexham airfield, now Wales' largest gravel working, at Borras.

Two reports examined the background and options relating to the use of slate waste *(Richards et al 1995; Arup 2001).*

Borras Airfield Gravel (AT1)

Whereas in England, land won sand and gravel was by far the main type of aggregate until the 1970s and still accounts for 43% of output, in Wales it only contributes 14%; crushed rock makes up the remainder. However sea dredged sand and gravel, especially from the Bristol Channel now constitutes a major source of Welsh sand & gravel adding 0.9Mt annually. Our sand & Gravel case studies are taken from opposite ends of the land: Borras on the north east border with England can be contrasted with Penparc, near Cardigan (AT4).

wyd i gyflenwi'r farchnad leol fel Lime Firms Ltd. Prynodd y cwmni ddwy chwarel arall yn Sir Gaerfyrddin i ychwanegu at y grŵp, Torcoed Fawr (Pontyberem) a Dinas (Llansawel). Agorwyd chwareli eraill yn Swydd Gaerhirfryn, ond o Gymru y deuai'r rhan fwyaf o'r cynnyrch. Prynwyd Chwarel Carreg Galch Hendre yn Nyffryn Chwiler i adeiladu'r M6 (yn y 1960au). *(Gray 1987).*

Ym 1996 daeth chwareli McAlpine yn rhan o Tarmac (Gweler y Cyflwyniad - Cwmnïau Amlwladol).

At ei gilydd, nid yw llechi'n cael eu cynnwys yn y llyfr hwn ond mae yna dro diddorol yn y gynffon. Ar ddamwain, bron, y prynodd cwmni McAlpines chwareli llechi fel rhan o gontractau adeiladu gorsafoedd trydan. Ond, o ganlyniad, daeth McAlpine yn brif gynhyrchwr llechi yn y DU am nifer o flynyddoedd. Yn ogystal â llechi to a llechi pensaernïol, datblygodd y cwmni farchnad fawr i ddefnyddio rwbel llechi fel cerrig mân. Er mwyn hyrwyddo defnyddio'r rwbel, nid yw rwbel llechi sy'n cael ei ddefnyddio fel cerrig mân yn dod o dan y Dreth Agregau. Mae hyn yn cael ei weld fel ateb cynaliadwy i'r broblem o gael gwared ar domenni rwbel llechi anferth. Felly, mae yna fantais gystadleuol dros ddefnyddio llechi yn hytrach na cherrig eraill. O ganlyniad, mae rhai chwareli cerrig yn hen Sir Gwynedd yn llai hyfyw yn economaidd. Fodd bynnag, ar ôl chwalfa ariannol enfawr, gwerthodd McAlpine (rhan o Carillon erbyn hynny) y chwareli llechi oedd yn dal gan y cwmni i Kevin Lagan, Belffast, yn 2007 sydd, erbyn hyn, yn masnachu fel 'Welsh//Slate'.

Mae dau adroddiad wedi archwilio'r cefndir a'r dewisiadau sydd yna i ddefnyddio gwastraff llechi *(Richards et al 1995; Arup 2001).*

Gro Maes Awyr Borras (AT1)

Yn Lloegr, tywod a gro o'r tir oedd, o bell ffordd, y prif fath o gerrig mân a gai eu defnyddio tan y 1970au ac mae'n dal i gyfrif am 43%, yng Nghymru, fodd bynnag, dim ond 14% yw'r canran; cerrig mâl yw'r gweddill. Erbyn hyn, fodd bynnag daw llawer iawn o dywod a gro Cymru o'r môr, yn enwedig o Fôr Hafren, sy'n ychwanegu 0.9 miliwn tunnell y flwyddyn. Daw ein hastudiaethau achos tywod a gro o ddau ben y wlad: mae Borras ar y ffin â Lloegr yn y gogledd-ddwyrain ac mae Penparc ger Aberteifi (AT4).

Prynodd McAlpine RAF Wrecsam ar Faes Awyr Borras oddi wrth y Weinyddiaeth Awyr ym 1959 am £23,000, fel ased wrth gefn tymor hir, ond ni ddechreuodd gloddio yno am ddau ddegawd arall. McAlpine oedd wedi adeiladu'r maes awyr ei hunan ym 1940 – 1. Yn eironig, er bod gro ar y safle, cariwyd miloedd o lwythi o dywod a gro yno ar loriau o Pant Farm, gwastraff siâl o Byllau Bersham a Hafod a charreg galch o Hendre. Cafodd Borras ei werthu mewn ocsiwn "ar y ddealltwriaeth fod gwelyau gro o dan rywfaint o'r tir". Yn 2011, gydag ystâd Holt gerllaw, ar ôl gweithio yno am 30 mlynedd, roedd yn dal 15 miliwn tunnell ar ôl gyda chaniatâd i'w cloddio, digon am 20 - 25 mlynedd o gloddio, sy'n golygu mai Borras, o bell ffordd, yw'r gronfa fwyaf o ro yng Nghymru. Cafodd y gro ei ffurfio yn ystod y cyfnod Pleistosen (Oes yr Iâ), ffurfiodd rhagflaenwyr afonydd Alun, Clywedog a Gwenfre deras delta o ro wrth ymylon llyn rhewlifol a orlifodd dros wastadeddau Caer.

Rhoddwyd caniatâd cynllunio i ymestyn Borras ac mae'r cynlluniau'n cynnwys trawsnewid y maes awyr yn barc gwledig ac adfer rhan Ystâd Holt yn dir amaethyddol ac yn goetir.

Ardal 1

© Richard Hulse/Tarmac

Adeiladau'r pridd ac ail hadu.
Building up soil and reseeding.

© Richard Hulse/Tarmac

Cnwd o laswellt wedi'i sefydlu.
Established grass crop.

© Richard Hulse/Tarmac

Plannu cysgodfan goed.
Planting a woodland break.

© Richard Hulse/Tarmac

Mannau coediog a phori, mae'r lefelau isaf yn dangos lle cloddiwyd am gerrig mân, sy'n dal i ddigwydd yn y pellter.
Woodland and grazing areas; the lower levels indicate where gravel has been won, a process still continuing in the distance.

Adfer ac ôl ofal ar ôl cloddio cerrig mân ym Morras, Wrecsam.
Restoration and after-care following gravel extraction at Borras, Wrexham.

RAF Wrexham on Borras Airfield was purchased from the Air Ministry by McAlpine in 1959 for £23,000, as a long term reserve, but it wasn't for another two decades that extraction began. The airfield itself had been constructed by McAlpines in 1940-1. Ironically, despite the gravel on site, thousands of lorry movements brought in sand and gravel from Pant Farm, waste shale from Bersham and Hafod Collieries and limestone from Hendre. Borras was auctioned as being "understood that there are gravel deposits under some of the land". In 2011 with the adjacent Holt estate, after 30 years of working, there were still 15Mt of permitted reserves, sufficient for 20-25 years production, making Borras' by far the largest gravel reserves in Wales. The deposit was formed in Pleistocene (Ice Age) times, as the predecessors of the Alun, Clwyedog and Gwenfre rivers created a delta terrace of gravel at the edge of a glacial lake which then flooded the Cheshire Plain.

Planning permissions were granted to extend Borras, and included a plan to transform the airfield into a country park and restore the Holt Estate portion to farm and woodland.

Area 1

Lime in the North

For many centuries limestone has been heated to a high temperature until it dissociates into carbon dioxide gas and calcium oxide, ie lime. Three inland sites in the North have a long and dominant role in lime production – Llanymynech in the south, Vron in the centre and Minera west of Wrexham.

Llanymynech Quarry literally straddles the Powys/Shropshire border; it displays a complex network of old quarries, tramway routes, etc., leading down to a Hoffmann kiln (one of only a few in Britain with even the chimney intact), canal and mainline railway system. However, apart from the quarries themselves, almost all the industrial features of historical interest are in England. A detailed comprehensive study was undertaken in the early 1990s by Shropshire County Council in collaboration with neighbouring and district authorities, seeking an integrated visitor and interpretive approach. The Llanymynech Community Project has involved placing a number of informative panels on both sides of the Border and Oswestry Borough Council are further considering ways in which public access can be improved. To inform the latter, Clwyd and Powys Archaeological Trust has carried out an archaeological and historical review. The large Hoffmann kiln has been restored and a small demonstration limekiln erected. Work on the grassland has been supported by ALF (Wales).

Hen chwareli cerrig calch mawr, gan gynnwys odynau, ffyrdd tramiau, twneli ayb, yn Llanymynech yn ymestyn i Wastateddau Swydd Amwythig.
The large complex of former limestone operations, including kilns, tramways, tunnels etc, at Llanymynech, spills over onto the English Shropshire Plain.

Calch yn y Gogledd

Am sawl canrif mae'r garreg galch wedi'i phoethi i dymheredd mor uchel nes ei bod yn newid ei ffurf yn nwy deuocsid carbon ac ocsid calsiwm, h.y. calch. Mae hanes hir i hyn ar y tair prif safle ym mewndir y gogledd lle cynhyrchir calch – Llanymynech yn y de, Vron yn y canol a Minera i'r gorllewin o Wrecsam.

Mae Chwarel Llanymynech yn llythrennol ar y ffin rhwng Powys a Swydd Amwythig. Mae yno rwydwaith cymhleth o hen chwareli, llwybrau tramiau ayb yn arwain i lawr at odyn Hoffmann (un o'r ychydig rai ym Mhrydain lle mae'r simnai'n dal yn gyfan), camlas a'r rheilffordd gyhoeddus. Fodd bynnag, heblaw'r chwareli eu hunain, mae bron iawn y cyfan o nodweddion diwydiannol sydd o ddiddordeb hanesyddol yn Lloegr. Bu Cyngor Sir Swydd Amwythig ac awdurdodau cyfagos a rhanbarthol yn cynnal astudiaeth gynhwysfawr, fanwl, yn gynnar yn y 1990au er mwyn ei dehongli i ymwelwyr. Mae Prosiect Cymunedol Llanymynech wedi gosod nifer o baneli gwybodaeth ar y ddwy ochr i'r ffin ac mae Cyngor Bwrdeistref Croesoswallt yn ystyried sut y gellir ei gwneud yn haws i bobl ymweld ac, fel rhan o hyn, gwnaeth Ymddiriedolaeth Archeolegol Clwyd a Phowys adolygiad archeolegol a hanesyddol. Mae'r odyn Hoffmann fawr wedi'i hadfer ac odyn galch arddangos fechan wedi'i chodi. Cefnogwyd y gwaith ar y glaswelltir gan ALF (Cymru).

© Ian A Thomas

Odyn i ddangos llosgi calch yn Llanymynech.
Kiln to demonstrate lime burning at Llanymynech.

Y Fron a'r Waun

Denodd y chwareli ar y creigiau amlwg a diarffordd sy'n edrych dros Afonydd Dyfrdwy a Cheiriog ddiddordeb yn gynnar a chynyddodd hynny'n gyflym pan ddaeth y gwaith ar gangen Llangollen o Gamlas y Shropshire Union i ben yn 1808.

Mae Vron / Fron (Pen y Graig) yn cynnwys clwstwr eang o hen chwareli. Gyda'r inclein hunan weithredol 2 droedfedd o led (fe'i caewyd ym 1958), roedd y rhain yn bwydo'r odynnau calch ger Camlas y Shropshire Union a ffordd yr A5, ar ben deheuol Traphont Ddŵr Pontcysyllte. Galwyd casgliad o chwe odyn fawr ar Ffordd Caergybi y Biddulphs ym 1822. Efallai bod yna odynnau llai yno cyn y rhain, ond cafodd rhai eraill ar fin y ffordd eu dymchwel tua 1980.

Yn niwedd yr 1850au, roedd 16,000 tunnell y flwyddyn yn cael ei gloddio yn y 'Vron', gydag W Eddy yn rheolwr, ac yn gwasanaethu saith odyn. Yr un pryd, cofnodir fod y 'Fron' yn cynhyrchu 15,000 tunnell y flwyddyn, ond gan nad yw enw'r perchennog yn cael ei roi, gallai hwn fod yn gofnod dyblyg. Y

Ardal 1

Yn Llanymynech, mae clogwyni naturiol wedi'u hymestyn fel chwareli, gellir gweld enghraifft dda o 'domenni hir' a llwybrau troliau'n eu cysylltu, chwith gwaelod.
At Llanymynech, natural crags have been extended as quarries; a fine display of 'finger dumps' fed by small wagon-ways can be seen, bottom left.

Vron and Chirk

The isolated exposures of the Cefn Mawr and Minera Limestone Group overlooking the Dee and Ceiriog rivers attracted early interest which accelerated upon completion of the Llangollen Branch of the Shropshire Union Canal in 1808.

Vron/Fron (Pen y Graig) comprises an extensive cluster of old quarries. Using a self acting 2ft gauge incline (closed 1958), these fed limekilns alongside the Shropshire Union Canal and A5, at the southern end of Pontcysyllte Aqueduct. A bank of six large kilns on the Holyhead Road was known as Biddulphs in 1822. Smaller kilns nearby may predate these, but others at the roadside were demolished c1980.

In the late 1850s, 'Vron', managed by W Eddy, was extracting 16,000 tpa to service seven kilns. At the same time 'Fron' is listed as producing 15,000 tpa, but, as no owner is given, this could simply be a duplicate entry. The site was managed from before 1896 and until c 1950 (possibly later) by the Chirk Castle Lime & Stone Co which also continued to work Nant Mawr quarry in Shropshire into the late 1960s. Harry Williams & Sons took over Fron prior to closure in 1965.

The aqueduct and canal were inscribed as a World Heritage Site in 2009 which includes the kilns and quarries.
In c 1858, J Dickin & Co worked Chirk Castle Quarry, producing c20,000 tpa, as well as operating Llanymynech (80,000 tpa) and Trevor (25,000 tpa) on the northern side of the Pontcysyllte aqueduct.

Odynau ar Gamlas Llangollen yn Froncysyllte.
Kilns on the Llangollen Canal at Vron.

Chirk Castle Lime & Stone Co oedd yn rheoli'r safle cyn 1896 a hyd at tua 1950 (ac efallai'n hwyrach). Roedd y cwmni hwn hefyd yn dal i weithio chwarel Nant Mawr yn Swydd Amwythig tan ddiwedd y 1960au. Prynodd Harry Williams & Sons y Fron cyn ei chau ym 1965.

Cafodd y draphont ddŵr a'r gamlas eu dynodi'n Safle Treftadaeth y Byd yn 2009 ac mae'n cynnwys yr odynnau a'r chwareli.

Tua 1858, roedd J Dickin & Co yn gweithio Chwarel Chirk Castle, gan gynhyrchu tua 20,000 tunnell y flwyddyn, yn ogystal â gweithio Llanymynech - 80,000 tunnell y flwyddyn a Threvor (25,000 tunnell y flwyddyn) ar ochr gogleddol traphont ddŵr Pontcysyllte.

Minera

Mae llawer o chwareli'n honni eu bod yn hirhoedlog, ond ychydig sy'n gallu profi eu bod yn gweithio cyn dyweder 1850. Ym Melin Minera, fodd bynnag, mae'r cofnod cyntaf am odynnau'n dyddio'n ôl i 1620. Roedd y diwydiant haearn cynnar ym Mersham angen carreg galch ac, yn y 1780au, roedd Samuel George yn cynhyrchu calch yn Nhŷ Hir, sydd i'r gorllewin o'r chwareli a ddatblygodd yn ddiweddarach. Ym 1819 cafodd Mri Burton a Kyrke ganiatâd i godi odynnau yn Chwarel Eisteddfod. Parhaodd y trefniant yma, wedi'i addasu, tan y 1850au ac erbyn hynny roedd wedi ehangu ac ymunodd William Lester â'r ardal o ochr arall y dyffryn. Erbyn 1858, roedd yn cynhyrchu 80,000 tunnell y flwyddyn ac yn rhedeg pum odyn agored. Yr un flwyddyn, cloddiodd The Minera Lime Co 65,000 tunnell; cafodd ei sefydlu ym 1852, o ganlyniad i uno er nad yw'n glir pa gwmnïau a unwyd. Yn ôl y son yn yr ardal ar y pryd, cafodd o 0.3 miliwn tunnell ei gloddio yn ardal Minera ym 1859. Cafodd 0.2 miliwn tunnell ei droi'n galch a'i werthu mor bell â chanolbarth Lloegr. Roedd cynhyrchu cymaint â hyn yn sefydlu Minera fel un o gynhyrchwyr calch mwyaf y DU. Daeth yr odynnau Hoffman mwyaf diweddar yno ym 1868 a 1874. Ychwanegodd Lester ei falwyr patent ei hunan, ond ildiodd ei brydles i Minera Lime ym 1899.

Pan resymolodd ICI ei chwareli ar ôl 1926, collodd Minera lawer o'r farchnad i'r diwydiant cemegol. Yr un pryd, effeithiodd y dirwasgiad ar waith dur Brymbo (lle'r âi tua hanner y gwerthiant fel arfer) a bu'n rhaid cau dros dro yn gynnar yn y 1930au. Methiant fu'r ymdrechion i gyflwyno Odynnau Priest fertigol yn cael eu tanio gan nwy ym 1929. Cymerodd Adam Lythgoe Ltd reolaeth ym 1954 a dyna pryd yr oedd y farchnad, a'r cwsmeriaid, ar eu mwyaf amrywiol - gweithfeydd dur, distyllwyr tar, ffermwyr, mwyndoddwyr copr, gwneuthurwyr gwydr, adeiladwyr. Roedd llosgi calch wedi dod i ben tua degawd cyn i Tarmac gymryd drosodd ym 1967 a dechreuwyd cynhyrchu cerrig mân *(Ellis 1995)*. Yna, yn niwedd 1993, trosglwyddodd Tarmac Minera i Redland yn gyfnewid am asedau yn Swydd Stafford. Penderfynodd Redland gau Minera'n syth, roedd gan y cwmni chwareli eraill gerllaw yn Llanarmon ac yn Llynclys.

Cododd nifer o gynigion ar gyfer defnyddio safle Minera dros y blynyddoedd, er enghraifft, sefydlwyd ymddiriedolaeth chwarel yn 2005 a chyflwynwyd cynlluniau i agor yr ardal i'r cyhoedd

Area 1

Minera

Many quarries claim longevity, but few can verify operations before say 1850, although kilns were first recorded at Minera Mill in 1620. The early iron industry at Bersham required limestone and in the 1780s, Samuel George was producing lime at Ty Hir west of the later workings. Early kilns at Eisteddfodd Quarry were granted in 1819 to Messrs Burton and Kyrke. This arrangement continued in modified form into the 1850s by which time it had expanded and the area was joined by William Lester on the opposite side of the valley, producing 80,000 tpa in 1858 and operating five open kilns. In the same year, The Minera Lime Co, quarried 65,000 t; it had been established in 1852, as the result of a merger, although the components are not clear. In 1859 total output from the Minera area was reported locally as 0.3Mt of which 0.2Mt was converted to lime and dispatched as far as the Black Country. This scale of output confirmed Minera as one of UK's premier lime producers. State of the art Hoffman kilns were introduced in 1868 and 1874. Lester added his own patent crushers, but gave up the lease in favour of Minera Lime in1899. Rationalisation of ICI's own quarry capacity after 1926 meant losses in Minera's sales to the chemical industry and the slump in steelmaking at Brymbo (in normal years, comprising half of sales), forced temporary closure in the early '30s. Attempts made to introduce gas-fired vertical Priest Kilns in 1929, proved unsuccessful. Adam Lythgoe Ltd took control in 1954 at which point the range of markets served – steelworks, tar distillers, farmers, copper smelters, glassmakers, builders, was at its broadest. With Tarmac's acquisition in 1967, a switch was made to aggregates, limeburning having ceased about a decade earlier *(Ellis 1995)*. Then in late 1993, Tarmac agreed to take on Redland assets in Staffordshire in exchange for Minera. Redland decided to close Minera forthwith, having other reserves near Llanarmon and at Llynclys.

i Gyngor Bwrdeistref Wrecsam yn 2010. Mae'r holl fannau'r hen chwarel eang hon a gafodd eu gweithio'n ddiweddar wedi'u hail raddio, er bod odyn ragorol Hoffmann ac odynnau mawreddog eraill yn dal yno (rhai'n Henebion erbyn hyn), ac mae nifer o fân nodweddion yn dal yno hefyd, llwybrau rheilffordd ayb. Mae'r cyswllt rhwng y garreg galch Carbonifferaidd a'r llwydfaen Ordofigaidd i'w weld ac mae hyn hefyd yn gofyn am ryw ffurf ar ddehongli. Mae'r hawliau mynediad cyhoeddus i'r safle hon yn dal yn annelwig.

Sement yn y gogledd

Cafodd Joseph Aspdin batent ar sment Portland ym 1824 ond nid ymddangosodd cynnyrch y bydden ni'n ei adnabod fel sment Portland tan hanner canrif yn ddiweddarach. O'r tua 15 o weithfeydd sment sydd ym Mhrydain heddiw, mae dau yng Nghymru - un yn Padeswood yn Sir y Fflint, tua milltir o'r ffin, a'r llall yn Aberddawan i'r de orllewin o Gaerdydd.

Fodd bynnag, roedd y gwaith hynaf yn y gogledd, yn dyddio o 1874, yn Afonwen ger Caerwys ac, yn rhyfeddol, mae digon o'r gwaith ar ôl i allu dehongli'r broses gynnar. Ymddengys mai casgliad o odynnau calch math siambr oedd yno ac nid yr odynnau trogylch sy'n cael eu defnyddio heddiw. Mae'r adeilad wedi'i restru'n Gradd II ac mae'n gefndir y byddai llawer yn ei ystyried yn eithaf hynod i'r safle carafanau sydd yno erbyn hyn. Roedd y prif ddeunydd craidd yn hynod o anarferol, sef twffa, dyddodion calchog tebyg i sbwng ac sy'n debyg hefyd i drafertin sy'n ffurfio wrth geg ffynnon. Yn ddiddorol, roedd clai a siâl yn y Garreg Galch Carbonifferaidd a gai ei defnyddio yma ac

© Pearce, Coedpoeth

Chwarel Minera gydag odyn Hoffman ac odynau calch eraill yn y cefndir (cyn 1914).
Minera Quarry with Hoffman and other limekilns in the background (pre 1914).

© Ian A Thomas

Adfer chwarel fawr Minera yn 2003. Tynnwyd y llun hwn o tua'r un fan â'r chwith.
Reclamation of the extensive Minera quarry was underway in 2003. This picture was taken from a similar location to that on the left.

There have been a number of proposals for the Minera site for example, a quarry trust was set up in 2005 and plans to open up the area to the public were considered by Wrexham Borough Council in 2010. In this extensive former quarry, all the more modern worked areas have been regraded, although the excellent Hoffmann and other majestic kilns still exist (some designated Ancient Monuments), as do a number of minor features, rail routes, etc. The contact between the Carboniferous limestone and underlying Ordovician greywackes can be seen and also demands some form of interpretation. The matter of general public access to this site still appears uncertain.

Cement in the North

Joseph Aspdin took out a patent for Portland cement in 1824 but it was a further half century before a product emerged which we might begin to recognise as such today. Of the 15 or so cement works in Britain today, two are in Wales – Padeswood in Flintshire a mile or so from the border and Aberthaw south west of Cardiff.

However the oldest operation in the north, dating from 1874 was at Afonwen near Caerwys and quite remarkably, sufficient of the works remains to be able to appreciate the early process, indeed the structure appears to be a bank of chamber type limekilns rather than the rotary kilns used today. The building is Listed for protection as Grade II and many would regard it as an almost quaint backdrop to the present caravan site. The main raw material was most unusual being tufa, a sponge-like limy deposit similar to travertine, formed at the mouth of a spring. Interestingly the Carboniferous Limestone also used here was a clayey, shaley variety known once in the trade as 'Aberdo Limestone' – 'Aberdo' was a corruption of Aberthaw, and this

© Heidelberg Cement/Hanson

Odyn droi a thŵr cyn twymo yng Ngwaith Sment Padeswood.
Rotary kiln and pre-heater tower at Padeswood Cement Works.

© Ian A Thomas

Gweddillion Gwaith Sment Afonwen, Caerwys, mae'r adeiladau wedi'u tacluso erbyn hyn ac yn rhan o barc carafannau / chalets.
Remains of Afonwen Cement Works, Caerwys; the buildings now tidied-up are part of a caravan/chalet park.

fe'i gelwid yn y fasnach yn 'Garreg Galch Aberdo' – llygriad oedd 'Aberdo' o 'Aberthaw' (Aberddawan) sef cyfeiriad at gerrig galch tebyg ond llawer ieuengach yn yr ardal honno o dde Cymru lle'r oedd hen, hanes o wneud calch (gweler A11). Roedd til (clog-glai) yn cael ei ychwanegu at y cymysgedd. Cynhyrchodd Afonwen filoedd o dunellau o sment bob blwyddyn ond caeodd tua 1915.

Ond, yn Padeswood, dim ond 12 cilometr i'r de, mae chwarel enfawr Cefn Mawr ger yr Wyddgrug yn bwydo un o'r gweithfeydd sment mwyaf modern yn Ewrop. Yn 2005, cafodd odyn sengl newydd sbon ei gosod yno ar gost o £70 miliwn. Roedd hon yn cymryd lle tair arall, y cyntaf wedi'i chomisiynu ym 1950 pan agorodd Tunnel Cement y gwaith. Yn y 1980au daeth yn rhan o Rio Tinto Zinc ac yn y 1990au roedd yn cael ei reoli gan grŵp o Sgandinafia, Scancem. Ym 1999 daeth yn rhan o Heidelberg Cement; mae'n gweithredu yn y DU trwy Hanson. Mae'n gallu cynhyrchu 1 filiwn o dunelli'r flwyddyn ond, yn ddiweddar, mae i lawr i tua 0.9 miliwn tunnell y flwyddyn. Daw'r clai o domenni dau hen bwll glo, Llai (11 cilometr i ffwrdd) a Bersham (20 cilometr). Mae'r glo sy'n dal yn y tomeni'n llosgi ac yn cynhyrchu rhywfaint o'r ynni sydd ei angen, ond mae caniatâd i losgi amrywiaeth eang o wastraff megis teiars hefyd. Mae'r gost o gludo defnyddiau craidd yn golygu fod bron bob un gwaith sment ger y chwareli sy'n cynhyrchu'r cerrig, ond erbyn hyn does yna ddim rheswm amlwg pam y dylai'r gwaith yma fod yn Padeswood. Mae'n debyg fod hyn yn deillio o'r 1940au pan oedd cytundebau masnach yn bodoli (sydd yn cael eu gwahardd, bellach) a oedd cadw gwaith a fyddai'n cystadlu bellter penodol i ffwrdd.

Rhwng 1911 a 1932 roedd y Ship Canal Portland Cement Manufacturers Co yn Ellesmere Port yn dibynnu ar gerrig calch a gai eu cludo 74 cilometr o chwareli ar Drwyn y Gogarth. Roedd cerrig mwd yn cael eu cario ar y rheilffordd o'r un ardal yn Llangystennin.

Area 1

was a reference to similar but much newer limestones in that area of South Wales with a long reputation for limemaking (see A11). Till (boulder clay) was added to the mix. Afonwen produced several thousand tons of cement annually, but closed c1915.

In contrast, only a few kilometres to the south, the massive Cefn Mawr quarry near Mold, feeds one of the most modern cement works in Europe at Padeswood 12km distant. In 2005, a single large new kiln was installed there, at a cost of £70M, replacing three others, the first of which was commissioned in 1950 when the works was opened by Tunnel Cement. In the 1980s it became a part of Rio Tinto Zinc and in the 1990s was controlled by the Scandinavian group, Scancem. In 1999 Heidelberg Cement took over; in the UK it operates via Hanson. The unit's capacity is 1Mtpa, but recent output has been c0.9Mtpa. The argillaceous (clayey) reserve lies in the tips at two former collieries, now Llay (11km away) and eventually Bersham (20km). The remaining coal content from the tips provides some of the energy required, but a wide variety of wastes such as tyres are allowed to be used. The high cost of transporting raw materials almost always means that cement works are positioned adjacent to their quarries, but there is now no obvious reason for this works being located at Padeswood. Apparently this goes back to the 1940s when there were trade agreements, (now no longer allowed), which defined distances away from other competing works.

Between 1911 and 1932 the Ship Canal Portland Cement Manufacturers Co based at Ellesmere Port relied upon limestone shipped 74km from quarries on Little Orme. Mudstone was railed in from the same area at Llangwstenin.

© Heidelberg Cement/Hanson

Gwaith Sment Padeswood, ar y ffin yn Sir y Fflint, y mwyaf effeithiol yn Ewrop ar ôl buddsoddiad o £70 miliwn.
Padeswood Cement Works, just in Flintshire; after a £70M investment, one of the most efficient in Europe.

Graig Quarry, Denbigh

Graig Quarry, Denbigh is apparently just an "ordinary quarry", until recently one of many run by the one of the UK's five largest operators.

Even the name is hardly surprising, meaning "rock"; there is even another Graig Quarry only 12 miles (19km) to the south near Llanarmon. Like many others in North Wales,

© Ian A Thomas

Hen odynau calch, Chwarel y Graig, Dinbych.
Old limekilns, Graig Quarry, Denbigh.

Chwarel y Graig, Dinbych

Mae Chwarel y Graig, Dinbych yn edrych ar yr wyneb yn chwarel eithaf cyffredin, tan yn ddiweddar roedd yn un o nifer yn cael ei rhedeg gan un o'r pum cwmni chwareli mawr yn y DU.

Mae hyd yn oed yr enw'n eithaf cyffredin; mae yna hyd yn oed Chwarel y Graig arall ddim ond 12 milltir (19km) i'r de ger Llanarmon. Fel llawer o rai eraill yng ngogledd Cymru, Carreg Galch Carbonifferaidd sy'n cael ei chloddio yn Chwarel y Graig. Ond, o durio ychydig o dan yr wyneb daw'n amlwg fod yna lawer mwy o hanes iddi. Yn gyntaf, dylid ystyried cyfraniad sylweddol y graig at adeiladwaith tref hynafol Dinbych.

Rydyn ni'n gwybod y defnyddiwd cerrig tebyg i rai o Chwarel y Graig wrth adeiladu Castell Dinbych o 1282 i 1311, ond roedd yna ffynhonell hyd yn oed mwy lleol na hynny (o ffos y castell mae'n debyg) ac yn enwedig yn rhan gyntaf y cyfnod hwnnw. Defnyddiwyd carreg galch oleuach yn gyferbyniad gyda'r Dywodfaen Kinnerton Triasig a gafodd ei chloddio, mae'n debyg, yn fwy i'r dwyrain o'r dref, gyda rhywfaint o Dywodfaen Elwy (Silwraidd) porffor o Ben yr Allt i'r gogledd a thywodfaen gwyrddaidd gyda brychni porffor (Carbonifferaidd gwaelodol) o Bant Lawnt *(Neaverson 1953)* o bosibl. Roedd hynny oll yn rhoi edrychiad bwrdd draffts aml-liwiog, a oedd yn dra phoblogaidd ar y pryd. Mae'n bosibl y cafodd y castell ei adeiladu o dan gyfarwyddid yr

Ardal 1

Graig works the Carboniferous Limestone. But dig just below the surface and there is much more to the story. First we need to look at the considerable contribution of stone to the fabric of the ancient town of Denbigh.

We do know that stone similar that from Graig but an even more local source (probably the castle ditch), was used to build Denbigh Castle from 1282 to 1311 and especially in the early part of that period. A lighter coloured limestone was used with contrasting red Triassic Kinnerton Sandstone probably dug more to the east the town, with some purple Elwy Sandstone (Silurian) from Pen yr Allt to the north and greenish sandstone with purple mottling (basal Carboniferous) likely to be from Pant Lawnt *(Neaverson 1953)*. This all produced a polychromatic chequerboard appearance, highly favoured at the time. It is possible that the castle was built under the direction of the famous Master James of St George. The pollution from limeburning and related quarrying activities just below the castle created such an environmental issue that it became the subject of a legal dispute in 1334.

Stone buildings of every century from 1300 onwards can be found in Denbigh. Several Denbigh churches were almost certainly built of Graig stone and stone, mainly from Graig with local timber provided the main building material for the town, along with lime for mortar and render. Apart from the town walls (built in by 1311), the next most significant single call upon Graig was the building of the North Wales Lunatic Asylum in 1840–4. This was intended to accommodate psychologically, disturbed people from the five North Wales counties and represented a very tardy response to implement the 1808 Act which required each county to make provision. Before this, unfortunate people in North Wales were assigned to English institutions with some particularly dire consequences arising from tormentation.

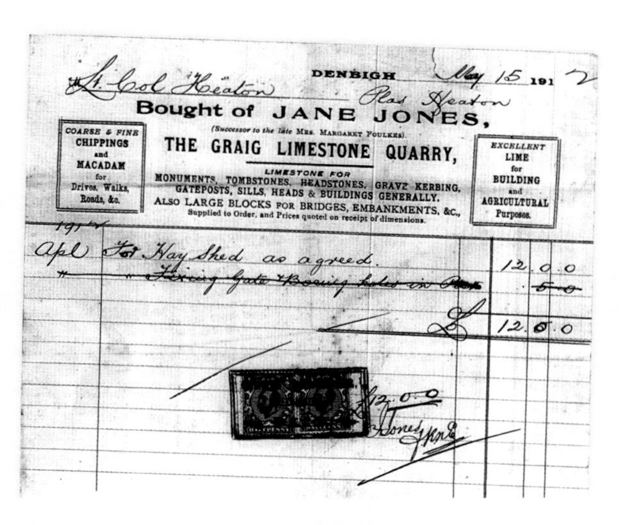

Lt. Col Heaton — Plas Heaton
DENBIGH May 15 1917

Bought of JANE JONES,
(Successor to the late Mrs. Margaret Foulkes).
THE GRAIG LIMESTONE QUARRY,
LIMESTONE FOR
MONUMENTS, TOMBSTONES, HEADSTONES, GRAVE KERBING, GATEPOSTS, SILLS, HEADS & BUILDINGS GENERALLY.
ALSO LARGE BLOCKS FOR BRIDGES, EMBANKMENTS, &c.,
Supplied to Order, and Prices quoted on receipt of dimensions.

COARSE & FINE CHIPPINGS and MACADAM for Drives, Walks, Roads, &c.

EXCELLENT LIME for BUILDING and AGRICULTURAL Purposes.

1917		£
Apl	For Hay Shed as agreed.	12. 0. 0
"	~~Fixing Gate & Boring holes in ...~~	~~5. 0~~
	£	12. 0. 0

£12. 0. 0
J. Jones

O ddiwedd y 19 ganrif tan ddiwedd y Rhyfel Byd Cyntaf roedd Chwarel fawr y Graig yn Ninbych yn rhyfeddod yn ei dydd gan ei bod yn cael ei rhedeg, yn olynol, gan ddwy ferch.

From the late Nineteenth Century until the end of WWI, the large Graig Quarry at Denbigh was remarkable for its time in being run in turn by two women.

© Denbigh Record Office/Archifau Sir Ddinbych

Chwarel y Graig yn y blaen gyda Dinbych yn y cefndir – print o'r bedwaredd ganrif ar bymtheg.

Graig Quarry in foreground overlooking Denbigh – nineteenth century print.

© Flintshire Libraries/ Llyfrgell Sir Fflint

One feature seen here but seldom elsewhere in the other Carboniferous limestone areas, was the use of ashlar (ie smooth surfaced) walling in buildings especially in the C18th and C19th.

Part of Graig Quarry featured in a C19th painting, later rendered as an etching.

enwog Meistr Iago o lan San Sior. Roedd y llygredd o losgi calch a'r gwaith o gloddio cerrig ychydig o dan y castell yn creu cymaint o broblem amgylcheddol nes y daeth yn anghydfod cyfreithiol ym 1334.

Mae adeiladau cerrig o bob canrif o'r 1300 ymlaen i'w canfod yn Ninbych. Mae bron yn bendant y cafodd nifer o eglwysi Dinbych eu hadeiladu o gerrig Chwarel y Graig, a cherrig, o Chwarel y Graig yn bennaf ynghyd â choed lleol, y prif prif ddeunyddau adeiladu yn y dref, gyda chalch ar gyfer y mortar a'r rendr. Ar wahân i gerrig ar gyfer waliau'r dref (a adeiladwyd yn 1311), y galw unigol mwyaf nesaf am gerrig o Chwarel y Graig oedd ar gyfer adeiladu Gwallgofdy Gogledd Cymru ym 1840–4. Y bwriad oedd darparu lloches i bobl o bum sir Gogledd Cymru oedd â salwch meddwl ac roedd hynny'n ymateb cyndyn iawn i ofynion Deddf 1808 bod yn rhaid i bob sir gael darpariaeth. Cyn hynny, roedd pobl anffodus Gogledd Cymru'n cael eu rhoi mewn sefydliadau yn Lloegr a rhai'n cael eu poenydio'n ddidrugaredd.

Un nodwedd sydd i'w weld yma, ond sy'n anghyffredin mewn ardaloedd carreg galch Carbonifferaidd eraill, oedd y defnyddid meini nadd (h.y. rhai ag wyneb llyfn) i godi waliau adeiladau yn enwedig yn ystod y 18 a'r 19 ganrif. Mae rhan o Chwarel y Graig i'w gweld mewn llun paent o'r 19 ganrif, ac, yn ddiweddarach, fel ysgythriad. Roedd hyn yn dangos fod y chwarel yn gallu cynhyrchu blociau mawr o gerrig unffurf, ac yn wir dyma oedd un o'i phrif fanteision yn hanner olaf y 19eg ganrif wrth gynhyrchu slabiau mawr i'w defnyddio mewn adeiladwaith rheilffyrdd e.e. waliau cynnal, cerrig copa i ddal trawstiau. Er y daeth hyn yn un o gynnyrch Chwarel y Graig, nid oedd, bob amser, yn gallu cyfarfod â gofynion ei phrif gwsmer, Rheilffordd Llundain a'r Gogledd Orllewin.

Roedd Chwarel y Graig yn cael ei gweithio ar brydles gan Ystâd Plas Heaton yn Nhrefnant. Erbyn 1880, roedd yr ardal a gytunwyd yn 15 erw ac yn cynnwys tair odyn galch a system dramffordd fewnol yn cario'r cynnyrch. Roedd lein breifat hefyd yn cysylltu â phrif reilffordd Dyffryn Clwyd. Roedd yno hefyd swyddfeydd a 'chwt peiriant', er, mae'n debyg mai â llaw y cai bron yr holl gerrig eu torri.

Mae ystadegau 1897 – 8 yn dangos fod Chwarel y Graig wedi cynhyrchu 12,500 tunnell o gerrig a 1,344 tunnell o galch mewn blwyddyn lawn. O'r cerrig heb eu llosgi, aeth 4,500 tunnell i adeiladu'r gwallgofdy newydd, 3,500 tunnell i'r cwmni rheilffordd a 1,900 tunnell yn gerrig ar gyfer ffyrdd. Yn hynod o anarferol, dros flynyddoedd diwethaf y 19 ganrif, roedd Chwarel y Graig yn cael ei rhedeg gan ddwy wraig

Area 1

This reflected the ability of the quarry to produce large, regular blocks of stone, and indeed this came into its own in the latter half of the C19th when large slabs were produced for use in railway engineering e.g. in retaining walls, coping stones and as a surface mountings for girders. Although this became one of Graig's products, it wasn't always able to meet the demands of its main customer, the London and North Western Railway.

Graig was worked under a lease from the Plas Heaton Estate based at Trefnant. By 1880, the agreed area covered 15 acres and included three limekilns served by an internal tramway system. It was linked to the main Vale of Clwyd line by a private spur. There were also offices and a "machine house", although almost all the breaking work was likely to have been done manually.

Returns for 1897-8 show that in a full year, Graig produced 12,500t of stone and 1344t of lime. Of the unburnt stone, 4500t went to building the new asylum, 3500t to the railway company and 1900t for roadstone.

Most unusually, over the later years of the C19th Graig was operated by two women – initially Margaret Fowkes, then from the late 1890s until 1918/9 by a Mrs Jane Jones. After that point the lease was held by Denbigh Limestone Co of Liverpool, in reality a subsidiary of Buxton Lime Firms (BLF). Shortly afterwards BLF became part of ICI in 1926, control passed through a succession of ownerships (mostly based at Rhewl- later, a council depot) including Williams & Roberts, then Ruthin and Denbigh Tarmacadam Co into the 1960s, followed by Denbigh Quarries Ltd, Gwynedd Quarries Ltd in 1974, at which time the parent concern was Lunt Comely & Pitt Ltd (a West Midlands coal company and owners of Pengwern Granite Ltd). By now the site was known as Denbigh Quarry. Tarmac took over in c1976 but divested itself of Graig to Hanson in c2000 as required by the competition authorities. Quarrying ceased in about 2006, but concrete is still batched there. The large old kilns still front the industrial estate road, a former siding.

– yn gyntaf Margaret Fowkes, ac yna, yn hwyr yn y 1890au hyd at 1918/9 gan Mrs Jane Jones. Ar ôl hynny aeth y brydles i Denbigh Limestone Co o Lerpwl, a oedd mewn gwirionedd yn is-gwmni o Buxton Lime Firms (BLF). Yn fuan wedyn, ym 1926, aeth BLF yn rhan o ICI gyda dilyniant o berchnogion yn ei rheoli (oedd â'u swyddfeydd fel arfer yn y Rhewl – a ddaeth, ar ôl hynny, yn ddepo'r cyngor) gan gynnwys Williams & Roberts, yna Ruthin and Denbigh Tarmacadam Co yn y 1960au, yn cael ei ddilyn gan Denbigh Quarries Ltd, Gwynedd Quarries Ltd ym 1974. Yr adeg hynny y rhiant gwmni oedd Lunt Comely & Pitt Ltd (cwmni glo o Orllewin Canolbarth Lloegr a pherchnogion Pengwern Granite Ltd). Erbyn hynny, gelwid y safle'n Chwarel Dinbych. Fe'i prynwyd gan Tarmac ym 1976 ond fe'i gwerthwyd i Hanson yn 2000 ar olfyn yr awdurdodau cystadlu. Daeth gwaith cloddio yn y chwarel i ben tua 2006 ond mae concrid yn dal i gael ei baratoi yno. Mae'r hen odynnau mawr yn dal i sefyll o flaen ffordd yr ystâd ddiwydiannol mewn hen seidin.

©Ian A Thomas

Roedd tywod silica arbennig ar gyfer crochenwaith yn cael ei gynhyrchu ym Maes y Droell am dros ganrif.
Special silica sands used in the Potteries, were produced at Maes y Droell for over a century.

Llanarmon – Ardal yr Wyddgrug

Mae J Stoddard & Co wedi bod yn cloddio tywod silica hynod bur a mân ers 1880 ym **Maes y Droell**, i ddechrau i'w ddefnyddio mewn odynnau rhag i grochenwaith lynu yn offer yr odyn (raciau a stondinau). Caeodd y gwaith yn 2008 ond roedd yn dal i gynhyrchu trwy G Edwards Ltd ac mae'n gwneud 15 – 20,000 tunnell y flwyddyn o bowdr 'gradd blawd'.

Roedd y teulu Stoddard hefyd yn rhedeg **Chwarel y Graig** yn Llanarmon, am ychydig flynyddoedd yn y 1920au i ddechrau cyn ei hail agor yn y 1930au fel y Cheshire and North Wales Tarred Macadam Co. Erbyn tua 1969 roedd y cynnyrch wedi codi i 0.25 miliwn tunnell y flwyddyn pan gafodd Chwarel y Graig ei gwerthu i Redland, sy'n rhan o Lafarge erbyn hyn.

Roedd Chwarel Pistyll Gwyn (Cyfnant) sydd hefyd oddi ar y B5430, yn cynhyrchu calch ac yn brysur yn y 1920au. Ar ôl y rhyfel, roedd yn cael ei rhedeg gan John Freakley & Co, ond ym 1954 fe'i prynwyd gan Cawood Wharton (AT3). Roedd ei chynnyrch ar y brig ym 1975, ond caeodd yn fuan ar ôl i Redland ei phrynu.

Llanarmon – Mold Area

J Stoddard & Co have been working extremely fine, pure silica sand since 1880 at **Maes y Droell**, initially for use in kilns to prevent pottery from sticking to kiln furniture (racks and stands). The plant was closed in 2008 but production continued via G Edwards Ltd making 15-20,000 tpa of 'flour grade' powder.

The Stoddard family also operated **Graig Quarry** at Llanarmon initially for a few years in the 1920s then reopened it in the 1930s as the Cheshire and North Wales Tarred Macadam Co. By about 1969 output had risen to 0.25Mtpa then Graig was sold to Redland, now part of Lafarge.

Pistyll Gwyn Quarry (Cyfnant) also off the B5430, produced lime and was active in the 1920s. Post War, John Freakley & Co were the operators, but in 1954 they were taken over by Cawood Wharton (AT3). Production peaked in 1975, but it was closed shortly after a takeover by Redland.

Pant y Gwlanod (Eryrys) was started in late '30s and from WWII, was worked by Llanarmon Lime Co for agricultural lime until it was taken over in 1969 and concentrated on producing aggregates. More recently it was operated by D P Williams (Holdings), but has been inactive for some years.

Burley Hill Quarry was opened by Flintshire Haulage in the late 1940s (some reports suggest a far earlier date). By 1950 it was in the hands of Clement Burley and continued as a small unit in1969, when it expanded rapidly in the '70s under Welsh Aggregates Ltd. In 1989 Bodfari Quarries took control, which in 1998, became part of Minorco then Tarmac. By 2000 output had risen to c 0.8Mtpa, but an appeal to extend was lost in 2003. The site was closed and became the subject of a major restoration programme.

Aberduna Quarry was started in earnest by Mold Tarmacadam c1950 and continued on a very small scale until the 1960s, when output tripled. In about 1980, Pioneer took ownership and so Aberduna is now a large Hanson operation. The site is likely to run out of reserves very shortly. Staff work closely with the Arden Early Learning Centre (see Cluster of Learning Opportunities above).

Colomendy Quarry was active in 1939, but was acquired from Burley and Morris in 1945 to supply the proposed Padeswood Cement Works. However Tunnel Cement faced problems working there and by the mid 1950s switched to Cefn Mawr. It was operated by Colomendy Quarries Ltd in 1947 and still listed in relation to Horace Burley in the 1960s.

Loggerheads Quarry was opened up in the early 1900s, but was purchased in 1926 by Crossville buses to provide a destination for coach trips from Liverpool. It was acquired by Denbighshire County Council and opened as a country park in 1974. Its name is said to come from a long running mining dispute.

© Ian A Thomas

Golygfa gyfarwydd, unwaith, llwythi calch ar loriau hen waith Tunnel Cement ar eu ffordd o chwarel Cefn Mawr drwy ganol tref yr Wyddgrug (sydd â'i ffordd osgoi erbyn hyn) i Waith Sment Padeswood (tua 1970).

Once a familiar sight on their journey from Cefn Mawr quarry via Mold town centre (now by-passed) to Padeswood Cement Works, these former Tunnel Cement lorries are being loaded with limestone (c1970).

Agorodd Pant y Gwlanod (Eryrys) yn niwedd y 30au ac, ar ôl yr Ail Ryfel Byd, roedd yn cael ei rhedeg gan Llanarmon Lime Co i gynhyrchu calch amaethyddol cyn iddi gael ei phrynu ym 1969 a chanolbwyntio ar gynhyrchu cerrig mân. Yn ddiweddarach, roedd yn cael ei rhedeg gan D P Williams (Holdings) ond mae wedi bod yn segur ers rhai blynyddoedd, bellach.

Chwarel Burley Hill Flintshire Haulage agorodd Chwarel Burley Hill yn niwedd y 1940au (er bod rhai adroddiadau'n awgrymu ei bod wedi agor yn llawer cynharach). Erbyn 1950 roedd yn nwylo Clement Burley a pharhaodd fel chwarel fechan tan 1969, pan ehangodd yn gyflym yn y 70au o dan Welsh Aggregates Ltd. Ym 1989 fe'i prynwyd gan Bodfari Quarries ac, ym 1998, daeth yn rhan o Minorco ac yna o Tarmac. Erbyn 200 roedd yn cynhyrchu cymaint â thua 0.8 miliwn tunnell y flwyddyn, ond collwyd apêl cynllunio i ehangu yn 2003. Cafodd y chwarel ei chau a dechreuwyd ar raglen fawr i'w hadfer.

Mold Tarmacadam a ddechreuodd weithio **Chwarel Aberduna** o ddifrif tua 1950 a bu'n gweithio ar raddfa fechan iawn tan y 1960au pan ehangodd i gynhrychu tair gwaith cymaint. Tua 1980, fe'i prynwyd gan Pioneer ac erbyn hyn mae Aberduna yn chwarel fawr yn cael ei rhedeg gan Hanson. Mae'r debyg y bydd y cerrig yn darfod ar y safle cyn bo hir iawn. Mae'r staff yn gweithio'n agos gyda Chanolfan Dysgu Cynnar Arden (gweler Clwstwr o Gyfleoedd Dysgu uchod).

Area 1

Cefn Mawr began activities in the early C20th producing coated roadstone. It was acquired by Tunnel Cement in 1950 to supply Padeswood Cement works (AT1) in preference to Colomendy. It continues to be operated on a large scale, currently by Heidelberg Cement. (See AT1 Cement in the North)

Trimm Rock Commercial quarrying appears to have begun in the 1960s by the Farnley Limestone Co. Farnley, being part of the LSM Group (Lime Sand Mortar), was reorganised in 1969 as a founding component of Tilcon. Trimm Rock was then off-loaded to Hanson as a condition of the Tarmac merger in 2000. A major landscaping scheme was underway in 2003.

©Ian A Thomas

Bydd gwaith tirlunio, pan fydd wedi'i sefydlu, yn cuddio'r gwaith.
Landscaping when fully established, hides the operations from public view.

Halkyn Area

Hendre In 1872 a railway company took on a 50 year lease. Having better access than others locally, it prospered in selling lime and limestone to the chemicals and iron industry. As McAlpines took over in the 1960s, the focus switched to aggregates (AT1).

Chert, a flint-like rock was worked at a number of places, from Gronant (Prestatyn) to Bryn Mawr on Halkyn Mountain mainly for abrasive blocks to grind pottery materials. The most recent operations were at Pen yr Henblas and Trelogan , the latter still being active in 1981.

Pant (Bryn y Garreglwyd) was worked in 1840s by Thomas Davies for walling stone, but specialising in field gateposts, then limeburning, headstones and engine beds. Davies gave up in 1885. Activities were resumed by various others including Flintshire County Council between the Wars, but on such a small scale that Halkyn Cricket Club played matches on the quarry floor. Wimpey took on lease in 1965 and expanded aggregates output considerably, then in 1996, it was transferred to Tarmac.

Roedd Chwarel Colomendy yn gweithio ym 1939, ond gwerthodd Burley and Morris hi ym 1945 i gyflenwi'r Gwaith Sment oedd yn cael ei ddatblygu yn Padeswood. Fodd bynnag, roedd Tunnel Cement yn cael trafferth i'w gweithio ac erbyn canol y 1950au symudodd i Gefn Mawr. Colomendy Quarries Ltd oedd yn ei rhedeg ym 1947 ac roedd yn dal i gael ei rhestru mewn perthynas â Horace Burley yn y 1960au.

Agorodd **Chwarel** Loggerheads yn gynnar yn y 1900au, ond cafodd ei phrynu gan fysiau Crosville ym 1926 fel cyrchfan i deithiau bysiau o Lerpwl. Prynodd Cyngor Sir Ddinbych hi a'i hagor fel parc gwledig ym 1974. Dywedir iddi gael ei henwi ar ôl anghydfod mwyngloddio hirfaith.

Dechreuodd **Cefn Mawr** weithio yn gynnar yn yr 20fed ganrif yn cynhyrchu cerrig tar ar gyfer ffyrdd. Prynodd Tunnel Cement hi ym 1950 i gyflenwi gwaith Padeswood Cement (AT1) yn lle chwarel Colomendy. Mae'n dal i gael ei rhedeg ar raddfa fawr, ar hyn o bryd gan Heidelberg Cement. (gweler Sement yn y gogledd AT1)

Ymddengys mai Farnley Limestone Co a ddechreuodd weithio chwarel **Trimm Rock** yn fasnachol yn y 1960au. Cafodd Farnley, rhan o LSM Group (Lime Sand Mortar), ei ail drefnu ym 1969 fel un o ffurfwyr Tilcon. Yna, cafodd Trimm Rock ei gwerthu i Hanson fel amod o uno Tarmac yn 2000. Roedd cynllun tirlunio mawr ar y gweill yn 2003.

Ardal Helygain

Hendre Ym 1872, cymerodd cwmni rheilffordd brydles 50 mlynedd. Gan fod ganddi well cysylltiadau cludiant nag eraill yn yr ardal, llwyddodd i ffynnu drwy werthu calch a charreg galch i'r diwydiannau cemegolion a haearn. Ar ôl i McAlpines ei chymryd drosodd yn y 1960au, canolbwyntiwyd ar gynhyrchu cerrig mân (AT1).

Siyrcan, craig debyg i fflint oedd yn cael ei gweithio mewn nifer o fannau o Gronant (Prestatyn) i Fryn Mawr ar Fynydd Helygain, yn bennaf ar gyfer blociau ffrithiol i lyfnhau defnyddiau crochenwaith. Y chwareli oedd yn gweithio ddiwethaf oedd Pen yr Henblas a Threlogan, roedd Trelogan yn dal i weithio ym 1981.

Dechreuodd **Pant** (Bryn y Garreglwyd) gael ei gweithio yn y 1840au gan Thomas Davies i gynhyrchu cerrig ar gyfer waliau ac roedd yn arbenigo mewn pyst llidiardau caeau, yna mewn llosgi calch, cynhyrchu cerrig beddi a gwelyau peirannau. Roddodd Davies y gorau iddi ym 1885. Cafodd y chwarel ei gweithio gan nifer o bobl, gan gynnwys Cyngor Sir y Fflint rhwng y ddau ryfel, ond ar raddfa mor fechan fel bod Clwb Criced Helygain yn gallu cynnal ei ornestau ar lawr y chwarel. Cymerodd Wimpey brydles ym 1965 a chynyddu'r cynnyrch o gerrig mân yn sylweddol tan i Tarmac ei chymryd drosodd ym 1996.

Ardal 1

© Ian A Thomas

Chwarel Pant tua 2003; er ei bod yn chwarel fawr yn cynhyrchu cerrig mân, mae llawer o'r wynebau gwyn moel yn cael eu cuddio gan domeni tirlunio. Mae'r chwarel ei hunan o ddiddordeb daearegol ac mae'r ardal o'i hamgylch yn cael ei diogelu am ei bioamrywiaeth.
Pant Quarry c 2003; although a large aggregates operation, the stark white faces are largely hidden from viewpoints outside the site by landscaping banks. The quarry itself is of geological interest and the surrounding area is protected for its biodiversity.

Pant y Pwll Dwr (Halkyn) was probably started in the 1840s by Sam Edwards. His family continued here until it was taken on in 1945 by Arthur Smith & Son (Limestone). Before 1963, John Henshall (Quarries) Ltd of Liverpool was running the site which in 1973 became North West Aggregates (ie RMC, then CEMEX).

The dark, clay-rich limestones known as Aberdo (see AT11 Cement) (now Cefn Mawr Limestone Formation) were worked at Grange and from 1830 were served by a tramway to Greenfield wharf managed by the Holywell Limestone Co. Some of the Grange operations were extended underground. This mine was used in WWII for bomb storage then in the 1980s as a military vehicle museum. However the main Aberdo operations were at Pant y Pydew where there is still a bank of five kilns. In the C19th, this material became famed for producing hydraulic mortar to build the Menai and Runcorn Bridges and Mersey Docks. Activities in the C20th were intermittent and from 1947 operated by Brookes of Rhyl. Currently, Aberdo Quarry is being worked by D P Williams (Holdings). As operations advance towards Bryn Mawr increasing volumes of the Pentre Chert Formation have been encountered. Previously considered as 'waste', new techniques are processing this into a useful product.

D.P. Williams Ltd has evolved since in 1947, from being a haulier to a stone merchant to a quarry owner. Founded by Desmond Peter Williams whose father, Elisha, was a quarry foreman and coal miner from Yorkshire, the company grew as a major haulier in the region, operating a substantial fleet of vehicles. It is now managed by Darrell Williams and operates the Aberdo/Bryn Mawr Quarries.

Pant y Pwll Dwr Mae'n debyg mai Sam Edwards a ddechreuodd weithio Pant y Pwll Dwr (Helygain) gyntaf a hynny yn y 1840au. Daliodd ei deulu i'w gweithio nes i Arthur Smith & Son (Limestone) ei chymryd drosodd ym 1945. Cyn 1963, John Henshall (Quarries) Ltd o Lerpwl oedd yn ei rhedeg ac ym 1973 daeth yn rhan o North West Aggregates (h.y. RMC, yna CEMEX).

Roedd y garreg galch dywyll, llawn clai sy'n cael ei galw'n Aberdo (gweler AT11 Sment) (erbyn hyn Ffurfiant Carreg Galch Cefn Mawr) yn cael ei gweithio yn y Grange, gyda rheilffordd ddramiau'n cysylltu'r chwarel o 1830 gyda chei'r Maes Glas a oedd yn cael ei reoli gan yr Hollywell Limestone Co. Roedd peth o'r gwaith cloddio yn y Grange yn ymestyn o dan ddaear. Cafodd y rhannau tanddaearol eu defnyddio i gadw bomiau yn ystod yr Ail Ryfel Byd ac, yn y 1980au, agorodd amgueddfa cerbydau milwrol yno. Fodd bynnag, cloddir fwyaf am Aberdo ym Mhant y Pydew lle mae banc o bum odyn yn dal yno. Daeth y garreg yn enwog yn ystod y 19 ganrif am gynhyrchu mortar hydrolig a gafodd ei ddefnyddio i adeiladu pontydd Menai a Runcorn a Dociau Mersi. Ysbeidiol oedd y gwaith yn yr 20 ganrif ac, ar ôl 1947, roedd y chwarel yn cael ei rhedeg gan Brookes o'r Rhyl. Ar hyn o bryd, D P Williams (Holding) sy'n rhedeg Chwarel Aberdo. Wrth i waith cloddio symud at Fryn Mawr, daeth mwy o Ffurfiant Siyrcan Pentre i'r fei. Cai ei gyfrif yn 'wastraff' ar un adeg, erbyn hyn mae yna dechnegau newydd i'w brosesu'n gynnyrch defnyddiol.

Mae **D.P Williams Ltd** wedi datblygu ers 1947, o fod yn gwmni cario, i fasnachwr cerrig ac yna'n berchen chwareli. Cafodd y cwmni ei sefydlu gan Desmond Peter Williams. Roedd ei dad, Elisha, o Swydd Efrog, yn löwr ac yn fforman mewn chwarel, a thyfodd y cwmni'n gariwr mawr yn y rhanbarth gan redeg fflud sylweddol o loriau. Erbyn hyn, mae'r cwmni'n cael ei reoli gan Darrell Williams ac mae'n rhedeg Chwareli Aberdo / Bryn Mawr.

Area 1

Gareth Thomas worked as an HGV (lorry) fitter at a quarry on Halkyn Mountain in the early 1970s. He tells how his pay was 68p an hour and his normal week was 55 hours – with half hour lunchbreaks. Euclid dump trucks (or 'yewks') were pretty basic and carried 20-30t – about half then had no power-assisted steering. In one case, at a Saturday lunchtime, most of the men including the 'banksman' were not around when a dumper reversed over the edge – luckily the driver was such a big man that he was held firmly in the small cab and not ejected when he could have been crushed. Some of the older men still wore hob-nail boots and flat cloth caps – safety helmets were only donned during blasting – even indoors – as rock sometimes came straight through the thin garage roof (one man used to hide in a cupboard during blasts) – instead of a warning siren, the 'yewks' used to sound their horns. Most of the men were local – generations had worked there - but there was a group of Irishmen and a driller, who was a former Italian POW. The canteen was all that was left of a former cricket pavilion, in the base of an old quarry. The two big contracts of the time were massive blocks (only one or two per 16t lorry load) to Seaforth Docks, Liverpool and the resurfacing of runways at Manchester Airport which sometimes went on around the clock.

Roedd **Gareth Thomas** yn gweithio fel peiriannydd loriau trwm mewn chwarel ar Fynydd Helygain yn nechrau'r 1970au. Mae'n cofio mai 68 ceiniog yr awr oedd ei gyflog a bod ei wythnos waith arferol yn 55 awr - gyda dim ond hanner awr i ginio. Roedd y lorïau dympio Euclid (neu 'yewks') yn rhai eithaf sylfaenol ac yn cario tua 20-30 tunnell - a thua'u hanner yr adeg hynny heb offer llywio hawdd. Un tro, amser cinio ddydd Sadwrn, doedd y rhan fwyaf o'r dynion gan gynnwys y 'bancsmon' ddim o gwmpas pan faciodd lorri dros y dibyn - yn ffodus, roedd y gyrrwr yn ddyn mor fawr fel y cafodd ei ddal yn gadarn yn y cab bychan, pe byddai wedi'i daflu allan gallai fod wedi cael ei wasgu'n gelain. Roedd rhai o'r dynion hŷn yn dal i wisgo esgidiau hoelion mawr a chapiau stabl - dim ond ar adeg chwythu y gwisgid helmedau diogelwch, a hynny hyd yn oed o dan do. Weithiau disgynnai cerrig drwy do tenau'r garej (arferai un dyn guddio mewn cwpwrdd ar adeg chwythu) ac yn lle seiren rybuddio arferai'r 'yewks' ganu eu cyrn. Roedd y rhan fwyaf o'r gweithwyr yn ddynion lleol - teuluoedd rhai wedi bod yn gweithio yno ers cenedlaethau - ond roedd yno hefyd grŵp o Wyddelod a thyllwr o Eidalwr a oedd yn gyn garcharor rhyfel. Y ffreutur oedd y cyfan a oedd ar ôl o hen bafiliwn criced ar waelod hen chwarel. Y ddwy brif gontract ar y pryd oedd am flociau anferth (dim ond un neu ddau allai lorri 16 tunnell eu cario) ar gyfer Dociau Seaforth, Lerpwl, a cherrig ar gyfer ail-wynebu llwybrau glanio ym Maes Awyr Manceinion, byddai'n rhaid gweithio rownd y cloc, weithiau, i'w cyflenwi.

Hen weithfeydd ar welyau silica, Mynydd Treffynnon.
Former workings in silica beds, Holywell Mountain.

©Ian A Thomas

Coastal Quarries

The thousands of travellers speeding along the North Wales coast will perhaps be surprised that their route takes them through and alongside some of the most important quarries in the country, past and present.

Chwareli ar yr Arfordir

Mae'n debyg y byddai'r miloedd o deithwyr sy'n gwibio ar arfordir gogledd Cymru'n synnu o wybod eu bod yn mynd heibio i rai o chwareli pwysicaf y wlad, ddoe a heddiw.

Ardal 1

© Robert Vernon Collection

Arferai Gwaith Calch a chwarel Dyserth fod yn gwmwl dros y pentref, ychydig syddar ôl erbyn hyn.
Dyserth Limeworks and quarry used to dominate the village; now little remains.

Dyserth (Voel) Lime burning at Dyserth probably dates back over many centuries. Although not strictly coastal, prior to the main line opening in 1848, carts took products to a river wharf at Rhuddlan. A quarry branch from the main line operated from 1869 until 1973. W L Hobbs took over management from Voel Lime & Stone Co in c1900 and continued until they joined the Modport Group in c1961, then trading as Limestone Products. Tilcon took over in 1975/6 and the quarry closed in 1981, following the loss of the fluxing stone market.

Hobbs (Dyserth) Ltd achieved a strong reputation for making lime and hydrated lime initially using massive stone-built kilns. These were replaced in 1954 by two large gas-fired, steel framed kilns which towered over local houses. Output in 1962 was 150ktpa. Forty to fifty men were employed although for many years Dorothy Hobbs, the owner's daughter was a foreman – noted for her commanding voice. The transport systems were complicated; narrow gauge locos were used but were too heavy for a river bridge so horses were necessary and there was also an overhead ropeway.

In 1950s through to the '70s, stone and lime were supplied to Brymbo, Shotton and Lancashire steelworks, chemical works at Ruabon and Carrington oil refinery as well as lime being exported in drums to Africa, Caribbean, South America, Israel and Kuwait.

St George/Abergele (Parc y Meirch) The stone here was exceptionally pure (99.9% $CaCO_3$). The Priest kilns which dated from 1925, stopped production in 1982. Mechanised quarry loading was introduced in1957. Trading as Limestone Products Ltd, it like Dyserth, had become part of the Liverpool-based commodities group, Modport. The largest sales of industrial stone were to steel industry (mainly Shotton works – which closed in1980 with 6500 redundancies) and to sugar refining and tin smelting works in North West England. Tilcon took over in 1975/6. In 1996 major new investment was made boosting aggregates capacity to 0.5Mtpa and an ambitious landscaping plan was put in hand. And the name? Tradition has it that the King's castle-building supremo, Master James of St George might have lived here.

Dyserth (Voel) Mae'n debyg bod calch yn cael ei losgi yn Nyserth sawl canrif yn ôl. Er nad yw ar yr arfordir mewn gwirionedd, roedd troliau'n cario'r cynnyrch i gei ar yr afon yn Rhuddlan cyn i'r rheilffordd agor ym 1848. Roedd cangen o'r brif reilffordd yn rhedeg i'r chwarel o 1869 tan 1973. Tua 1900, aeth rheolaeth y Voel Lime & Stone Co i W L Hobbs ac aros yno neu i Grŵp Modport ei gymryd drosodd ym 1961, roedd yn masnachu fel Limestone Products yr adeg hynny. Prynodd Tilcon hi ym 1975/6 ond bu'r chwarel gau ym 1981 ar ôl colli'r farchnad am gerrig fflwcs.

Roedd gan **Hobbs (Dyserth) Ltd** enw da iawn am wneud calch a chalch poeth, gan ddefnyddio odynau cerrig enfawr i ddechrau. Daeth dwy odyn fframiau dur yn cael eu tanio gan nwy i gymryd eu lle ym 1954, roedd y rhain yn fwgan dros dai'r ardal. Roedd y cynnyrch ym 1962 yn 150 cilodunnell y flwyddyn. Cai deugain i hanner cant o bobl eu cyflogi yno ac, am sawl blwyddyn, roedd Dorothy Hobbs, merch y perchennog yn fforman yno - ac yn enwog am ei llais trawiadol. Roedd y systemau cludo'n gymhleth, roedd yno reilffyrdd cul ond roedd yr injans yn rhy drwm i fynd dros bont yr afon ac roedd yn rhaid defnyddio ceffylau i dynnu'r trenau. Roedd cerrig yn cael eu cario hefyd ar raffau drwy'r awyr.

O'r 1950 tan y 70au roedd yn cyflenwi cerrig a chalch i weithfeydd dur Brymbo, Shotton a Swydd Gaerhirfryn, i weithfeydd cemegol yn Rhiwabon a phurfa olew Carrington yn ogystal ag yn allforio calch mewn casgenni i Affrica, y Caribî, De America, Israel a Kuwait.

© Tilcon

Ar un adeg, roedd chwarel St George yn graith wen amlwg ar y brigiad carreg galch uwchben yr A55 ger Abergele. Ar ôl gwiath tirlunio gofalus yn y 1990au, sy'n cael ei ddangos yma, mae'r gefnen goediog wedi'i 'hail adeiladu' gan guddio'r chwarel o bron pob golygfa.
At one time St George Quarry cut a prominent white gash into the limestone scarp overlooking the A55 near Abergele; in the 1990s careful landscaping seen here in progress, has 'rebuilt' the wooded ridge, hiding the workings from most views.

Area 1

Llwytho a llaw yn y 1950au.
Hand loading in the 1950s.

Gwthio tybiau yn dramiau â llaw.
Tramming tubs by hand.

Llan San Siôr / Abergele (Parc y Meirch) Roedd y graig yma yn eithriadol o bur (99.9% $CaCO_3$). Rhoddwyd y gorau i weithio'r odynau Priest, a oedd yn dyddio o 1925, ym 1982. Dechreuwyd llwytho'n fecanyddol ym 1957. Yn masnachu fel Limestone Products Ltd, daeth y chwarel, fel un Dyserth, yn rhan o Modport, grŵp masnachu o Lerpwl. Y diwydiant dur oedd y cwsmer pwysicaf ar gyfer cerrig masnachol (gwaith Shotton, yn bennaf, a gaeodd ym 1980 gan wneud 6500 o bobl yn ddi-waith) a gweithfeydd puro siwgr a thoddi tun yng ngogledd-orllewin Lloegr. Cymerodd Tilcon drosodd ym 1975/6. Ym 1996, bu buddsoddiad mawr er mwyn cynyddu'r cynnyrch o gerrig mân i hanner miliwn tunnell y flwyddyn a dechreuwyd ar gynllun tirlunio uchelgeisiol.

A'r enw? Yn ôl y traddodiad, gallai pencampwr y brenin ar adeiladu cestyll, y Meistr Iago o San Siôr fod wedi byw yno.

Caradog Roberts began working at St George Abergele in 1940. Talking in 1998 he recalled that in that earlier period, forty men had typically loaded 3t 'skips' (small rail wagons) by hand at a rate of 25-30tpd each man. About 1000 tpw of lime was produced; stone had to be broken down by hammers to 4" (100mm) for the kilns. Diesel locos replaced horses and a narrow gauge line which ran down to a wharf on Kinmel Bay, was replaced by lorries in about 1970. Blasting took place on Fridays, then on Sundays, men hanging on ropes used iron bars to break off lose rock.

© Caradog Roberts

Dechreuodd **Caradog Roberts** weithio yn Llan San Siôr Abergele ym 1940. Roedd yn cofio, meddai, wrth siarad ym 1998, y byddai deugain o ddynion yn y dyddiau cynnar yn llwytho 'sgipiau' (wagenni rheilffordd bychain) â llaw, pob un yn llwytho tua 25-30 tunnell y dydd. Roedd tua 1000 tunnell o galch yn cael ei gynhyrchu bob wythnos, roedd yn rhaid torri'r cerrig yn bedair modfedd (100mm) gyda morthwylion ar gyfer yr odynau. Daeth injans disel yn lle ceffylau a, tua 1970, loriau yn lle'r rheilffordd gul a redai at gei ym Mae Cinmel. Byddai'r graig yn cael ei chwythu ar ddydd Gwener, yna ar y Sul, a byddai dynion gyda throsolion yn crogi ar raffau i dorri'r graig yn rhydd.

Where the limestone reaches the coast itself between Abergele and Llandudno, it has long been worked. Apparently the first recorded lease to quarry limestone at Llanddulas was granted by the Bishop of Bangor in 1284. Quarrying is referred to again at Creigiau'r Ogo in 1696. Early farming surveys suggest that before 1800, material was gathered from the beach and cliffs by villagers exercising ancient rights of common, and shipped to Cheshire. In the area west of Llanddulas, leases were granted to the Llanddulas Lime and Coal Co by the Bishop (1829) and around Llysfaen, by the Crown (1840s). Trouble soon erupted between leaseholders and local men. The militia from Chester were drafted in. Men were jailed. The company regularly called upon new loans and eventually failed, but in 1853 William Pennington from Liverpool established Llanddulas Quarry Co working the quarry of that name. Raw stone was dispatched by sea (no mainline connection) and burnt to lime in Liverpool or crushed in Widnes for alkali producers. The company became 'limited' in 1904 and continued until 1946, after which the quarry was merged with the operation now described.

In parallel, another Liverpool group headed by James Trevelyan Raynes and William Lupton, secured another Crown lease in 1839 in Llysfaen for Pentregwyddel Quarry (supplying "Pentre'r gwyddel and Llysfaen Limeworks"). Within a decade they had a siding and a jetty. Their success is signified by the completion of two Hoffmann Kilns before 1872 (only patented in 1858). The following year, Kneeshaw and Lupton be-

Mae chwareli wedi bod ar y creigiau calch sy'n cyrraedd yr arfordir rhwng Abergele a Llandudno ers blynyddoedd lawer. Mae'n debyg mai'r cofnod cyntaf o brydles ar chwarel carreg galch oedd ar gyfer un yn Llanddulas gan Esgob Bangor ym 1284. Cyfeirir eto ym 1696 fod chwarel yng Nghreigiau'r Ogo. Mae arolygon amaethyddol cynnar yn awgrymu, cyn 1800, fod pentrefwyr, drwy hawliau comin hynafol, yn casglu deunydd ar y traethau ac o'r creigiau ac yn ei anfon i Swydd Gaer. Rhoddodd yr Esgob (1829) brydles ar ardal i'r gorllewin o Llanddulas, a'r Goron (1840au) brydles ar dir ger Llysfaen i'r Llanddulas Lime and Coal Co. Cododd helynt yn gynnar rhwng y prydleswyr a dynion lleol. Galwyd ar filwyr o Gaer. Cafodd dynion eu carcharu. Roedd y cwmni'n gofyn am fenthyciadau newydd yn rheolaidd ac, yn y man, aeth i'r wal, ond, yn 1853 sefydlodd William Pennington o Lerpwl y Llanddulas Quarry Co ar gyfer gweithio yn y chwarel o'r un enw. Roedd cerrig garw'n cael eu cludo ar y môr (doedd dim cysylltiad rheilffordd) ac yn cael eu llosgi'n galch yn Lerpwl neu eu malu yn Widnes ar gyfer cynhyrchwyr alcali. Daeth y cwmni'n un cyfyngedig ym 1904 a daliodd ati tan 1946 pan gyfunwyd y chwarel gyda'r un sy'n cael ei disgrifio.

Yr un pryd, cafodd grŵp arall o Lerpwl, yn cael ei arwain gan James Trevelyan Raynes a William Lupton, brydles gan y Goron ar dir yn Llysfaen ar gyfer Chwarel Pentregwyddel (yn cyflenwi'r "Pentre'r gwyddel and Llysfaen Limeworks"). O fewn degawd, roedd gan y cwmni seidin a glanfa. Daeth eu llwyddiant yn amlwg pan godwyd dwy Odyn Hoffmann cyn 1872 (dim ond ym 1858 y caniatawyd y patent). Y flwyddyn ganlynol, daeth Kneeshaw a Lupton yn rheolwyr (a hefyd, yr adeg hynny ym Mhenmaenmawr a Phorth y Nant - AT2) gan werthu i William Robertson & Co ym 1922. Yr adeg hynny, roedd y rhan fwyaf o'r cynnyrch yn cael ei werthu i gynhyrchwyr haearn a sment yn Llundain a Glasgow. Fe'i prynwyd gan Powell

Ardal 1

came the managers (also then at Penmaenmawr and Port Nant - AT2), selling out to William Robertson & Co in 1922. At that time, sales were mainly to London and Glasgow iron-works and cement makers. Via Powell Duffryn's acquisition in 1971, the operation eventually became part of ARC (see Companies - Hanson and AT11- Powell Duffryn). Working conditions were far from ideal, being defined by geological factors and very complicated landholdings, intertwined with the Llanddulas company.

Although the names are somewhat confusing, these two works combined, latterly trading as Llanddulas Quarry and like nearby sites, were well known for exceptionally pure limestone (+ 99% $CaCO_3$). Following others locally, in the late 1950s, they began supplying the calcium carbide plant at Odda in Norway (started in 1908). Quarry output trebled in the '60s rising to c0.85Mtpa in the early 1970s. In 1968, 63% was being exported, rising to 71% by 1978. The list of destinations is particularly informative - in Norway: Odda (just noted); Aalvik (special alloys); Sande (paint?). Sweden: Trollhattan (foundries). Germany: Nordenham/Wilhelmshaven/ Bremen/ Brunsbuttel/Cuxhaven (metals/ chemicals/fertilizers). Netherlands: Delfzijl (aluminium/chemicals). Belgium: Ghent (steel).

Duffryn ym 1971 ac, yn y man, daeth yn rhan o ARC (gweler Cwmnïau - Hanson a AT11- Powell Duffryn). Roedd yr amodau gweithio ymhell o fod yn ddelfrydol, y ddaeareg yn anodd a pherchnogaeth tir yn hynod o gymhleth, yn plethu gyda chwmni Llanddulas.

Er bod yr enwau yn tueddu i fod yn gymysglyd, unodd y ddwy chwarel gan fasnachu'n ddiweddar o dan yr enw Llanddulas Quarry ac, fel chwareli eraill, cyfagos, yn adnabyddus iawn am eu carreg galch hynod o bur (+ 99% $CaCO_3$). Gan ddilyn rhai eraill yn yr ardal, yn nechrau'r 1950au dechreuodd gyflenwi gwaith calsiwm carbeid yn Odda, Norwy (a sefydlwyd ym 1908). Treblodd cynnyrch y chwarel yn y 1960au gan godi i tua 0.85 miliwn tunnell y flwyddyn yn nechrau'r 1970au. Ym 1968, roedd 63% yn cael ei allforio, gan godi i 71% erbyn 1978. Mae'r rhestr o fannau allforio'n hynod o ddadlennol - yn Norwy: Odda (a drafodwyd eisoes), Aalvik (aloi arbennig, Sande (paent?) Sweden: Trollhattan (ffowndris). Yr Almaen: Nordenham/Wilhelmshaven/ Bremen/ Brunsbuttel/Cuxhaven (metelau/ cemegolion/gwrtaith). Yr Iseldiroedd: Delfzijl (alwminiwm/cemegolion). Gwlad Belg: Ghent (dur).

Cafodd gwaith cynhyrchu briciau concrid ei godi yno ym 1968 i ddefnyddio cerrig a fyddai, fel arall, yn wastraff.

BAE RHÔS/COLWYN BAY

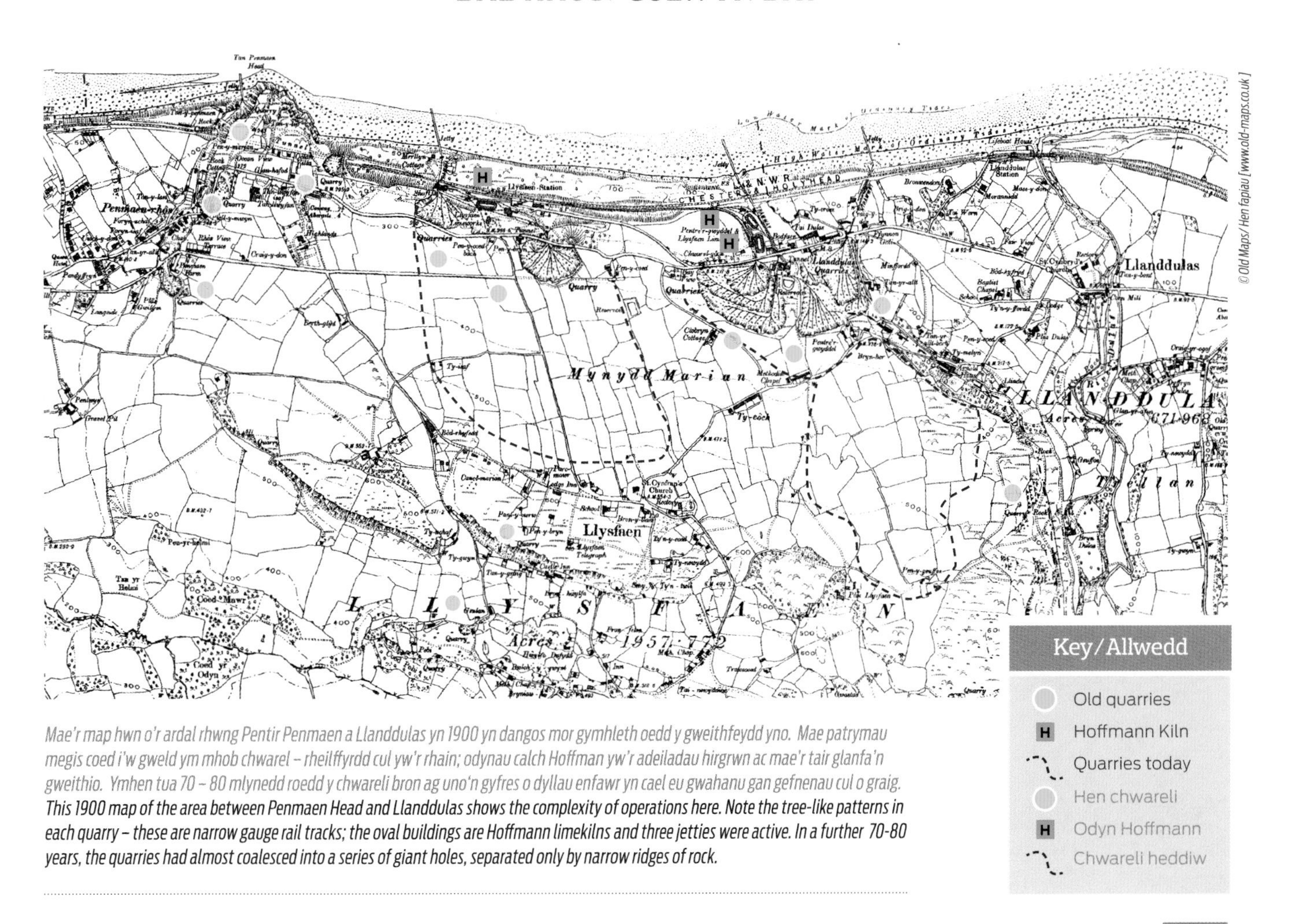

Mae'r map hwn o'r ardal rhwng Pentir Penmaen a Llanddulas yn 1900 yn dangos mor gymhleth oedd y gweithfeydd yno. Mae patrymau megis coed i'w gweld ym mhob chwarel - rheilffyrdd cul yw'r rhain; odynau calch Hoffman yw'r adeiladau hirgrwn ac mae'r tair glanfa'n gweithio. Ymhen tua 70 - 80 mlynedd roedd y chwareli bron ag uno'n gyfres o dyllau enfawr yn cael eu gwahanu gan gefnenau cul o graig.

This 1900 map of the area between Penmaen Head and Llanddulas shows the complexity of operations here. Note the tree-like patterns in each quarry - these are narrow gauge rail tracks; the oval buildings are Hoffmann limekilns and three jetties were active. In a further 70-80 years, the quarries had almost coalesced into a series of giant holes, separated only by narrow ridges of rock.

Area 1

© Ian A Thomas

Hen chwarel fawr Llanddulads, roedd rhai o'r ponciau o dan lefel y môr.
The disused extensive Llanddulas Quarry, parts of which were worked below sea level.

A concrete brick plant was introduced in 1968 to absorb otherwise waste small stone.

Working was even extended below sea level in what was also known as Haearn Ffordd (Railway) Quarry (now flooded), but reserves of high purity stone became exhausted and quarrying ceased in 1993. In 1984 part of the quarry was licensed for landfilling, currently operated by Wren Recycling. The jetty, a local landmark, was demolished in 2011.

Raynes (Llysfaen)

In the fierce storms on 28th November 2011, the MV Swanland broke in two off Lleŷn at 2am and sank immediately. Sadly, despite the much publicised efforts of Prince William as an RAF helicopter pilot, not all were rescued. The ship was en route from Raynes Quarry with its cargo of limestone to Cowes, Isle of Wight, part of a 150 year tradition of sailings from the jetty.

In 1858, Brundrit and Whiteway (also then at Penmaenmawr (AT2)), took on a site 1km to the west of the works just described. In 1873 Raynes left his earlier partner and took over this quarry near the Station, confusingly shown on old OS maps as Llysfaen Limeworks. He installed a Hoffmann kiln in 1875 (closing down in 1929), producing 400tpw mainly for alkali works around Widnes and Lever Brothers. J T Raynes died in 1886 and was succeeded by his son (also JT) and his brother George. By 1900 quarrying had advanced south of the main road (site known as Merllyn) and other kilns were added. A ship, the Eleanor was acquired to make regular runs to Clydeside and United Alkali's (UAC) Fleetwood works which opened in 1893. The company was bought out by UAC in 1920 and major modernisation followed, but stone was still being hand-loaded into wagons - only replaced by mechanical shovels in 1948. UAC was a founding element of ICI in 1927. The fleet expanded and named ships after elements, Calcium, Barium, Sodium etc. A massive Buchanan crusher (72"x48" opening) was introduced from the USA in the 1930s, one of only three in the UK (another being at Penmaenmawr). Remarkably, this crusher was only decommissioned about sev-

© Harald Hagnerud Norwegian Museum of Hydro Power and Industry (NVIM)

Odda Smeltwerk, Norwy, yn 2003. Roedd yn cynhyrchu calsiwm carbid ac yn dibynnu ar gyflenwadau rheolaidd o garreg galch hynod bur o Landdulas, tua 0.2 miliwn tunnell y flwyddyn tan ddiwedd y 1980au..
Odda Smeltwerk, Norway seen in 2003. It produced calcium carbide and relied upon regular supplies of high purity limestone from Llanddulas of about 0.2 Mtpa, until the late 1980s.

Roedd y gwaith yn ymestyn hyd yn oed o dan y môr mewn chwarel o'r enw Haearn Ffordd (Railway) Quarry (sydd o dan ddŵr, erbyn hyn), ond darfu'r garreg hynod bur a chaeodd y chwarel ym 1993. Ym 1984, rhoddwyd trwydded tirlenwi ar gyfer rhan o'r chwarel, sy'n cael ei redeg ar hyn o bryd gan Wren Recycling. Cafodd y lanfa, a oedd yn nodwedd yn yr ardal, ei dymchwel yn 2011.

Raynes (Llysfaen)

Mewn stormydd geirwon ar 28 Tachwedd 2011, torrodd y llong MV Swanland yn ddwy oddi ar arfordir Llŷn a suddo ar unwaith. Yn drist, er gwaethaf yr holl sôn am orchestion y Tywysog William fel peilot hofrennydd y RAF, ni chafod pob un o'r criw eu hachub. Roedd y llong ar ei ffordd gyda'i chargo o garreg galch o Chwarel Raynes i Cowes, Ynys Wyth, gan gynnal traddodiad 150 mlynedd o hwylio o'r lanfa.

Ym 1858, cymerodd Brundrit a Whiteway, (a oedd hefyd ym Mhenmaenmawr (AT2) yr adeg hynny), safle un cilometr i'r gorllewin o'r gwaith a ddisgrifiwyd. Ym 1873, gadawodd Raynes ei bartner a chymryd drosodd chwarel ger y Station, sy'n cael ei ddangos, yn hynod ddryslyd, ar hen fapiau Arolwg Ordnans fel Llysfaen Limeworks. Cododd odyn Hoffmann yno ym 1875 (a gaeodd ym 1929) a oedd yn cyflenwi 400 tunnell yr wythnos i weithfeydd alcali o gwmpas Widnes ac i Lever Brothers. Bu farw J T Raynes ym 1886 ac etifeddodd ei fab (a oedd hefyd yn JT) a'i frawd George. Erbyn 1900, roedd y chwarel wedi cyrraedd i'r de o'r briffordd (ar safle a elwid Merllyn) ac ychwanegwyd rhagor o odynau. Prynwyd llong, yr Eleanor, i hwylio'n rheolaidd i lannau afon Clyde ac i waith United Alkali yn Fleetwood a agorodd ym 1893. Prynwyd y cwmni gan United Alkali ym 1920 a gwnaed cryn waith moderneiddio, ond roedd cerrig yn dal i gael eu llwytho â llaw i wageni a dim ond ym 1948 y cafwyd peiriannu i wneud hynny.

Roedd United Alkali yn un o sylfaenwyr ICI ym 1927. Tyfodd y fflud ac roedd y llongau newydd yn cael eu henwi ar ôl elfennau, Calcium, Barium, Sodium ac yn y blaen. Daeth malwr Buchanan anferth (agoriad 72"x48") yno o'r Unol Daleithiau yn y 1930au, dim ond un o dri yn y DU (roedd un arall ym Mhenmaenmawr). Yn rhyfeddol, dim ond tua saith mlynedd yn ôl y cafodd hwn ei ddatgomisiynu. Daeth llosgi calch i ben ym 1945 ac roedd simneiau mawr yr odynau wedi diflannu erbyn 1952. Doedd y garreg ddim mor bur â rhai eraill yn yr ardal.

en years ago. Lime burning ended in 1945 and the large kiln chimneys were gone by 1952. The purity of the stone was a little lower than others in the area.

When the Burn Naze Alkali Works, Fleetwood closed in 1964, quarry output contracted greatly and shifted to aggregates, but still delivered to a Dutch carbide plant. By this time Raynes Quarry as it became known, occupied much of the considerable unurbanised area between Penmaenrhos and the Llanddulas operations. ICI sold Raynes in 1972 to William Cooper & Sons, a long-established sea dredged sand company based at Widnes and Coopers was itself acquired shortly afterwards by RMC.

Visiting managers from ICI Lime HQ, Buxton, were impressed by the care taken by the Raynes' workforce over their machines (often cast-offs from Buxton), as Derek Burton recalls. One man, Dai Evans a local poet, drove a large Ruston Bucyrus 110 excavator. Not only was the metalwork polished to perfection, he had added a doormat and expected boots to be cleaned on entry and had painted the walls inside with murals of Colwyn Bay. The biggest quarry blast ever undertaken by ICI (and probably the biggest in Britain) was fired at Raynes in the 1960s; it brought down 250,000 tonnes at one go.

Maintaining a link with the past, one of the current Raynes' generation, Mark Raynes Roberts, works fine glass (made from limestone and soda ash, ie alkali) in Toronto, Canada.

In the 20 years to 1914, long-standing quarries at Penmaenrhos, some also worked by Kneeshaw Lupton, had expanded rapidly along the outcrop. An onslaught was being made on the headland, which had effectively disappeared by 1960, supplying Belgian steelworks and Norway. Stone wasn't the only international trade; apparently certain local women went down to the quay to offer their services to incoming crews! 1984/5 saw the construction of the A55 through the closed quarry and output was switched entirely to Llanddulas.

The well known family firm, Thomas Gee & Son of Denbigh worked Pompren Quarry at Penmaenrhos in 1896. In the same vicinity, Plas Gwilym Quarry was one of the very few limestone quarries in Wales which until fairly recently, produced sawn dressed and random building stone. The site is now a contractor's yard surrounded by upmarket housing.

The quarries on the Little Orme started in 1889 and operated until 1931. They supplied the Coltness Ironworks near Glasgow and the Manchester Ship Canal Portland Cement Co works at Ellesmere Port.

© H. Tempest Ltd

Chwarel Penmaenrhos, Bae Colwyn yn y 1950au sydd, erbyn hyn, o dan yr A55.
Penmaenrhos Quarry, Colwyn Bay in the 1950s; now occupied by the A55 Expressway.

Pan gaeodd Gwaith Alcali Burn Naze, Fleetwood ym 1964, roedd llawer llai o ofyn am galch o'r chwarel, ond roedd peth yn dal i gael ei allforio i waith carbid yn yr Iseldiroedd. Erbyn hyn, roedd mwy o bwyslais ar gerrig mân. Erbyn hyn, hefyd, roedd Chwarel Raynes, fel yr oedd yn cael ei hadnabod, yn defnyddio llawer iawn o'r ardal drefol rhwng chwareli Penmaenrhos a Llanddulas. Gwerthwyd Raynes gan ICI ym 1972 i William Cooper & Sons, hen gwmni carthu tywod o'r môr a'i bencadlys yn Widness a phrynwyd Coopers ei hunan ychydig yn ddiweddarach gan RMC.

Byddai rheolwyr o bencadlys calch ICI o Buxton yn dotio at mor ofalus oedd gweithwyr Raynes o'u peiriannau (hen rai o Buxton, yn aml), fel y mae Derek Burton yn cofio. Roedd un dyn, Dai Evans, bardd lleol, yn gyrru cloddiwr mawr, Ruston Bucyrus 110. Nid yn unig roedd yna sglein perffaith ar y gwaith metel, roedd wedi gosod mat traed a byddai'n disgwyl i bawb lanhau eu hesgidiau wrth fynd i mewn. Roedd lluniau o Fae Colwyn wedi'u paentio ar y tu mewn. Yn Raynes y cafwyd y ffrwydriaid mwyaf erioed gan ICI (ac, mae'n debyg, y mwyaf yng ngwledydd Prydain) yn y 1960 pan chwalwyd 250,000 tunnell o gerrig ar un tro.

© Mark Raynes Roberts

James Trevelyan Raynes.

Mae un o genhedlaeth bresennol Raynes yn dal i gynnal cysylltiad â'r gorffennol. Mae Mark Raynes Roberts yn grefftwr gwydr cain (yn cael ei wneud o galch a lludw soda, h.y. alcali) yn Nhoronto, Canada.

Yn yr 20 mlynedd hyd at 1914, roedd rhai o'r hen chwareli ym Mhenmaenrhos, rhai hefyd yn cael eu gweithio gan Kneeshaw Lupton, yn ymestyn yn gyflym ar hyd y brigiadau. Roedd y penrhyn yn cael ei weithio'n galed, ac roedd wedi diflannu mewn gwirionedd erbyn 1960, drwy gyflenwi gweithfeydd dur yng Ngwlad Belg a Norwy. Nid cerrig oedd yr unig gynnyrch oedd yn cael eu masnachu'n rhyngwladol, mae'n debyg bod rhai merched lleol yn mynd i lawr i'r cei i gynnig eu gwasanaeth i griwiau'r llongau! Ym 1984/5 dechreuwyd adeiladu'r A55 drwy'r chwarel, a oedd wedi cau erbyn hynny, ac aeth y gwaith drosodd i Landdulas yn ei gyfanrwydd.

Roedd y cwmni enwog, Thomas Gee a'i Fab o Ddinbych, yn gweithio Chwarel Pompren ym Mhenmaenrhos ym 1896. Yn yr un ardal, Chwarel Plas Gwilym oedd un o'r ychydig o'r chwareli calch yng Nghymru a oedd, tan yn weddol ddiweddar, yn cynhyrchu cerrig adeiladu wedi'u llifio a'u naddu yn ogystal â cherrig bras. Erbyn hyn, mae'r safle'n iard contractwr a thai moethus o'i chwmpas.

Agorwyd y chwareli ar y Gogarth Fechan ym 1889 a dal ati tan 1931. Roedd y rhain yn cyflenwi gwaith haearn Coltness ger Glasgow a'r Manchester Ship Canal Portland Cement Co yn Ellesmere Port.

Area 1

Ardal 1

Alkali Manufacture

Many chemical substances can be categorised as acids or alkalis. Alkalis can be used neutralise acids (and vice versa). One of the most important alkalis is sodium carbonate (Na_2CO_3), usually called soda ash, an essential ingredient in soap, glass, textiles and numerous other 'basic' chemicals. A million tonnes or more are produced in the UK annually. Salt and limestone, the two raw materials were readily available in the main production centre Cheshire and high purity Welsh limestone was ideally placed. The older Leblanc process was used through much of the C19th centered on the Mersey around Widnes. The more efficient, less polluting Solvay Process began to dominate by about WWI The overall reaction is as follows but in detail is more complicated and involves ammonia:

$$2\,NaCl + CaCO_3 = Na_2CO_3 + CaCl_2$$

Salt + Limestone = Soda Ash + Calcium Chloride

The two main players, United Alkali (UAC) and Brunner Mond were already probably the World's largest chemical producers before they amalgamated to form Imperial Chemical Industries (ICI) in1927. Alkali works were set up in Prestatyn-Dyserth and Flint and sites on Merseyside were also supplied, but after WWI, the biggest long term customer was UAC's Fleetwood works which closed in 1964. The only remaining soda ash plant, a very large one, is Winnington Works, Cheshire which depends on limestone from Buxton (typically up to c1Mtpa). ■

Gwneud Alcali

Mae'n bosibl gosod llawer o sylweddau cemegol yn y categorïau asid neu alcali. Mae alcalïau'n gallu niwtraleiddio asidau (ac fel arall). Un o'r alcalïau pwysicaf yw sodiwm carbonad (Na_2CO_3), sydd hefyd yn cael ei alw yn lludw soda ac mae'n gynhwysyn hanfodol mewn sebon, gwydr, tecstilau a nifer o gemegolion 'sylfaenol' eraill. Cynhyrchir miliwn o dunelli neu fwy ohono yn y DU bob blwyddyn. Roedd halen a charreg galch, y ddau ddeunydd craidd, ar gael yn rhwydd yn y prif ganolfan gynhyrchu yn Swydd Caer ac roedd carreg galch bur iawn Cymru mewn lle delfrydol. Proses hŷn Leblanc a gai ei defnyddio yn y rhan fwyaf o'r 19eg ganrif, gyda'r prif ganolfannau ar afon Mersi o gwmpas Widnes. Daeth Proses Slovay, a oedd yn fwy effeithiol ac yn llygru llai, yn fwy poblogaidd tua'r Rhyfel Byd Cyntaf. Mae'r adwaith cyffredinol fel a ganlyn ond mae'r manylion yn fwy cymhleth ac yn cynnwys amonia.

$$2\,NaCl + CaCO_3 = Na_2CO_3 + CaCl_2$$

Halen + Carreg Galch = Lludw Soda + Clorid Calsiwm

Roedd y ddau brif gwmni, United Alkali (UAC) a Brunner Mond eisoes, mae'n debyg, y cynhyrchwyr cemegau mwyaf yn y Byd cyn uno i ffurfio Imperial Chemical Industries (ICI) ym 1927. Sefydlwyd gwaith alcali ym Mhrestatyn - Dyserth a'r Fflint ac roedd safleoedd ar Lannau Mersi hefyd yn cael eu cyflenwi, ond ar ôl y Rhyfel Byd Cyntaf, y cwsmer hir dymor mwyaf oedd gwaith Fleetwood UAC a gaeodd ym 1964. Yr unig waith lludw soda sy'n weddill, un mawr iawn, yw Winnington Works, Swydd Gaer sy'n dibynnu ar garreg galch o Buxton (fel arfer, hyd at tua 1 miliwn tunnell y flwyddyn). ■

© Ian Phillips/CEMEX

Un o'r llongau mwyaf i ddefnyddio glanfa Raynes, MV Arklow Viking, yn carrio bron i 5000 tunnell ac yn llwytho carreg galch hynod bur.

One of the larger ships to use Raynes jetty, MV Arklow Viking (capacity almost 5000t), loading very high purity limestone.

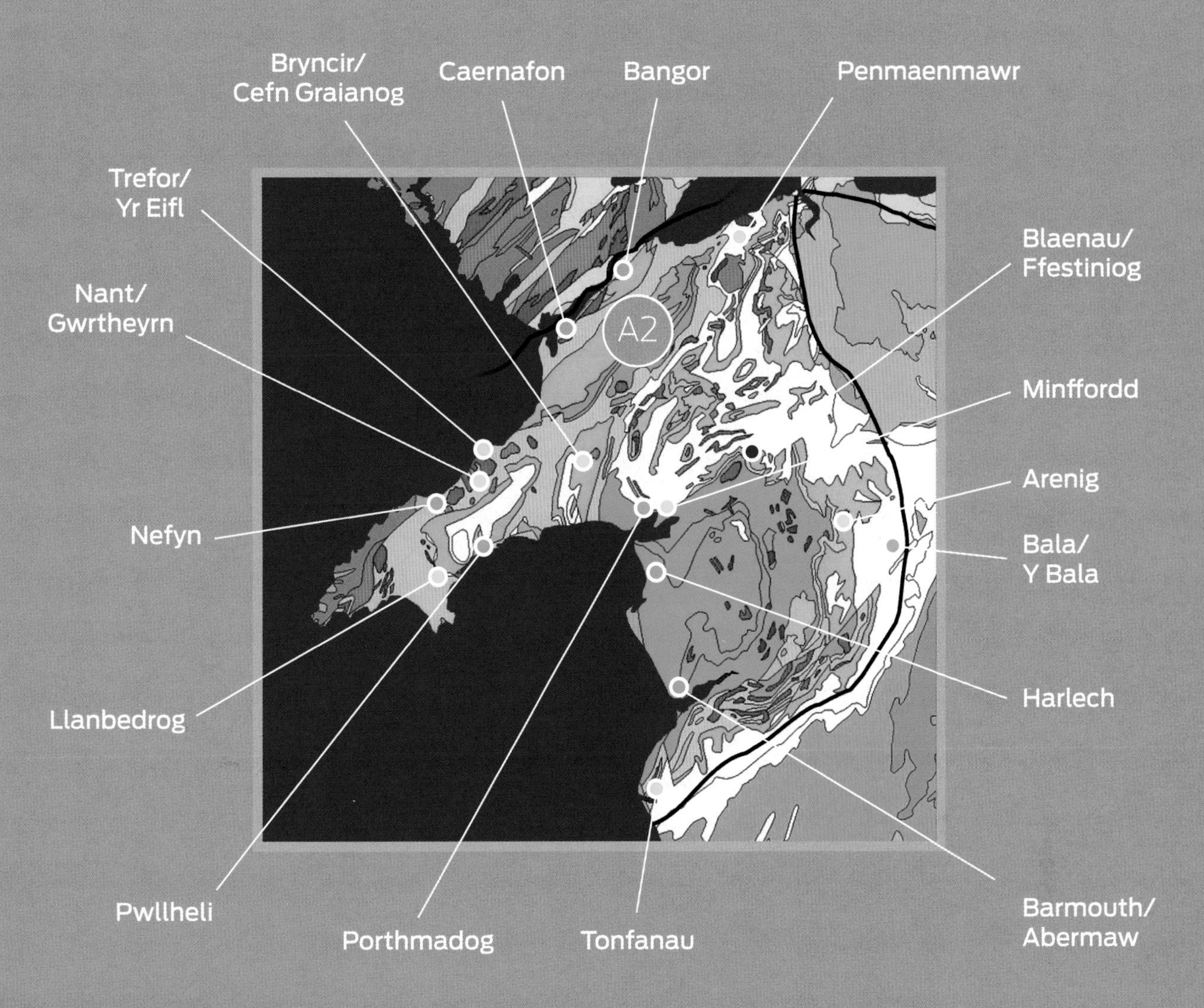

ARDAL 2:
LLŶN/ERYRI (A2)

AREA 2:
LLEYN/SNOWDONIA (A2)

Area 2 Ardal 2

LLEYN/ SNOWDONIA (A2)

LLŶN/ ERYRI (A2)

Roedd oes y chwarel ithfaen anghysbell hon yn Arennig rhwng Ffestiniog a'r Bala yn cyd-fynd bron yn union â chyfnod y rheilffordd gyfagos. Ildiwyd y caniatâd cynllunio helaeth, a rhai eraill mewn Parciau Cenedlaethol, mewn ymgais ofer i atal yr Ardoll Agregau.

This remote granite quarry at Arenig between Ffestiniog and Bala had an operating life almost exactly matching that of the railway alongside. The related extensive planning permission, with others also in National Parks, was given up, in an unsuccessful effort to stave off the Aggregates Levy.

Geographical area

This area closely equates to the old counties of Caernarfonshire and Merionethshire – excluding the eastern side of the Conway Valley (which lies in Area1) and the area south of the Dysynni (ie within Area 4). It therefore includes the western portion of the present Conway Council area and all but the southern strip of the Gwynedd Council area.

Geological setting

This area contains the World type-location for the Cambrian geological period (in the Harlech dome). It also has extensive Ordovician outcrops, including large scale volcanics. In complete contrast, Oligocene rocks occur under a small area of the coast covered by recent sediments near Llanbedr.

Ardal Ddaearyddol

Mae'r rhan fwyaf o'r ardal hon yn dilyn ffiniau'r hen siroedd Caernarfon a Meirionnydd - ac eithrio ochr ddwyreiniol Dyffryn Conwy (sydd yn Ardal 1) a'r ardal i'r de o afon Dysynni (sydd yn Ardal 4). Mae'n cynnwys, felly, ran orllewinol ardal Cyngor Conwy heddiw a'r cyfan o ardal Cyngor Gwynedd heblaw'r llain ddeheuol.

Gosodiad Daearegol

Mae'r ardal hon yn cynnwys lleoliad math y Byd y cyfnod daearegol Cambriaidd (yng nghromen Harlech). Hefyd mae yno frigiadau Ordofigaidd helaeth, gan gynnwys llosgfynyddoedd enfawr. Yn hollol wahanol, ceir creigiau Oligosen mewn ardal fechan o'r arfordir ger Llanbedr sydd wedi'i gorchuddio gan waddodion diweddar.

Mae pen de-orllewinol Llŷn, gan gynnwys Ynys Enlli, wedi'i ffurfio o gerrig Cyngambriaidd wedi'u cordeddu, sydd hefyd i'w cael ar Ynys Môn (Ardal 3). Mae tyffau folcanig Cyngambriaidd yn ffurfio dau fand cyfochrog, un rhwng Caernarfon a Bangor ac un arall ychydig i'r de.

© Ian A Thomas

Roedd chwareli slabiau yn uchel ar Foel y Gest wedi'u cysylltu ag inclên â gorsaf drenau Porthmadog.
Slab quarries high on Moel y Gest were linked by incline to Porthmadog station.

The south western tip of Lleyn, with Bardsey, is formed of contorted Precambrian rocks as are also found on Anglesey (Area 3). Precambrian volcanic tuffs form two parallel bands, one between Caernarfon and Bangor and another just to the south.

However the main object of the stone quarrying industry in this terrain has been newer igneous rocks. The variety here is considerable. They comprise contemporaneously deposited volcanic rocks, extensive tuffs and lavas of various types belonging to the Ordovician period. These are found around two synclinal structures on Lleyn, forming extensive irregular outcrops across the main Snowdon massif, creating a fractured eastern and southern boundary to the Harlech Dome, the latter outcropping on Cader Idris. These are widely intercut with intrusive rocks, dolerites, rhyolites, diorites, and most importantly, the more deep-seated granites or granite-like rocks. The granitic group, although having relatively small outcrops, usually forms prominent topographical features, including a string of six mountains between Nefyn and Clynnog on Lleyn, *(Cattermole and Romano 1988)* Mynydd Mawr (south of Waun Fawr), Tanygrisiau (near Blaenau Ffestiniog) and south west of Dolgellau. Microdiorites were also important and are to be found at Manod (Blaenau Ffestiniog), Penmaenmawr/Penmaenbach and north east of Dolgellau.

History

In terms of all the extractive industries, slate production dominates here. Indeed in the C19th and early C20th, these were the largest slate operations in the World. However, slate is outside the remit of this study – as explained earlier, slate production does not attract Aggregates Levy and there are already very many publications and visitor facilities covering the subject. As far as non-slate quarrying is concerned, this area possesses the two most dramatic quarry groups in England and Wales, indeed probably in Britain, namely the Pemaenmawr/

Fodd bynnag, y creigiau sy'n cael eu cloddio'n bennaf yn yr ardal yw'r rhai igneaidd, mwy diweddar. Mae'r amrywiaeth yn sylweddol ac yn cynnwys creigiau folcanig , tyffiau eang a lafa o amrywiol fathau yn perthyn i'r un cyfnod Ordofigaidd ac a gafodd eu dyddodi'r un pryd. Mae'r rhain i'w gweld o gwmpas dau strwythur synclinol yn Llŷn ac yn ffurfio brigiadau anwastad eang ar draws prif fasiff Eryri, gan greu ffin ddwyreiniol a deheuol fylchog i Gromen Harlech, yr olaf yn brigo ar Gadair Idris. Yn gymysg â'r rhain mae llawer iawn o greigiau ymwthiol, doleritau, rhyolitau, dioritau ac yn bwysicaf, ithfaen, neu greigiau tebyg, dwfn. Mae'r grŵp o greigiau ithfaen, er nad oes ond cymharol ychydig o frigiadau, yn aml yn amlwg yn y tirlun, gan gynnwys cadwyn o chwe brigiad rhwng Nefyn a Chlynnog yn Llŷn, *(Cattermole and Romano 1988)* Mynydd Mawr (i'r de o Waunfawr), Tanygrisiau (ger Blaenau Ffestiniog) ac i'r de-orllewin o Ddolgellau. Roedd microdioritau hefyd yn bwysig ac maen nhw i'w canfod ym Manod (Blaenau Ffestiniog), Penmaenmawr / Penmaenbach ac i'r gogledd-ddwyrain o Ddolgellau.

Hanes

O ran y diwydiant chwareli, y chwareli llechi oedd y rhai mwyaf o ddigon. Yn wir yn ystod y 19eg Ganrif ac yn gynnar yn yr 20fed Ganrif, yma yr oedd y chwareli llechi mwyaf yn y byd. Fodd bynnag, mae llechi y tu allan i gylch gorchwyl yr astudiaeth hon - fel yr eglurwyd yn gynharach, nid yw cynhyrchu llechi'n dod o dan y Dreth Agregau ac mae eisoes lawer iawn o gyhoeddiadau ac adnoddau ymwelwyr ynghylch chwareli llechi.

O ran chwareli heblaw chwareli llechi, yn yr ardal hon y mae'r ddau grŵp mwyaf dramatig o chwareli yng Nghymru a Lloegr, yn wir, mae'n debyg yng ngwledydd Prydain sef Penmaenmawr a Phenmaenbach a grŵp yr Eifl. Roedd pob un o'r rhain ac eraill, megis y rhai yn Nefyn, Llanbedrog a Phwllheli yn dibynnu, mewn rhai achosion yn gyfan gwbl, ar gludiant y môr. O gymharu â'r rhain, roedd y rhan fwyaf o chwareli'r mewndir yn rhai cymharol fychan. Cai'r eithriadau mwy yn y mewndir eu cysylltu â'r rheilffordd (er bod rhai yn systemau rheilffyrdd cul) ac roedd y rhain yn cynnwys Arennig, Manod (ger Ffestiniog), Moel-y-Gest, Minffordd a Tonfannau. O'r rhain, dim ond Minffordd sy'n dal yn i gael ei gweithio ac mae'n cynhyrchu cerrig ffordd gyda gwerth carreg gaboledig hynod o uchel (PSV – gweler AT8 Ffyrdd Diogelach)

Tan yr Ail Ryfel Byd, roedd yr ardal yn cael ei chyfrif yr un mor bwysig â Swydd Caerlŷr fel cynhyrchydd ithfaen, yn wir roedd nifer o gysylltiadau masnachol agos rhwng y ddwy ardal, e.e. gydag enwau cwmnïau megis Enderby (Welsh) Granite Co a Croft Granite, Brick and Concrete Co.

Cafodd llawer o chwareli bychan eu hagor i gloddio ithfaen (rhai ar gyfer prosiectau arbennig megis adeiladu cronfeydd dŵr, adeiladu a thrwsio ffyrdd) e.e. y doleritau yn Chwarel Ffridd (Dolgellau) neu Chwareli Gwydyr a Phant y Carw (Trefriw) a Nanhoron (Pwllheli).

Yn annisgwyl, mae llawer iawn o rai mwynau wedi'u cloddio yn eu crynswth, gan gynnwys tywod / gro o gwmpas Cefn Graianog a Bryncir a'r llethrau sgri - ar ben Bwlch Llyn Bach (uwchben Tal-y-llyn). Defnyddiwyd tywodfaen Egryn gyda'i liw hufen anarferol i adeiladu Castell Harlech, Eglwys Llanaber ac adeiladau canol oesol eraill; mae'n anodd gwybod ble yn union oedd y chwarel ond mae yna safle sy'n disgwyl cael ei hymchwilio ymhellach *(Palmer 2003)*.

Area 2

Today/Heddiw

© Ian A Thomas

c 1920

© Casgliad Robert Vernon Collection

Mae Chwarel Minffordd ger Porthmadog yn cynhyrchu cerrig ffordd hynod wydn a di-lithriad.
Minffordd Quarry, near Porthmadog produces exceptionally robust, non-slip roadstone.

bach and Yr Eifl groups. These and others such as those at Nefyn, Llanbedrog and Pwllheli were almost all dependent, in some instances, totally, upon sea transport. By comparison, most of the many inland quarries were relatively small. The larger inland exceptions were almost all rail-connected (albeit, some by narrow gauge systems) and included Arenig, Manod (near Ffestiniog), Moel-y-Gest, Minffordd and Tonfanau. Of these, only Minffordd is still active and produces roadstone with a particularly high polished stone value PSV (- see AT8 Safer Roads).

Until World War ll, the area ranked alongside Leicestershire in its significance as an igneous rock producer, indeed there were a number of close commercial connections between the two areas, eg with company names like Enderby (Welsh) Granite Co and Croft Granite, Brick and Concrete Co.

Many other igneous rocks have been exploited on a small scale (some for special projects such as reservoir construction, road building and repair) e.g. the dolerites at Ffridd Quarry, (Dolgellau) or Gwydyr and Pant y Carw Quarries (Trefriw) and Nanhoron (Pwllheli).Quite exceptionally, some other bulk minerals have been worked, including sand/gravel around Cefn Graianog and Bryncir, and scree slopes – at the head of Bwlch Llyn Bach (above Talyllyn). The unusual cream coloured Egryn sandstones were a source for Harlech Castle, Llanaber Church, and other medieval buildings; the precise location of the quarry is still uncertain, but a possible site awaits further investigation *(Palmer 2003)*.

Er bod rhai o'r chwareli'n rhai mawr iawn, ychydig sydd ar ôl i'w weld o'r gwaith cloddio nac o'r gwaith prosesu, yn wahanol i chwareli llechi. Hyd yn oed yn y chwareli mwyaf diarffordd megis Arennig, ar y mwyaf, dim ond seiliau concrid y peiriant malu a llwybr y rheilffordd neu'r inclein (ond nid y cledrau) sydd ar ôl. Yr unig eithriadau yw'r ddau brif grŵp o chwareli o gwmpas yr Eifl ac ym Mhenmaenmawr. Cafodd rhannau o chwareli Penmaenmawr eu hadfer yn helaeth pan adeiladwyd ffordd yr A55. Mae gweddillion sied brosesu sylweddol yn Chwarel Trefor.

©Phill Lloyd

Erbyn hyn, mae Chwarel Boston Lodge yn iard waith Rheilffordd Ffestiniog ond, unwaith, oddi yno y daeth cerrig i adeiladu Cob Porthmadog.
Boston Lodge Quarry now forms a works yard for the Ffestiniog Railway but once supplied stone to build the Cob causeway linking it to Porthmadog.

©Ian A Thomas

Chwarel Tonfannau ger Tywyn, Meirionnydd, oedd yn cloddio microgabbro yn eithafion mynyddoedd Cadair Idris agosaf at y môr.
Tonfanau Quarry near Towyn worked a microgabbro, effectively the sea-ward extremity of the Cader Idris range.

©Dennis Roberts

Bythynod New York, Penmaenmawr, hen gartrefi chwarelwyr sy'n amgueddfa'r chwarel erbyn hyn.
New York Cottages, Penmaenmawr; former quarry homes now a quarry museum.

Despite the very large scale of some of the quarrying activity, on the ground, comparatively little of general interest relating to extraction or processing remains, say in contrast to slate working. Even in some of the remotest sites such as Arenig, at most, usually only the concrete base of a crusher and tramway or incline routes (but not the rails) remain. The only partial exceptions lie in the two main quarry groups around Yr Eifl and at Penmaenmawr. Parts of the latter were the subject of a major restoration programme connected with the A55 construction. Trevor Quarry has the remains of a substantial processing shed.

Where to find out more

Nant Gwrtheyrn/Porth-y-Nant, the previously derelict, isolated quarry village near Llithfaen has been restored as the Centre for Welsh Language Learning and has an archive and small display. Cottages at Penmaenmawr have already been converted into a small private museum (with limited opening hours as it is run on a volunteer basis). There are still extensive company archives, (probably in total amounting to several 100kg of paperwork) mainly relating to Penmaenmawr, held between a number of the record offices in north west Wales, some of which are being researched by the Penmaenmawr Museum group. There are also two detailed accounts of Penmaenmawr *(Davies 1974)* and Trefor *(Jones & Williams 2006 – in Welsh)*.

Lle i ganfod rhagor....

Nant Gwrtheyrn / Porth-y-nant - mae adfeilion yr hen bentref chwarel diarffordd ger Llithfaen wedi'i adfer fel Canolfan Iaith a Threftadaeth Cymru ac mae ganddi archif ac arddangosfa fechan. Mae bythynnod ym Mhenmaenmawr eisoes wedi'u troi'n amgueddfa breifat fechan (sydd ar agor ar gyfnodau byr yn unig gan mai gwirfoddolwyr sy'n ei rhedeg). Mae yna'n dal archifau helaeth o bapurau'r cwmnïau (cyfanswm o sawl 100 cilogram o waith papur, mae'n debyg) ynghylch Penmaenmawr yn bennaf, mewn nifer o swyddfeydd cofnodion yng ngogledd-orllewin Cymru, ac mae grŵp Amgueddfa Penmaenmawr yn ymchwilio i rai. Mae yna hefyd ddau hanes manwl am Benmaenmawr *(Davies 1974)* ac am Drefor *(Jones & Williams 2006 – yn Gymraeg)*.

Area 2

The Castles
Y Cestyll

Castell Dolbadarn, Llanberis, a adeiladwyd gan Llywelyn Fawr (ab Iorwerth) yn gynnar yn y 13g o gerrig a gasglwyd, fwy na heb, oddi ar y safle.
Dolbadarn Castle, Llanberis built by Welsh prince Llewelyn the Great (ap Iorwerth) in the early C13th from stone gathered more or less on the spot.

©Ian A Thomas

North and Mid-Wales

Ongoing friction between the English (or Normans) and the Welsh, erupted into the major events of 1277 to 1282 and beyond. The Welsh princes had already built a number of castles in the north (Table 3). Virtually all these were of stone won from within a few metres of the castle or even on site – however some 'imported' Carboniferous Limestone (presumably from Anglesey) is seen at Caernarfon and Criccieth *(Neaverson 1949)*.

Stone working on a really serious scale began in 1277. Edward I and his Lords masterminded a project running up costs and engaging skilled manpower comparable, in modern terms, to World War II defence proportions, which was only brought to a halt by distractions on other fronts. Concerning stone extraction, the amounts were not exceeded until the introduction of the railways. Furthermore, the activities are documented in the detailed accounts of the King's Works *(Taylor 1986; Colvin 1963)*, although the petrography of the buildings themselves is often more informative on sources than the written record. The researches of Neaver-

Gogledd a Chanolbarth Cymru

Ffrwydrodd yr ymrafael parhaus rhwng y Cymry a'r Saeson (neu Normaniaid), yn rhyfel rhwng 1277 i 1282 ac ar ôl hynny. Roedd tywysogion Cymru eisoes wedi adeiladu nifer o gestyll yn y gogledd (Tabl 3). Roedd bron iawn y cyfan wedi'u codi o gerrig a oedd o fewn ychydig fetrau o'r cestyll neu hyd yn oed ar y safle ei hunan - ond mae rhywfaint o Gerrig Calch Carbonifferaidd 'wedi'u mewnforio' (o Ynys Môn, mae'n debyg) i'w gweld yng Nghestyll Caernarfon a Chricieth *(Neaverson 1949)*.

Ym 1277 t dechreuwyd codi cestyll cerrig o ddifrif. Roedd Edward I a'i Arglwyddi wedi cynllunio prosiect a oedd, yn nhermau heddiw, yn costio cymaint ac yn defnyddio cymaint o grefftwyr â'r Ail Ryfel Byd. Dim ond oherwydd galwadau o fannau eraill y daeth y gwaith i ben. O ran cloddio cerrig, ni chafodd cymaint eu cloddio nes dyfodiad y rheilffyrdd. Ymhellach, mae cofnodion o'r gwaith i'w weld yn hanesion manwl King's Works *(Taylor 1986; Colvin 1963)*, er bod mwy o wybodaeth i'w gael yn aml am y ffynonellau o betrograffeg yr adeiladau'u hunain nag o'r cofnodion ysgrifenedig. Mae

Ardal 2

Cafodd castell Conwy ei adeiladu'n bennaf o rudfaen Silwraidd a gloddiwyd gerllaw, o Fodysgallen mae'n debyg, o 1283.
Conwy castle is mainly built of Silurian grits, probably worked nearby at Bodysgallen from 1283.

© Ian A Thomas

son *(1947, 1953)* and in a more restricted area, *Greenly (1932)* are exemplary in North Wales. Caernarfon and Beaumaris positioned the massive Carboniferous Limestone beds of the Penmon, Anglesey, firmly as a major source. These sites were subsequently quarried intermittently, often on a large scale, until the late twentieth century.

As a further example, in 1277 the Constable of Bristol ordered the enlistment of 120 masons from Somerset, Wilts and Dorset to build Aberystwyth Castle. In 1279 there was a call to Bristol for more masons and 30 boatloads of freestone - what sort of stone and where from? Examination of Aberystwyth castle today shows occasional arrow loops plus five or six other shaped blocks of shelly oolite – probably from the Dundry/Bath area. Indeed a notable feature of the use of stone in Wales from the Medieval period to 1914, is the frequency with which material exotic to the area (especially red or cream in colour), is employed for effect as dressings, to offset the prevailing greys or browns of many local stone varieties. Another factor is regular resort to well tried sources exploited by earlier generations (Table 4).

Table 3 – Native Castles (all mainly early C13th)

SITE	MATERIAL	SOURCE
Dolwyddelan	Rhyolitic tuff Chwarel ddu	Local to SW
Dolbadarn	Purple and grey slate in block	Local outcrop
Ewloe	Yellow Coal Measure Sstn (Ewloe Castle Rock)	Ewloe/ Alltami
Deganwy	Rhyolite	Local
Dinas Bran	Mudstone	Local
Criccieth	Felsite (including Glacial) Carboniferous Limestone Sandstone/conglom (querns)	Local Anglesey ?Anglesey

gwaith ymchwil Neaverson *(1947, 1953)* ac mewn maes mwy cyfyngedig, *Greenly (1932)* yn enghreifftiau rhagorol yng ngogledd Cymru. O welyau enfawr y Garreg Galch Carbonifferaidd ym Mhenmon, Ynys Môn y daeth y rhan fwyaf o'r cerrig ar gyfer cestyll Caernarfon a Biwmares. Cafodd y safleoedd hyn eu cloddio wedyn o dro i dro, yn aml ar raddfa fawr, hyd at ddiwedd yr ugeinfed ganrif.

Enghraifft arall yw pan orchymynnodd Cwnstabl Bryste, ym 1277, listio 120 o seiri maen o Wlad yr Haf a Swyddi Wilts a Dorset i adeiladu Castell Aberystwyth. Ym 1279 daeth galwad o Fryste am ragor o seiri maen a 30 o lwythi cychod o gerrig rhydd - pa fath o garreg ac o ble? O archwilio castell Aberystwyth heddiw mae ambell i dwll saeth a phump neu chwech o flociau wedi'u ffurfio o shelly oolite i'w gweld – a ddaeth o ardal Dundry / Caerfaddon, mae'n debyg. Yn wir, un o nodweddion hynod adeiladau cerrig yng Nghymru, o'r Canol Oesoedd tan 1914, yw pa mor aml y defnyddid cerrig diarth (yn enwedig rhai lliw coch neu liw hufen) fel cerrig addurn i roi lliw i gerrig lleol, y rhan fwyaf yn llwyd neu'n frown. Nodwedd arall yw'r defnydd rheolaidd o hen chwareli'r cenedlaethau gynt (Tabl 4).

Tabl 3 – Cestyll Brodorol (i gyd yn gynnar o'r 13 ganrif, yn bennaf)

SAFLE	DEUNYDD	FFYNHONNELL
Dolwyddelan	Twff rhyolit Chwarel ddu	Lleol i'r de-orllewin
Dolbadarn	Llechen borffor a llwyd mewn blociau	Brigiad lleol
Ewlo	Haenau Glo Melyn (Craig Castell Ewlo)	Ewlo/Alltami
Deganwy	Rhyolit	Lleol
Dinas Bran	Cerrig Llaid	Lleol
Cricieth	Felsit (gan gynnwys Rhewlifol) Carreg Galch Garbonifferaidd Tywodfaen / clymfaen (melinfaen)	Lleol Môn ?Môn

Area 2

Table 4 – Twelfth and Thirteenth Century Castles / Settlements

SITE	DATE	MATERIAL	SOURCE
Aberystwyth	1289	Silurian greywacke Jurassic oolite (dressings) Carboniferous Limestone (lime)	On site/local Bath/Bristol/ Tenby
Beaumaris	1295	Carboniferous Limestone	Penmon area
Builth	Mid 12th / 1277	Silurian greywacke 'Freestone' Old Red Sandstone Limestone (for Lime)	Local Cusop & Clifford on Wye Llyswen, Talgarth
Caerphilly	1268	Pennant Sandstone	Hills just to N
Caernarfon	1282	Carboniferous Limestone Triassic red sandstone brown pebbly Ordovician grit Trias? Red sstn (14th dressgs)	Penmon area ?Penmon/ Vaynol/Pwllfr-anogl Twt Hill Bach/ Town End Qy ?Chester (via Black Prince?)
Caernarfon Town Walls		Carboniferous Limestone Plus red sstn (Roman recycled?)	Penmon area ?Chester
Conwy	1283	Silurian grit Red/white sstn (dressings)	Many old qs SW Bodysgallen (traditional) Chester (via Black Prince)
Conwy Town Wall		Silurian grit Rhyolite (poss recycled)	Many old qs SW Conwy Mtn/ Deganwy Castle
Fflint	1277	Yellow Coal Meas sandstone Triassic red sandstone	Quarries 2-4km SE Burton Point, Wirral
Rhuddlan	1277	Carboniferous Limestone Purple sstn ('Elwy Sstn') Silurian Triassic red sandstone Coal Measure sandstone	Moel Hiraddug 4km E Pont yr Goch 8km SSW ?Chester Talacre 10km ENE
Holt	1282	Triassic red sandstone	On site (field: Quarere/Le-Quarell)
Denbigh	1283	Carboniferous Limestone Purple sstn ('Elwy Sstn') silurian Triassic red (Kinnerton Sstn) Basal Carbonifrous sstn	Castle ditch Pen yr Allt E of town Pant Lawnt
Harlech	1283	Harlech Grits Carb Sstn soft/yellow freestone	Adjacent & Egryn 10km SSE ?Anglesey

Tabl 4 – Cestyll / Aneddiadau'r Ddeuddegfed Ganrif a'r Drydedd Ganrif ar Ddeg

SAFLE	DATE	DEUNYDD	FFYNHONNELL
Aberystwyth	1289	Llwydgraig Silwraidd Oolit Jwrasaidd (addurn) Carboniferous Limestone (calch)	Ar safle / lleol Caerfaddon/Bryste/ Dinbych y Pysgod
Biwmares	1295	Carreg Galch Garbonifferaidd	Ardal Penmon
Llanfair ym Muallt	Mid 12th / 1277	Llwydgraig Silwraidd 'Carreg rydd' Hen Dywod-faen Goch, Carreg Galch (ar gyfer mortar calch)	Lleol Cusop & Clifford on Wye Llyswen, Talgarth
Caerffili	1268	Tywodfaen Pennant	Bryniau ychydig i'r gogledd
Caernarfon	1282	Carreg Galch Garboniff-eraidd, Tywodfaen coch Triasig brown Grudfaen Ordoficaidd Triasig? Is-haen goch (addurn14G)	Ardal Penmon ?Penmon/Faenol/ Pwllfranogl Twt Hill Bach/Cei Pen dref ?Caer (drwy'r Tywysog Du?)
Waliau Tref Caernarfon		Carreg Galch Garbon-ifferaidd A cherrig coch (Rhufeinig?)	Ardal Penmon ?Caer
Conwy	1283	Grudfaen Silwraidd Haenau coch a gwyn (addurn)	Llawer o chwareli i'r de-orllewin Bodysgallen (traddodiadol) Caer (drwy'r Tywysog Du)
Waliau Tref Conwy		Grudfaen Silwraidd Rhyolit (efallai ail ddefnydd)	Llawer o chwareli i'r de-orllewin Mynydd Conwy / Castell Deganwy
Fflint	1277	Grudfaen haenau glo melyn Tywodfaen coch Triasig	Chwareli 2-4cilometr de-ddwyrain Burton Point, Cilgwri
Rhuddlan	1277	Carreg Galch Garbonifferaidd Is haen borffor ('Elwy') Silwraidd Tywodfaen coch Triasig Tywodfaen haenau glo	Moel Hiraddug 4cm Dwyrain Pont yr Goch 8cm de-de-orllewin ?Caer, Talacre 10cm dwyrain-gogledd-dwyrain
Holt	1282	Tywodfaen coch Triasig	Ar safle (maes: Quarere/ LeQuarell)
Dinbych	1283	Carreg Galch Garbonifferaidd Is haen borffor ('Elwy') Silwraidd Coch Triasig (is haen Kinnerton) Is haen Basal Garbonifferaidd	Ffos y Castell Pen yr Allt Dwyrain o'r dref Pant Lawnt
Harlech	1283	Grudfaen Harlech Is haen garbonifferaidd feddal / melyn carreg rydd	Gerllaw & Egryn 10cm de-de-ddwyrain, ?Môn

Penmaenmawr – for a century, a state of the art 'super-quarry'

The operations at Penmaenmawr are described here in some detail as they represent the introduction of cutting edge technology of the time, as well as commercial trends followed throughout the industry. The account relies heavily on a paper by Ivor Davies (1974) who served as a company clerk there for 51 years.

For some years running into the early C19th, local people, mainly farmers had struck up a small trade in gathering beach pebbles and boulders at Penmaenmawr and Llanfairfechan, providing ballast for return to Mersey and Dee-side. Many years earlier, Aberdeen had established a thriving business, supplying paving as squared setts, much preferred in cities to rounded cobbles, so groups of Penmaenmawr men also began to 'add value' by shaping these hard stones here. Small amounts had also been traded down the Conwy from Trefriw. One of their customers, Denis Brundrit was a stone merchant, ship builder and chemist operating red sandstone quarries at Weston Point, Runcorn, who may have previously supplied core stone for the Menai Bridge in the early1820s. Initially Brundrit and a Conway man Edward Edwards came to a supply arrangement with local work-gangs. Then, somewhat to their annoyance, Brundrit partnered by fellow Runcorn townsman, Phillip Whiteway, took out a lease in 1830 from the Bulkeley Estate, granting both beach and quarry rights. Quarrying in earnest began that year and included investment in self-acting (counterbalancing) inclines, railways and a jetty at Penmaen Quarry. Another jetty was added at Llanfairfechan in about 1833, mainly fed by scree stone west of the headland. The building of the mainline railway in 1845-8 forced the consolidation of the two operations with processing at Penmaenmawr. Growing waste tips pushed activities further up the mountain.

Demand for setts led to the opening up of a separate enterprise by Thomas Brassey (railway engineer) and John Tomkinson under lease from George Thomas Smith of Pendyffryn/Ty Mawr and the Brynmor Estate in 1834. This was Graiglwyd Quarry rising 1100 ft /340 m above sea level. A further jetty was built. Although the stone here could easily be made into setts and was exceptionally hard, its surface

Clawr llyfryn hyrwyddo tua 1950.
Cover of promotional booklet c 1950.

Penmaenmawr – am ganrif, un o'r chwareli mwyaf modern

Mae'r gwaith ym Mhenmaenmawr yn cael ei ddisgrifio yma'n eithaf manwl, hon oedd un o chwareli mwyaf modern ei dydd ac yma y datblygodd rhai o'r tueddiadau masnachol y bu'r diwydiant cyfan yn eu dilyn. Mae'r hanes yn pwyso'n drwm ar bapur gan Ivor Davies (1974) a fu'n gweithio fel clerc i'r cwmni yno am 51 mlynedd.

Am rai blynyddoedd ar droad y 19 ganrif, roedd gan bobl yr ardal, ffermwyr yn bennaf, fusnes bychan yn casglu cerrig bach a mawr ar y traethau ym Mhenmaenmawr a Llanfairfechan fel balast i longau'n dychwelyd i afon Mersi a glannau Dyfrdwy. Lawer blwyddyn ynghynt, roedd Aberdeen wedi sefydlu masnach ffyniannus o gyflenwi setiau sgwâr fel cerrig palmant, roedd yn well gan y dinasoedd setiau sgwâr yn hytrach na cherrig crwn, felly dechreuodd dynion Penmaenmawr 'ychwanegu gwerth' drwy dorri'r cerrig caled yn sgwâr. Roedd ychydig hefyd yn cael eu cario i lawr afon Conwy o Drefriw. Roedd un o'u cwsmeriaid, Denis Brundrit o Runcorn, a oedd yn fasnachwr cerrig, yn adeiladydd llongau ac yn gemegydd, yn rhedeg y chwareli tywodfaen coch yn Weston Point, Cytunodd Brundrit a dyn o Gonwy, Edward Edwards, ar drefniant cyflenwi gyda grwpiau o ddynion yr ardal. Yna, gan godi gwrychyn y dynion, cymerodd Brundrit, a dyn arall o'r un dref, brydles ym 1830 gan Ystâd Bulkeley a oedd yn rhoi hawliau dros y traeth ac ar chwareli. Dechreuodd y gwaith o gloddio cerrig yno o ddifrif y flwyddyn honno. Roedd y buddsoddiad yn cynnwys incleiniau gwrthbwyso, rheilffyrdd a glanfa yn Chwarel Penmaen. Codwyd glanfa arall yn Llanfairfechan tua 1833, yn bennaf o gerrig o'r marian i'r gorllewin o'r pentir. Pan agorodd rheilffordd arfordir y gogledd yn 1845-8 cyfunwyd y ddwy chwarel gyda'r gwaith prosesu ym Mhenmaenmawr. Gyda'r tomeni rwbel yn tyfu, roedd yn rhaid i'r gwaith ddringo i fyny'r mynydd.

Gyda'r galw am setiau'n cynyddu, agorwyd chwarel arall yn 1834 gan Thomas Brassey (peiriannydd rheilffordd) a John Tomkinson o dan brydles oddi wrth George Thomas Smith o Bendyffryn/Tŷ Mawr ac Ystâd Brynmor. Hon oedd Chwarel Graiglwyd, yn codi i 1100 tr /340 m uwch lefel y môr. Cafodd glanfa arall ei hadeiladu. Er ei bod yn hawdd ffurfio'r cerrig yma'n setiau eithriadol o galed roedd eu hwyneb yn

Area 2

©Ian A Thomas

Cabanau gweithwyr torri setiau ar ben Chwarel Penmaenmawr.
Sett makers cabins at a high point in Penmaenmawr Quarry.

© Casgliad Robert Vernon Collection

Hollti ithfaen â llaw, Penmaenmawr.
Hand splitting granite, Penmaenmawr.

smoothed more rapidly in use, but was ideal to make wheel track stones. Crushers were introduced in 1888 to produce roadstone. With the growing demand for coated stone, quarrying at the 'Old Quarry' ceased in the late 1930s, as, unlike the coarser Penmaen stone, the finer grain did not readily allow tar to adhere so well to the stone.

Ivor Davies [1974], paints a fascinating picture of working and social life in the C19th quarries, the development of communities, provision of tools, pay and training. For example, he notes the pay rates (1850s drillers 13-15 shillings/week; 1939 labourer 1shilling/hour). Warning of a blast was given by loud shouts and a bugle sounded 'all clear' in the 1870s. Another interesting facet was the introduction of skilled workers from Kirkcudbrightshire and Leicestershire quarries.

The Graiglwyd management gave up their lease in 1840 to a partnership of Liverpool merchants, Richard Kneeshaw, J T Raynes and William Lupton. They already operated limestone quarries at Llanddulas (AT 1) and a fleet of coasters.

Production in 1858 from the two granite units combined amounted to 134,000 t or approaching three times the reported total output from all Leicestershire quarries and exactly twice that of Aberdeenshire.

In some years of the 1860s and 70s, trade dropped sharply, but recovered in the '80s and particularly after the Local Government Act 1888 required councils to maintain roads. Steam locomotives were introduced in the 1870s, gradually replacing horses. Kneeshaw and Lupton were encountering increasing difficulties at Graiglwyd and besides, had taken on Port Nant Quarry on Lleyn, so activity at the former stopped in the mid-1870s. In January 1878 the Darbyshire family, by then owners of the Ty Mawr Estate appointed 34-year old C H Darbyshire, a civil engineer with quarrying experience, as manager. New inclines and sett-makers sheds were erected. Despite impediments left by

gwisgo ynghynt ond roedd hynny'n ddelfrydol ar gyfer gwneud cerrig olion olwynion. Daeth peiriannau malu cerrig yno ym 1888 i gynhyrchu cerrig ffordd. Gyda'r galw cynyddol am gerrig tar-macadam, daeth y gwaith i ben yn yr 'Hen Chwarel' ym 1930 oherwydd, yn wahanol i garreg frasach Penmaen, doedd y tar ddim yn glynu cystal wrth raen teneuach y garreg.

Mae Ivor Davies [1974] yn dangos darlun hynod ddiddorol o waith a bywyd cymdeithasol chwareli'r 19 ganrif, sut y datblygodd y cymunedau, darpariaeth offer a chyflogau a hyfforddiant. Er enghraifft, mae'n nodi'r cyflogau (1850au, drilwyr 13 – 15 swllt yr wythnos, 1939 labrwyr, swllt yr awr). Byddai pobl yn gwaeddi i rybuddio pan fyddai'r graig yn cael ei chwythu a chorn yn canu pan fyddai popeth yn glir. Nodwedd ddiddorol arall oedd bod crefftwyr yn dod yno o chwareli yn Siroedd Kirkcudbright a Chaerlŷr.

©Ian A Thomas

Cwt weindio uwchben inclein yn Chwarel Penmaenmawr.
Winding house above an incline at Penmaenmawr Quarry.

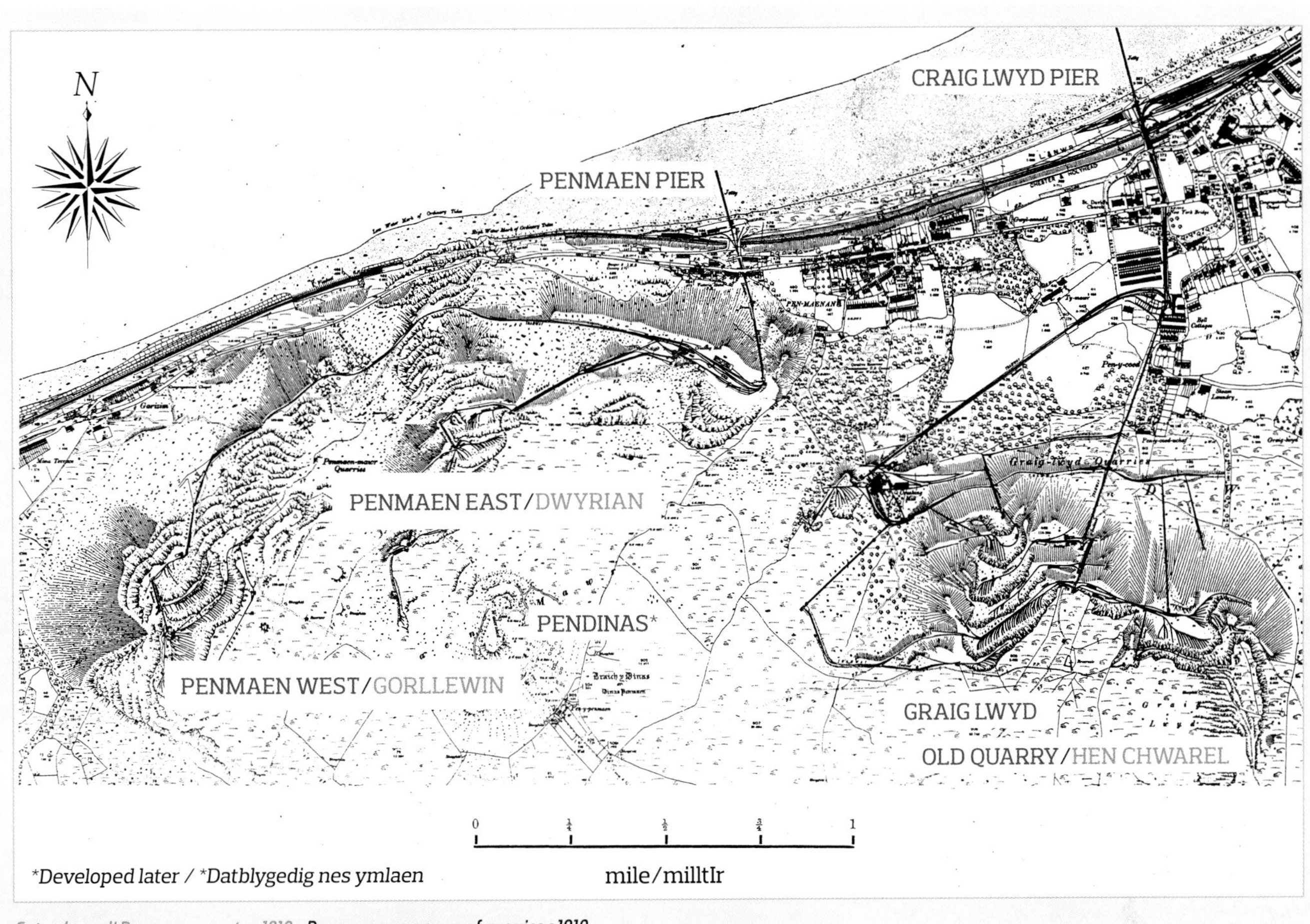

Grŵp chwareli Penmaenmawr tua 1910. **Penmaenmawr group of quarries c 1910.**

the previous tenants (the incomers were barred from using the jetty etc), business prospered. Young Darbyshire explored the possibilities of mechanised crushing by visiting other important sites, running trials and creating the new steam-driven Braichllwyd crushing mill, although hand breaking continued for some years. He opened a new jetty in 1888. Braichllwyd was geared to supplying the London and North Western Railway with ballast, a market which the quarry still serves today with construction aggregates as a co-product. Competition and a more buoyant market prompted Brundrit's also to invest in an extended jetty in 1888 and a new crushing mill in 1893. In 1894,910 men were employed at the two sites. Additional mills were installed at both in the 1900s. Steam rock drills were introduced in 1895 and pneumatic drills followed after 1913, using electrically powered compressors. Electric detonation was introduced in 1897. When applied in 1899, 100,000t were brought down in a single tunnel blast. The workforce topped at about 1500.

In 1911, the two companies combined and amalgamated with Yr Eifl Quarry at 'Trefor on Lleyn, forming Penmaenmawr and Welsh Granite Co Ltd. Output from the Penmaenmawr sites was 517,000 t in 1913 with a workforce of 1082. Electrification replaced steam power that year and jetties were extended. In 1917 German POWs supplanted the greatly diminished Wartime workforce, indeed a 'quarry contingent' fought as an entity in France and Gallipoli.

The challenging southern face of the Penmaen summit was opened up in 1924.

Ildiodd rheolwyr Graiglwyd eu prydles ym 1840 i bartneriaeth o fasnachwyr o Lerpwl, Richard Kneeshaw, J T Raynes a William Lupton. Roedd y tri eisoes yn rhedeg chwareli calch yn Llanddulas (AT 1) ac â fflyd o longau ar yr arfordir.

Erbyn 1858 roedd y ddwy chwarel, gyda'i gilydd, yn cynhyrchu 134,000 tunnell, tua thair gwaith cymaint â'r cyfan o gynnyrch chwareli Swydd Caerlŷr ac union ddwywaith cymaint â rhai Swydd Aberdeen.

Bu gostyngiad sylweddol yn yr 1860an a'r 70au ond cododd wedyn yn yr 1880au, yn enwedig ar ôl i Ddeddf Llywodraeth Leol 1888 orfodi cynghorau i gynnal eu ffyrdd. Daeth injans stem i'r chwareli yn y 1870au gan ddisodli ceffylau'n raddol. Roedd Kneeshaw a Lupton, a oedd yn cael trafferthion cynyddol yn Graiglwyd, hefyd wedi cymryd Chwarel Porth Nant yn Llŷn, daeth y gwaith i ben yn Graiglwyd ganol y 1870au. Fis Ionawr 1878, penododd teulu'r Darbyshire, perchnogion Ystâd Tŷ Mawr yr adeg hynny, C H Darbyshire, 34 oed, a pheiriannydd sifil gyda phrofiad o waith chwarel, yn rheolwr. Adeiladwyd incleiniau a siediau newydd i'r naddwyr setiau. Er gwaethaf y rhwystrau a osodwyd gan y tenantiaid blaenorol (roedd y tenantiaid newydd yn cael eu rhwystro rhag defnyddio'r lanfa ayb) ffynnodd y busnes. Bu'r Darbyshire ifanc yn ymchwilio i falu cerrig â pheiriannau drwy ymweld â chwareli pwysig eraill, bu'n cynnal treialon ac adeiladodd felin falu newydd Braichllwyd yn cael ei rhedeg gan stêm, er y byddai cerrig yn dal i gael eu malu â llaw

Area 2

© Sam Hatchard/Hanson

Chwareli Penmaenmawr tua'r Ail Ryfel Byd gan edrych tua'r gorllewin: o'r chwith: - yr 'Hen Chwarel', gerllaw mae Chwarel Braichllwyd a Melin Braichllwyd wrth ei thraed, Chwarel Pendinas ar ben y mynydd, Melin Penmaen mewn chwarel ddienw isod ar y dde, ychydig dros y bryn a'r grib mae Chwareli Dwyrain / Gorllewin Penmaen, tai teras y gweithwyr ym Mhenmaenmawr isod.

Penmaenmawr quarries c WWII looking west : from left – 'Old quarry'; adjacent is Graiglwyd Quarry with Braichllwyd Mill at base; Pendinas Quarry on mountain top; Penmaen Mill in un-named quarry below right; just beyond on shoulder and over the ridge are Penmaen East/West Quarries; workers' terrace houses in Penmaenmawr below.

Trosolwg tebyg diweddar o Chwareli Penmaenmawr - noder y gwaith tirlunio ar domeni Graiglwyd.

Recent similar overview of Penmaenmawr Quarries – note landscaping of Graiglwyd tips.

Demand for setts continued to rise, but that for crushed stone was even greater, so hand shaping practices changed and a gyratory crusher and cone crushers replaced jaw crushers and rolls respectively in 1929.

Employment rose to 1100 in the mid-20s and county igneous rock output at 1,157,000t in 1931was never matched again. The depression and change from setts to aggregates saw the workforce plummet to 388 by 1932.

The much respected C H Darbyshire died in 1929 at the age of 85. H W Darbyshire, his successor went to the USA on a reconnaissance tour in 1930. Working methods changed again with an attack being made on the Pendinas summit. Face loading by excavator was in operation in 1932 and a massive American crusher introduced (another was added in 1943). Tunnel blasts were tried again in 1932, but were inefficient and thus abandoned. Specially adapted rubber tyred dumpers began to replace rail systems in 1949.

© Ian P Peaty/ Penmaenmawr Historical Society

Iard Melin Braichllwyd Chwarel Penmaenmawr, yn gynnar yn y 1900 mae'n debyg.

Penmaenmawr Quarry's Braichllwyd Mill yard probably early 1900s.

am rai blynyddoedd wedyn. Agorodd lanfa newydd ym 1888. Cyflenwi balast i'r London and North Western Railway oedd Braichllwyd yn bennaf, marchnad y mae'r chwarel yn dal i'w chyflenwi hyd heddiw, yn ogystal â cherrig mân ar gyfer adeiladu. Achosodd cystadleuaeth a thwf yn y farchnad i Brundrit, hefyd, fuddsoddi ac ymestyn y lanfa ym 1888 ac adeiladu melin falu cerrig ym 1893. Ym 1894, roedd 910 o ddynion yn cael eu cyflogi yn y ddwy chwarel. Adeiladwyd rhagor o felinau yn y ddwy yn y 1900au. Cyflwynwyd driliau creigiau yn cael eu gweithio gan stêm ym 1895 a rhai niwmatig gyda chyddwasgwyr aer trydan ar ôl 1913. Dechreuwyd defnyddio trydan i danio ym 1897. Un tro, ym 1899, daeth 100,000 tunnell i lawr mewn un ffrwydrad twnnel. Roedd tua 1500 o ddynion yn gweithio yno'r adeg hynny.

Ym 1911, unodd y ddau gwmni a chyfuno â chwarel yr Eifl yn Nhrefor yn Llŷn i ffurfio'r Penmaenmawr and Welsh Granite Co Ltd. Roedd safleoedd Penmaenmawr yn cynhyrchu 517,000 tunnell ym 1913 gyda gweithlu o 1082. Disodlodd trydan stêm fel pŵer y flwyddyn honno a chafodd y glanfeydd eu hymestyn. Ym 1917 daeth carcharorion rhyfel o'r Almaen yno i gymryd lle'r gweithwyr oedd wedi ymuno â'r rhyfel. Yn wir, bu 'criw'r chwarel' yn ymladd fel endid yn Ffrainc ac yn Gallipoli. Agorwyd wyneb anodd copa Penmaen ym 1924.

Roedd y gofyn am setiau'n dal i gynyddu ond roedd y gofyn am gerrig mâl hyd yn oed yn fwy, felly newidiwyd y ffordd o drin y cerrig, daeth malwyr cerrig troi a malwyr côn yno yn lle'r malwyr safn a'r malwyr rowlio ym 1929. Cynyddodd nifer y gweithwyr i 1100 yng nghanol y 20au ac, ym 1931 cyrhaeddodd cynnyrch cerrig ithfaen y wlad ei frig, cloddiwyd 1,157,000 tunnell, record sy'n dal heb ei thorri. Ond daeth y dirwasgiad, gostyngodd y gofyn am setiau ond cynyddodd y gofyn am gerrig mân a phlymiodd nifer y gweithwyr i 388 erbyn 1932.

Bu farw C H Darbyshire, a oedd yn uchel iawn ei barch, yn 1929 yn 85 oed. Aeth ei olynydd H W Darbyshire, ar daith chwilota i Unol Daleithiau America ym 1930. Daeth newid yn y ffordd o weithio unwaith eto gydag ymosodiad ar gopa Pendinas. Roedd cloddiwr yn llwytho ar wyneb y graig erbyn 1932 a daeth malwr cerrig anferth o America yno (ac un arall ym 1943). Rhoddwyd tro arall ar chwythu twnnel ym 1932 ond roedd yn aneffeithiol a rhoddwyd y gorau iddi.

©Ian A Thomas

Hen finiau cadw, o goncrid, yn uchel uwchben Penmaenmawr.
Old concrete storage bins high above Penmaenmawr.

Markets for setts included most of the west coast cities and London and later aggregates went to Welsh ports and Merseyside. The loss of shipping capacity in WWII and later, competition from hard rock quarries in Arklow, Ireland, dealt a blow to sea trade in the post WWII period, but was countered by the opening of the Mersey Tunnel in 1934, shortening the journey to Liverpool. Much later, construction of the A55 not only created demand, but also extended markets.

Shipments to Hamburg resumed in the late 1940s at the rate of 40-70,000tpa and rail ballast continues to be delivered to Crewe Depot.

H W Darbyshire retired from the board in 1957 and the company was acquired by Kingston Minerals, a subsidiary of the Bath and Portland Group in 1963 and later, in turn, by Hanson (see Introduction – Multinationals). The deal included the Penmaenmawr company's other assets namely quarries at Yr Eifl on Lleyn, Gwalchmai on Anglesey, Tonfanau near Towyn and Ewenny near Bridgend, as well as depots at docks.

Daeth loriau dymper gyda theiars rwber i gymryd lle'r systemau rheilffordd ym 1949.

Roedd y farchnad am setiau'n ymestyn i'r rhan fwyaf o ddinasoedd ar arfordir gorllewinol gwledydd Prydain ac, yn ddiweddarach, roedd cerrig mân yn mynd i borthladdoedd Cymru ac i Lannau Mersi. Roedd colli llongau yn ystod yr Ail Ryfel Byd ac, yn ddiweddarach, gystadleuaeth o chwareli cerrig caled yn Arklow, yr Iwerddon, yn ergyd i'r fasnach ar y môr ar ôl y rhyfel, ond daeth cynnydd yn y galw ar ôl agor Twnnel Mersi a lleihau'r daith i Lerpwl. Yn llawer diweddarach, ar ôl adeiladu'r A55 nid yn unig bu cynnydd yn y galw ond ymestynnodd y farchnad hefyd.

Ail ddechreuodd llongau gario i Hamburg yn niwedd y 1940au, 40-70,000 tunnell y flwyddyn, ac mae balast rheilffordd yn dal i gael ei gario i Crewe hyd heddiw.

Ymddeolodd H W Darbyshire o'r bwrdd ym 1957 a phrynwyd y cwmni gan Kingston Minerals, isgwmni o'r Bath and Portland Group yn 1963 ac yna, yn ddiweddarach, gan Hanson (gweler y Cyflwyniad - Cwmnïau Rhyngwladol). Roedd y pryniant yn cynnwys asedau eraill cwmni Penmaenmawr, sef chwareli mynydd yr Eifl yn Llŷn, Gwalchmai yn Ynys Môn, Tonfannau ger Tywyn ac Ewenni ger Pen-y-bont ar Ogwr, yn ogystal â depos ar ddociau.

Moving Mountains

By the late 1980s, quarry faces, processing buildings and tips accumulated over 150 years were towering over the Victorian seaside resort of Penmaenmawr. For about 40 years, the practice of restoring land after sand and gravel working had been finessed, but only very rarely had hard rock quarries been transformed – they were generally considered to be just too awesome to tackle. Then came along the much-delayed plans to build the A55 coastal expressway. This provided the once-in-a-century opportunity to remodel the former quarry workings. In three major contracts, 1.7Mt of discarded rock fill was supplied to the road builders and 26Ha of quarry-side was regraded, landscaped, seeded and planted. At the same time, important industrial quarry heritage such as the iconic quarry clock was retained, although the massive Penmarian crushing mill of 1903 had to be scrapped. Most of the processing was transferred out of sight to the current quarry, eating into the mountain top, 370m above the shore. Working rights on the hillside were given up. The project achieved several awards.

Symud mynyddoedd

Erbyn diwedd y 1980au, roedd ponciau chwareli, adeiladau prosesu a thomenni rwbel 150 mlynedd o greithio'r mynydd yn fwgan dros dref glan y môr Fictorianaidd Penmaenmawr. Roedd 40 mlynedd o brofiad wedi mireinio'r gwaith o adfer tir ar ôl cloddio am dywod a gro, ond prin iawn oedd y chwareli creigiau caled a oedd wedi'u gweddnewid - at ei gilydd, y farn oedd y byddai hynny'n llawer rhy anodd. Yna daeth y cynlluniau hir ddisgwyliedig i adeiladau ffordd gyflym yr A55 ar yr arfordir . Roedd hyn yn gyfle unwaith mewn canrif i ail wampio'r hen chwarel. Yn y tri phrif gontract, defnyddiwyd 1.7 miliwn tunnell o gerrig o'r tomenni rwbel a chafodd 26ha o dir y chwarel ei ail raddio, ei dirlunio, ei hadu a'i blannu. Yr un pryd, cafodd nodweddion treftadaeth ddiwydiannol bwysig y chwarel, megis y cloc eiconig, eu cadw, er bu'n rhaid chwalu Penmarian, y felin falu enfawr o 1903. Cafodd y rhan fwyaf o'r gwaith prosesu'i symud o olwg y chwarel bresennol sy'n bwyta i mewn i ben y mynydd, 370 metr uwchben y traeth. Ildiwyd yr hawliau gweithio ar ochr y mynydd. Enillodd y prosiect nifer o wobrau.

Area 2

© Tony Brewis

Chwarel Graiglwyd (Chwarel Pendinas ar y gorwel) Penmaenmawr yn nechrau'r 1950au; noder y traciau rheilffordd cul at yr wyneb ar gyfer llwytho tryciau â llaw; cafodd y rhain eu disodli'n fuan gan rawiau ar yr wyneb yn llwytho loriau dymper.
Graiglwyd Quarry (Pendinas Quarry on horizon), Penmaenmawr early 1950s; note narrow gauge tracks to the face for hand-loading trucks; these were soon replaced by face shovels loading dumpers.

© Institute of Quarrying

Chwarel Penmaenmawr wedi'i hail ffurfio.
Penmaenmawr Quarry remodelled.

Along the coast, by the tunnels just short of Conwy, Penmaenbach is another 'granite' headland. This had been quarried in the C19th, but lay idle at the end of the century. The quarry was reopened in 1904. By 1909, it was being operated by Conway Stone Quarries Ltd (later becoming N Wales Granite Co), a subsidiary of Brookes Ltd. Crushing plant and sidings were in place in 1914, but with falling output in the mid-20s, locos were actually replaced by gravity and horses. Locos were back in 1933 as trade in chippings, kerbs and setts, picked up. Activities came to an end in 1950. Brookes was a little known, but international player, based in Halifax which never really recovered from the loss of their quarries in the Channel Islands and Norway during WWll and a fight for compensation in the 1950s.

© Ian A Thomas

Erbyn hyn, mae Chwarel Tan y Mynydd, Llanbedrog yn faes parcio a maes carafannau.
Tan y Mynydd Quarry, Llanbedrog is now a car and chalet park.

Ar yr arfordir, wrth y twneli ychydig cyn cyrraedd Conwy, mae Penmaenbach pentir 'ithfaen' arall. Roedd y chwarel hon yn cael ei gweithio yn y 19eg ganrif, ond roedd yn segur erbyn diwedd y ganrif. Fe'i hail agorwyd ym 1904. Erbyn 1909 roedd yn cael ei gweithio gan Conwy Stone Quarries Ltd (yn ddiweddarach N Wales Granite Co), is gwmni Brookes Ltd. Roedd yno beirannau malu a seidins erbyn 1914, ond gyda'r cynnyrch yn gostwng yng nghanol yr 20au, daeth disgyrchiant a cheffylau i gymryd lle'r injans. Ond daeth yr injans yn ôl ym 1933 wrth i'r fasnach mewn graean, cyrbiau a setiau wella. Caeodd y gwaith ym 1950. Doedd Brookes ddim yn adnabyddus iawn, er ei fod yn gwmni rhyngwladol o Halifax ond methodd â ddygymod â cholli'i chwareli yn Ynysoedd y Sianel a Norwy yn ystod yr Ail Ryfel Byd a'r frwydr am iawndal yn y 1950au.

Creigiau Caled Llŷn

Mae bron i ddwsin o chwareli creigiau igneaidd mawr wedi bod yn Llŷn. Roedd pob un ond dwy - Moel y Gest (gyda rheilffordd fechan yn rhedeg i Borthmadog) a Nanhoron - ar yr arfordir ac yn yr hyn sy'n cael ei alw erbyn heddiw yn Ardal o Harddwch Naturiol Eithriadol ac Arfordir Treftadaeth. Mae'r clwstwr mwyaf yn y gogledd mewn parth o 9 milltir / 14 cilometr. Yn rhedeg i'r de (gydag enwau eraill mewn cromfachau) o Glynnog mae chwareli dinod Tan y Graig a Thyddyn Hywel sy'n gyfan gwbl yng nghysgod chwarel Trefor (Yr Eifl). Ym 1910 roedd y ddwy chwarel yng Nghlynnog yn cael eu gweithio gan y British Grey Granite Co (Kidderminster) ac Enderby (Welsh) Granite Co (roedd Enderby yn bentref chwarel yn Swydd Gaerhirfryn), sef is-gwmni'r Enderby and Stoney Stanton Granite Co. Erbyn y 1930au, roedd y rhain wedi'u prynu gan grŵp Thomas W Ward o Sheffield (a oedd hefyd â chwarel dolerit ger Trefriw) ac yna, yn y pendraw, gan RMC (gweler Cwmnïau). Roedd chwarelwyr yn cael cryn drafferth i gael wynebau y gellid eu trin ar y clogwyni. Prin eu bod wedi cael eu gweithio

Ardal 2

From an original by Ian A Thomas

Wrth edrych i'r gogledd-ddwyrain o Nefyn at yr Eifl, Chwarel Carreg y Llam ar ymyl y graig bellaf, yn y canol mae Chwareli Gwylwyr, Penrhyn Bodeilias a Phistyll.
Looking north east from Nefyn towards Yr Eifl; Carreg y Llam Quarry on far cliff edge; in the centre are Gwylwyr, Penrhyn Bodeilas and Pistyll Quarries.

Lleyn Hard Rock

Almost a dozen large igneous rock quarries have operated on Lleyn. All except two – Moel y Gest (linked by narrow gauge to Porthmadog) and Nanhoron – were effectively coastal sites along much of what is now the Area of Outstanding Natural Beauty and Heritage Coast. At the north is the greatest cluster in a zone of 9 miles/14km. Running southwards (with alternative names in brackets) from Clynnog are the little noticed Tan y Graig and Tyddyn Hywell Quarries completely over-powered by Trevor (Trefor; Yr Eifl). In 1910 the two Clynnog quarries were worked respectively by the British Grey Granite Co (Kidderminster) and Enderby (Welsh) Granite Co (Enderby being a quarry village in Leicestershire), a subsidiary of the Enderby and Stoney Stanton Granite Co .By the early1930s, they had passed to the Thomas W Ward group of Sheffield (which also had a dolerite quarry near Trefriw) and eventually RMC (see Companies). Quarriers struggled to develop manageable faces on these crags. They were hardly active after 1949 although still listed as a stone source in the 1960s and inclines remain in place. Tests carried out in 1971 suggested that although hard, the stone did not meet current slip resistance specifications.

Flanking Nant Gwrtheyrn were Rivals (a corruption of Yr Eifl; Croft ;Caer Nant; Trywyn y Gorlech), Port Nant (or Porth y Nant/Nant) and Cerrig y Llam Quarries. More of these and Trefor, later.

Just east of Nefyn are Gwylwyr and smaller units at Penrhyn Bodeilas and Pistyll. Gwylwyr, opened in about 1830 and was operated by the Trefor enterprise, but was run down and closed in about 1947. The other two units closed before WW1. Some inclines remain to be seen, but the piers are gone.

ar ôl 1949 er eu bod yn dal i gael eu rhestru fel ffynonellau cerrig yn y 1960au ac mae'r incleins dal yno. Roedd profion a wnaed ym 1971 yn awgrymu, er ei bod yn galed, nad oedd y garreg yn cyfarfod â safonau gwrth lithro heddiw.

O boptu Nant Gwrtheyrn roedd chareli'r Rivals (llygredd o Yr Eifl; Croft, Caer Nant a Thrwyn y Gorlech) Porth Nant (neu Borth y Nant / Nant) a Charreg y Llam. Mwy am y rhain, a Threfor, yn nes ymlaen.

Ychydig i'r dwyrain o Nefyn mae Gwylwyr a chwareli llai ym Mhenrhyn Bodeilas a Phistyll. Agorwyd Gwylwyr tua 1830 ac roedd yn cael ei gweithio gan gwmni chwarel Trefor, ond aeth ar y goriwaered a chau tua 1947. Caeodd y ddwy chwarel arall cyn y Rhyfel Byd Cyntaf. Mae rhai o'r incleins yn i'w gweld ond mae'r piers wedi mynd.

Mae'r prif grŵp olaf yn cynnwys y rhai sydd o gwmpas pentir Llanbedrog a Phwllheli. Cafodd clogwyni Llanbedrog eu cloddio mewn nifer o fannau, o gyfnod yn ddiweddar yn y 19eg ganrif, yr un fwyaf amlwg yw Tan y Mynydd (West Quarry) sydd, erbyn hyn, yn faes parcio'r Cyngor ger parc chalet. Ar y môr yr âi'r cynnyrch oddi yno ond, yn ddiddorol, gan fod y dŵr yn fas o gwmpas y chwarel, roedd yn rhaid cario'r cerrig ar raffordd ar bontŵns er mwyn cyrraedd y llongau yn y dŵr dwfn. Yna, byddai'r bwcedi'n arllwys yn uniongyrchol i grombil y llong. Cafodd y system lwytho hon ei malu y hwnt i'w hadfer mewn stormydd ym 1950. Aeth y chwarel drwy nifer o ddwylo o 1895 ymlaen, gan gynnwys Ord a Madison o Tees-side, Thomas Gee (y teulu cyhoeddi enwog o Ddinbych), yna, o'r 1930au ymlaen, Cawood Wharton a ddaeth yn rhan o Redland yn ddiweddarach. Roedd y ddwy safle arall, Gwaith Ganol (neu Middle Quarry) a Cambrian yn uchel ar ochr y clogwyn ac roedd gan y rhain lanfeydd.

Byddai ymwelwyr â Phwllheli yn sicr yn cael maddeuant am beidio â sylwi ar hen chwarel fawr Gimlet (llygredd o Garreg yr Imbill). Yn yr Oesoedd Canol, roedd y cnap o graig ddiabas yn ynys ar ei phen ei hun tua 1 cilometr oddi ar y lan, ond datblygodd tafod o raean mân i'w chysylltu â'r lan. Yn y 1850au roedd gan y Liverpool and Pwllheli Granite Co chwarel yno ac, yn y 1890au, fe'i prynwyd gan Brundrit & Co o Runcorn (AT2 - Penmaenmawr). Erbyn rhyw dro yn y cyfnod rhwng y ddau ryfel byd, roedd y graig wedi'i gweithio cymaint nes ei bod bron â

© The Quarry

Chwarel y Cambrian, Llanbedrog, biniau cadw yn cael eu hadeiladu ger y cei ym 1916.
Cambrian Quarry Llanbedrog – quayside storage bins under construction in 1916.

Area 2

Institute of Quarrying

As an indicator of the historical significance of the area as a centre of the UK industry, The Institute of Quarrying, the organisation for quarry professionals, was conceived here and held its inaugural meeting at the Prince of Wales Hotel, Caernarfon in 1917. Simon McPherson, manager of Tyddyn Hywel and Tanygraig Quarries (1909-22) was the man behind the idea. He became General Secretary and died in office at the age of 80 in 1957 and was succeeded by his son. The first Quarry Managers' Journal was published in 1918 and continues today as 'Quarry Management'. The organisation now has thirteen branches in the UK and affiliated bodies in five other countries *(Berridge 2012).*

Simon McPherson, rheolwr dwy chwarel yn Llŷn a'r grym y tu ôl i ffurfio'r Institute of Quarrying.
Simon McPherson manager of two quarries on Llyn and the driving force behind the formation of the Institute of Quarrying.

© Institute of Quarrying

Cafodd yr Institute of Quarrying ei sefydlu yng Ngwesty'r Prince of Wales yng Nghaernarfon ym 1917, erbyn hyn mae'n sefydliad byd-eang. Mae ei wreiddiau yn dal i gael eu gweld yn ei arfbais sy'n dangos Tŵr yr Eryr.
The Institute of Quarrying began life at the Prince of Wales Hotel, Caernarfon in 1917 and is now a Worldwide organisation. The local origins are still reflected in its coat of arms, depicting the Eagle Tower.

Institute of Quarrying

Fel arwydd o arwyddocâd hanesyddol yr ardal fel canolfan o ddiwydiant y DU, oddi yma y daeth y syniad cyntaf am yr Institute of Quarrying, sefydliad pobl broffesiynol y diwydiant chwareli, ac yma y cynhaliwyd ei gyfarfod sefydlu yng Ngwesty'r Prince of Wales, Caernarfon ym 1917. Simon McPherson, rheolwr Chwareli Tyddyn Hywel a Thanygraig (1909 - 22) a genhedlodd y syniad. Daeth yn Ysgrifennydd Cyffredinol a bu farw tra'n dal i weithio yn 80 mlwydd oed ym 1957. Cafodd ei olynu gan ei fab. Cyhoeddwyd y 'Quarry Managers' Jounal' cyntaf ym 1918 ac mae'n dal i gael ei gyhoeddi hyd heddiw fel 'Quarry Management'. Mae gan y sefydliad dair cangen ar ddeg yn y DU erbyn hyn a chyrff cysylltiol mewn pum gwlad arall *(Berridge 2012).*

The last main group comprises those located around the Llanbedrog headland and Pwllheli. The Llanbedrog cliffs were quarried at a number of points from at least the late C19th, the most obvious being Tan y Mynydd (West Quarry), now a council car park next to a chalet park. Products went out by sea, but intriguingly, to reach deep water, travelled along an aerial ropeway mounted on pontoons. Buckets then tipped directly into ship holds. This loading system was effectively lost beyond repair in 1950 storms. The quarry was worked by a succession of operators from 1895, including Ord and Madison of Tees-side, Thomas Gee (of the famous Denbigh publishing family), then from the 1930s onwards, Cawood Wharton which later joined Redland. The other two sites, Middle Quarry (or Gwaith Ganol) and Cambrian worked high on the cliff sides and had jetties.

Visitors to Pwllheli would be justifiably excused for not noticing the once large Gimlet quarry (a corruption of Carreg yr Imbill). In Medieval times, this boss of diabase rock was a detached islet about 1 km offshore, but became land-linked by a shingle spit. In the 1850s it was being quarried by the Liverpool and Pwllheli Granite Co and in the 1890s, by Brundrit & Co of Runcorn (AT2- Penmaenmawr). At some point in the interwar period it had been virtually quarried away and only the merest stump remains in what is now a caravan park and sailing club on a spur south of the harbour.

The primemover behind the 'West End' development of Pwllheli in the 1890s was Solomon Andrews a Cardiff entrepreneur. He built a coastal passenger tramway to Llanbedrog which also linked his quarry at Carreg y Defaid to the town. He had another tramway at Arthog, serving his Tyddyn Sieffre 'granite' quarry.

diflannu a dim ond y bonyn lleiaf sydd i'w weld heddiw. Erbyn hyn, mae maes carafanau a chlwb hwylio ar y safle, sydd ar esgair i'r de o'r harbwr.

Prif ddatblygwr y 'West End' ym Mhwllheli yn y 1890au oedd Solomon Andrews, entrepreneur o Gaerdydd. Adeiladodd ffordd dramiau i deithwyr ar yr arfordir i Lanbedrog ac roedd honno hefyd yn cysylltu ei chwarel yng Ngharreg y Defaid â'r dref. Roedd ganddo ffordd dramiau arall yn Arthog, yn gwasanaethu'i chwarel 'ithfaen' Tyddyn Sieffre.

Ardal 2

© David Longley / Gwynedd Archaeological Trust

Roedd Chwarel Trefor unwaith yn cyflogi cannoedd, erbyn hyn dim ond dau sydd yna, yn cynhyrchu cerrig cwrlo.
Trefor Quarry once employed several hundreds; now only two are there, mainly producing curling stones.

Trefor/Trevor Quarry (Yr Eifl)

Despite the obviously welsh sounding village of 'Trefor', its name comes from the quarry towering above and that in turn, was named after Trevor Jones an early quarry foreman. He came from quarries in Leicestershire, working for Samuel Holland a major player in the slate industry at Ffestiniog, who opened the quarry here in the 1850s. However the first activity started 20 years earlier when men began exploiting natural screes nearer sea level. That operation was brought to a halt by a sudden landslip.

Locally Trefor Quarry was known as Y Gwaith Mawr (the Big Works) or simply Y Gwaith. Its principle output was setts, paving and kerbs and with Gwylwyr (Nefyn), was run by The Welsh Granite Co. In 1911, the company merged with the Darbyshire family's Penmaenmawr concern and followed the same pattern of control until in 1984 when the then owners ARC, sold it – in keeping with tradition, to yet another Trefor, a Mr Davies. *(See next page).*

The geology has been plotted in detail. Although generally classed as a granite, three varieties are found, blue and grey types forming concentric rings around a pink core.

It has been described technically as an andesine-pyroxene-quartz-porphyrite! - and by others as a granophyre. The geological complexities are described on the Welsh Stone Forum's website and in papers by *Cattermole & Romano (1988).*

Horse drawn tramways serviced the quarry benches from 1865. Stone was delivered via a very steep incline to a jetty

Trefor/Chwarel Trefor (Yr Eifl)

Er bod enw pentref 'Trefor' yn swnio fel enw Cymraeg, o'r chwarel uwch ei ben y daw'r enw a chafodd honno ei henwi ar ôl Trevor Jones, un o fformyn cynharaf y chwarel. Brodor o Swydd Gaerhirfryn oedd Trevor Jones, roedd yn gweithio i Samuel Holland, ffigwr amlwg iawn yn y diwydiant llechi yn Ffestiniog a agorodd y chwarel yma yn y 1850au. Fodd bynnag, roedd gwaith wedi dechau yma 20 mlynedd ynghynt wrth i ddynion gasglu'r sgri naturiol yn nes at lefel y môr. Rhoddodd tirlithriad sydyn ben ar y gwaith hwnnw.

Y Gwaith Mawr, neu dim ond Y Gwaith, oedd yr enw yn yr ardal ar Chwarel Trefor. Ei phrif gynnyrch oedd setiau, cerrig a chyrbiau palmant a, gyda Gwylwyr (Nefyn), roedd yn cael ei rhedeg gan The Welsh Granite Co. Ym 1911, cafodd y cwmni ei uno gyda gwaith Penmaenmawr y teulu Darbyshire a dyma oedd y patrwm rheoli tan 1984 pan werthodd y perchnogion ar y pryd ARC – gan gadw at y traddodiad - i Trefor arall, Mr Trefor Davies. (gweler isod).

Mae cofnod manwl o'r ddaeareg. Er, yn gyffredinol, mai ithfaen sydd yma, mae tri amrywiaeth i'w gweld, mathau glas a llwyd sy'n ffurfio cylchoedd consentrig o gwmpas canol pinc, mae wedi'i ddisgrifio'n dechnegol fel porphyrite-

Area 2

©Robert Wilson

Kimberley Tuck yn cystadlu yn y 'Sun Life Curling Classic yn Ontario, Canada - gan ddefnyddio carreg o Drefor.
Kimberley Tuck competing in the Sun Life Curling Classic, Ontario, Canada using a Trefor stone.

2km away, opened in 1870. The lower parts of the line (only abandoned in 1962), had a steam locomotive as early as 1873. In 1899 it was claimed as the largest sett maker in the UK, employing about 900 people, much of its product being destined for Liverpool. In 1923, the plant at Trevor was modernised and layout revised.

Between the Wars, like others, the quarry experienced difficulties as aggregates took over for road surfacing. It wasn't until the problems of binding tar or bitumen to granite were resolved, that things began to pick up. Eventually, a remarkable eight lifts (benches or 'ponciau') were developed, the height from the base to the peak being 330m (1000ft).

Blocks of up to 8m³ are still won. Currently they use black powder (gunpowder) and another mild explosive. Large blocks continue to be mainly split traditionally by plugs and feathers, but using mechanically drilled holes. Blocks are then cut in the works on a primary diamond studded wire saw, then by two secondary bridge/frame saws. Shaping is carried out using a coring machine, lathe or guillotine (block splitter) and work is usually finished by hand. The granite here is capable of taking an exceptionally high polish. Apart from monumental work and paving, Trefor's unique selling point is the ideal quality of its granite for curling stones – they produce about 100 every fortnight. Indeed the quarry is a World leader in the production of curling stones used in the Winter Olympics. Trefor Davies considers his microgranite is infinitely superior to Ailsa Craig, 'the textbook' Scottish source for this application.

Trefor is also the only concern in Wales producing monumental work, cladding, columns, paving, fireplaces etc from its own granite. Examples include the blue granite plinth erected in 2011, as the HMS Glamorgan Memorial on the Falklands to 14 soldiers killed in the 1982 campaign. Elis-Gruffydd (2008) provides an interesting summary of the wide range of other monuments produced in the granite.

Jones and Williams (2006) produced an excellent account in welsh of Trefor, the quarry and the village, to mark the 150th anniversary of both.

cwarts-pyrocsin-andesîn! – a chan eraill fel granoffyr. Mae'r cymhlethdodau daearegol yn cael eu disgrifio ar wefan Fforwm Cerrig Cymru ac mewn papurau gan *Cattermole a Romano (1988).*

Roedd ffyrdd tramiau, a cheffylau'n eu tynnu, yn cysylltu'r ponciau o 1865. Roedd y cerrig yn cael ei danfon ar inclein serth iawn i lanfa 2 cilometr i ffwrdd, a gafodd ei hagor ym 1870. Roedd yna injian stêm ar lethrau isaf y lein mor gynnar â 1873 ac roedd yn dal i gael ei defnyddio mor ddiweddar â 1962.

Y gred oedd mai yma, ym 1899, yr oedd y gwaith cynhyrchu setiau mwyaf yn y DU. Roedd yn cyflogi tua 900 o bobl a llawer o'i gynnyrch yn mynd i Lerpwl. Ym 1923, cafodd peiriannau gwaith Trefor eu moderneiddio a newid eu gosodiad.

Cafodd y chwarel, fel chwareli eraill, drafferthion rhwng y ddau ryfel, wrth i gerrig mân gael eu defnyddio fwyfwy i wynebu ffyrdd. Dim ond ar ôl datrys problemau o gael tar neu fitwmen i lynu ar ithfaen y dechreuodd pethau wella. Yn y diwedd, datblygwyd wyth o bonciau a oedd yn codi 330metr (1,000 troedfedd) o'r bôn i'r brig.

©Ian A Thomas

Craig fawr oddi ar y lan oedd Carreg yr Imbyll unwaith, cafodd ei naddu am dros ganrif i adeiladu Pwllheli.
Once a rocky islet off-shore, Gimlet Rock, was almost quarried away over a century, to build Pwllheli.

Mae blociau cerrig o hyd at 8m3 yn dal i gael eu cynhyrchu yno. Ar hyn o bryd powdwr du a ffrwydryn gwan arall sy'n cael eu defnyddio. Mae'r blociau mawr yn dal i gael ei hollti yn y ffordd draddodiadol, gyda chynion a morthwylion yn bennaf, ond bod peiriant yn drilio'r tyllau. Bydd blociau'n cael eu torri yn y gwaith ar lif weiren ddiemwntau, ac yna gan ddwy lif pont / ffrâm eilaidd. Bydd y siâp yn cael ei ffurfio gyda pheiriant creiddio, turn neu gilotin (holltwr blociau) a'r gwaith fel arfer yn cael ei orffen â llaw. Mae'r ithfaen yma'n gallu cymryd sglein eithriadol o ddisglair. Ar wahân i gerrig coffa a phafin, yr hyn sy'n gwneud cerrig Trefor yn unigryw yw ansawdd delfrydol yr ithfaen ar gyfer meini cwrlo – mae tua 100 yn cael eu cynhyrchu bob pythefnos. Yn wir, y chwarel hon sy'n cynhyrchu'r nifer mwyaf yn y Byd o feini cwrlo a rhain sy'n cael eu defnyddio yng Ngemau Olympaidd y Gaeaf. Mae Trefor Davies yn ystyried fod ei ficroithfaen ganwaith gwell na Ailsa Craig, y garreg draddodiadol ar gyfer meini cwrlo yn yr Alban.

Trefor hefyd yw'r unig gwmni yng Nghymru sy'n cynhyrchu meini coffa, cladin, colofnau, pafin, lleoedd tân ayb o'i ithfaen ei hunan. Mae enghreifftiau'n cynnwys y plinth o ithfaen glas a godwyd yn 2011 fel cofeb i'r 14 o filwyr a laddwyd ar yr HMS Glamorgan ar Ynysoedd y Falklands yn ymgyrch 1982. Mae Elis-Gruffydd (2008) yn rhoi crynodeb diddorol o'r amrywiaeth eang o gofebau eraill a gynhyrchwyd yn yr ithfaen hwn.

Cynhyrchodd Jones a Williams (2006) hanes rhagorol yn Gymraeg am Trefor, y chwarel a'r pentref, i nodi pen-blwydd y ddau yn 150 oed.

© Alan Watt/HMS Glamorgan Association

Cofeb HMS Glamorgan, Ynysoedd y Falkland o ithfaen Trefor.
HMS Glamorgan Memorial, Falkland Islands, shaped in Trefor granite.

Trefor Davies - the granite man

Trefor's purchase of Trefor follows a long family tradition.

Watcyn Richard Williams, his maternal grandfather was manager at Port Nant Quarry. However in 1912 a freak wave demolished scaffolding and swept him into the sea. Although rescued, he died of pneumonia shortly afterwards. As they had a company house, his wife and children had to leave and live in Pwllheli.

Gruffydd Richard Davies, Trefor's father, started working at 14yrs at Port Nant Quarry in 1928 as a tool assistant to blacksmith. Within a year he transferred to the sister quarry, Carreg y Llam where he worked for 39 years until the quarry closed in 1966, when he transferred to Arenig then to Minffordd.

Trefor lives in what used to be the steam engine house for the Tyddyn Hywell Quarry incline. In 1999 he bought Nanhoron Quarry from another estate. Nanhoron now only produces aggregates, but until recently sold sawn slabs, dimension stone and armour stone. Further north than this, the tax advantage attached to slate has largely wiped out the crushed rock aggregates market.

Trefor Davies [portrait/portread: Ian A Thomas]

Trefor Davies – y dyn ithfaen

Pan brynodd Trefor chwarel Trefor, roedd yn dilyn traddodiad hir y teulu.

Roedd Watcyn Richard Williams, ei daid ar ochr ei fam, yn rheolwr Chwarel Porth Nant. Fodd bynnag, ym 1912 dinistriodd ton anghyffredin sgaffaldiau a'i ysgubo i'r môr. Er y cafodd ei achub, bu farw o niwmonia yn fuan wedyn. Bu'n rhaid i'w wraig a'i blant, a oedd yn byw yn nhŷ'r cwmni, adael i fyw ym Mhwllheli.

Dechreuodd Gruffydd Richard Davies, tad Trefor, weithio yn Chwarel Porth Nant yn 14 mlwydd oed. O fewn blwyddyn symudodd i'r chwaer chwarel, Carreg y Llam, ble bu'n gweithio am 39 mlynedd nes i'r chwarel gau ym 1966 a symudodd i Arennig ac yna i Finffordd.

Mae Trefor yn byw yn yr hyn oedd yn arfer bod yn adeilad injan stêm inclein chwarel Tyddyn Hywel. Ym 1999 prynodd Chwarel Nanhoron gan ystâd arall. Dim ond cerrig mân sy'n cael eu cynhyrchu yn Nanhoron erbyn hyn, ond tan yn ddiweddar, roedd yn cynhyrchu slabiau wedi'u llifio, cerrig dimensiwn a cherrig amddiffyn. Ymhellach i'r gogledd na hyn, mae'r manteision treth defnyddio llechi wedi dileu'r farchnad cerrig mân, fwy na lai.

Area 2

Nant Gwrtheyrn – a personal note

It would be a challenge to find somewhere in Wales, or for that matter in Britain, more stunning than Nant Gwrtheyrn. Some might describe it as Shangri la, weird, having a sense of mystery, a place of solitude and introspection or an almost impossible landscape. Yet if one stands on the surrounding slopes, it is possible to pick out four quarries which together, 80-90 years ago, gave work to about 2000 people - almost entirely dependent on the sea. When I first visited briefly in the 1960s, then in the '70s, some of the village roofs were missing slates, but I was overwhelmed – its image is now my laptop screensaver. How fitting that the ghost village of those days should become one of the cultural focal points of Wales. *[The Author]*

Nant Gwrtheyrn – nodyn personol

Byddai'n anodd canfod unrhyw le yng Nghymru, neu yn wir, ym Mhrydain, mor hudolus â Nant Gwrtheyrn. Efallai y byddai rhai'n ei ddisgrifio fel Shangri la, anarferol, dirgel, lle i gael llonydd a myfyrio neu fel tirlun hollol ryfeddol. Eto, os bydd rhywun yn sefyll ar y llethrau o'i amgylch, mae'n bosibl gweld pedair chwarel a oedd, gyda'i gilydd, tua 80 - 90 o flynyddoedd yn ôl, yn cyflogi tua 2000 o bobl – ac yn ddibynnol bron iawn yn gyfan gwbl ar y môr. Ar fy ymweliad byr cyntaf yno yn y 1960au, ac yna yn y 70au, roedd rhai o'r llechi wedi mynd o doeau tai'r pentref, ond cefais fy syfrdanu - ac mae eu llun erbyn hyn yn achubwr sgrîn ar fy ngliniadur. Mor briodol yw bod pentref a oedd unwaith yn anghyfannedd yn un o ganolfannau diwylliannol pennaf Cymru erbyn hyn. *[Yr Awdur]*

Back to the history

Three quarries played a role in the community, although by far the closest connection was with 'Nant', this being essentially the company's village.

The northernmost was **Rivals Quarry** or **Caer Nant**. Operations appear to have been started by John Menzies and Robert Newton before 1877 at a high altitude just south of the peak from Yr Eifl quarry. Initially the output was carried by cart to the north. In 1878 the unit was controlled by Cambrian Granite (also at Llanbedrog and Minffordd) which initiated a 100m jetty, an incline and a tramway linked to new workings nearer sea level at Trwyn y Gorlech.

The pattern of changing control continued with H J Wright in 1884, David Roberts in 1901 and Rivals Granite Ltd in 1904, during which period, a new crusher was installed, inclines modified and more benches opened up on the headland. In 1922 the Croft Granite Brick and Concrete Co took over. The Croft company (named after a Leicestershire village) was established by the Pochin family which, in 1874, purchased and developed Bodnant and its gardens and established English China Clays. Through marriage, they founded the Aberconway baronetcy. The tramways were removed in c 1955 and in their place, an aerial ropeway was erected in 1963 serving a conveyor. This did little to prolong its life; the quarry eventually closed in about 1967.

Nant Quarry was opened in 1851 by Hugh Owen from Anglesey, but like its neighbour rapidly changed hands to a Mr Dodd and a Mr Benthol, the latter making a start on barracks for workers. Kneeshaw and Lupton, Liverpool shippers, took over here in 1861, in preference to their Penmaenmawr interests, which they gave up in the 70s. Under their management from 1878, they catered for an influx of workers mainly from Ireland and the East Midlands by adding 26 houses, a shop (cooperative with its own token coinage), bakehouse and manager's house, which they named collectively, Port Nant. Output peaked in the 1880s. All trade and many domestic goods depended on the sea. The jetty could cope with 200t capacity ships and was visited by traffic from the UK and continent, especially the Low Countries.

Yn ôl at yr hanes

Roedd tair chwarel yn y gymdogaeth, er gyda'r 'Nant' yr oedd y cysylltiad agosaf o lawer, roedd Nant Gwrtheyrn yn ei hanfod yn bentref cwmni.

Y chwarel fwyaf gogleddol oedd **Rivals Quarry** neu **Gaer Nant**. Ymddengys fod y gwaith wedi'i gychwyn gan John Menzies a Robert Newton cyn 1877 yn uchel iawn ychydig i'r dde o'r copa o chwarel Yr Eifl. I ddechrau roedd y cerrig yn cael eu cario ar droliau i'r gogledd. Ym 1878, cwmni'r Cambrian Granite oedd yn ei rheoli (a oedd hefyd yn rheoli Llanbedrog a Minffordd) ac adeiladodd y cwmni lanfa 100 metr, inclein a ffordd dramiau i gysylltu â gwaith newydd yn nes at lefel y môr yn Nhrwyn y Gorlech.

Parhaodd y patrwm o newid rheolaeth - H J Wright ym 1894, David Roberts ym 1901 a'r Rivals Granite Ltd ym 1904. Dyna pryd y gosodwyd y malwr cerrig, yr addaswyd yr incleins ac yr agorwyd mwy o bonciau ar y pentir. Ym 1922 aeth y chwarel yn eiddo i Croft Granite Brick and Concrete Co. Sefydlwyd cwmni Croft (a gafodd ei enwi ar ôl pentref yn Swydd Gaerhirfryn) gan y teulu Pochin a oedd, ym 1874, wedi prynu a datblygu Bodnant a'i gerddi a hefyd wedi sefydlu English China Clays. Trwy briodas, nhw sefydlodd farwniaeth Aberconwy. Tynnwyd y ffyrdd tramiau tua 1955 ac yn eu lle, cafodd rhaffordd ei chodi ym 1963 i gario cerrig i gludydd. Wnaeth hynny ddim llawer i ymestyn oes y chwarel a chaeodd am y tro olaf 1967.

Agorwyd **Chwarel y Nant** ym 1851 gan Hugh Owen o Ynys Môn, ond fel ei chymydog fei'i gwerthwyd yn fuan iawn i Mr Dodd a Mr Benthol, a dechreuodd yr olaf godi barics i'r gweithwyr. Cymerodd Kneeshaw a Lupton, perchnogion llongau o Lerpwl, drosodd yma ym 1861, ar ôl gwerthu eu diddordeb yn chwarel Penmaenmawr yn y 70au. Nhw oedd yn rheoli tan 1878, gan godi 26 o dai, siop (siop gydweithredol gyda'i harian taleb ei hunan), bacws a thŷ rheolwr ar gyfer mewnlifiad o weithwyr, yn bennaf o'r Iwerddon a Dwyrain Canolbarth Lloegr a galw'r cyfan yn Porth Nant. Roedd y cynnyrch ar ei anterth yn y 1880au. Roedd yr holl fasnach a llawer o nwyddau domestig yn dibynnu ar y môr. Gallai'r angorfa dderbyn llongau 200 tunnell ac roedd rhai'n dod yno o wledydd Prydain ac o'r cyfandir, yn enwedig yr Iseldiroedd.

The quarry closed in 1912 due to a storm damaged wharf; its workers dispersed to neighbouring operations. In 1927 W H Gatty Saunt formed National Road Materials Co to buy Port Nant Quarries Ltd and Carreg y Llam Quarries Ltd. In 1934 he merged the company with a number others, mainly Cornish-based, to form Amalgmated Roadstone Corporation (see Introduction: Companies). Saunt became managing director. Ironically Nant was only reopened in the teeth of recession in 1930.

There was a distinct pecking order in the workforce which reached about 50. The 'creigwr' (rockmen) worked on the face. Pneumatic drills replaced hand hammer-driven steels in the 1930s. Springers cleaned up the face with small charges. Gunpowder was used for the main blasts and gelignite for breaking up blocks by pop drillers. Eventually there were eight 'ponciau' (benches) all with distinctive names, some exotic such as Buenos Aires and Palestina. Labourers cleared small material; trammers pushed trucks; blockers assessed how many cubes could be got from large blocks brought down by blasts; skilled settsmen used dressing hammers (trifflers) to produce setts. The quarry had a reputation for producing the toughest setts and kerbs. Crushing plant was upgraded in 1936 with a new 300 tpd capacity jaw crusher, which with no road, proved a great challenge to install. Much of this detail comes from Eileen Webb's account of living there between the Wars, as child of the manager, Thomas Salmon *(Webb 1983)*.

© Peter E K Fuchs

Gweddillion sylfaeni offer prosesu ac inclein yn Chwarel yr Eifl (Cae'r Nant) tua 1970.
Remains of bases of processing plant and inclines at Rivals (Cae'r Nant) Quarry c 1970.

© Ian A Thomas

Golygfa eang dros Nant Gwrtheyrn: ychydig y tu hwnt i'r trwyn - chwarel Trefor, mae chwarel yr Eifl, neu Gae'r Nant y pen yma i'r trwyn; yn y canol mae pentref Nant Gwrtheyrn, i'r dde mae chwarel Nant neu Borth Nant ac, o'r golwg bron i'r chwith mae Chwarel Carreg y Llam. Tua chanrif yn ôl, roedd y cyfan, gyda'i gilydd, yn cyflogi tua 2000 o bobl.
Panoramic view over Nant Gwrtheyrn: just beyond the headland –Trefor quarry; Rivals or Cae'r Nant is this side of headland; in the centre is Nant Gwrtheyrn village; to the right is Nant or Porth Nant Quarry and just out of view to the left is Cerrig y Llam Quarry. About a century ago, together they employed about 2000 people.

Area 2

© Nant Gwrtheyrn Trust archive/Catherine Tudor Jones

1.RUST 2.WIL BACH PENCLAWDD 3.SAM RICHARDS-RHEOLWR 4.POCH-CWMNI 5ROBIN EVANS CIMWCH 6.UN O'R CWMNI 7.DAFYDD JONES BERMO 8.JO BACH LIZI OWEN 9.TWM SION GO (FFORMAN)10.JO SAER11.UN O RHIW 12.UN O EDERN 13.NED PLATELAYER 14.DAFYDD ELLIS NANT 15.TWM ABERGEIRCH NEFYN 16.WILLIAM GRIFFITH BRYN DIRWEST(TAD JOHN MOSES) 17.G.R. WILLIAMS 18.ELEIAS DAVIES 19.WILLIAM WMS.BERCH(BWLI BERCH) 20.JOHN GRIFFITH(TAD CAPTEN) 21.TWM HEN DY 22.WIL JONES GO(SYRTHIODD DROS GRAIG YN Y GWAITH) 23.GRIFFITH JONES EDERN 24.ROBERT RICHARD BLAENAU. 25. CREIGIA

Gweithlu Chwarel y Nant tua 1900, noder llysenw'r rheolwr 'Rust' - allai hyn fod yn chwarae ar ei gyfenw 'Farren'? Yn sicr, George Farren oedd rheolwr Chwarel yr Eifl tua'r adeg yma.

Workforce at Nant Quarry c1900; note the manager's nickname 'Rust' – could this be a pun on the surname 'Farren'? George Farren was certainly manager of Eifl Quarry at about this time.

A Village Reborn

Nant Quarry finally closed perversely at the onset of WWll, when elsewhere in the area, there was a burst of activity, one of the reasons being the dearth of cargo ships small enough to berth here. Nant re-opened in 1948/9 and some families returned but activity was short-lived. The last villagers departed in 1959. In the 1960s hippies invaded, but were apparently

© Peter E K Fuchs

Glanfa Porth Nant, Nant Gwytheyrn, tua 1970, wedi diflannu erbyn hyn.

Porth Nant jetty, Nant Gwrtheyrn, c1970 – now lost.

Caeodd y chwarel ym 1912 ar ôl i storm ddifa'r lanfa, a symdodd ei gweithwyr i chwareli eraill yn yr ardal. Ym 1927 ffurfiodd W H Gatty Saunt y National Road Materials Co i brynu Port Nant Quarries Ltd a Carreg y Llam Quarries Ltd. Ym 1924 unodd y cwmni gyda nifer o rai eraill, yn bennaf cwmni o Gernyw, Amalgamated Roadstone Corporation, (gweler Cyflwyniad: Cwmnïau). Daeth Saunt yn rheolwr cyfarwyddwr. Yn eironig, ail agorwyd y Nant yn nannedd dirwasgiad 1930.

Roedd trefn flaenoriaeth bendant yn y gweithlu, tua 50 o ddynion ar ei eithaf. Y creigwyr oedd yn gweithio ar wyneb y graig. Daeth driliau niwmatig yn lle cŷn a morthwyl yn y 1930au. Roedd gweithwyr eraill yn llyfnhau wyneb y graig drwy ffrwydro ychydig arni. Powdwr du a ddefnyddid ar gyfer ffrwydradau mawr a gelignit ar gyfer torri'r blociau cerrig. Erbyn y diwedd roedd yno wyth o bonciau, pob un â'i enw ei hunan, rhai'n rhyfeddol megis Beunos Aires a Phalestina. Byddai labrwyr yn clirio'r deunydd bychan; tramwyr yn gwthio'r troliau; blocwyr yn asesu

lured away by John Lennon! Like Rivals Quarry, the jetty has disappeared, but some large concrete installations, bunkers etc are still evident.

In 1972 the company (ARC) put the village by then a windowless shell, up for sale. After spirited activity spearheaded by the vision of local GP Carl Clowes , Ymddiriedolaeth Nant Gwrtheyrn took possession of the village in 1978 for £25,000; the company's trust contributed £5000 as a goodwill gesture. So the Welsh language centre was born. Over the last 30 years it has attracted considerable investment and more land has been transferred by the company for only nominal sums. The village has been revitalised as a place of learning par excellence and at long last, a road has been built. Since the first courses in 1982, 30,000 students have studied in this idyllic setting. *(Clowes 2008; Davies 2009).*

Carreg y Llam quarry was opened in 1908 by H J Wright with Sam Richards as manager (a mining engineer who managed Rivals in the '20s). Not only had Wright previously operated Rivals Quarry, he had a long track record in slate, manganese, iron and gold mining in North Wales. In about 1920 Carreg y Llam Ltd took control. In parallel with Nant, the company became National Road Materials and in 1934, part of Amalgamated Roadstone (see Introduction: Companies).

The quarry had various advantages over Nant. It had road access of sorts and deeper water loading, indeed it had two wharves. One of these had fixed chutes fed by tramway tubs then later by conveyor, capable of delivering 100 t in 15mins into a ship's hold. The investment in plant was generally more sophisticated and some activities served Nant also. Ships part-loaded at Nant and topped up here. Up to 60 men were employed.

It continued to operate during WWll and afterwards, dumpers gained access along a low route to Nant Quarry until about 1952, to facilitate small scale working there.

Closing in November 1963, it was the last significant active operation in valley

As in the other valley sites, there are remains in the form of inclines, concrete foundations and storage bins. Virtually nothing of the jetties exists. Ironically, more information is now available on the bird life than on the history of quarry activities here. ■

© Ian A Thomas

Nantgwytheryn ar ei newydd wedd. ***Nantgwrtheyrn revitalised.***

faint o giwbiau y gellid eu cael o'r blociau mawr a ddeuai i lawr ar ôl chwythu; byddai crefftwyr o setmyn yn defnyddio morthwylion i drin y garreg a chynhyrchu setiau. Roedd gan y chwarel enw am gynhyrchu'r setiau a'r cyrbiau caletaf. Cafodd y peiriannau malu eu huwchraddio ac, ym 1936 daeth malwr safn newydd yno a allai falu 300 tunnell y diwrnod, ond gan nad oedd yna ffordd, cafwyd trafferth mawr i'w osod. Daw llawer o'r manylion hyn o hanes Eileen Webb o'r bywyd yno rhwng y Rhyfeloedd, fel plentyn y rheolwr, Thomas Salmon *(Webb 1983).*

Ail Eni Pentref

Yn groes i'r disgwyl, caeodd Chwarel yn Nant yn derfynol ar ddechrau'r Ail Ryfel Byd. Mewn mannau eraill yn yr ardal, roedd bwrlwm o weithgaredd. Un o'r rhesymau dros ei chau oedd bod prinder o longau nwyddau digon bychan i angori yno. Gadawodd y pentrefwyr olaf ym 1959. Ail agorodd Chwarel y Nant ym 1948/49 a daeth rhai teuluoedd yn ôl yno, ond caeodd yn fuan wedyn. Yn y 1960au goresgynnodd yr hippies y pentref, ond cawsant eu hudo i ffwrdd, yn ôl pob sôn, gan John Lennon! Fel gyda Chwarel yr Eifl, mae'r lanfa wedi diflannu, ond mae rhai gosodiadau concrid, byncers ayb yn dal i'w gweld.

Ym 1972, rhoddodd y cwmni (ARC) y pentref, a'r tai erbyn hynny'n gragen heb ffenestri, ar y farchnad. Yn dilyn ymgyrch ysbrydoledig, yn cael ei harwain gan weledigaeth meddyg teulu lleol, Carl Clowes, prynodd Ymddiriedolaeth Nant Gwrtheyrn y pentref ym 1978 am £25,000; a daeth £5,000 o ymddiriedolaeth y cwmni fel arwydd o ewyllys da. Dyma sut y ganwyd y ganolfan dysgu Cymraeg sydd yno heddiw. Denodd fuddsoddiadau sylweddol yn ystod y 30mlynedd diwethaf ac mae'r cwmni wedi trosglwyddo mwy o dir am symiau enwol. Mae'r pentref wedi'i adfywio fel lle dysgu heb ei ail ac o'r diwedd, cafodd ffordd newydd ei hadeiladu. Ers pan ddechreuodd y cyrsiau cyntaf yn ym 1982, mae 30,000 o fyfyrwyr wedi astudio yn y llecyn hudolus hwn. *(Clowes 2008; Davies 2009).*

Ail agorwyd **Carreg y Llam** ym 1908 gan H J Wright gyda Sam Richards yn rheolwr (roedd yn beiriannydd mwyngloddio a fu'n rheoli Rivals yn yr 20au). Nid yn unig roedd Wright wedi rhedeg Chwarel y Rivals o'r blaen, roedd ganddo record hir o gloddio am lechi, manganîs, haearn ac aur yng ngogledd Cymru. Tua 1920 cymerodd Carreg y Llam Ltd reolaeth ar y chwarel. Fel y Nant, daeth y cwmni'n National Road Materials ac ym 1934, rhan o Amalgamated Roadstone (gweler Cyflwyniad: Cwmnïau).

Roedd gan chwarel Carreg y Llam amryw o fanteision dros chwarel y Nant. Roedd ffordd o fath i fynd ati a man llwytho mewn dŵr dwfn, yn wir, roedd ganddi ddwy lanfa. Roedd gan un o'r rhain lithrennau sefydlog a'r cerrig yn cael eu cludo at y rhain ar dramffordd, ac, yn ddiweddarach gan beiriant cludo a oedd yn gallu danfon 100 tunnell mewn 15 munud i grombil llong. Roedd peirannau mwy soffistigedig yn cael eu prynu, yn gyffredinol, ac roedd rhai'n gwasanaethu Nant hefyd. Roedd llongau'n llwytho'n rhannol yn y Nant ac yn gorffen cael eu llenwi yng Ngharreg y Llam. Roedd hyd at 60 o ddynion yn cael eu cyflogi.

Roedd yn dal i gael ei gweithio yn ystod yr Ail Ryfel Byd ac ar ôl hynny. Roedd loriau dymper yn gallu mynd ar hyd llwybr isel i Chwarel y Nant hyd at 1952, i gario o'r gwaith bychan oedd yno.

Pan gaeodd fis Tachwedd 1963, dyma oedd diwedd unrhyw waith o bwys yn y dyffryn. Fel chwareli mewn dyffrynnoedd eraill, mae olion incleins, sylfaeni concrid a biniau storio i'w gweld. Does fawr ddim ar ôl o'r glanfeydd. Yn eironig, mae mwy o wybodaeth ar gael erbyn hyn ar yr adar sydd yno nac am hanes y chwarel. ■

Area 2

From the man behind the vision

"Establishing my medical practice in Llanaelhaearn in 1970 necessitated taking on the responsibilities of being the 'quarry doctor' for Trefor quarry or 'Gwaith Mawr'. I was to be the last in such a lineage as some six months later the quarry's activity ceased and my input was no longer required. The schools in nearby Clynnog, Llithfaen and Pistyll had already closed as the population declined following the demise of the various quarries in Bro'r Eifl. Nant Gwrtheyrn was, however, the extreme of the challenge that faced the area as it was, by now totally depopulated and in terminal decline. It was for me, nevertheless, looking ahead a potentially important resource.

The impact of the area's depopulation had a lasting impact on the health of the people and I became motivated to try and reverse this worrying trend. The UK's first 'community cooperative' was established in Llanaelhaearn in 1974 following a successful campaign to keep the village school. This helped to generate new life into the area and, with successes there, an approach was also made to Amalgamated Roadstone, the owners of Nant Gwrtheyrn to seek their support for the sale of the former village to a locally based trust. After some considerable negotiation, the deal was sealed and, some years later, built upon when Hanson Aggregates relinquished their interest in the Nant quarry and transferred another 100 acres to us for a nominal sum.

Today, some 30 people work at Nant Gwrtheyrn in a Centre established to promote Welsh language teaching and enlighten the visitor as to the history of the quarries, language and culture of the area.

With the twin objectives of creating employment and promoting the Welsh language and heritage, Nant Gwrtheyrn is well on the way to fulfilling its potential once again albeit in a very different guise to what we saw throughout the 19th and early 20th centuries".

Dr Carl Clowes

Gan y dyn y tu ôl i'r weledigaeth

"Roedd fy nghyfrifoldebau ym mhractis meddygol Llanaelhaearn yn 1970 yn cynnwys bod yn feddyg ar gyfer y chwarel yn Nhrefor, sef y 'Gwaith Mawr'. Fi oedd yr olaf i ddal y swydd honno oherwydd caewyd y chwarel o fewn chwe' mis imi gyrraedd yr ardal. Roedd sawl ysgol ym mro'r Eifl eisoes wedi eu cau - Clynnog, Llithfaen a Phistyll - gan fod poblogaeth yr ardal wedi lleihau yn dilyn tranc y chwareli. Ar y pryd, roedd Nant Gwrtheyrn yn cynrychioli pegwn problemau'r ardal gyda'r pentre' yn gwbl wag a dirywiad y tai yn enbyd. Er hynny, imi roedd yn cynnig adnodd pwysig ar gyfer y dyfodol.

Roedd diboblogi'r ardal yn cael effaith ar iechyd y bobl a chefais fy symbylu i geisio ymateb i'r duedd bryderus hon. Sefydlwyd y gymdeithas gydweithredol bentrefol gyntaf yn y DU yn Llanaelhaearn yn 1974 yn dilyn ymgyrch lwyddiannus i gadw'r ysgol yn agored. Daeth hynny â bywyd newydd i'r ardal a gyda'r llwyddiannau yno a'r hyder ddaeth yn ei sgîl, cysylltwyd ag Amalgamated Roadstone, perchnogion Nant Gwrtheyrn, i weld a fydde nhw'n fodlon gwerthu'r pentref i ymddiriedolaeth leol. Yn dilyn cryn drafod a negodi cafwyd cytundeb, a rhai blynyddoedd wedyn ychwanegwyd at y 'stâd pan drosglwyddodd Cwmni Agregau Hanson y 100 acer oedd yn perthyn i chwarel y Nant i'r ymddiriedolaeth am swm enwol.

Heddiw, mae tua 30 o bobl yn gweithio yn Nant Gwrtheyrn mewn, Canolfan a sefydlwyd i hyrwyddo dysgu Cymraeg. Ceir yn y Nant hefyd ddehongliad o hanes y chwareli, yr iaith a diwylliant yr ardal.

Gyda'amcanion gwreiddiol deuol o greu gwaith a hyrwyddo'r Gymraeg a'n hetifeddiaeth, mae Nant Gwrtheyrn wedi cymryd camau breision i gyflawni ei botensial unwaith eto a hynny mewn maes mor wahanol i'r gwaith a oedd mor llewyrchus yma drwy'r 19eg ac yn gynnar yn y 20fed canrif."

Dr Carl Clowes

Ardal 2

Chwarel Carreg y Llam, ar fin y clogwyn ger Llithfaen.
Cerrig y Llam Quarry clinging to the cliff edge near Llithfaen.

Michael Warren/Tarmac Archive @NSC / Michael Warren/Archif Tarmac @NSC

In the 1990s Michael Warren, a well respected ornithologist and artist who has worked Worldwide, was commissioned by Tarmac to visit their sites to capture the abundance of wildlife in their European quarries. This part of his image of Cefn Graianog south of Caernarvon sketched on site in grim December 1996, also highlights the variation in the glacial boulders won here.

Yn y 1990au, comisiynodd Tarmac yr adarwr a'r artist adnabyddus, Michael Warren, i gofnodi'r bwrlwm o fywyd gwyllt sydd yn ei chwareli yn Ewrop. Mae Michael Warren yn adarydd ac yn artist uchel iawn ei barch sydd wedi gweithio dros y byd i gyd. Cafodd y rhan hwn o fraslun chwarel Cefn Graianog, i'r de o Gaernarfon, ei dynnu fis Rhagfyr oer a gwlyb 1996. Mae hefyd yn dangos yr amrywiaethau o gerrig y llifrew sydd yno.

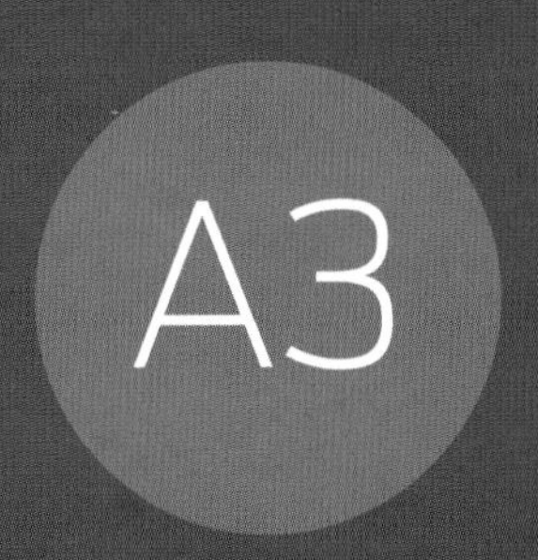

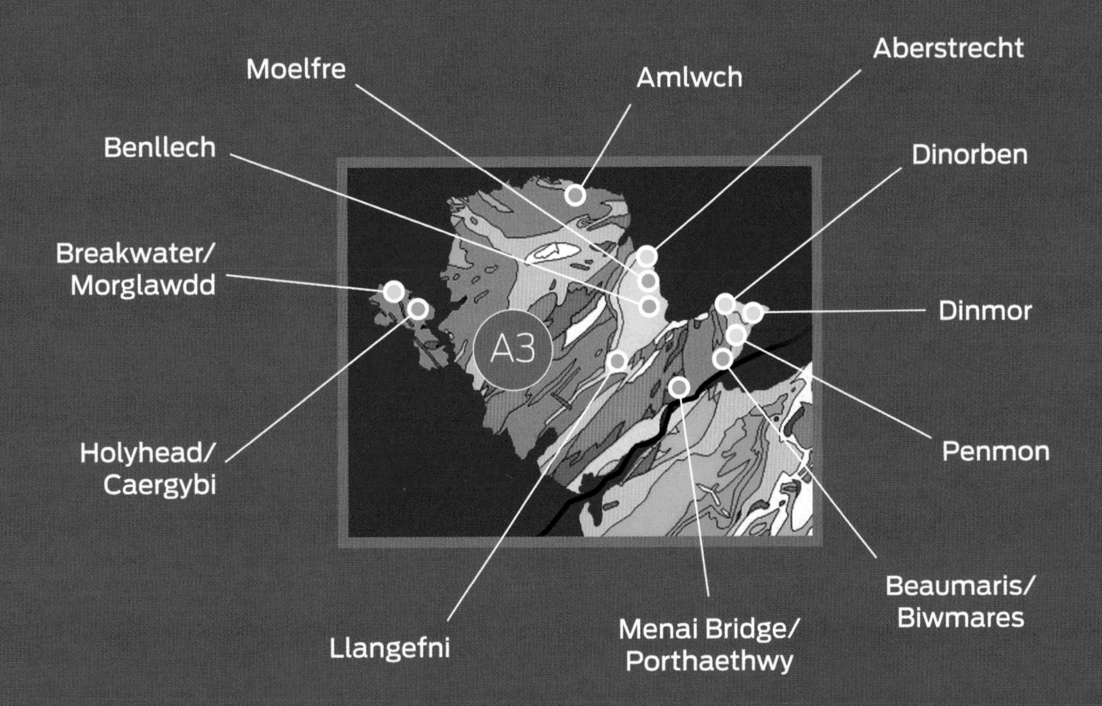

ARDAL 3:

YNYS MÔN (A3)

AREA 3:

ANGLESEY (A3)

Area 3

ANGLESEY (A3)

Carreg galch wedi'i threulio gan organebau, Dinmor.
Bioturbated limestone, Dinmoor.

Geographic area

The geographical, and administrative county of the Isle of Anglesey with its 100 mile coastline, including adjacent offshore islands.

Geological setting

This area although relatively compact and well defined, offers the greatest variety of rocks, stratigraphy (chronology) and structures in Wales and greatly strengthens the Island's Geopark status.

About two thirds of the island is underlain by Precambrian rocks (the most extensive outcrop in England and Wales), the majority of which are metamorphised sediments or igneous rocks, intensely folded for the most part (the precise structure being still a matter for debate). They include extensive granites.

There are also appreciable areas of Late Cambrian/Ordovician metamorphosed sediments, especially in the north and Carboniferous (Limestone and Coal Measures) in the east; very small outcrops of other Cambrian and Devonian (Old Red Sandstone) also occur.

In addition, the area exhibits one of the most extensive areas of material associated with glaciation in Wales, indeed this superficial cover hinders the interpretation of the structural bedrock geology of the island. Recent studies have revealed considerable numbers of 'Tertiary' igneous dykes running across the whole area.

Ardal 3

YNYS MÔN (A3)

© Ian A Thomas

Sgistyau mica, Caergybi.
Mica schists, Holyhead.

Ardal Ddaearyddol

Yn ddaearegol ac yn weinyddol mae Sir Ynys Môn gyda'i harfordir 100 milltir yn cynnwys yr ynysoedd oddi ar ei glannau.

Gosodiad Daearegol

Mae'r ardal hon, er yn gymharol gryno ac wedi'i diffinio'n dda, yn cynnig yr amrywiaeth mwyaf o gerrig, stratigraffig (cronoleg) a strwythurau yng Nghymru ac yn cryfhau llawer iawn ar statws yr ynys fel Geoparc.

Mae is haenen o gerrig Cyncambrian o dan tua dwy ran o dair o'r ynys (y brigiad ehangaf yng Nghymru a Lloegr), y mwyafrif ohono'n waddodion metamorffisaidd neu'n garreg igneaidd, gyda phlygiadau mawr ar y rhan fwyaf (mae'r union strwythur yn dal yn i gael ei drafod). Maen nhw'n cynnwys llawer iawn o ithfaen.

Mae yna hefyd ardaloedd sylweddol gyda gwaddodion metamorffedig Cambrian Hwyr / Ordoficaidd, yn enwedig yn y gogledd a Charbonifferaidd (Carreg Galch a Glo) yn y dwyrain; ceir rhai brigiadau bychain iawn hefyd o greigiau Cambrian a Dyfnantaidd eraill (Hen Dywodfaen Coch).

Yn ogystal, yn yr ardal hon y mae'r casgliad mwyaf o ddeunydd sy'n gysylltiedig â rhewlifiant yng Nghymru i'w gweld, yn wir mae'r gorchudd arwynebol yn rhwystr i ddehongli'n ddaearegol graigwely strwythurol yr ynys. Mae astudiaethau diweddar wedi dangos nifer sylweddol o sarnau 'Trydyddol' igneaidd yn rhedeg ar draws yr holl ardal.

History

Whereas many of the formations have been exploited, the intensity of working is grossly disproportionate to the outcrop. In the nineteenth century, Anglesey also probably ranked second only to Caernarfonshire as a producer of building stone in the north. In general the Pre-Cambrian rocks have been employed as very localised sources of building and walling stone throughout history but achieved prominence in the Nineteenth Century. The New Harbour Quartzites, highly deformed metasediments, were worked on a tremendous scale initially to supply the building of the main Holyhead Breakwater in 1845-73 (AT3).

The other notable stone resource was the Carboniferous Limestone. This was used extensively on the island historically as a source of lime to make mortar and to neutralise acid soils. The discovery of coal in the Malltraeth area greatly facilitated this from 1700 onwards as the large solitary kilns adjacent to the new A55 testify. However the key areas of working comprised the complex of large quarries in the Penmon-Dinmor area, part of the Bulkeley Estate (AT3).

The construction of the A55 across the Island around 2000, necessitated the building of perhaps the longest section of dry stone wall in modern times. Some 25 miles/40km of clawdd (traditional earth bank faced with rounded beach-type pebbles and topped with grass) was put in place.

From at least the C14th, millstones were shaped on the island between Red Wharf Bay and Dinmor.

Since the demise of large scale limestone coastal working in the early 1990s, the main production here has been of igneous rock aggregates (although small amounts of limestone

Hanes

Er bod llawer o'r creigiau wedi cael eu cloddio, mae dwysedd y gwaith yn gwbl anghymesur i'r brigiadau. Yn y ddeunawfed ganrif mae'n debyg mai ail i Sir Gaernarfon yn unig oedd Sir Fôn fel cynhyrchydd cerrig adeiladu yn y gogledd. Yn gyffredinol, cafodd cerrig Cyn Cambrian eu defnyddio ar hyd y canrifoedd fel ffynhonnell leol iawn o gerrig adeiladau ac ar gyfer waliau, ond yn bennaf yn y Bedwaredd Ganrif ar Bymtheg. Cloddiwyd peth wmbredd o gerrig Cwarts Harbwr Newydd, metawaddodion afluniaidd iawn, i ddechrau wrth adeiladu'r prif forglawdd yng Nghaergybi ym 1845 - 73 (AT3).

Y garreg nodedig arall oedd y Garreg Galch Garboniferaidd. Roedd yn cael ei defnyddio'n helaeth ar yr ynys, yn hanesyddol, fel ffynhonnell o galch i wneud mortar ac i niwtraleiddio pridd asidig. Rhoddodd darganfod glo yn ardal Malltraeth hwb fawr i hyn o 1700 ymlaen fel mae'r odynau unigol mawr gerllaw'r A55 newydd yn dangos. Fodd bynnag, roedd yr ardaloedd allweddol lle'r oedd y chwareli mwyaf yn ardal Penmon – Dinmor, rhan o Ystâd Bulkeley (AT3).

Pan adeiladwyd yr A55 ar draws yr Ynys tua'r flwyddyn 2000, codwyd ar ei therfynau y cloddiau cerrig hiraf i gael eu codi, mae'n debyg yn y cyfnod modern. Codwyd 25 milltir / 40 cilometr o gloddiau (cloddiau traddodiadol gydag wyneb o gerrig crwn, pridd yn y canol a thywyrch ar y pen).

O'r 14eg Ganrif o leiaf, roedd meini melin yn cael eu ffurfio ar yr Ynys rhwng Traeth Coch a Dinmor.

Ers i chwareli mawr cerrig calch ddiflannu o'r arfordir yn gynnar yn y 1990au, cerrig mân o gerrig igneaidd sy'n cael eu cynhyrchu'n bennaf (er bod ychydig o garreg calch yn dal i gael ei chynhyrchu). Mae amrywiaeth o fathau wedi cael eu

©Ian A Thomas

Cytiau Gwyddelod Din Llugwy, Moelfre, tua'r 4g AD - cloddiwyd y cerrig o'r safle, rhan o dreftadaeth gyfoethog Môn.
Din Lligwy hut settlement, Moelfre - C4th AD—stone extracted on site; part of the rich British heritage on Anglesey.

Area 3

are still produced). A variety of types have been quarried. The largest workings at Caer Glaw, Gwalchmai and Gwyndy quarries to the north in the centre of the Island, exploit the Coedana granite. The Mona Complex is worked at Hengae Quarry, Llangaffo. However competition from slate (which does not carry the Aggregates Levy) has made many igneous rock quarries less viable, resulting in recent closures, or sale from larger to more local companies.

A scatter of relatively recent or reactivated former quarries produce aggregate in the hinterland to Benllech and Red Wharf Bay. The glacial gravels and sands have often been worked locally for building materials and mine dumps on Parys Mountain or ash tips have been recycled for aggregates.

Some of the most common characteristics of the island's quarrying history are the contradictory accounts of sourcing of almost all the major structures built from the islands' stone. Beaumaris Castle erected in the early C14th was of Carboniferous Limestone and Basal Grits, but half a dozen different local sources are quoted including Penmon, which is also given as the origin of much of Caernarfon Castle.

Some of the formerly important quarries on the headland between Benllech and Traeth Coch (Red Wharf Bay) display traces of kilns, wharves and related cart-ways, grooved into the rocks on the shore.

Incidentally, in the northern part of the island at Parys Mountain, one of the World's largest copper mines at the time, was developed during the C18th and C19th.

Where to find out more

There is a very active geological community on the Island which has resulted in the creation of GeoMôn. This is a UNESCO recognised Geopark. The 125 mile coastal path now encircles the Island and is the subject of number of geotrails. Others are being established and a programme of events arranged *(www.geomon.co.uk). (See also Conway 2010; Treagus 2008).*

Stone Science between Talwrn and Pentraeth, is a small, imaginative, privately run museum and activity centre. It concentrates upon geology and related history in general and of the island in particular.

The Holyhead Quarries and silica brick works now have open access as a Country Park with a series of fairly detailed interpretive panels and a small visitor centre. The panels cover the story of the quarry, the breakwater construction,

cloddio. Y chwareli mwyaf yw Caer Glaw, Gwalchmai a Gwyndy i'r gogledd, yng nghanol yr Ynys, lle mae ithfaen Coedana yn cael ei gloddio. Mae Cymhlethfa Mona'n cael ei gloddio yn Chwarel Hengae, Llangaffo. Fodd bynnag, mae'r gystadleuaeth o lechi (nad yw'n dod o dan y Dreth Agregau) wedi lladd llawer o'r chwareli carreg igneaidd a chafodd llawer eu cau neu'u gwerthu gan gwmnïau mwy i gwmnïau mwy lleol.

Mae ychydig o chwareli cymharol ddiweddar, neu hen chwareli wedi'u hail agor, yn cynhyrchu cerrig mân i mewn yn y tir o Benllech a Thraeth Coch. Mae'r gro a thywod rhewlifol wedi'u cloddio mewn sawl man ar gyfer adeiladu ac mae'r tomeni mwyngloddio ar Fynydd Parys, neu domeni lludw, wedi'u hailgylchu i gael cerrig mân.

Rhai o nodweddion mwyaf cyffredin hanes chwareli'r ynys yw bod cymaint o wahanol hanesion croes ynghylch o ble ar yr ynys y daeth y cerrig i adeiladu bron iawn y cyfan o'r prif adeiladu. Cafodd Castell Beaumaris, a godwyd yn gynnar yn y 14eg Ganrif, ei adeiladu o Garreg Galch Carbonifferaidd a Grudiau Basal, ond mae sôn am hanner dwsin o wahanol ffynonellau lleol gan gynnwys Penmon, o ble y daeth, yn ôl y son, lawer o gerrig Castell Caernarfon.

Mae rhai o'r chwareli a oedd yn bwysig yn eu cyfnod ar y pentir rhwng Benllech a Thraeth Coch a gellir gweld olion odynnau, glanfeydd a ffyrdd troliau cysylltiedig, a rhigolau olwynion y troliau, ar greigiau ar y traeth.

Yng ngogledd yr ynys mae Mynydd Parys lle'r oedd un o fwyngloddiau copr mwyaf y byd ar y pryd pan gafodd ei ddatblygu yn ystod y 18fed Ganrif a'r 19eg Ganrif.

Lle i ganfod rhagor....

Mae cymuned ddaearegol fywiog iawn ar yr ynys ac o hynny y cododd GeoMôn. Mae yna Geoparc sy'n cael ei gydnabod gan UNESCO. Mae llwybr arfordirol 125 milltir yn amgylchynu'r ynys ac arno nifer o geolwybrau. Mae rhai eraill yn cael eu sefydlu a rhaglen o ddigwyddiadau'n cael ei threfnu *(www.geomon.co.uk). (Gweler Conway 2010; Treagus 2008).*

Rhwng Talwrn a Phentraeth mae Stone Science, amgueddfa a chanolfan weithgareddau fechan, sy'n cael ei rhedeg yn breifat. Mae'n canolbwyntio ar ddaeareg a'i hanes cysylltiedig yn gyffredinol ac ar yr ynys yn benodol.

Erbyn hyn mae mynediad agored i Chwareli Caergybi a gwaith brics silica fel Parc Gwledig gyda chyfres o baneli dehongli eithaf manwl a chanolfan ymwelwyr fechan. Mae'r

Pont Grog y Borth – a gafodd ei hagor ym 1826.
Menai Suspension Bridge – opened 1826.

© Treftadaeth Menai Heritage

A'r Bont Britannia wreiddiol yn cael ei hadeiladu - fe'i hagorwyd ym 1850.
Original Britannia Bridge under construction – opened 1850.

Ardal 3

Neuad y Dref, Birmingham, agorwyd ym 1834. Cafodd ei hadeiladu o garreg galch Moelfre a'i hadnewyddu'n ddiweddar gyda'r un garreg.
Birmingham Town Hall, opened in 1834, was built of Moelfre limestone and recently renovated using the same stone.

Do you know your marbles?

Marble in the traditional stone trade was any finely crystalline, usually light coloured rock capable of taking and retaining a good surface polish. Geologists have hi-jacked the term and restricted it to mean a metamorphosed limestone or dolostone. Under European legislation, now only the geological definition can be used in trading.

Anglesey can boast two traditional 'marbles' neither of which would comply today.

Firstly, on a very small scale indeed, the Victorians exploited deposits which were metamorphic rocks but broadly classed as serpentinites and ophicalcites, not technically marbles. These stones, usually known as 'Mona Marble' occur and were worked in the south of Holy Island and in the area south of Cemaes (Horak 2002). Virtually all traces of Mona Marble extraction to meet the needs of C19th fashion for decorative stone, have disappeared. The second group, collectively known as 'Anglesey marble' (although the term has been used interchangeably with 'Mona') comprise various unaltered Carboniferous limestones from the east coast, capable of taking a high polish.

Some are still being worked at Aberstrecht, Moelfre. Similar varieties include Penmon and Dinorben. More perversely, the Penmon limestone was not only marketed as marble, but also sometimes as 'granite'!

Roedd Islwyn Williams, tynnwyd y llun ohono yn y 1980au, yn gweithio yma fel saer maen (fel yr oedd ei dad), yn ddiweddar i Tom Kellett.
Islwyn Williams seen here in the 1980s, worked here as a mason (as did his father), latterly for Tom Kellett.

Chwarel Aberstrecht, Moelfre - torri blociau.
Aberstrecht Quarry, Moefre–removing block.

Iard seiri meini Aberstrecht.
Aberstrecht mason's yard.

Ydych chi'n adnabod eich marmor?

Yn y diwydiant cerrig traddodiadol, marmor oedd unrhyw garreg grisialog, fel arfer o liw golau, a oedd yn gallu cymryd a chadw sglein da. Mae daearegwyr wedi herwgipio'r term ac wedi'i gyfyngu i olygu carreg galch metamorffedig neu ddolostone. O dan ddeddfwriaeth Ewrop, dim ond y diffiniad daearegol y gellir ei ddefnyddio wrth fasnachu.

Mae Ynys Môn yn gallu ymffrostio bod ganddi dau 'farmor' traddodiadol ond ni fyddai'r un yn cydymffurfio heddiw.

Yn gyntaf, ar raddfa fechan iawn, iawn, bu pobl oes Victoria yn cloddio am ddyddodion a oedd yn gerrig metamorffig ond yn cael eu galw'n fras yn serpentinites ac ophicalcites, felly, yn dechnegol, nid marmor. Gelwid y cerrig hyn fel arfer yn 'Marmor Mona' ac roeddynt yn cael eu cloddio yn ne Ynys Cybi ac yn yr ardal i'r de o Gemaes (Horak 2002). Mae bron iawn y cyfan o olion cloddio Marmor Mona, i gyfarfod ag anghenion ffasiwn y 19eg Ganrif am garreg addurniadol, wedi diflannu. Roedd yr ail grŵp, a oedd yn cael eu galw'n gyfunol fel 'marmor Ynys Môn' (er bod y term yn cael ei gymysgu gyda 'Mona') yn cynnwys nifer o gerrig galch Carbonifferaidd heb eu newid o'r arfordir dwyreiniol, sy'n gallu cymryd sglein da.

Mae rhai'n dal i gael eu gweithio yn Aberstrecht, Moelfre. Mae amrywiaethau tebyg yn cynnwys Penmon a Dinorben. Yn rhyfedd, nid yn unig roedd carreg galch Penmon yn cael ei marchnata fel marmor, ond hefyd weithiau fel 'ithfaen'!

Area 3

railways and the refractory brickworks, although geological information is limited.

The Penmon Peninsula (Trwyn Penmon) has public access (entrance charge) to the Bulkeley Estate and Penmon Priory has two scheduled ancient monuments under the care of Cadw but there is no formal public access to either Dinmor Park quarries (to the north) or Penmon quarries adjacent to the priory. Dinmor Park Quarry is partially landscaped and developed industrially, hence now largely devoid of features of historical interest.

Incidentally in addition to the historic connections and the geology, there are superb distant views across the bay to the Penmaenmawr granite quarries (A2), as well as the Snowdonia massif and Great Orme.

Treftadaeth Menai Heritage run a small centre at Menai Bridge which describes the building of the bridges across the straits. (*www.menaibridges.co.uk*)

paneli'n cynnwys hanes y chwarel, adeiladu'r morglawdd, y rheilffyrdd a'r gwaith brics , er bod yr wybodaeth ddaearegol yn eithaf prin.

Gall y cyhoedd fynd ar Drwyn Penmon (codir tâl mynediad), sydd ym mherchnogaeth Ystâd Bulkeley ac mae gan Briordy Penmon ddwy gofeb restredig o dan ofal Cadw ond does dim mynediad ffurfiol i'r cyhoedd i chwareli Parc Dinmor (i'r gogledd) nac i chwareli Penmon ger y priordy. Mae Chwarel Parc Dinmor wedi'i thirlunio'n rhannol ac wedi'i datblygu'n ddiwydiannol ac, o'r herwydd, does fawr ddim nodweddion o ddiddordeb hanesyddol ar ôl yno erbyn hyn.

Yn ogystal â'r cysylltiadau hanesyddol a'r ddaeareg, mae yna olygfeydd pell gwych ar draws y bae i chwareli ithfaen Penmaenmawr (A2) yn ogystal ag i Eryri a Phen y Gogarth.

Mae Treftadaeth Menai Heritage yn rhedeg canolfan ym Mhorthaethwy sy'n disgrifio adeiladu'r pontydd dros y Fenai. (*www.menaibridges.co.uk*)

Marine Works

The Welsh Coast (1300 miles/2100km long) has tested the ingenuity of builders of routes, harbours and sea defences and made significant demands on quarriers.

Causeways at Porthmadog, accompanied by bridges on Anglesey speeded the journeys to Ireland. The Holyhead Breakwater, probably the UK's largest civil engineering project of the mid-C19th, consumed 7Mt and ranks alongside, strategic breakwaters at, Portland, Plymouth, on Alderney and Jersey. Fifty years later, the Fishguard breakwater used 1.6Mt and in the 1960s, the massive Port Talbot breakwater required 2.25Mt of block stone drawn from South Wales and the Peak District (AT 9). The South Wales coal ports demanded tremendous quantities of stone (mainly Pennant), for dockworks between 1830 and 1910, as did Liverpool and Birkenhead ports (mainly Anglesey Carboniferous Limestone and Scottish granite).

Gwaith Morol

Mae Arfordir Cymru (1,300 milltir / 2,100 cilometr o hyd) wedi herio adeiladwyr llwybrau, porthladdoedd ac amddiffynfeydd y môr ac wedi rhoi llawer iawn o waith i chwarelwyr.

Mae'r cob ym Mhorthmadog a'r pontydd ar Ynys Môn wedi'i gwneud yn haws ac yn gynt i deithio i Iwerddon. Aeth cymaint â 7 miliwn tunnell o gerrig i godi Morglawdd Caergybi, y prosiect peirianneg sifil mwyaf yn y DU ganol y 19eg Ganrif, mae'n debyg, ac mae'n cymharu â morgloddiau strategol ym Mhortland, Plymouth, ar Alderney a Jersey. Hanner can mlynedd yn ddiweddarach, aeth 1.6 miliwn tunnell o gerrig i forglawdd Abergwaun ac yn y 1960au roedd angen 2.25 miliwn tunnell o gerrig bloc o dde Cymru ac Ardal y Peak (AT 9) ar gyfer morglawdd enfawr Port Talbot. Roedd porthladdoedd glo De Cymru angen symiau enfawr o gerrig (Pennant yn bennaf) i adeiladu dociau rhwng 1830 a 1910; ac felly hefyd borthladdoedd Lerpwl a Phenbedw (Carreg Galch Carboniferaidd Môn ac ithfaen yr Alban yn bennaf).

The Road to Ireland

Following the Act of Union in 1800, Irish MPs became increasingly concerned at the time taken and the dangers of travel from Ireland to Westminster. Watling Street, the former Roman road from London towards Shrewsbury provided an obvious route through England, but the mountains of Snowdonia presented a major challenge. William Maddocks two centuries ago (1811) anticipated that the best option would take travellers to a port on Lleyn (possibly Porthdinllaen) and so built The Cob, the causeway across Traeth Bach to Porthmadog, later also used by the Ffestiniog Railway. Thomas Telford was commissioned by the Government to investigate routes across the area. His line took the road from Llangollen via Bettws y Coed and Bangor to Holyhead. Some of the small disused roadside quarries seen today on the A5 were probably his borrow pits. Having decided the route to Ireland, before road construction began, a new port had to be constructed at Holyhead.

John Rennie supervised the building in stone of Holyhead's Admiralty Pier (1811-1821). Apart from engineering its way

Y Ffordd i Iwerddon

Yn dilyn y Ddeddf Uno ym 1800, daeth Aelodau Seneddol Iwerddon yn gynyddol bryderus bod y daith o Iwerddon i San Steffan mor hir ac mor beryglus. Roedd Watling Street, yr hen ffordd Rufeinig o Lundain i'r Amwythig yn llwybr amlwg trwy Loegr, ond roedd yn llawer iawn anoddach treiddio drwy fynyddoedd Eryri. Yn union ddwy ganrif yn ôl (1811) rhagwelodd William Maddocks mai'r dewis gorau fyddai mynd â theithwyr i borthladd yn Llŷn (Porthdinllaen o bosibl) ac felly adeiladodd y Cob ar draws y Traeth Bach i Borthmadog, a gâi ei ddefnyddio'n ddiweddarach gan Reilffordd Ffestiniog.

Comisiynwyd Thomas Telford gan y Llywodraeth i ymchwilio i lwybrau ar draws yr ardal. Roedd ei linell yn mynd ar hyd y ffordd o Langollen trwy Fetws-y-coed a Bangor i Gaergybi. Mae'n debyg fod rhai o'r chwareli bach segur sydd i'w gweld heddiw ar ochr yr A5 yn 'byllau benthyg' o'r cyfnod hwnnw. Ar ôl penderfynu ar y llwybr i Iwerddon, cyn dechrau adeiladu'r ffordd, roedd yn rhaid adeiladu porthladd yng Nghaergybi.

John Rennie oedd yn goruchwylio adeiladu'r Admiralty Pier

Ardal 3

through high mountain passes in the period 1815-1828, crossing the Menai Strait, the Malltraeth marshes and linking Anglesey to Holy Island also required big solutions and plenty of stone. As part of the plan, Rennie designed the Stanley road causeway, some 1300 yards/1200 m long. It was built by Telford's team within a single year,1823.

cerrig yng Nghaergybi (1811 – 1821). Ar ben cloddio'r ffordd trwy fylchau mynyddoedd uchel yn y cyfnod 1815 – 1828, roedd croesi Afon Menai, corsydd Malltraeth a chysylltu Ynys Môn ag Ynys Cybi hefyd yn gofyn am syniadau arloesol a digonedd o gerrig. Fel rhan o'r cynllun, dyluniodd Rennie gob Ffordd Stanley, tua 1,300 llath / 1,200 metr o hyd. Cafodd ei adeiladu mewn blwyddyn gan dîm Telford yn 1823.

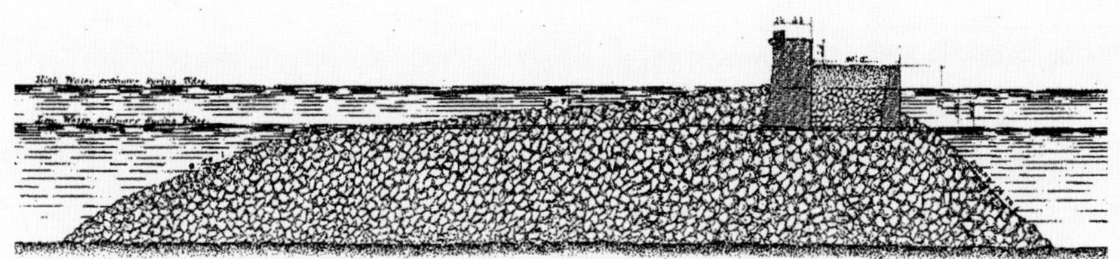

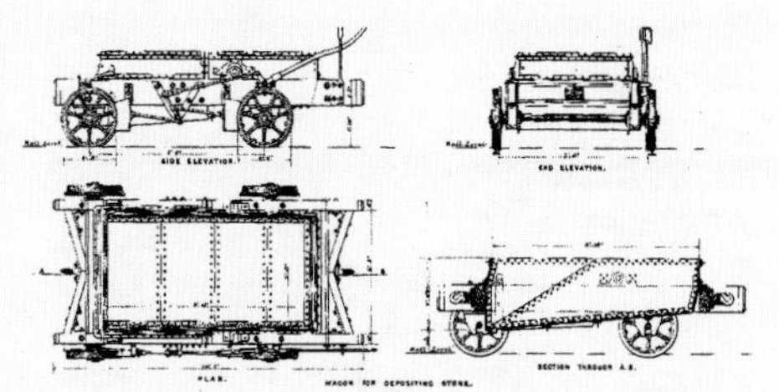

Adeiladu harbwr Caergybi 1845-73 - trawstoriad a thryciau rheilffordd (drwy garedigrwydd Sefydliad y Peirianwyr Sifil).
Holyhead harbour construction 1845-73 - cross-section and rail trucks [courtesy of Institution of Civil Engineers].

Holyhead Breakwater

By 1847, as traffic expanded and the railway was due to provide a through journey to Euston within three years, a massive scheme was put in hand. At first, two breakwaters were planned on a monumental scale to protect Holyhead Bay. In the event, a single barrage, was built out from the western shore. Over the period to 1873, a staggering tonnage of rubble stone was quarried to build what was to become the UK's longest breakwater, 1.86 miles/3km in length.

Rock for construction came from various sources. The vast bulk (6.5Mt) was quarried from the quartzite of Holyhead Mountain (Mynydd Twr). In reality there were about six separate quarry areas rather than a single large unit. This rock made up the breakwater's undersea base and core. Blocks weighing 15 tonnes or more were carefully positioned with their natural bedding set vertically. In the years 1854 and 1856 placement of stone peaked at over a million tonnes annually (4000tpd) and up to 1300 workers were on site.

The 0.5Mt of dressed ashlar cladding was mainly 'Anglesey limestone' together with red Helsby Sandstone from Runcorn, Cheshire and was used at the seaward end below the waterline and in the superstructure. The precise source of the Anglesey stone is contended, but was probably Red Wharf Bay and Penmon. Hydraulic mortar (ie it set under water) was made from Liassic limestone, probably either from Aberthaw (Glam), Halkyn or came by canal from Leicestershire. An early Portland cement was also employed. *(Haytor 1873).*

The Holyhead Quartzite forms much of the higher land at the northern end of Holy Island. This almost pure (98%) silica rock, was deposited 501+/-10M years ago (Precambrian/ Proterozoic age), created by turbidity currents in deep offshore canyons. It was especially convenient to have such a tough rock only a mile from the breakwater shore.

At first, small shot holes were drilled, filled with gunpowder and detonated. This method couldn't produce enough stone in time, so instead, shafts were sunk from the surface, filled with explosive and fired. But a third method had to be used

Morglawdd Caergybi

Erbyn 1847, wrth i draffig gynyddu a thair blynedd cyn bod y rheilffordd yn gallu cynnig taith trwodd deirawr o Euston, dechreuwyd ar gynllun enfawr. Y bwriad i ddechrau oedd adeiladu dau forglawdd anferthol i amddiffyn Bae Caergybi. Yn y diwedd, dim ond un gafodd ei adeiladu, ar y lan orllewinol. Yn ystod y cyfnod tan 1873, cafodd tunelli dirifedi o gerrig rwbel eu cloddio i adeiladu yr hyn a ddaeth y morglawdd hiraf yn y DU, 1.86 milltir / 3 cilometr o hyd.

Daeth y garreg ar gyfer ei adeiladu o nifer o chwareli. Cafodd y rhan fwyaf (6.5 miliwn tunnell) ei gloddio o gwartsit o Fynydd Tŵr. Mewn gwirionedd roedd yna chwareli mewn tua chwe ardal wahanol yn hytrach nag un chwarel fawr. Defnyddiwyd y garreg hon yn sylfaen ac yn graidd tanfor y morglawdd. Cafodd blociau'n pwyso 15 tunnell neu fwy eu gosod yn ofalus gyda'u gwelyau naturiol wedi'u gosod yn fertigol. Yn ystod y blynyddoedd 1854 a 1856 roedd dros filiwn tunnell o gerrig yn cael eu gosod bob blwyddyn (4,000 tunnell y diwrnod) ac roedd hyd at 1,300 o weithwyr ar y safle.

'Carreg galch Môn', yn bennaf, oedd y 0.5 miliwn tunnell o gerrig ashlar a naddwyd yn gladin gyda pheth Thywodfaen Helsby coch o Runcorn, Sir Gaer. Roedd y rhain yn cael eu defnyddio yn y pen tuag at y môr o dan y dŵr ac yn yr adeiladwaith uwch ben y dŵr. Does neb yn gwybod yn iawn o ble daeth y 'carreg Môn', ond mae'n debyg mai Traeth Coch a Phenmon oedd y ffynhonnell. Roedd mortar hydrolig (h.y. yn caledu o dan y dŵr) yn cael ei wneud o garreg galch Liasig, mae'n debyg o Aberddawan (Morgannwg), Helygain neu'n dod ar y gamlas o Swydd Gaerhirfryn. Defnyddiwyd sment Portand cynnar hefyd. *(Haytor 1873).*

Mae Cwartsit Caergybi'n ffurfio llawer o'r tir uwch ar ben gogleddol Ynys Cybi. Gosodwyd y garreg silica sydd bron iawn yn bur (98%), 501+/- 10 miliwn o flynyddoedd yn ôl (Oes Cyncambrian / Proterozoic), fe'i crëwyd gan gerrynt tyrfedd mewn ceunentydd dwfn oddi ar y lan. Roedd yn arbennig o gyfleus i gael carreg mor galed ddim ond milltir o'r morglawdd.

Area 3

to generate the amounts needed. This involved digging large horizontal tunnels into the quarry face and packing them full of explosive. During one tunnel blast in 1856, over 60,000 tonnes was brought down by a single charge. A broad gauge (7' 0 ¼ "/ 2.4m wide) railway 2.5miles/4km long was laid from the Holyhead quarry. Apart from maintenance work, quarrying had almost finished by 1863.

Activity started again in 1901 when William Wild and Sons of Sheffield set up a factory at the quarry to produce high silica refractory bricks, mainly for lining steel and copper furnaces and gas retorts. Although this activity finished in 1973 due changing consumer technology, Anglesey Aggregates took over Twr Quarry here in 1977 to produce high specification aggregates. *(Roberts 2002).*

Ar y dechrau, roedd tyllau chwythu bychain yn cael eu drilio, eu llenwi â phowdwr du a'u tanio. Doedd hyn ddim yn gallu cynhyrchu digon o garreg yn ddigon buan, felly, suddwyd siafftiau o'r wyneb, eu llenwi â ffrwydron a'u tanio. Ond roedd yn rhaid defnyddio trydydd dull i gynhyrchu digon o gerrig. Roedd hyn yn golygu cloddio twneli llorweddol mawr i mewn i wyneb y chwarel a'u pacio'n llawn o ffrwydron. Yn ystod un ffrwydrad twnnel ym 1856, daeth dros 60,000 tunnell i lawr mewn un llwyth. Gosodwyd rheilffordd lled llydan (7' 0 ¼ "/ 2.4m o led) 2.5 milltir / 4 cilometr o hyd o'r chwarel yng Nghaergybi. Ar wahân i waith cynnal a chadw, daeth gwaith yn y chwarel i ben erbyn 1863.

Dechreuwyd ei gweithio eto ym 1901 pan sefydlodd William Wild a'i Feibion o Sheffield ffatri yn y chwarel i gynhyrchu brics gwrth wres llawn silica, yn bennaf fel leinin i ffwrneisi dur a chopr a ffwrneisi nwy. Er y daeth hyn i ben ym 1973 oherwydd newid yng ngofynion technoleg y defnyddwyr, prynodd Anglesey Aggregates Chwarel y Tŵr yma ym 1977 i gynhyrchu cerrig mân arbenigol. *(Roberts 2002).*

Parc Gwledig 'Breakwater', chwareli cwartsit a gwaith brics silica, Caergybi. Breakwater Country Park – quartzite quarries and silica brickworks, Holyhead.

© Ian A Thomas

Eastern Anglesey Quarries

On the coast from Penmon to Red Wharf Bay, a distance of 10km, there are at least ten former quarries. There are more again at the north of the bay. Some are minute such as the ancient millstone workings at Trwyn Du and Fedw Fawr, west of Dinmor, which were the subject of a legal dispute in 1610 and were referred to by the famous traveller Edward Lhuyd in 1699. These sites depended upon the coarse sandstone (conglomeratic portions) of the Loggerheads Limestone Formation. Similar but smaller deposits worked for millstones on the mainland at Felinheli south of Bangor, are also conglomerates, but were deposited later in the Carboniferous, in Westphalian (ie Coal Measures) times. The latter stone was reputedly to have been used by Edward I in building Harlech Castle.

Penmon and Benllech stone was deployed for constructing Beaumaris and Caernarfon castles in the late C13th. Other

Chwareli Dwyrain Môn

Ar yr arfordir o Benmon i Draeth Coch, pellter o 10 cilometr, mae yna o leiaf ddeg o hen chwareli. Mae yna fwy byth ym mhen gogleddol y bae. Mae rhai'n fach iawn, iawn, megis y gwaith meini melin hynafol yn Nhrwyn Du a Fedw Fawr, i'r gorllewin o Ddinmor, lle y bu'r anghydfod cyfreithiol ym 1610 y cyfeirir ato gan y teithiwr enwog Edward Llwyd ym 1699. Roedd y chwareli hyn yn dibynnu ar dywodfaen bras neu glymfeini Ffurfiant Carreg Galch Loggerheads. Roedd y creigiau tebyg ond llai o faint a gai eu cloddio ar gyfer meini melin ar y tir mawr yn y Felinheli i'r de o Fangor, hefyd yn glymfeini, ond cafodd yr haen honno ei dyddodi yn y cyfnodau Carbonifferaidd, Westffalaidd (h.y. Mesur Glo). Dywedir mai'r garreg hon a ddefnyddiodd Edward I i adeiladu Castell Harlech.

Defnyddiwyd carreg Penmon a Benllech i adeiladu cestyll Beaumaris a Chaernarfon yn niwedd y 13eg Ganrif. Mae

Ardal 3

Gwaith brics silica Caergybi.
Holyhead silica brickworks.

quarries are extensive, often still displaying interesting industrial archaeology, little of which appears to have been reported. The area has had a very chequered largely unrecorded operational history, most of which was exercised under leases from the Bulkeley Estate. Such accounts as are available are frequently contradictory. In 1833, 200 men were engaged in the Red Wharf Quarries alone, but by 1871 there were only 15 quarrymen on Anglesey as a whole.

There is considerable confusion in the reports relating to the sources of stone for the major marine works noted earlier. The true position is probably that more than one quarry supplied most of these projects as the larger schemes were beyond the capacity of a single unit. Stone from Moelfre and Red Wharf was apparently employed by Telford for building the Stanley Embankment (1823) (however Flagstaff and Penmon have also been quoted), Holyhead Harbour, North Stack Lighthouse and prestige buildings such as Birmingham Town Hall. Incidentally, building stone from the tiny Aberstrecht Quarry, Moelfre was used in the recent £35M renovation of the same town hall.

Penmon (and possibly Flagstaff) was used for the outer cladding of for the Menai suspension [1819-26], Britannia railway (1847) and Conway (1826 & 1848) bridges and as ashlar for the Bulkeley Hotel in Beaumaris and Penrhyn Castle.

Menai Bridge required 50, 000 ft^2/1450 m^2 of dressed stone and 600t of 'Aberthaw' limestone to make hydraulic lime. Others suggest Benllech or Castell Mawr as the source, some stones being up to 20 ft long and others weighing 12-14t.

The following accounts cover the developments from the later C19th onwards, a time when Edmund Spargo played an important role in the revival of Penmon, Dinorben and Nantyfranan quarries.

Dinorben was one of a number of quarries which supplied the Mersey Docks and Harbour Board, indeed for a time, it was operated by them (they also had a granite quarry in Scotland). A bar of sand off the Mersey, had long restricted the use of that

chwareli eraill yn rhai mawr, yn aml yn dangos archaeoleg ddiwydiannol ddiddorol ond ymddengys mai ychydig iawn sydd wedi'i gofnodi. Mae hanes brith i chwareli'r ardal sydd brin wedi'i gofnodi, a'r rhan fwyaf yn gweithio o dan brydlesi gan Ystâd Bulkeley. Mae'r cofnodion sydd ar gael yn aml yn gwrth ddweud ei gilydd. Ym 1833, roedd 200 o ddynion yn cael eu cyflogi yn Chwarel Traeth Coch yn unig, ond erbyn 1871 dim ond 15 o chwarelwyr oedd ar Ynys Môn gyfan.

Mae cryn ddryswch yn yr adroddiadau ynghylch ffynonellau'r garreg ar gyfer y gwaith morol mawr a nodwyd yn gynharach. Mewn gwirionedd, mae'n debyg bod mwy nag un chwarel wedi cyflenwi'r rhan fwyaf o'r prosiectau hyn, allai'r un chwarel fod wedi'u cyflenwi ar ei phen ei hun. Mae'n debyg fod cerrig o Foelfre a Thraeth Coch wedi'i defnyddio gan Telford i adeiladu Morglawdd Stanley (1823) (fodd bynnag, dywedir yr aeth cerrig o Flagstaff a Phenmon yno hefyd), yn ogystal â Phorthladd Caergybi, Goleudy Ynys Arw ac adeiladau o fri megis Neuadd y Dref Birmingham. Defnyddiwyd carreg adeiladu o Chwarel fechan Aberstrecht, Moelfre yn ddiweddar i adfer yr un neuadd y dref ar gost o £35 miliwn.

Defnyddiwyd cerrig Penmon (ac o bosibl Flagstaff) fel cladin allanol Pont Grog Menai [1819 - 26), pontydd rheilffordd Britannia (1847) a Chonwy (1826 & 1848) ac fel ashlar (cerrig nadd) ar Westy'r Bulkeley ym Meaumaris a Chastell Penrhyn.

Roedd angen 50,000 tr^2/1450 m^2 o garreg nadd ar gyfer Pont Menai a 600 tunnell o garreg galch 'Aberddawan' i wneud calch hydrolig. Mae eraill yn awgrymu mai o Benllech neu Gastell Mawr y daeth y cerrig, roedd rhai o'r cerrig gymaint â 200 troedfedd o hyd ac eraill yn pwyso 12 - 14 tunnell.

Mae'r hanes canlynol yn cynnwys y datblygiadau o ddiwedd y 19eg Ganrif, cyfnod pan oedd Edmund Spargo â rhan bwysig mewn adfywio chwareli Penmon, Dinorben a Nantyfranan.

Dinorben oedd un o nifer o chwareli a oedd yn cyflenwi Bwrdd Dociau a Phorthladd Mersi, yn wir am gyfnod, y Bwrdd oedd yn ei rhedeg (roedd ganddo hefyd chwarel ithfaen yn yr Alban). Roedd bar o dywod oddi ar afon Mersi wedi llesteirio defnyddio'r afon ers peth amser, yn enwedig gan longau mwy, ac roedd yn cyfyngu ar gargo i Fanceinion i amseroedd y llanw'n unig. Penderfynwyd felly ym 1909 adeiladu wal i rwystro tywod rhag cael ei gario i ail gyflenwi'r banc tywod. Y flwyddyn ganlynol, prydlesodd y Bwrdd y chwarel, adeiladwyd bythynnod a phier, carthwyd sianel a daeth trên stêm a chraeniau yno. Erbyn mis Tachwedd 1910 roedd 222,000 tunnell wedi ei gludo oddi yno mewn llongau a, ddau fis yn ddiweddarach, roedd y safle wedi'i chlirio'r. Mae'n ddiddorol fod eraill megis Kneeshaw Lupton yn gwerthu carreg galch am draean y pris. Ym 1915 drylliwyd y pier gan stormydd, ond ym 1926 roedd y Bwrdd angen rhagor o gerrig. Erbyn hynny roedd Dinorben Quarries Ltd wedi cymryd y brydles a dechreuodd gyflenwi'r archeb am 250,000 tunnell. Ond aeth y cwmni i drafferthion ariannol a daeth cwmni arall, Tan Dinas Quarries Ltd, i barhau â'r gwaith, ger, ac i'r gorllewin, o'r chwarel gynharach. Cymerodd Cawood Wharton drosodd tua 1950. *(Jarvis 1998).*

Agorwyd **Dinmor/Chwarel Parc** Dinmor ar Ystâd Penmon yn y man lle cododd Telford farics i'w weithwyr. Mae Dinmor yn dangos y newidiadau yn y farchnad yng Nghymru gyfan am gerrig. O'r 1890au, roedd llawer o'r cynnyrch yn cael ei werthu i wneuthurwyr haearn, yn bennaf trwy William Baird & Co. Fel arfer, roedd 8,000 tunnell y mis yn mynd i weithiau

Area 3

©Ian A Thomas

Gwesty'r Bulkeley, Biwmares - adeiladwyd o garreg galch Penmon.
Bulkeley Hotel, Beaumaris–built of Penmon limestone.

river, particularly for bigger vessels and limited Manchester cargoes to tide times. It was therefore decided in 1909 to build a wall elsewhere to stop the supply of sand replenishing the sandbank. The following year, the Board leased the quarry, built cottages and a pier, dredged a channel and brought in a steam locomotive and cranes. By November 1910 they had shipped 222,000t and two months later had cleared the site. It is notable that others such as Kneeshaw Lupton were selling limestone at a third the price. In 1915 storms wrecked the pier, but in 1926, the Board needed more stone. By now Dinorben Quarries Ltd had taken on the lease and began supplying the 250,000t order. They ran into financial trouble and the effective successor company, Tan Dinas Quarries Ltd continued the work, operating alongside and to the west of the earlier quarry. Cawood Wharton, took over in about 1950. *(Jarvis 1998).*

Dinmor/Dinmor Park Quarry on the Penmon Estate was opened in the area where Telford established barracks for his workers. Changing stone markets in Wales as a whole are closely reflected at Dinmor. From the 1890s they made substantial sales to Scottish ironmakers, mainly via William Baird & Co. Works served including Gartsherrie, Eglinton, Muirkirk, Lugar, Coltness and Ardeer, typically at 8000tpm. Sales fell after 1914 but even increased in some War years. During 1924-7, limestone was shipped to Fleetwood alkali works, then the iron trade resumed. In the '20s through to 1933, crushers, tramways then conveyors, high explosives, compressors and locos were introduced. In the 1930s, demand for agricultural lime rose and so kilns with a hydrating plant were installed. The Dinmor Quarry Co was taken over in 1937 by Mineral Concentration Ltd, Cawoods acting as sole selling agents and like Dinorben, the main destination was then the Mersey Revetment Scheme. In addition they were producing 0.2Mta aggregates. Sophisticated equipment was installed capable of loading ships at 700tph. In the War, they supplied the Saunders

©Ian A Thomas

Golygfa o ben wyneb y chwarel at lawr chwarel anghysbell Tan Dinas/Dinorben i'r gogledd o Landdona, llwybrau rheilffordd gul at yr wyneb, cragen y bynceri concrid yn dal yno ond y lanfa wedi mynd.
Looking down from the top of the quarry face, onto the floor of the isolated Tan Dinas/Dinorben Quarry, north of Llanddona; routes of narrow gauge tracks up to the face; the shell of the concrete bunkers remains but the jetty has gone.

Ardal 3

Chwarel Flagstaff, Penmon c1900.
Flagstaff quarry, Penmon c1900.

Gartsherrie, Eglinton, Muirkirk, Lugar, Coltness ac Ardeer. Roedd llai yn cael ei werthu ar ôl 1914 ond cynyddodd yn ystod rhai o flynyddoedd y Rhyfel. Yn ystod 1924 - 7, roedd carreg galch yn cael ei chludo ar longau i waith alcali Fleetwood, ac yna dechreuwyd gwerthu unwaith eto i'r gweithfeydd haearn. Yn y 20au, tan 1933, daeth malwyr a ffyrdd tramiau ac yna cludwyr, ffrwydron grymus, cywasgwyr a threnau. Yn y 1930au, cynyddodd y gofyn amaethyddol am galch a gosodwyd odynnau gyda pheirannau hydradu. Prynodd Mineral Concentration Ltd y Dinmor Quarry Co ym 1937, Cawoods oedd yr unig asiantau gwerthu ac fel Dinorben, roedd yn cyflenwi'n bennaf Gynllun Wal Gynnal Mersi. Yn ogystal roedd y ddwy chwarel yn cynhyrchu 0.2 miliwn tunnell y flwyddyn o gerrig mân. Gosodwyd offer soffistigedig a oedd yn gallu llwytho 700 tunnell yr awr ar longau. Yn ystod y Rhyfel, roedd cyflenwadau'n mynd i waith cychod hedfan Saunder Roe yn Fryars Bay, ffatriau gwrtaith yn Widnes ac, mae'n debyg, i Brosiect Porthladd Mulberry. Roedd marchnadoedd ar ôl y rhyfel yn cynnwys balast rheilffordd (Crewe), ail adeiladu dociau Mersi ac adeiladu tai. Yn y 1960au aeth cerrig i Alwminiwm Môn a Gorsaf Bŵer Wylfa ac yna, o 1968, aeth blociau mawr i Borthladd Cynhwysyddion Seaforth, Lerpwl. Ar ôl i'r chwarel gau, cafodd y safle ei adfer ym 1997 - 2000; bu'r Fyddin yno'n ymarfer gan chwythu'r biniau concrid enfawr ac adeiladwyd fferm bysgod fawr yno. Yn ddiweddar, bu awgrymiadau y gallai Chwarel Dinmor ail agor a'r cerrig yn cael eu cario ar y môr.

Chwareli Parc Dinmor, yn cael eu defnyddio ar gyfer diwydiant erbyn hyn, mae Chwareli Flagstaff a Phenmon ychydig dros y bryn.
Dinmor Park Quarries, now converted to industrial uses; Flagstaff and Penmon Quarries are just over the ridge.

Roe flying boat works at Fryars Bay, fertiliser factories at Widnes and presumably the Mulberry Harbour Project. Post war markets included rail ballast (Crewe) and reconstruction of Merseyside docks and housing. The 1960s saw deliveries to Anglesey Aluminium and Wylfa Power Station and finally from 1968, of large blocks for the Seaforth Container Terminal, Liverpool. After closure, the site was restored in 1997-00; massive concrete bins and jetties were blown up as an Army exercise and a large fish farm built. Recently here have been suggestions that Dinmor Quarry might reopen for sea traffic.

Flagstaff & Penmon Quarries

The workings immediately to the east of Penmon Priory were generally known as Flagstaff Quarry and that to the west, as Penmon although the history of the latter is a little hazy and merits further investigation. However by 1874 both these units were still fairly small, but had kilns and quays. William Baird Ltd took on the lease in 1888 to supply flux to Glasgow ironworks. The Anglesey Limestone Co in 1890s was well known for its two lime kilns making agricultural lime. Slaking was carried out by Dinmor Quarries Ltd finally closing in 1948.

Chwareli Flagstaff a Phenmon

Roedd y chwarel yn union i'r dwyrain o Briordy Penmon yn cael ei galw fel arfer yn Chwarel Flagstaff a'r un i'r gorllewin fel Penmon, er bod hanes yr olaf ychydig yn niwlog ac angen rhagor o ymchwil. Fodd bynnag, erbyn 1974 roedd y chwareli hyn dal yn eithaf bychan, ond roedd yno odynnau a glanfeydd. Cymerodd William Baird Ltd y brydles ym 1888 i gyflenwi fflwcs i waith haearn Glasgow. Roedd yr Anglesey Limestone Co yn enwog yn y 1890au am ei ddwy odyn galch yn gwneud calch amaethyddol. Roedd Dinmor Quarries Ltd yn cynhyrchu calch poeth ond caeodd ym 1948.

Chwarel Falgstaff, Penmon, gydag olion arwyddocaol yn dal yno.
Flagstaff Quarry, Penmon, still displaying significant remains.

Area 3

Ardal 3

© Ian A Thomas

Odynau calch yn Chwarel Flagstaff, Penmon.
Limekilns at Flagstaff Quarry, Penmon.

© Lafarge

Olion gwaith calch poeth yn Dinmor (wedi'i ddymchwel erbyn hyn).
Remains of lime slaking plant at Dinmoor (now demolished).

Cawood Wharton Ltd

Cawood Wharton Ltd was incorporated in 1919 and became a public company in 1947. Its Harrogate-based businesses included transport, fuel distribution, construction and from the 1930s, quarrying in Wales initially at Llanbedrog and Penmon. Eventually their portfolio included Gwyndy (Anglesey Granite Ltd), Madoc granite (Ffestiniog) and Pistyll Gwyn (Lanferres), before Redland acquired them in c1980. ■

Cawood Wharton Ltd

Ymgorfforwyd Cawood Wharton Ltd ym 1919 a daeth yn gwmni cyhoeddus ym 1947. Roedd ei fusnesau yn Harrogate yn cynnwys cludiant, dosbarthu tanwydd, adeiladu ac o'r 1930au, chwareli yng Nghymru, i ddechrau yn Llanbedrog a Phenmon. Ymhen tipyn, roedd ei bortffolio'n cynnwys (Anglesey Granite Ltd), Madoc granite (Ffestiniog) a Phistyll Gwyn (Lanferres), cyn i Redland ei brynu tua 1980. ■

© David Langley, Ymddiriedolaeth Archeolegol Gwynedd Arch. Trust

Chwareli Penmon a glanfa.
Penmon Quarries and jetty.

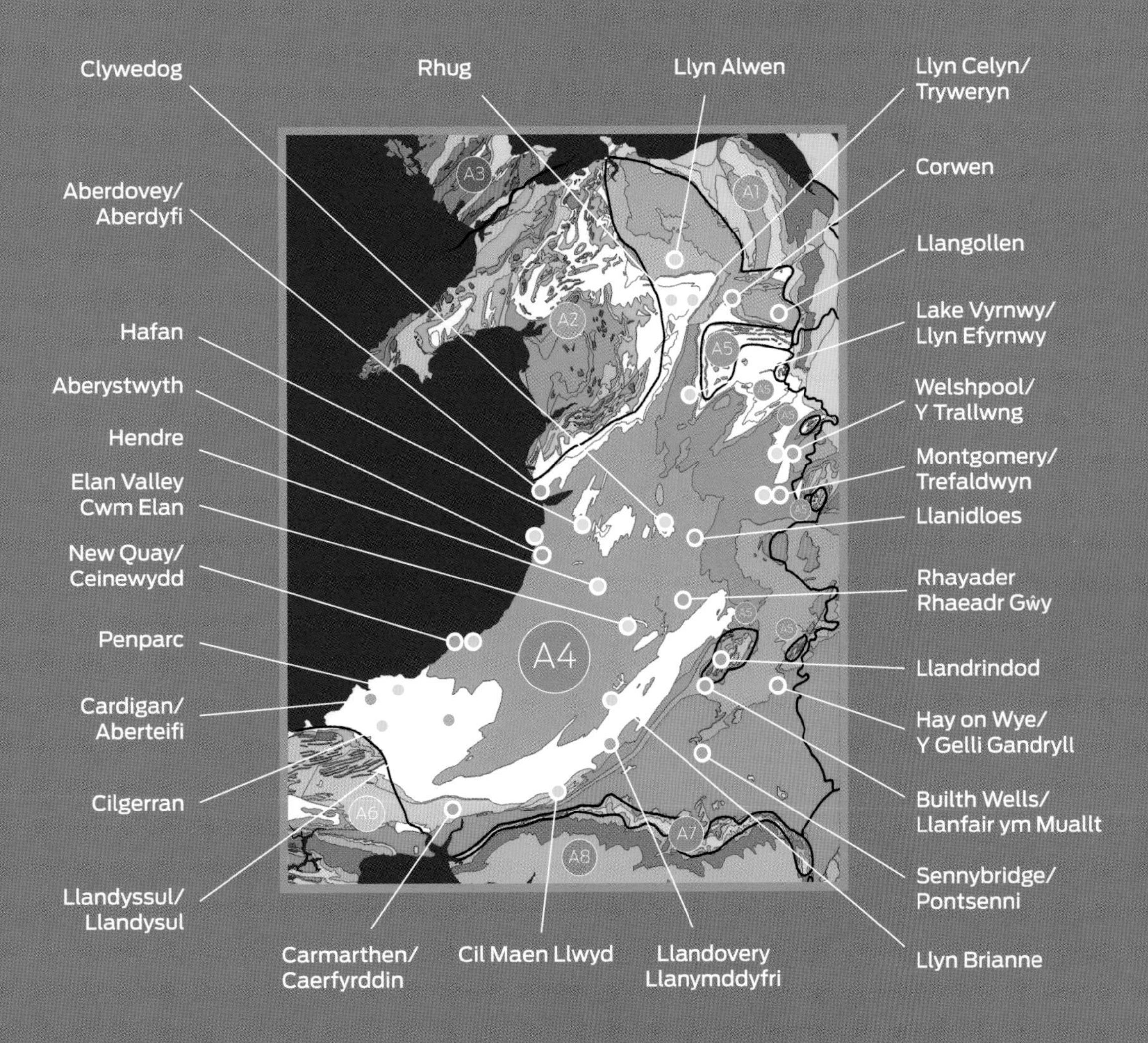

Ardal 4:

CANOLBARTH CYMRU (A4)

(Ac Eithrio Carreg Igneaidd a Gore / Hen Faesyfed - gweler Ardal 5)

Area 4:

CENTRAL WALES (A4)

(Excluding Igneous Rock and Gore/Old Radnor - see Area 5)

Area 4

Ardal 4

CENTRAL WALES (A4)
(Excluding Igneous Rock and Gore/Old Radnor - see Area 5)

CANOLBARTH CYMRU (A4)
(Ac Eithrio Carreg Igneaidd a Gore / Hen Faesyfed - gweler Ardal 5)

Geographic area

This is by far the largest of the Areas, accounting for about half the land area of the country. It is defined by the outcrop of Ordovician, Silurian and Devonian rocks. In essence, it comprises all of the Welsh heartland (excluding the fringing areas as defined elsewhere and in particular, lies outside the major igneous rock and Carboniferous Limestone zones).

In detail, the western boundary is formed by the Cardigan Bay Coast extending from Dinas Head in the south, to Towyn. It then follows the Dysynni Valley, excluding the Ordovician igneous territory, via Dinas Mawddwy and Penmachno to the upper Conwy Valley. It excludes the northern coastal strip, is bounded on the east by the dissected western edge of the Carboniferous Limestone from Colwyn Bay via Llanelidan, Llangollen to Welshpool, Montgomery and the Welsh/English Border to Monmouth, but excluding the igneous rocks of the borderlands (A 5). The southern boundary excludes Monmouthshire then follows the northern edge of the Carboniferous Limestone in former Gwent, via the southern edge of the Brecon Beacons, Black Mountain to Llandybie, down the Gwendraeth to Kidwelly. It then sweeps northward of a line from St Clears to Crymych and around the edge of Mynydd Preseli, westward back to Dinas Head.

It therefore embraces the main Cambrian Mountain range including the individual massifs of the Denbigh Moors, Clocaenog Forest, the Berwyns, Plynlimon, Radnor Forest, Tywi Forest, Brechfa Forest, Mynydd Epynt and the Beacons. It also includes some of the most sparsely populated areas of southern Britain.

Geological setting

The main and unifying feature of this large area is the presence of Ordovician and Silurian predominantly greywackes ie, tremendously thick, alternating grey mudstone/sandstone sequences, and in the southern Devonian areas, predominantly reddish brown sandstone with thinner mudstones and conglomerates. Indeed, despite its geographic scale, it is one of the most consistent of all the terrains. Much of the area south of a line from Bala to Welshpool comprises,

Ardal Ddaeryddol

Hon, o bell, yw'r mwyaf o'r Ardaloedd, mae'n cynnwys tua hanner arwynebedd tir y wlad. Mae'n cael ei diffinio gan frigiadau o gerrig Ordofigaidd, Silwraidd a Dyfnantaidd. Yn ei hanfod, mae'n cynnwys y cyfan o ganoldir Cymru (ac eithrio ardaloedd ymylol sy'n cael eu diffinio yn rhywle arall ac yn benodol, nid yw'n cynnwys prif barthau carreg igneaidd a Charreg Galch Carbonifferaidd).

Yn fanwl, mae'r ffin orllewinol ar Arfordir Sir Aberteifi yn ymestyn o Ben Dinas yn y de i Dowyn. Yna mae'n dilyn Dyffryn Dysynni, ac eithrio'r diriogaeth igneaidd Ordofigaidd, trwy Ddinas Mawddwy a Phenmachno i flaenau Dyffryn Conwy. Nid yw'r cynnwys y rhimyn arfordirol gogleddol, mae ei therfyn yn y dwyrain ar ymyl ranedig y Garreg Galch Carbonifferaidd sy'n rhedeg o Fae Colwyn trwy Lanelidan, Llangollen ac i'r Trallwng, Trefaldwyn ac, ar y ffin rhwng Cymru a Lloegr, i Drefynwy, ond gan eithrio creigiau igneaidd ardaloedd y ffin (A5). Mae'r terfyn i'r de yn eithrio Sir Fynwy yna'n dilyn ymyl ogleddol y Garreg Galch Carbonifferaidd hen sir Gwent, trwy odrau deheuol Bannau Brycheiniog, y Mynydd Du, i Landybie,

Hen chwarel ger Ystrad Meurig, Ceredigion; a oedd â chysylltiad rheilffordd ar un adeg ac yn gweithio grudfaen Ystrad Meurig.
Old quarry near Ystrad Meurig, Ceredigion; formerly served by rail and worked the Ystrad Meurig grits.

Plyg dwys (anticlin) yn Chwarel Hendre, Ceredigion yng Ngrudfaen Silwraidd Ystrad Meurig.
Intense folding (anticline) at Hendre Quarry, Ceredigion, in the Silurian Ystrad Meurig Grits.

© Graham Dorrington with permission of/ gyda chaniatâd Hanson

fairly tightly folded beds with axes which initially trend north-south, then, on moving south of a line from Borth to Newtown, assuming an increasingly south west-north east trend. This is the case throughout the area, apart from a zone parallel with the Welsh border where the folding pattern is far from regular and folding is generally much broader. The area to the north and east of Bala, ie the Denbigh Moors/Hiraethog and Berwyns respectively, also differs from the general style. These Moors display multidirectional faulting; the Berwyns have more of a dome structure accentuated by lines of thin lavas. As noted earlier, the igneous rocks of the borderland counties are excluded (ie defined as Area 5).

Where sandstones have been mapped as forming the bulk of the sequence, unlike the Rhinog Grits (Cambrian) of Area 2, they do not necessarily give rise to the highest topography. For example Sheinwoodian (Silurian) sandstones outcrop between a point west of Corwen and the Newtown area, then to Llandrindod Wells, but the land is not as dramatic as that to the west. Similarly Aberystwyth Grits occupy much of the Cardiganshire coastal belt but this is not as rugged as parts of Plynlimon. However certain limited horizons and zones display sandstones (mainly quartzites) which are exceptionally hard (and often have high PSVs). Examples include an area around Ysbyty Ystwyth (Aeronian-Silurian), parts of the upper Ordovician in N. Cardiganshire (Ashgillian), areas around Vyrnwy (Caradocian) and Rhyader (Rhuddnant Grit – Caban Conglomerate). These appear to be particularly arenaceous (sandy) or even conglomeratic (pebbly) slump lobes within the general turbidite sequence. Quartz predominates both grains and matrix.

Occasionally, the beds are not the typically monotonous grey/black slightly greenish tinged (when fresh) or brown/purple weathered interlayered sandstone-mudstone formations. Variations include localised thick developments of massively bedded quartzite sandstones. In some areas subjected to low grade metamorphism, the rocks become slatey e.g. along the lower Teifi Valley. A third and extremely unusual type is the occurrence of cream-light brown sandstones similar in appearance to some of the Pennine building stones e.g. in the mid Teifi Valley area and to the west of Builth Wells near Beulah.

i lawr cwm Gwendraeth ac i Gydweli. Yna mae'n rhedeg i'r gogledd o San Clêr i Grymych, o gwmpas Mynydd Parseli ac yna i'r gorllewin yn ôl i Ben Dinas.

Felly mae'n cynnwys prif gadwyn Mynyddoedd Cambria ac yn gynnwys masiffau unigol Mynydd Hiraethog, Coedwig Clocaenog, y Berwyn, Plunlumon, Coedwig Maesyfed, Coedwig Tywi, Coedwig Brechfa, Mynydd Epynt a'r Bannau. Mae hefyd yn cynnwys rhai o'r ardaloedd mwyaf tenau eu poblogaeth yn ne gwledydd Prydain.

Gosodiad Daearegol

Prif nodwedd gyffredin yr ardal fawr hon yw'r llwydgreigiau, Ordofigaidd a Silwraidd yn bennaf, h.y. creigiau eithriadol o dew, gyda dilyniannau o gerrig mwd a thywodfaen, ac yn yr ardaloedd Dyfnantaidd deheuol, tywodfaen browngoch yn bennaf, gyda cherrig mwd teneuach a chlymfeini. Yn wir, er bod yr ardal mor fawr yn ddaearyddol, mae'n debyg mai yn hon y mae'r tirwedd mwyaf cyson. Mae'r rhan fwyaf o'r ardal i'r de o linnell o'r Bala i'r Trallwng yn cynnwys gwelyau wedi'u plygu'n eithaf tynn sy'n rhedeg i'r gogledd-de i ddechrau, yna'n symud i'r de o linell o'r Borth i'r Drenewydd, gan redeg yn gynyddol i'r de-orllewin gogledd-ddwyrain. Mae hyn i'w ganfod yn yr ardal gyfan, heblaw am barth sy'n gyfochrog â'r ffin â Lloegr, ble mae patrwm y plygiadau ymhell o fod yn rheolaidd ac yn gyffredinol letach. Mae'r ardal i'r gogledd ac i'r dwyrain o'r Bala, h.y. Mynydd Hiraethog a'r Berwyn hefyd yn wahanol i'r patrwm cyffredinol. Mae Mynydd Hiraethog yn dangos ffawtiau aml gyfeiriadol; mae mwy o strwythur cromen i'w gweld ar y Berwyn, yn cael eu dangos gan linellau o lafâu tenau. Fel y nodwyd yn gynharach, nid yw cerrig igneaidd siroedd y ffin yn cael eu cynnwys (mae'r rhain yn Ardal 5).

Er mai tywodfeini sy'n ffurfio'r rhan fwyaf o'r dilyniant, yn annhebyg i'r Grutiau Rhinog (Cambrian) yn Ardal 2, nid y rhain, o angenrheidrwydd, sy'n ffurfio'r mynyddoedd uchaf. Er enghraifft, mae tywodfaen Sheinwoodian (Silwraidd) yn dod i'r brig rhwng pwynt i'r gorllewin o Gorwen ac ardal y Drenewydd, ac yna'n rhedeg i Landrindod, ond nid yw'r tir mor ddramatig â'r tir i'r gorllewin. Felly hefyd, mae llawer o lain arfordirol Sir Aberteifi ar Grutiau Aberystwyth ond nid yw'r tir mor arw â rhannau o Blunlumon. Fodd bynnag mae rhai mannau a pharthau'n cynnwys tywodfeini (cwartsit yn bennaf) sy'n eithriadol o galed (ac yn aml gyda Gwerth Sglein uchel). Mae enghreifftiau i'w gweld yn yr ardaloedd o gwmpas Ysbyty Ystwyth (Aeronaidd - Silwraidd), rhannau o'r Ordofigaidd uchaf yng ngogledd Sir Aberteifi (Ashgilaidd), ardaloedd o gwmpas Efyrnwy (Caradiocaidd) a Rhaeadr (Grud Rhuddanant - Clymfaen Caban). Ymddengys bod yna labedi cylchlithriad arbennig o dywodlyd neu hyd yn oed garegog o fewn y dilyniant tyrbydit cyffredinol. Mae mwy o gwarts yno nag o ronynnau a matrics .

Yn achlysurol, nid yw'r gwelyau'n rhai nodweddiadol llwyd / du gyda gwawr ychydig yn wyrdd, undonog, nodweddiadol (pan yn ffres) nac yn ffurfiadau tywodfaen – cerrig mwd gyda rhynghaenau hindreuliedig brown / porffor. Mae'r amrywiaethau'n cynnwys datblygiadau trwchus lleol o dywodfeini cwartsit haenog enfawr. Mewn rhai ardaloedd lle bu ychydig o fetamorffeg, mae'r cerrig i'w gweld fel llechi e.e. ar hyd pen isaf Dyffryn Teifi. Y trydydd math, sy'n fath eithriadol o anarferol, yw'r tywodfeini hufen - brown golau yn debyg o ran eu hedrychiad i rai o gerrig adeiladu Pennine e.e. yng nghanol canol ardal Dyffryn Teifi ac i'r gorllewin o Lanfair ym Muallt ger Beulah.

Area 4

History

The relative sparsity of long term quarrying in the whole of this vast area (apart from the Borderland sites assigned to Area 5) requires a different approach. There are very few industrial remains and with few exceptions, precious little documentary evidence.

In summary, four distinct phases or types of activity can be identified:

- **Contribution to medieval castles and churches**
- **Construction of vernacular buildings**
- **The railway era and reservoir building**
- **The modern era and in particular large civil engineering projects**

As a further sub-theme, the virtual absence of commercial quarrying and large local consumers has led to some interesting initiatives, Cardigan Sand and Gravel being a prime example.

© Ian A Thomas

Simon Timberlake ym mhyllau mwyn Cwmystwyth yn dangos gordd garreg o'r Oes Efydd.
Simon Timberlake at Cwmystwyth lead mines displaying a Bronze Age stone maul.

© Ian A Thomas

Hanes

Mae'r prinder cymharol o chwareli tymor hir yn y cyfan o'r ardal eang hon (ar wahân i safleoedd ar y ffin sydd yn Ardal 5) yn gofyn am ffordd wahanol o'u trafod. Ychydig iawn o olion diwydiannol sydd yma a, gydag ychydig o eithriadau, ond ychydig iawn o dystiolaeth ddogfennol.

I grynhoi, gellir canfod pedwar cyfnod neu fathau o weithgaredd amlwg :

- **Cyfraniad i gestyll ac eglwysi'r canol oesoedd**
- **Codi adeiladau cynhenid'**
- **Oes y rheilffordd ac adeiladu cronfeydd dŵr**
- **Yr oes fodern ac yn benodol brosiectau peirianneg sifil mawr**

Fel is-thema bellach, mae prinder chwareli masnachol a defnyddwyr lleol mawr wedi arwain at rai mentrau diddorol; mae Cardigan Sand and Gravel yn enghraifft dda.

Mortar garreg – ar gyfer malu mwyn plwm, yr Oes Efydd, Cwm Ystwyth (graddfa: darn arian £1).
Stone mortar - base for pounding up lead ore, Bronze Age, Cwm Ystwyth (scale: £1 coin).

Ardal 4

Medieval builders

The Cistercians played major role as builders and as such, were notable stone importers *(Crane 2002; Davies 2002)*. Abbey Cwm Hir for example, despite its landlocked solitude, employed significant quantities of Grinshill stone from Shropshire. *John Davies (2002)* has demonstrated that links with the Royal family of the time, probably provided a rationale for this unlikely flow. Like Bath stone, Grinshill established an early template for others to follow, with local stone for the main walling material accompanied by dressings frequently picked out in an exotic freestone material, often buff in colour, plus some carefully selected elements of pink, red or purple. Did this have a particular religious or regal significance or was it simply for polychromatic effect? From 1164 onwards, Strata Florida Abbey in Ceredigion, equally as remote, also used Grinshill Stone, but echoing St David's, also utilised a Jurassic oolite and rich, purple-red sandstones of the Solva Group from Caerfai near St David's *(Williams 2000b; Davies 2002)*. These were a key decorative feature of the nearby St David's Cathedral.

©Ian A Thomas

Tŵr Castell Aberystwyth, a adeiladwyd o gerrig ar y safle ond sydd hefyd â cherrig addurn Bath neu Dundry (Bryste).
Keep at Aberystwyth Castle, built of stone on site but included Bath or Dundry (Bristol) stone dressings.

Common Ground

Vernacular buildings were initially mainly of cob (mud and small stones), often limewashed (using imported limestone –see below) to give weather proofing, under a thatched roof. Stone, although locally available, was not in regular use until late medieval/early modern times. Along the Welsh border, half-timbered buildings ("magpie" houses) reflected common English influences, particularly in the more affluent valleys such as the broader parts of the Severn or Wye from Tudor times onwards. Even most of these had stone bases. With the introduction of enclosed settled farming, stone houses became the norm, although the relatively poor weathering qualities of the shaley sandstones and earlier tradition, meant that most houses continued to be limewashed. One very common factor e.g. in North Cardiganshire, the Denbigh Moors and elsewhere, was the location of farmhouses within the small quarries from which their building stone was itself sourced. The local landform also created protection from prevailing westerly winds. The rather drab grey stone used in most of the small market towns, apart from the south east (where red stone prevails), was lightened by dressings of yellow or red brick from Ruabon or the South Wales Coalfield echoing mediaeval coloured stone practices already mentioned.

©Ian A Thomas

Manylion dolen saeth.
Detail of arrow loop.

Adeiladwyr yr Oesoedd Canol

Roedd y Sistersiaid yn amlwg iawn fel adeiladwyr a, hefyd, yn defnyddio llawer iawn o gerrig wedi'u mewnforio *(Crane 2002; Davies 2002)*. Roedd waliau Abaty Cwm Hir er enghraifft, er mor ddiarffordd, yn cynnwys llawer iawn o gerrig Grinshill o Swydd Amwythig. Mae *John Davies (2002)* wedi dangos ei bod yn debyg mai cysylltiadau â'r teulu Brenhinol yr adeg hynny oedd y rheswm dros rywbeth mor annisgwyl. Fel carreg Caerfaddon, daeth Grinshill yn dempled cynnar i eraill ei ddilyn, cerrig lleol gai eu defnyddio'n bennaf ar gyfer y waliau gyda rhai cerrig nadd egsotig, llwydfelyn rhai eraill pinc, coch neu borffor yn cael eu dewis yn fwy gofalus. A oedd arwyddocâd crefyddol neu frenhinol arbennig i hynny - neu a oedd er mwyn cael ychydig o liw yn unig? O 1164 ymlaen, defnyddiwyd cerrig Grinshill hefyd yn Abaty Ystrad Fflur yng Ngheredigion, yr un mor anghysbell ond fel Tyddewi, defnyddiwyd hefyd öolit Jwrasig a thywodfeini porffor-goch cyfoethog Grŵp Solfach o Gaerfai ger Tyddewi *(Williams 2000b, Davies 2002)*. Roedd y rhain yn nodweddion allweddol yn addurniadau Eglwys Gadeiriol Tyddewi.

Cartrefi'r Werin

I ddechrau, waliau o fwd a cherrig bychan oedd rhai y tai cynhenid, yn aml wedi'u gwyngalchu (a'r calch wedi'i fewnforio - gweler isod) i'w gwarchod rhag y tywydd, a tho gwellt. Nid oedd cerrig mawr, er ar gael yn lleol, yn cael eu defnyddio'n rheolaidd tan yr oesoedd canol diweddar / yr oes fodern gynnar. Ar y ffin â Lloegr, o oes y Tuduriaid ymlaen, roedd adeiladau hanner coed (tai pioden) yn adlewyrchu arferion Lloegr yn cael eu codi, yn enwedig yn y dyffrynnoedd mwy cyfoethog megis rhannau ehangach Afon Hafren ac Afon Wysg. Roedd sylfaeni'r rhan fwyaf o'r rhain, hyd yn oed, o gerrig. Daeth tai cerrig yn gyffredin pan ddaeth amaethyddiaeth yn sefydlog er bod llawer o'r cerrig tywodfaen a siâl yn gollwng dŵr a chadwyd at y traddodiad o wyngalchu waliau y rhan fwyaf o'r tai rhag y tywydd. Un nodwedd gyffredin iawn e.e. yng ngogledd Sir Aberteifi, Mynydd Hiraethog a lleoedd eraill, oedd bod ffermdai'n cael eu codi y tu fewn i'r chwareli bychain o ble daeth y cerrig i'w hadeiladu. Roedd ffurf y tir yn eu hamddiffyn rhag y prif wyntoedd gorllewinol. Byddai cerrig nadd melyn, neu fricsen goch Rhiwabon neu o faes glo de Cymru (yn debyg i'r cerrig lliw y Canol Oesoedd y soniwyd amdanyn nhw o'r blaen) yn rhoi ychydig o liw at y cerrig llwyd eithaf salw oedd yn rhan fwyaf o adeiladau'r trefi marchnad bychain - ac eithrio'r de-ddwyrain, lle mae'r garreg goch yn bennaf.

Area 4

Lime.... a chance gift of sweetness

'The Fieldmouse' Gillian Clarke, National Poet of Wales from Llandyssul, in lime-lacking Ceredigion

Limestones are extremely rare in the whole area and were much sought after in the past. Indeed in terms of the 'pre-reorganisation' counties, Cardiganshire/Ceredigion is the only one in England and Wales without any limestone outcrops whatsoever. Elsewhere in the Area, limestone occurrences are restricted to occasional outliers of Carboniferous Limestone (as at Corwen, Pen Carreg Calch and Carreg Cennen) or inliers of Lower Ordovician, e.g. near Llanrhiadr y Mochnant and south of Bala (even mined in places). In the Devonian areas, there were occasional thin limey beds (calcretes). Otherwise, limestone had to be imported either by sea from Pembrokeshire or over land along 'lime-routes' from the surrounding Carboniferous (Areas 1,7,10) or the Silurian (Areas 5,10) limestones and burnt locally.

Thinking big...... then small

The railway builders relied upon quarries opened along routes such as at Ystrad Meurig or used material from their cuttings as at Talerddig (Caersws) and Machynlleth station. Meanwhile, inland a series of some of the UK's largest water supply reservoirs as masonry dams utilised the adjacent tough stone in the Elan and Vyrnwy Valleys (see below - Mid Wales Dams).

The last phase, the 20th century, saw some stone being used for road improvements e.g. to the A470 from Conwy to Brecon and post-war public construction e.g. Newtown "new town", but the main tonnages were being worked from borrow pits to supply large construction projects, especially reservoirs and to a lesser extent power stations. Some of the earliest were around Dolgarrog aluminium works in the Conwy valley; others are described in detail below (AT4).

© Ian A Thomas

Bron yn anweledig yn y coed ger Llanrhaeadr ym Mochnant y mae brigiad carreg galch prin lle cloddiwyd calch ar gyfer Argae Efyrnwy.
Now almost lost in these woods near Llanrhiadr y Mochnant was a rare limestone outcrop which supplied lime to the Vyrnwy Dam.

© Ian A Thomas

Roedd yr allgraig fechan o garreg galch Garboniferaidd yn cynnal nifer o odynau yn Rhug, Corwen.
The minute outlier of Carboniferous limestone, supported a number of kilns at Rhug, Corwen.

Calch – rhodd annisgwyl o felystra

Cyfieithiad o 'The Fieldmouse' Gillian Clarke, Bardd Cenedlaethol Cymru o Landysul, Ceredigion brin ei chalch

Mae cerrig calch yn eithriadol o brin yn yr ardal gyfan ac roedd gofyn mawr amdanyn nhw yn y gorffennol. Yn wir, hen sir Sir Aberteifi yw'r unig un yng Nghymru a Lloegr heb unrhyw frigiadau o'r garreg galch o gwbl. Mewn mannau eraill yn yr Ardal, yr unig leoedd lle mae calch i'w gael yw ar allgreigiau achlysurol o Garreg Galch Carbonifferaidd (fel yng Nghorwen, Pen Cerrig Calch a Charreg Cennen) neu fewngreigiau Is Ordofigaidd e.e. ger Llanrhaeadr ym Mochnant ac i'r de o'r Bala (sydd hyd yn oed yn cael ei fwyngloddio mewn mannau). Yn yr ardaloedd Dyfnantaidd, mae yna welyau achlysurol calchog tenau. Fel arall, roedd yn rhaid mewnforio carreg galch dros y môr o Sir Benfro neu dros y tir ar hyd 'llwybrau calch' o'r ardaloedd carreg galch Garbonifferaidd (ardaloedd 1,7,10) neu Silwraidd (ardaloedd 5, 10) a'i llosgi ar ôl cyrraedd.

Meddwl yn fawr ..... yna'n fach

Roedd adeiladwyr y rheilffyrdd yn dibynnu ar chwareli ar eu llwybrau i gael cerrig, megis yn Ystrad Meurig, neu ar ail ddefnyddio cerrig a ddeuai o'r hafnau oedd yn cael eu cloddio, megis yn Nhalerdding (Caersws) a gorsaf Machynlleth. Yr un pryd, yn y mewndir, roedd cyfres o gronfeydd dŵr mwyaf y DU yn cael eu codi gan ddefnyddio'r garreg galed oedd ar gael yn Nyffrynnoedd Elan ac Efyrnwy (gweler isod - Cronfeydd Dŵr Canolbarth Cymru).

Yn y cyfnod diweddaraf, ddiwedd yr 20fed Ganrif, roedd rhywfaint o cerrig yn cael eu defnyddio i wella ffyrdd e.e. yr A470 o Gonwy i Aberhonddu ac i godi adeiladu cyhoeddus ar ôl y

Ardal 4

In the absence of large scale construction schemes or ongoing urban work, there is insufficient demand to justify new or reopened quarries. Where required, "hardcore" has been obtained from roadside quarry openings, such as that above Llangorwen near Aberystwyth or from old mine dumps as at Goginan or Frongoch.

The number of permanent quarries in this area has therefore declined so that in the whole of this considerable area, there is only one significant, regularly active rock quarry, namely Hendre gritstone quarry. This is operated by Hanson near Ysbyty Ystwyth (but see also AT5) and exploits the tough Ystrad Meurig Grits Formation (Silurian), although there are some smaller units such as one south of Lampeter. Commercial operations on a reasonably large scale such as Cerrig Gwinion Quarry on Gwastedyn Hill, south of Rhyader, and at Dinas Quarry Llansawel ended a decade or two ago.

Gravel has been dredged from some of the river valleys such as the Dee near Bala and occasionally the Rheidol near Capel Bangor. The sand and gravel deposits dropped by invading ice just north of Cardigan, continue to be worked on a regular basis for specialist uses (AT4).

Unlike Snowdonia and Pembrokeshire, the area lacks extremely tough metamorphic slates, apart from limited outcrops, west of Llangollen, around Corwen and near Pentrefoelas. The slabby rocks around Cilgerran near Cardigan, could sometimes be cleaved for roofing. In the south east, some of the Devonian sandstones, labelled as 'tilestones' were sufficiently robust and thin to be used. One of the most remarkable operations was at Cil Maen Llwyd near Trapp, where a narrow opening 800yd/740m long exploited this material.

In addition to stone working, in North Cardiganshire/ Montgomeryshire there was an important lead mining area.

© Graham Dorrington with permission of/ gyda chaniatâd Hanson

Fel mewn llawer o chwareli eraill, mae peiriannau prosesu symudol wedi disodli llawer o'r hen beiriannau sefydlog.
Like many operations, older fixed plant here at Hendre, has been replaced by mobile processing.

© Ian A Thomas

Toriad mawr David Davies yn Nhalerddig ger Caersws, honnir mai dyma'r toriad mwyaf yn y byd ar y pryd, ym 1862.
David Davies' great Talerddig cutting Caersws, claimed to be the deepest in the World at the time 1862.

rhyfel e.e. y Drenewydd 'tref newydd'. Deuai'r rhan fwyaf o'r cerrig ar gyfer prosiectau adeiladu mawr o chwareli dros dro, neu 'byllau benthyg', yn enwedig ar gyfer cronfeydd dŵr ac, i raddau llai, ar gyfer gorsafoedd pŵer. Gwaith alwminiwm Dolgarrog yn nyffryn Conwy oedd y cynharaf o'r rhain, disgrifir eraill yn fanwl isod (AT4).

Heb gynlluniau adeiladu mawr na gwaith trefol parhaus, prin fod digon o ofyn i gyfiawnhau agor neu ail agor chwareli. Pan oedd gofyn, roedd cerrig mân ar gael o chwareli min y ffordd, megis yr un uwchben Llangorwen ger Aberystwyth neu o domeni hen fwyngloddiau yng Ngoginan neu Frongoch.

Mae nifer y chwareli parhaol wedi gostwng cymaint nes mai dim ond un chwarel gerrig o bwys sy'n dal i weithio'n rheolaidd yn y cyfan o'r ardal sylweddol hon, sef chwarel carreg grud yr Hendre, ger Ysbyty Ystwyth. Hanson sy'n ei rhedeg (ond gweler hefyd AT5) ac mae'n cloddio cerrig o'r Ffurfiad Grudiau Ystrad Meurig (Silwraidd). Mae yna rai chwareli llai, megis yr un i'r de o Lanbedr Pont Steffan. Caeodd y chwareli masnachol cymharol fawr megis Chwarel Cerrig Gwynion ar Fryn Gwastedyn, i'r de o Raeadr, a Chwarel Dinas, Llansawel, ddegawd neu ddau yn ôl.

Mae gro yn cael ei garthu o ddyffrynnoedd rhai afonydd megis Afon Ddyfrdwy ger y Bala ac yn achlysurol o gwm Rheidol ger Capel Bangor. Mae'r mannau lle gollyngwyd tywod a gro yn oes yr iâ ychydig i'r gogledd o Aberteifi yn dal i gael eu gweithio'n rheolaidd pan mae gofyn cael defnyddiau arbenigol (AT4).

Yn wahanol i Eryri a Sir Benfro, does dim llechi metamorffig caled iawn yn yr ardal, heblaw ychydig frigiadau i'r gorllewin o Langollen, o gwmpas Corwen a ger Pentrefoelas. Mae'r slabiau cerrig o gwmpas Cilgerran ger Aberteifi'n yn cael eu hollti ar gyfer toi, weithiau. Yn y de ddwyrain, roedd rhai o'r tywodfeini Dyfnantaidd, a oedd yn cael eu galw'n 'gerrig teils' yn ddigon cadarn a thenau i gael eu defnyddio. Roedd un o'r chwareli mwyaf rhyfeddol yng Nghil Maen Llwyd ger Trapp, lle'r roedd y cerrig yn cael eu cloddio mewn agoriad cul 800 llathen / 740 metr o hyd.

Yn ogystal â bod â chwareli cerrig, roedd Gogledd Sir Aberteifi / Sir Drefaldwyn yn ardal fwyngloddio plwm pwysig.

Area 4

© Ian A Thomas

Chwarel Dinas wedi bwyta i frig y bryn ger Llansawel.
Dinas Quarry ate away a hilltop near Llansawel.

© Alan Bowring

Gwaith llechfaen Cil Maen Llwyd, Trap, Llandeilo – dim ond metrau o led ond tua 0.75km o hyd, roedd y rhain yn cyflenwi cryn ofyn am ddeunydd toi.
Cil Maen Llwyd tilestone workings, Trapp, Llandeilo – only metres wide but c0.75km long, these provided much needed roofing materials.

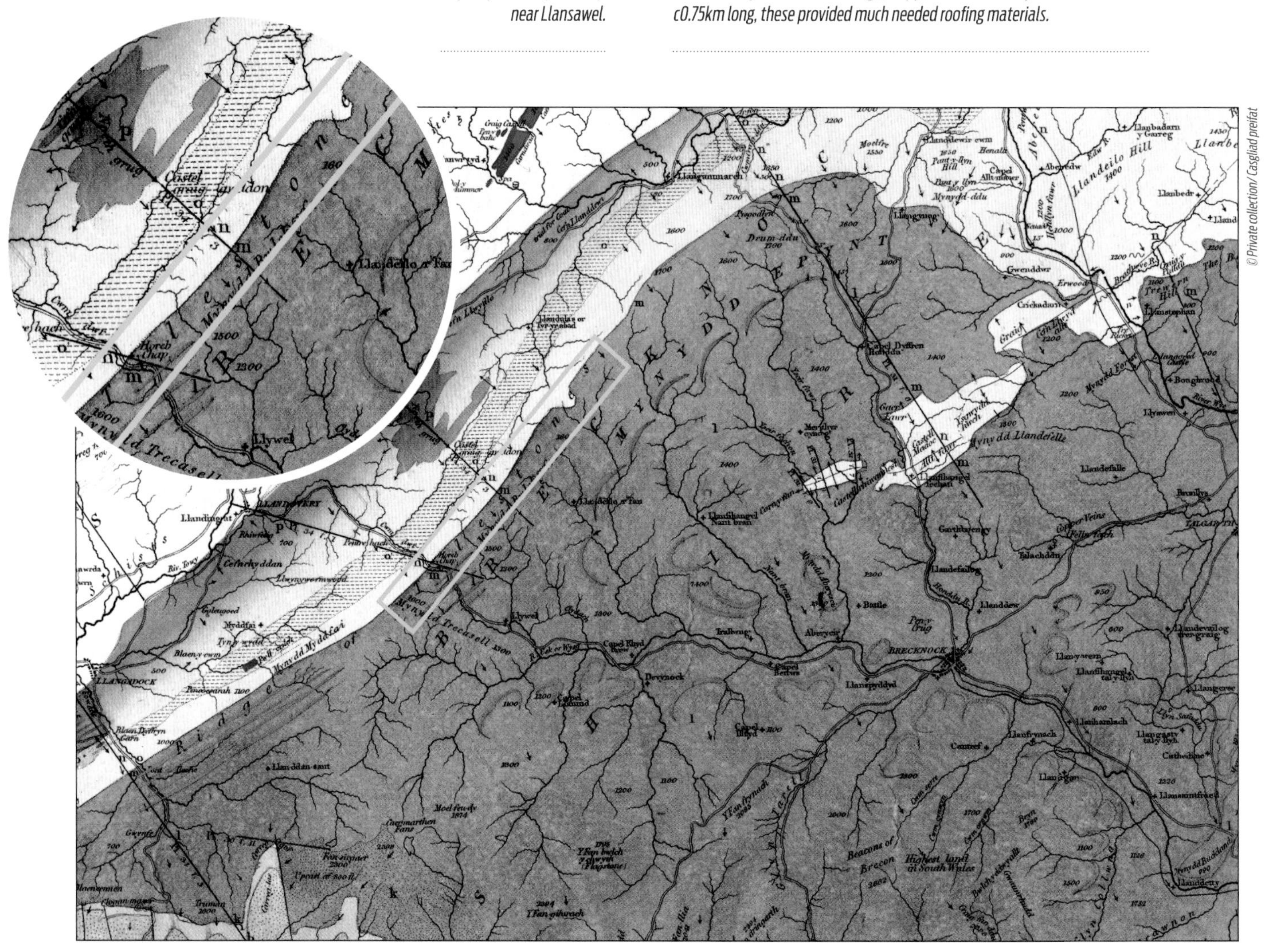

© Private collection/ Casgliad preifat

Rhan fechan o fap 1839 R I Murchison a liwiwyd â llaw yn diffinio'r Silwraidd am y tro cyntaf – noder ei fod yn cyfeirio at y brigiad llechfaen yn rhedeg i'r de o Ddyffryn Tywi.
Small section of R I Murchison's 1839 hand-coloured map defining the Silurian for the first time – note he identifies the tilestone outcrop running south of the Tywi Valley.

Ardal 4

Where to find out more

In terms of industrial history, very little remains apart from the quarries themselves. Evidence includes the tramway trackbed from Talybont to Hafan Quarry (N Ceredigion), some remains of 20th century stone chutes at Cerrig Gwinion, none of which are particularly unusual. The incline at Hafan, although impressive, is extremely remote.

The isolated outlier of Carboniferous Limestone on the Rhug Estate just west of Corwen displays a short section of trackway and a number of kilns, all on private land (some more or less incorporated into gardens) and worthy of record. There are also some very small limestone outcrops south of Bala which appear to have been accessed by underground mines: these again may be worth further academic investigation.

Welsh Water's visitor centre at Caban Coch Reservoir (Elan Valley) does refer to the quarrying activity and the railway deployed in construction. Similarly there is a brief mention of construction at Severn Trent's Vyrnwy Reservoir visitor centre (in film) and at the Vyrnwy RSPB Centre's display (also guided walks). Statkraft's Cwm Rheidol Centre also covers similar themes. Apart from these and possibly local museum references in Cardigan (to Cilgerran), as far as is known the only other visitor facilities relating to the extractive industries in this area are at Llywernog Silver-lead mine, Ponterwyd and Clogau Gold Mine, Pumpsaint.

On the southern border of this area is the Fforest Fawr Geopark, which is referred to under Area 7 as the main quarry-related activity is connected to the Carboniferous limestone.

©Ian A Thomas

Arddangosfa adeiladu'r argae, Canolfan Ymwelwyr Caban Coch, Cwm Elan.
Dam building exhibit, Caban Coch Visitor centre, Elan Valley.

©Ian A Thomas

Mae adeiladau toeau cerrig i'w gweld mewn sawl lle yn ne Powys, fel y gwelir yma yn y Gelli Gandryll.
A number of places in south Powys have stone roofed buildings as here in Hay on Wye.

Lle i ganfod rhagor....

O ran hanes diwydiannol, ychydig iawn sy'n weddill heblaw'r chwareli eu hunain. Mae'r dystiolaeth yn cynnwys gwelyau ffyrdd tramiau o Dalybont i Chwarel Hafan (gogledd Ceredigion), rhai olion o'r 20fed Ganrif a llithrennau cerrig yng Ngherrig Gwynion, ond nid yw'r un yn arbennig o anarferol. Mae'r inclein yn Hafan, er yn drawiadol, yn eithriadol o anghysbell.

Mae darn byr o lwybr a nifer o odynnau ar yr allgraig ynysig o Garreg Galch Carbonifferaidd ar Ystâd y Rhug i'r gorllewin o Gorwen, y cyfan ar dir preifat (peth ohono wedi'i gynnwys mewn gerddi) ac yn werth eu cofnodi. Mae yna hefyd rai brigiadau bychain iawn o garreg galch i'r de o'r Bala lle, mae'n ymddangos, roedd y chwareli o dan ddaear: gallai'r rhain hefyd fod yn werth ymchwil academaidd pellach.

Mae canolfan ymwelwyr Dŵr Cymru yng Nghronfa Ddŵr Caban Coch (Cwm Elan) yn cyfeirio at weithgaredd chwarela a'r rheilffordd a ddefnyddiwyd wrth adeiladu'r gronfa. Mae yna ychydig o sôn hefyd am adeiladu yng Nghanolfa Ymwelwyr Cronfa Ddŵr Efyrnwy Severn Trent (ar ffilm) ac yn arddangosfa Canolfan yr RSPB Efyrnwy (mae teithiau cerdded tywys ar gael hefyd) Mae yna gyfeiriadau tebyg yng Nghanolfan Statkraft Cwm Rheidol hefyd. Ar wahân i'r rhain, ac o bosibl gyfeiriadau (at Gilgerran) yn yr amgueddfa leol yn Aberteifi, dim ond dwy ganolfan ymwelwyr arall sy'n son am chwareli yn yr ardal hon, un ym mwynglawdd arian – plwm Llywernog, Ponterwyd a'r llall ym Mwynglawdd Aur y Clogau, Pumpsaint.

Ar ffin ddeheuol yr ardal hon mae Geoparc Fforest Fawr, y cyfeirir ato o dan Ardal 7; ar y garreg galch Garbonifferaidd y ceir y chwareli mwyaf.

Gogledd Ceredigion/Gorllewin Trefaldwyn

Mae'r pedair prif thema a nodwyd yn gynharach i'w gweld yn fwy manwl drwy ganolbwyntio ar ardal benodol - Gogledd Ceredigion / Gorllewin Trefaldwyn ac, yn ddiweddarach, drwy son am adeiladu'r cronfeydd dŵr, a dangos nad yw'r ardal hon yn gwbl amddifad o chwareli.

Prin y gallai daeareg yr ardal fod yn llai ysbrydoledig - trwch enfawr o haeanau tywodfaen yn gymysg â haenau cerrig llaid,

Area 4

North Ceredigion/West Montgomeryshire

The four main themes noted earlier are illustrated in more detail by focussing upon a specific area – North Ceredigion/ West 'Montgomeryshire' and later, in a separate account of building dams demonstrating that this area is not totally lacking in quarry interest.

The geology of the area could hardly be less inspiring - great thicknesses of alternating thin layers of sandstone and mudstone, unremitting grey upon grey with only intense folding and faulting to provide some relief to the eye. The slightly coarser Aberystwyth Grits occupy a wide coastal strip bounded to the east by the Borth Mudstones; both formations are of Upper Silurian age. Moving further eastwards, the rocks become increasingly older and more resistant to weathering, so that the core of Plynlimon is of Ordovician vintage.

Many would see these rocks as building materials as equally uninspiring, but there are some interesting largely unknown stories.

Aberystwyth

Llanbadarn Fawr parish church was first built in the C6th, but rebuilt in the C13th in local flaggy stone. The battered remains of Aberystwyth Castle built in the same thinly bedded, hard local greywackes, are almost entirely those completed by Master Mason James of St George for Edward 1 in 1289. But they were predated by the defences of Llewellyn the Great. Even earlier, the Normans built a fortress on the other side of the river. We know from documents that Edward's builders had to import their limestone and coal by sea from around Tenby to make the necessary lime mortar.

Like Strata Florida, the castle, although a secular building, was also trimmed (window openings, arrow-slits etc) with contrasting, totally alien cream stone here again. Here it is an oolitic limestone, probably from Dundry near Bristol or from Bath, the home district of many of the conscripted masons.

Meanwhile, Aberystwyth town developed first within and then beyond the walls, again using local flaggy sandstone and imported lime. The turnpike trusts built coastal routes and from the town, crossed Plynlimon. Most were supplied by road cuts and small roadside quarries, now known as borrow pits, as at Goginan, Aberystwyth.

©Ian A Thomas

Pen inclein Ffordd Dramiau Hafan yn plymio i lawr y dyffryn ar y chwith.
The top incline of the Hafan Tramway plunges down into the valley on the left.

llwyd di-ddiwedd ar ben llwyd, gyda dim ond plygiadau dwys a ffawtiau, bryniau a phantiau, i ysgafnhau ychydig ar y llygad. Mae cerrig grud ychydig brasach Aberystwyth yn llain lydan ar yr arfordir, gyda Cherrig Llaid y Borth yn derfyn i'r dwyrain, y ddau ffurfiad o'r oes Silwraidd Uchaf. Ymhellach i'r dwyrain, daw'r cerrig yn gynyddol hŷn ac yn gallu gwrthsefyll y tywydd yn well, daw cerrig craidd Pumlumon o'r cyfnod Ordoficaidd.

Byddai llawer yn dweud mai prin fod y rhain yn ddeunydd adeiladu sy'n ysbrydoli, ond mae yna rai hanesion diddorol, cudd.

Aberystwyth

Cafodd eglwys y plwyf, Llanbadarn Fawr, ei hadeiladu gyntaf yn y 6ed ganrif a'i hailadeiladu yn y 13 ganrif o gerrig fflags lleol. Yr adfeilion sydd i'w gweld yng Nghastell Aberystwyth heddiw yw waliau a gafodd eu hadeiladu o gerrig o'r un gwelyau llwydgraig galed yr ardal gan y Saer Maen, James o San Siôr, ar gyfer Edward 1 yn 1289. Ond roedd amddiffynfeydd Llywelyn Fawr yno cyn hynny. Hyd yn oed yn gynharach, roedd y Normaniaid wedi codi caer yr ochr arall i'r afon. Fe wyddom o ddogfennau y bu'n rhaid i adeiladwyr Edward gario eu cerrig calch a'u glo ar y môr o gyffiniau Dinbych y Pysgod i wneud y mortar calch roedd ei angen.

Fel Ystrad Fflur, roedd yr agoriadau yn waliau'r castell, er ei fod yn adeilad seciwlar, wedi'u haddurno gyda cherrig lliw hufen, hollol ddiarth (agoriadau ffenestri, tyllau saethau ayb). Carreg galch öolitig oedd honno, o Dundry, ger Bryste, mae'n debyg, neu o Gaerfaddon, yr ardal o ble cafodd llawer o'r seiri meini eu consgriptio.

Yn y cyfamser, roedd Aberystwyth yn datblygu, y tu fewn i'r muriau yn gyntaf ac yna y tu allan, eto gan ddefnyddio'r fflagiau tywodfaen lleol a chalch wedi'i fewnforio. Adeiladodd yr ymddiriedolaethau tyrpeg ffyrdd ar yr arfordir a rhai oedd yn mynd o'r dref dros Bumlumon. Roedd y rhan fwyaf y cael ei adeiladu o gerrig o'r codiadau tir ar lwybrau'r ffyrdd ac o chwareli bychan ger y ffyrdd, sydd hefyd yn cael eu galw'n 'byllau benthyg' fel sydd yng Ngoginan, Aberystwyth.

Daeth y newid mawr nesaf pan gyrhaeddodd y rheilffordd Aberystwyth ym 1864. Adeiladodd y cyfarwyddwr rheilffyrdd a'r entrepreneur, Thomas Salvin, westy ar fin y môr (a'i gwnaeth yn fethdalwr) o gerrig lliw melynaidd o'i chwarel, Cefn Quarry, ger Rhiwabon. Yn ddiweddarach, hwn oedd adeilad cyntaf Prifysgol Cymru. Cafodd Eglwys Mihangel Sant ei hadeiladu'n ddiweddarach o'r un garreg. Roedd adeiladau eraill, gan gynnwys rhai o'r capeli, o garreg llwyd-binc Grinhill o ger yr Amwythig.

Mae llawer iawn o domenni rwbel chwarel ar lawer o'r tir ar ymylon gogleddol y dref, gan gynnwys Craig-glais (Constitution Hill). Y rheswm dros hynny yw fod y deunydd a gafodd ei gloddio yn y chwareli yno'n cynnwys cymaint o wastraff ag o dywodfaen y gellid ei ddefnyddio. Pan oedd y Neuadd Fyfyrwyr fawr yn Nheras Victoria'n cael ei hail adeiladu ar ôl tân ychydig flynyddoedd yn ôl, er nad oedd y chwareli ond ychydig fetrau i ffwrdd, cafodd Carreg Galch Liasig ei mewnforio o Wlad yr Haf ar gyfer y gwaith trwsio.

I'r gogledd o Aberystwyth, agorodd ffordd dram gul, y Plynlimon and Hafan Tramway, ym 1897 a chau ym 1899. Roedd yn rhedeg am 11 cilometr o Landre drwy Dalybont i'r mynyddoedd. Ychydig cyn pen ei thaith, roedd yn dringo 100 metr ar inclein i gyrraedd Chwarel 'ithfaen' yr Hafod. Nid ithfaen, mewn gwirionedd yw'r graig yma, ond carreg

Ardal 4

The next marked change came when the railway reached the coast in 1864. Railway director and entrepreneur Thomas Salvin, built a seafront hotel (which made him bankrupt) out of the ochre coloured stone from his Cefn Quarry near Ruabon. Later this became the first building of the University of Wales. St Michaels Church followed in similar material. Other buildings including some of the chapels, introduced the pinkish grey Grinshill stone from near Shrewsbury.

A considerable area of the northern edge of the town including Constitution Hill, is covered by extensive quarry tips as there the material quarried generally comprises equal amounts of usable sandstone and waste mudstone. When the large Students Hall on Victoria Terrace was being rebuilt a few years ago after a fire, despite the former quarries only metres away, Liassic Limestone from Somerset was imported for repairs.

©Ian A Thomas

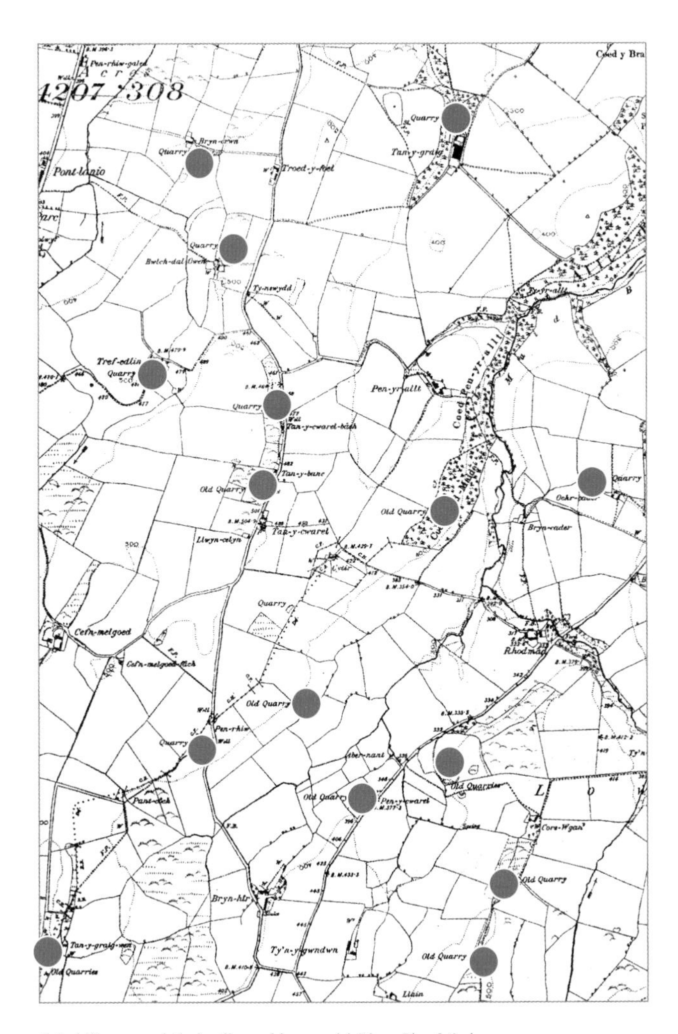

Cafodd llawer o adeiladau ffermydd o amgylch Blaen Plwyf, i'r de o Aberystwyth, a gafodd eu hadeiladu ar ôl cau tiroedd comin yn y 19g, eu codi o gerrig o gloddiwyd o'r fan a'r lle, roedd y chwareli wedyn yn gysgod rhag gwynt y gorllewin.
Many farms around Blaen Plwyf, south of Aberystwyth, the result of C19th enclosures, were built of stone quarried on the spot; the quarries then provided shelter from westerly winds.

©Ian A Thomas

Chwareli ar Graig-glais, ar ben promenâd Aberystwyth, o lle y daeth cerrig i adeiladu llawer o'r dref. Ond, pan adeiladwyd teras cyfagos ar ôl tân, defnyddiwyd cerrig calch Liasig o Wlad yr Haf, bydd yn ddiddorol gweld sut y bydd y cerrig tramor yn gwrthsefyll heli stormydd y gaeaf.
The quarries on Constitution Hill, at the end of the promenade, Aberystwyth, built much of the town, but when this terrace alongside, was rebuilt after fire damage, they used Liassic limestone from Somerset; it will be interesting to see how the replacement stone withstands salt -laden winter gales.

gwarts galed iawn sy'n ffurfio uwchblygiadau caled a elwir yn periclin. Tua thrigain mlynedd yn ddiweddarach, ail agorodd y chwarel anghysbell hon i gyflenwi ar gyfer adeiladu cronfeydd trydan dŵr Nant y Moch a Dinas (gweler isod).

Daeth tywodfaen o Ystradmeurig a Thyn y Graig (ar y rheilffordd) ac o Landdewi Brefi a deunydd llechi o Gilgerran, Aberteifi, ar y môr. Roedd gan Aberaeron y fantais o fod wedi'i chynllunio ond daeth y rheilffordd yn ddiweddarach. Roedd gan y rhan fwyaf o drefi eraill eu chwareli eu hunain, er enghraifft, Machynlleth a'r Cei Newydd. Yn wir, ar un adeg, byddai gan bron bob pentref a llawer o ffermydd yn y sir eu chwareli eu hunain, ond dim ond un chwarel gerrig arall (yng Nghlarach) sydd wedi gweithredu'n fasnachol yn yr hanner canrif diwethaf.

Area 4

Un o nifer o ffermydd rhwng Llanrhystud a Llanfarian a adeiladwyd o gerrig o chwareli a oedd yn cysgodi rhag gwynt y gorllewin.
One of numerous farms between Llanrhystud and Llanfarian built from the quarries which gave shelter from prevailing westerlies.

© Ian A Thomas

North of Aberystwyth, a little known narrow gauge line, the Plynlimon and Hafan Tramway was opened in 1897 only to close in1899. It ran 11km from Llandre via Talybont into the mountains. Just before the terminus, the tracks climbed 100m by an incline, to reach Hafan 'Granite' Quarry. The rock here is not in fact granite, but a very tough quartzite forming a tight upfold known as a pericline. About sixty years later, this remote quarry was reopened to supply the construction of the Nant y Moch and Dinas hydroelectric dams (see below).

Sources near Ystradmeurig and at Tyn y Graig (both tapped by rail), probably as well as Llanddewi Brefi provided sandstone and slatey material came from Cilgerran, Cardigan by sea. Aberaeron had the benefit of planned development, but the railway came later. Most other towns had their own quarries, Machynlleth and New Quay being good examples. Indeed at at one time, almost every village and many farms in the county would have had their own quarries, only one other stone quarry (at Clarach) has operated commercially in the last half century.

This former pattern of 'micro-quarries' mentioned earlier, is seen probably more clearly than anywhere else, in the Aberystwyth Grits south of Llanfarian. The Welsh Ice mass of the Late Devensian glacial advance swept from the north east to the south west, ie 'along the grain' of the country, gouging out the softer mudstones, leaving countless small sandstone ridges. Local farmers in the C19th settled here and took advantage of this situation by quarrying away the lee side of these bluffs and, with the stone gained, building their holdings there, sheltered from westerly gales.

In some cases, as at Bronglais, Aberystwyth, lump stone was sent to poorhouses for breaking down into roadstone by inmates (in the 1950/60s, the author used to queue for the school bus opposite there, and the loading chutes were still in place).

© workhouses.org.uk

Llithrennau cerrig yn Wyrcws Aberystwyth, Bronglais, roedd y trigolion yn torri cerrig yn gyfnewid am gael eu cadw.
Stone chutes at Aberystwyth Workhouse, Bronglais; inmates broke stone in return for their keep.

Roedd yr hen batrwm o fân chwareli, a grybwyllwyd yn gynharach, i'w weld yn gliriach, mae'n debyg nag yn unman arall, ar Rudfaen Aberystwyth i'r de o Lanfarian. Llifodd rhewlif y cyfnod Dyfnadaidd Diweddar drwy Gymru o'r gogledd-ddwyrain i'r de-orllewin, hynny yw, 'ar hyd y graen' yn y sir, gan garthu'r cerrig mwd meddalach a gadael bryniau bychan dirifedi o dywodfaen. Manteisiodd ffermwyr yr ardal ar hynny yn y 19 ganrif drwy gloddio i ochr gysgodol y bryniau ac, ar ôl cael y cerrig, godi adeiladau eu ffermydd yno, yn glud rhag y stormydd gorllewinol.

Mewn rhai achosion, fel ym Mronglais, Aberystwyth, roedd lympiau o gerrig yn cael eu hanfon i'r wyrcws i'r trueiniaid yno eu torri'n gerrig ffordd (yn y 1950 / 60au, roedd yr awdur yn arfer disgwyl am y bws ysgol gyferbyn a'r wyrcws ac roedd y llithrennau llwytho'n dal yno'r adeg hynny).

Ardal 4

Mae'r graig ym Mhenparc yn amrywiol iawn.
The deposits at Penparc vary considerably.

©Ian A Thomas

Cardigan's Super Sands

The beach sands at Gwbert are delightful and draw thousands of visitors every year, but few of them will know of other sands, equally important in their own way, only 4km distant. Our main story begins in the late 1950s when Michael Dermot McGee, known as 'Derry', was producing aggregates and in particular, sand for major construction schemes. Working with Enston Bros near Caernarfon (no connection with Ennstone plc in England), sand was extracted at Llwyn Isaf, Upper Clynnog, supplying Wylfa and Trawsfyndd nuclear power stations, Tanygrisiau pump storage scheme and concrete beams to the Ford Plant at Speke near Liverpool.

Further south, he won a contract to supply the Cwm Rheidol hydro project's (AT4 –Dams) massive concrete structures. This prompted Derry McGee to acquire deposits at Penparc just north of Cardigan, setting up Cardigan Sand & Gravel Co in 1959. For many years afterwards, this site, alongside a couple of neighbouring producers. supplied the local needs of scattered rural communities in Mid and West Wales, with concret-

Tywod gwych Ceredigion

Mae traeth tywodlyd Gwbert yn hyfryd ac yn denu miloedd o ymwelwyr bob blwyddyn, ond ychydig sy'n gwybod fod traethau eraill, yr un mor bwysig yn eu ffordd eu hunain, ddim ond 4 cilometr i ffwrdd. Mae ein prif stori'n cychwyn yn niwedd y 1950au pan oedd Michael Dermot McGee, a elwid yn 'Derry', yn cynhyrchu cerrig mân ac, yn enwedig, dywod ar gyfer cynlluniau adeiladu mawr. Drwy weithio gydag Enston Bros ger Caernarfon (dim cysylltiad ag Ennstone plc yn Lloegr) roedd tywod yn cael ei gloddio yn Llwyn Isaf, Clynnog Uchaf, ar gyfer gorsafoedd niwclear yr Wylfa a Thrawsfynydd a chynllun trydan dŵr Tanygrisiau a chynhyrchu traswtiau concrid ar gyfer gwaith Ford ger Speke, Lerpwl.

pleased to serve...

If you place an order with us we reckon our duty is to have it delivered to you with maximum possible efficiency. We are here to serve you — Bryn Williams, Les James, drivers; and the rest of us. We will be more than pleased to serve you if you telephone your order for WASHED SAND/CRUSHED GRAVEL right now.

CARDIGAN SAND & GRAVEL CO. LTD.

PENPARC, CARDIGAN.
Tel. 2342

For Ready-Mixed Concrete Phone Cardigan 2810 — Aberystwyth 2763/4

©M McGee

1967/8 hysbyseb.
1967/8 advert.

Ymhellach i'r de, enillodd gontract i gyflenwi'r strwythurau concrid enfawr ar gyfer prosiect trydan dŵr Cwm Rheidiol (AT4 –cronfeydd dŵr). Anogodd hyn Derry McGee i brynu hawliau cloddio ym Mhenparc, ychydig i'r gogledd o Aberteifi, a sefydlu'r Cardigan Sand & Gravel Co ym 1959. Am sawl blwyddyn ar ôl hynny, gydag un neu ddau o gynhyrchwyr eraill yn yr ardal, roedd yn cyflenwi anghenion cymunedau gwasgaredig Canolbarth a Gorllewin Cymru am goncrid a thywod adeiladu. Roedd chwareli eraill yn cloddio'r tywod llwyd, braidd fel siâl, ger afon Teifi ac yn y blaen.

Yna, ganol y 1990, gyda mab Derry, Mike, yn rheoli erbyn hynny, penderfynwyd nad oedd yn hyfyw bellach gyflenwi cynnyrch arferol i farchnadoedd lleol yn unig. Roedd gormod o gwmnïau eraill yn gwerthu tywod adeiladu neu ar gyfer tarmac ac roedd y farchnad gyfan yn fechan. Roedd yn rhaid newid tac yn gyfan gwbl.

Yn fwy cyffredinol, mae'r stori'n cychwyn 10,000 o flynyddoedd ynghynt yn ystod y cyfnod rhewlif Defensaidd. Rodd y sefyllfa'n gymhleth iawn gyda rhew o gyfeiriad Môr Iwerddon yn gwrthdaro â rhew Cymru o'r gogledd-ddwyrain. Wrth i'r llenni rhew gilio, ffurfiodd llynnoedd yn ardal Teifi, ac ar y gwelyau hynny y dyddodwyd tywod Pen y Parc. Mae'r dyddodion yma'n hynod amrywiol, tywod gwych a gwachul ac yn gymysgfa hynod anodd ei rhagweld yn ganlyniad i brosesau naturiol. Nid yw'n rhad i'w gloddio na'i brosesu. Felly, penderfynodd Mike y byddai'n cynhyrchu tywod arbenigol, ac yn ei brosesu'n wyddonol.

Er ei fod wedi gosod offer cyfrifiadurol, soffistigedig, i reoli'n fanwl iawn osodiadau'r peiriannau, roedd yr egwyddorion cyffredinol yn hynod o syml. Yn ei hanfod, mae'n golygu golchi neu wahanu'r defnydd cleiog o'r tywod ac yna ddidoli'r cynnyrch i wahanol feintiau. Mewn gwirionedd, mae'n llawer mwy cymhleth - er enghraifft, ar ba bwynt y dylid gwahaniaethu rhwng cerrig, gro, tywod bras, tywod mân, silt a chlai? Gall hyd yn oed silt (fel blawd silica) fod yn ddefnyddiol. Mae golchi'n golygu sgwrio'n fecanyddol i

Area 4

©Ian A Thomas

Mike McGee of Cardigan Sand & Gravel Co Ltd.

©Ian A Thomas

Peiriannau Cardigan Sand & Gravel yn gwahanu cerrig o wahanol faint drwy reoli dŵr a disgyrchiant yn ofalus.
Cardigan Sand & Gravel's plant separates out numerous specific grades using carefully controlled water flows and gravity.

ing and building sand. Others worked dark grey, rather shaley river sands along the Teifi etc.

Then in the mid 1990s, with Derry's son Mike now in charge, it was decided that simply delivering a standard product to local markets was no longer viable. There were too many others producing building or asphalting sands and the total market was small. A major change of approach was necessary.

In a broader sense, the account begins 10,000 years earlier during the Devensian glaciation. The situation was very complicated with Irish Sea Ice from the north west colliding with Welsh Ice from the north east. As the ice sheets retreated, so lakes formed in the Teifi area, on the beds of which, the sands at Pen y Parc were deposited. The deposits here are therefore highly variable – excellent and poor material all mixed very unpredictably as the result of natural processes. It isn't cheap to extract or process. So Mike opted to become a specialist sand producer, adopting a scientific approach to sand processing.

He introduced sophisticated computer controls to regulate the precise settings to be applied, but the principles are generally very simple indeed. Essentially it requires washing and separating out clayey material from sand and sorting the product into different sizes. In reality it is far more complicated – for example what are the cut off points between boulders, gravel, coarse sand, fine sand, silt and clay? Even silt (as silica flour) can have its uses. Washing involves mechanical scrubbing to separate clay clinging onto sand; then a series of overspill weirs, cyclones, classifiers and hydraulic separators. These all rely on a combination of different water flow patterns, responses between water, grain size, density, grain shape and gravity. Towards the end of the process, the sand has to be dewatered eg by filters and made ready for delivery.

The company specialises in producing high specification sand for sports uses (riding arenas, winter

©Ian A Thomas

Samplau tywod mewn labordy arbrofi.
Sand samples in testing lab.

Ardal 4

Argae Penygarreg, Cwm Elan.
Penygarreg Dam, Elan Valley.

games pitches, golf bunkers), horticulture and agriculture (lawn dressings, plant beddings, composts, animal beddings), sand pits, decorative aggregates and specialist construction uses. The last category includes sands for building conservation renders and mortars, and for carefully engineered concretes eg for scientific or nuclear installations.

Elsewhere in Wales, J Stoddart Ltd processed silica sand at Maes y Droell near Llanarmon for specialist applications .Thomas Dodd used to work Permo-Triassic beds at Kinnerton on the Cheshire border as naturally bonded foundry moulding sand and T S Rees still crushes quartizitic sandstone (Lower Coal Measures) to sand at Cefn Cribbwr, Kenfig, Bridgend.

©Ian A Thomas

Chwarel Grudfaen Caban Coch, Cwm Elan.
Caban Coch Grits quarry, Elan Valley.

gael gwared ar y clai sy'n glynu wrth y tywod, yna cyfres o gamau gwahanu drwy oredau gorlif, seiclonau, dosbarthwyr a gwahaniaethwyr hydrolig. Mae'r cyfan yn dibynnu ar gyfuniad o batrymau gwahanol yn llif y dŵr ac ar yr ymateb rhwng y dŵr, maint y gronynnau, eu dwysedd a'u ffurf ac ar ddisgyrchiant. Tua diwedd y broses, bydd yn rhaid tynnu'r dŵr o'r tywod, er enghraifft, drwy hidlenni, i'w gael yn barod i'w ddanfon.

Mae'r cwmni'n arbenigo ar gynhyrchu gwahanol fathau o dywod ar gyfer chwaraeon (meysydd marchogaeth, meysydd chwaraeon gaeaf, meysydd golff), garddwriaeth ac amaethyddiaeth (ar gyfer lawntiau, gwelyau blodau, compost, gwelyau anifeiliaid), pyllau tywod, cerrig mân addurniadol a defnyddiau adeiladu arbenigol. Mae'r categori olaf yn cynnwys tywod ar gyfer render a mortar cadwriaethol ac ar gyfer concridau arbenigol iawn, er enghraifft, ar gyfer adeiladu gwyddonol neu niwclear.

Mewn mannau eraill yng Nghymru, mae J Stoddart Ltd yn prosesu tywod silica ym Maes y Droell ger Llanarmon ar gyfer gwaith arbenigol. Arferai Thomas Dodd gloddio'r gwelyau Permo-Driasig yn Kinnerton ar y ffin â Sir Gaer fel tywod ffowndri sy'n cydio'n naturiol ac mae T S Rees yn dal i falu tywodfaen cwarts (yr Haenau Glo Isaf) yn dywod yng Nghefn Cribwr ger Pen-y-bont ar Ogwr.

Area 4

Mid-Wales dams

Large dams for reservoirs to supply water or produce power, represent some of the UK's greatest civil engineering projects and therefore, for short periods, considerable consumers of rock and sand.

The three older Birmingham Corporation **Elan Valley** dams (Caban Coch, Pen-y-Garreg, Graig Goch) were of "cyclopean" construction, i.e they were built of massive blocks of stone, weighing between 50kg and 10 tons each, mainly comprising extremely hard, almost black sandstone and conglomerate, of the Caban Conglomerate Formation (Silurian). These were produced from quarries at either end of the Caban Coch dam wall (Gigfian - north; Cnwch - south). Portland cement produced along the Medway (Kent) was imported via Aberdovey. Some 300,000yds^3 / 223,000m^3 of masonry were consumed in the three dams. The difficulty in obtaining suitable stone (apart from Caban Coch), was not anticipated and this greatly pushed up construction costs, as some of the facing material had to be brought in from Craig yr Hesg Quarry, Pontypridd (A8) and Llanelwedd, near Builth

Bytresi concrid argae cronfa trydan dŵr Nant y Moch yn ystod y cyfnod adeiladu ym 1961. Daeth y cerrig mân o Chwarel Hafan.
Nant y Moch concrete buttress hydro dam during construction in 1961 using aggregates from Hafan Quarry.

© Ruth Tarplee

Argae Clywedog, Llanidloes.
Clywedog Dam, Llanidloes.

Ardal 4

©Ian A Thomas

Argae Nant y Moch yn fuan ar ôl ei gorffen ym 1964.
Nant y Moch dam shortly after completion in 1964.

Wells (volcanic rock – A5) and other bulk stones were produced by Aird, contractors, at Cerrig Gwynion quarry south of Rhyader, especially during the busiest construction period, 1896-8. *(Morton 1997; Judge 1997).*

By contrast, the nearby Claerwen Dam, opened as one of Queen Elizabeth's first official engagements in 1952, was of concrete, (only faced with stone dressing), being founded on relatively dense and robust Ordovician mudstones.

In a remote valley north of Llandovery, Wimpey Construction completed the Llyn Brianne Dam in record time in 1972. This differs again, being of compacted 'rock fill', an engineered mix of crushed rock won from a large operation east of the dam in the Nant Brianne Formation (a sandstone of Llandovery Age – Silurian) and clay from till deposits further upstream at Soar y Mynydd. At c100m high, it is the tallest dam structure in Britain.

Further south again, the Usk Reservoir, built in the early 1950's, utilised local reddish-brown Devonian sandstone boulders with a clay core and concrete cut off to prevent water leakage. Poor ground conditions delayed completion.

Cronfeydd Dŵr Canolbarth Cymru

Mae adeiladu cronfeydd mawr i gyflenwi dŵr neu i gynhyrchu trydan yn rhai o'r prosiectau peirianneg sifil mwyaf yn y DU ac felly, am gyfnodau byr, yn gofyn am lawer iawn o gerrig a thywod.

Mae tair o gronfeydd hynaf Corfforaeth Birmingham yng Nghwm Elan (Caban Coch, Pen-y-Garreg, Graig Goch) o adeiladwaith 'cyclopeaidd', hynny yw, wedi'i hadeiladu o flociau anferth o gerrig, yn pwyso rhwng 5 a 10 tunnell yr un, yn bennaf o dywodfaen a chlymfaen hynod galed, bron yn ddu Ffurfiad Clymfaen Caban (Silwraidd). Roedd y rhain yn cael eu cloddio o chwareli ar ddau ben wal argae Caban Coch (Gigfian - yn y gogledd; Cnwch - yn y de). Roedd sment Portland yn cael ei fewnforio o'r Medway (Caint) drwy Aberdyfi. Aeth tua 300,000 llathen giwb / 223,000 metr ciwb o gerrig i'r tair

©Ian A Thomas

Chwarel Hafan a oedd yn cyflenwi cerrig i adeiladu cronfa ddŵr Nant y Moch.
Hafan Quarry supplied Nant y Moch reservoir builders.

argae. Doedd neb wedi rhagweld mor anodd fyddai cael cerrig addas (heblaw o Gaban Coch) a chynyddodd hyn y costau adeiladu gryn dipyn, bu'n rhaid cludo rhai o'r cerrig wynebu o Chwarel Craig yr Hesg, Pontypridd (A 8) ac o Lanelwedd, ger Llanfair ym Muallt (craig folcanaidd - A5). Daeth cerrig crynswth eraill gan Aird, contractwyr, o chwarel Cerrig Gwynion i'r de o Raeadr, yn enwedig yn ystod y cyfnod adeiladu prysuraf, 1896-8 *(Morton 1997; Judge 1997).*

Yn wahanol iawn, roedd Cronfa Ddŵr Claerwen, a gafodd ei hagor fel dyletswydd swyddogol cyntaf y Frenhines Elisabeth ym 1952, o goncrid (dim ond wyneb cerrig sydd i'r argae), a chafodd ei chodi ar gerrig mwd cymharol drwchus a chadarn Ordoficaidd.

Mewn cwm diarffordd i'r gogledd o Lanymddyfri, torrodd Wimpey Construction y record am amser adeiladu wrth godi Cronfa Ddŵr Llyn Brianne ym 1972. Mae argae hon eto'n wahanol, wedi'i hadeiladu o 'gerrig llanw' wedi'u caledu, cymysgedd beirianyddol o gerrig wedi'u malu o chwarel fawr i'r dwyrain o'r argae ar Ffurfiant Nant Brianne (tywodfaen o Oes Llanymddyfri – Silwraidd), a chlog-glai o ddyddodion i fyny'r

Area 4

The monumental Vyrnwy Dam near Llanfyllyn for Liverpool Corporation, was the first UK example of large scale masonry dams, so called 'gravity dams. It was completed in 1891 and its foundations took advantage of a natural rock ridge across the valley floor. Over 0.5Mt of shaped masonry was used mostly quarried from Ordovician mudstones up a side valley to the north. Special care was taken to ensure a water-tight structure and lime mortar was produced from a little known thin Ordovician limestone north of Llanrhiadr y Mochnant. 27,000t of cement was also used. *(Walters 1962).*

Perhaps the most emotive scheme, also by Liverpool Corporation was given parliamentary authority in 1957. In the process, the tiny Welsh speaking community of Capel Celyn a few miles from Bala was destroyed. The event proved to be a major factor in reviving Welsh consciousness, indeed some would claim it was ultimately instrumental in the formation of the National Assembly leading to the Welsh Government. Outside Wales there was little recognition of the significance of Tryweryn – or Llyn Celyn as it was later rebranded. Then in 2005 came a belated public apology to the displaced villagers from Liverpool City Council. There is now little sign of the source of the rolled clay core and "earth" (i.e. gravel) fill dam materials as these were scraped from the valley floor now flooded. However Arenig Quarry (A2) supplied so called "rip rap", blocky material to protect the upstream face of the dam against wave erosion. One of the contributory factors in the closure of that quarry was the severance of the rail link now under water. *(Thomas 2007).*

There are of course many more dams in Wales notably the concrete structures of Clywedog and the many hydro-electric schemes of Snowdonia and Rheidol (Nant y Moch and Dinas). Some these are referred to elsewhere in this section and others such as the Alwen and Brenig Dams of Mynydd Hiraethog are also noted briefly (AT1 McAlpine). ■

courtesy Powys Archives

Cloddio am gerrig ar gyfer Argae Efyrnwy ym 1886.
Quarrying stone for the Vyrnwy Dam in 1886.

©Ian A Thomas

Chwarel cronfa ddŵr Efyrnwy heddiw.
Vyrnwy dam quarry today.

afon yn Soar y Mynydd. Mae'r argae tua 100 metr o uchder a hi yw'r argae dalaf yng ngwledydd Prydain.

Ymhellach i'r de eto, adeiladwyd Cronfa Ddŵr Wysg yn gynnar yn y 1950au o gerrig mawr tywodfaen Defonaidd gyda chraidd o glai a choncrid rhag i ddŵr ollwng drwyddi. Bu oedi cyn ei gorffen oherwydd cyflwr gwael y ddaear.

Argae gerrig Efyrnwy, ger Llanfyllin ym Mhowys ar gyfer Corfforaeth Lerpwl, oedd yr enghraifft gyntaf yn y DU o argae gerrig fawr, sy'n cael eu galw'n 'argae disgyrchiant'. Cafodd ei gorffen ym 1891 ac mae ei sylfaeni ar gefnen o graig naturiol sy'n gorwedd ar draws gwaelod y dyffryn. Daeth mwy na 0.5 miliwn tunnell o gerrig nadd, yn bennaf o chwareli cerrig llaid Ordoficaidd mewn dyffryn bychan i'r gogledd. Cymerwyd gofal arbennig i sicrhau fod yr adeiladwaith yn dal dŵr a daeth y mortar calch o garreg galch cymharol anhysbys i'r gogledd o Lanrhaeadr ym Mochnant. Defnyddiwyd 27,000 tunnell o sment hefyd. *(Walters 1962).*

Efallai mai'r cynllun mwyaf dirdynnol, hefyd gan Gorfforaeth Lerpwl, a gafodd ganiatâd y senedd ym 1957, oedd pan gafodd cymuned fechan, Gymraeg, Capel Celyn ychydig filltiroedd o'r Bala ei dinistrio. Erbyn gweld, bu hyn yn ffactor pwysig mewn adfywio ymwybyddiaeth Gymreig, yn wir, honna rhai mai boddi Tryweryn oedd yn gyfrifol yn y pen draw am ffurfio'r Cynulliad Cenedlaethol a arweiniodd at Lywodraeth Cymru. Prin y gwyddai neb y tu allan i Gymru am arwyddocâd Tryweryn - neu Lyn Celyn, fel y cafodd ei ail-frandio'n ddiweddarach. Yna, yn rhy ddiweddar, daeth ymddiheuriad cyhoeddus yn 2005 gan Gyngor Dinas Lerpwl i'r pentrefwyr a oedd wedi colli eu cartrefi. Ychydig o olion sydd ar ôl o ffynhonnell y defnyddiau o glai a phridd wedi'i rowlio sydd yng nghraidd yr argae, crafwyd y rhan fwyaf ohono o waelod y cwm, sydd bellach o dan ddŵr. Fodd bynnag o Chwarel Arennig (A2) y daeth y 'rip rap', blociau o gerrig i amddiffyn ochr yr argae sy'n wynebu'r dŵr rhag i donnau ei erydu. Un o'r pethau a gyfrannodd at gau'r chwarel honno oedd bod y gronfa ddŵr wedi torri'r cysylltiad rheilffordd. *(Thomas 2007).*

Wrth gwrs, mae yna lawer mwy o gronfeydd dŵr yng Nghymru, yn benodol Clywedog a'i argae o goncrid a'r nifer o gynlluniau trydan dŵr yn Eryri ac yng nghwm Rheidol (Nant y Moch and Dinas). Cyfeirir at y rhain mewn mannau eraill yn yr adran hon ac mae cyfeiriad byr at rai eraill megis cronfeydd Alwen a Brennig ar Fynydd Hiraethog (AT1 McAlpine). ■

Ardal 4

© Ian A Thomas

© Liverpool Libraries

Adeiladu Argae Efyrnwy -1880au.
Building Vyrnwy Dam – 1880s.

Blociau anferth yn ffurfio argae Efyrnwy.
Massive blocks form the Vyrnwy dam.

Lapwings - Extensive operations around Borras Airfield, east of Wrexham. These probably provide by far the largest source of sand and gravel in Wales.

In the 1990s Michael Warren, a well respected ornithologist and artist who has worked World-wide, was commissioned by Tarmac to visit their sites to capture the abundance of wildlife in their European quarries. This part of his image of Borras Quarry was sketched on site in 1997 [Michael Warren/Tarmac Archive @ NSC].

Cornchwiglod - Cloddio ehangach o gwmpas maes awyr Borras, i'r dwyrain o Wrecsam. Yma, mae'n debyg, y mae'r ffynhonnell fwyaf o ddigon o dywod a gro yng Nghymru.

Yn y 1990au, comisiynodd Tarmac yr adarwr a'r artist adnabyddus, Michael Warren, i ym-weld a chofnodi'r bwrlwm o fywyd gwyllt sydd yn ei chwareli yn Ewrop. Mae Michael Warren yn adarydd ac yn artist uchel iawn ei barch sydd wedi gweithio dros y byd i gyd. Cafodd y rhan hwn o fraslun chwarel Borras ei dynnu fis Chwefror 1997. [Michael Warren/Archif Tarmac @ NSC]

Michael Warren/Tarmac Archive @ NSC / Michael Warren/Archif Tarmac @ NSC

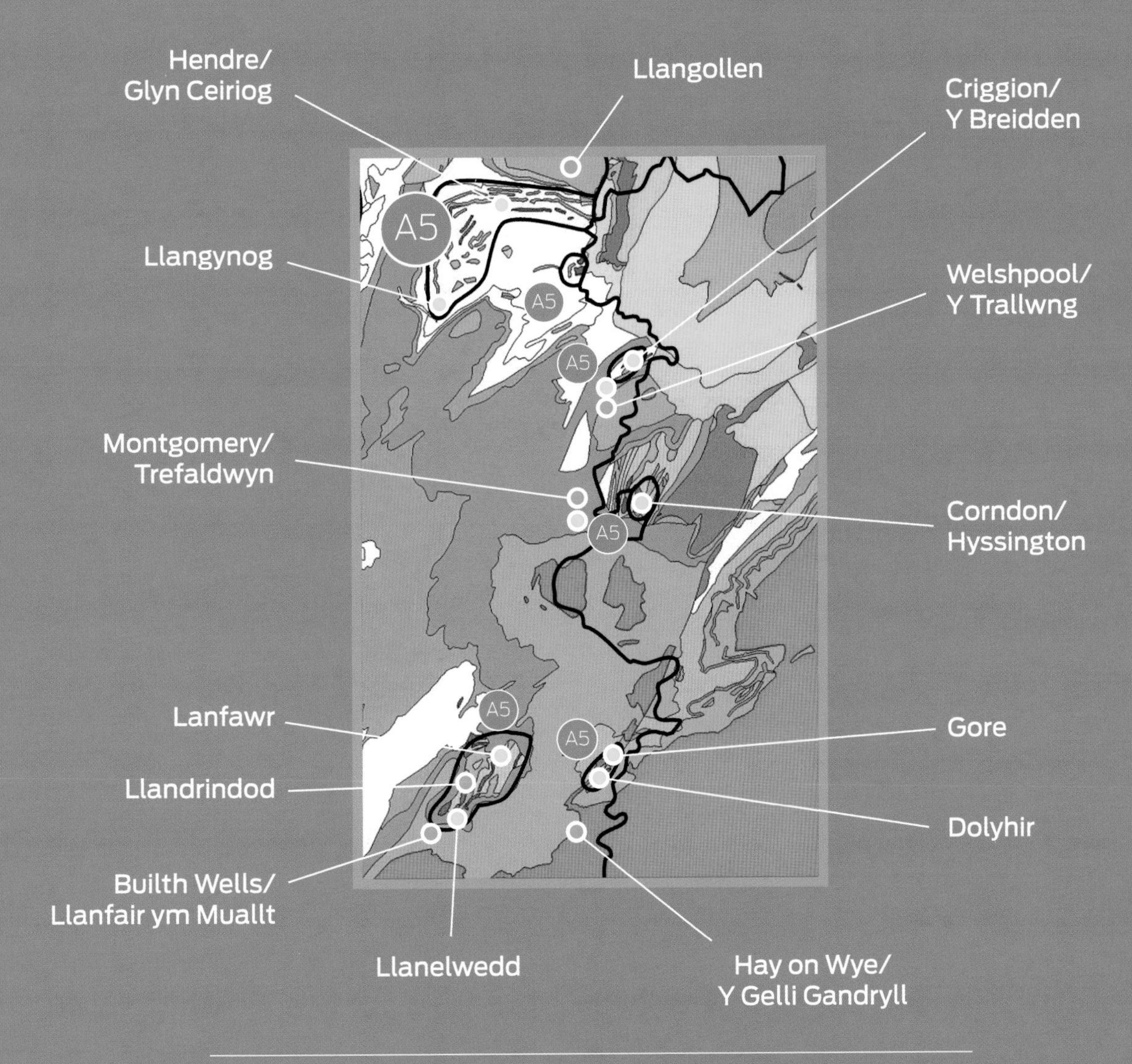

ARDAL 5:
CARREG GALED Y GORORAU (A5)

AREA 5:
BORDERLANDS HARDSTONE (A5)

Area 5

Ardal 5

BORDERLANDS HARDSTONE (A5)

CARREG GALED Y GORORAU (A5)

Geographic area

This is by far the most disparate area. However, isolating the igneous rocks from the sedimentary strata (almost all sandstones in some form) appeared to be the only logical approach to reducing the extensive nature of Area 4. It comprises a series of fairly isolated outcrops (almost all of igneous rock) lying within the zone otherwise defined as Area 4. It includes sites at Glyn Ceiriog and Llangynog in the north, Y Breidden/Criggion, Montgomery, Corndon Hill in the centre, and Llandrindod Wells - Builth Wells and Old Radnor in the south. For convenience, the small cluster of limestone and hard sandstone quarries around Old Radnor and Presteigne are also included here. Although they were traditionally a vital source of limestone, they now concentrate on production of ultra hard sandstone for road aggregates.

Geological setting

Both intrusive and extensive igneous rocks are displayed. The geology of a significant part of this terrain has not been officially mapped for over a century, but many of the outcrops have been the subject of repeated academic survey, particularly in the middle and south.

Ardal Ddaearyddol

Hon, o bell ffordd, yw'r ardal fwyaf cymysglyd. Mae'n debyg mai'r unig ffordd o leihau'r cymysgwch yn Ardal 4 yw gwahaniaethu'r creigiau igneaidd oddi wrth y strata gwaddodion (bron bob un yn dywodfaen o ryw fath). Mae'n cynnwys cyfres o frigiadau cymharol bell oddi wrth ei gilydd (bron pob un yn graig igneaidd) mewn parth sy'n cael ei ddiffinio fel arall yn Ardal 4. Mae'n cynnwys safleoedd yng Nglyn Ceiriog a Llandyrnog yn y gogledd, Y Breidden / Criggion, Trefaldwyn, Bryn Corndon yn y canol a Llandrindod – Llanfair ym Muallt a Hen Faesyfed yn y de. Er hwylustod, mae'r clystyrau bychan o chwareli carreg galch a thywodfaen caled o amgylch Hen Faesyfed a Llanandras hefyd yn cael eu cynnwys yma. Er eu bod, yn draddodiadol, yn ffynhonnell anhepgor o galch, erbyn hyn mae'r chwareli hyn yn canolbwyntio ar gloddio a malu cerrig calch hynod galed i'w defnyddio fel cerrig mân ar ffyrdd.

Gosodiad Daearegol

Mae creigiau igneaidd ymwthiol a helaeth i'w gweld. Nid yw daeareg rhan helaeth o'r ardal wedi'i mapio'n swyddogol ers dros ganrif, ond mae arolygon academaidd mynych wedi'u cynnal ar lawer o'r brigiadau, yn enwedig yn y canol a'r de.

© Ian A Thomas

Tywodfaen a cherrig llaid Neoproterosoig (Cyn Cambrian Hwyr) - Chwarel Dolyhir.
Sandstones and mudstones – Neoproterozoic (late PreCambrian) –Dolyhir Quarry.

The northern exposures comprise two (or three in places) concentric semi-circular, narrow outcrops of acidic (rhyolitic) lavas and tuffs accentuating the structure of the Berwyn "Dome" from Lake Vyrnwy to Glyn Ceiriog. There appears to be some sort of volcanic centre around Llangynog and, straddling the border (but mainly on the English side) around Nantmawr-Llansilan. The dolerite and microdiorite on Y Breidden produce a marked ridge. A little to the south, as part of an inlier of Llanvirn Age (mid Ordovician), there is a series of basic and acidic lavas with an intrusive doleritic core. These outcrops include Corndon Hill on the border (some of the outcrops extending into England), with much smaller occurrences below Montgomery Castle and at Welshpool. Ranges of outcrops similar in scale, age and type, are found between Llandindrod Wells and Builth Wells. A little to the east, on the English border (but mainly in Wales) around Old Radnor, lie a number of small fault-bound inliers displaying a variety of rocks of the Neoproterozoic (ie Precambrian) age hard grits, resting upon which, are Silurian (Wenlock stage) limestone reefs.

History

Although there are no significant modern workings in the dolerite of the Corndon Hill inlier, Prehistoric stone implements such as battle axes and axe hammers were produced at Hyssington from picrite. Hornfels, ie metamorphosed Hope Shales, in this case finely laminated, was later quarried as roofing and flooring material on the south west side of Corndon.

The Ceirog Valley, Llangynog and Y Breidden deposits were all exploited reliant upon Victorian railway links. However many of these resources had long provided local building materials. In the Ceirog Valley, a narrow gauge tramway (Glyn Valley Tramway) served quarries and one or two small stone mines south of Glyn Ceirog at Pandy. In the Tanat Valley, a standard gauge system terminated in a series of large quarries at Llangynog. Various industrial features (e.g. inclines) still remain at two or three sites and quarrying continued here into the 1970s. By far the largest operation in Mid Wales is that at Y Breidden where a major cliff face has been extended (creating one of the highest and most dramatic quarry faces in Britain) and behind it, a glory hole system set up(AT5 – Criggion). A large site at Welshpool on the Llanfair road into the town, was exploited (alongside the Welshpool and Llanfair Railway) and a quarry just below Montgomery Castle was worked by the County Council.

At Llandrindod Wells, quarries were operated to the north east of the town, but again very little remains, the lower parts having been flooded. The outcrops to the east of the town appear to have been worked intermittently, but only on a small "roadside" scale.

The quarry at Llanelwedd, just east of Builth Wells is still actively supplying roadstone. Workings here are fairly extensive, accompanied by modern plant, building and tips (AT5 –BQC).

The Old Radnor Quarries are also still operating though not all the sites (Dolyhir, Strines and Gore) are active at any one time.

Where to find out more

Although there is some literature on the quarries in this area, it is very sparse and, as far as is known, there are no obvious facilities 'on the ground'. A former slate site in Glyn Ceiriog was open to the public, but has since closed and it is not clear whether it covered non-slate workings; detailed accounts covering the railway and the quarries served have been published *(Milner & Williams 2011; Household 1988)*. There are some interesting lime kiln remains Dolyhir.

© Ian A Thomas

Gynted ag y croeswch y ffin o Loegr i Gymru, mae chwareli ar y bryniau cyntaf y byddwch yn eu gweld - fel yma, hen Chwarel Stanner ger yr A44 rhwng Kington a Maesyfed.
As soon as you are over the border into Wales, the first hills have often been quarried—as here, at the former Stanner Quarry, alongside the A44 between Kington and New Radnor.

Mae'r brigiadau yn y gogledd yn cynnwys dau (tri mewn mannau) brigiad consentrig, hanner crwn, cul o lafas a thyffau asidig (reiolitig) sy'n dangos yn glir ffurf y "Gromen" Berwyn o Lyn Efyrnwy i Lyn Ceiriog. Mae'n ymddangos fod yna rhyw fath o ganol folcanig o amgylch Llandyrnog ac, o boptu'r ffin (ond yn bennaf ar ochr Lloegr), o amgylch Nantmawr-Llansilyn. Mae'r doleritau a'r microdioritiau ar y Breidden yn ffurfio crib amlwg. Ychydig i'r de, fel rhan o fewngraig o Oes Llanvirn (Ordoficaidd ganol), mae yna gyfres o lafas basig ac asidig gyda chraidd ddolerit ymwthiol. Mae'r brigiadau hyn yn cynnwys Bryn Corndon ar y ffin (mae rhai o'r brigiadau'n ymestyn i Loegr) gyda llawer o rai llai islaw Castell Trefaldwyn ac yn y Trallwng. Mae brigiadau, tebyg o ran maint, oed a math, i'w gweld rhwng Llandrindod a Llanfair ym Muallt. Ychydig i'r dwyrain, ar y ffin (ond yng Nghymru'n bennaf) o amgylch Hen Faesyfed, mae nifer o fewngreigiau bychan llawn ffawtiau sy'n cynnwys nifer o wahanol fathau o greigiau grud caled o gyfnod Neoproterosoig (hynny yw, cyn Cambrian) ac, yn gorffwys arnyn nhw, mae riffiau carreg galch Silwraidd (cyfnod Wenlock).

Hanes

Er nad oes yna chwareli modern o bwys ar y garreg dolerit ym mewngreigiau Bryn Corndon, roedd offer cerrig, megis bwyelli brwydr a morthwylion bwyell, yn cael eu cynhyrchu yn Hysington o bicrit cyn hanesyddol. Roedd hornffel, hynny yw Siâl yr Hôb wedi'u trawsffurfio, yn yr achos hwn mewn haenau mân, yn cael ei gloddio'n ddiweddarach fel deunydd toeau a lloriau ar ochr de-orllewin Corndon.

Roedd chwareli Dyffryn Ceiriog, Llandyrnog a'r Breidden yn ddibynnol ar gysylltiadau rheilffyrdd yn ystod oes Fictoria. Fodd bynnag, roedd chwareli yma wedi cynhyrchu deunyddiau adeiladu at ddefnydd lleol ers amser maith. Yn Nyffryn Ceiriog, roedd ffordd dramiau gul (Glyn Valley

Area 5

©Ian A Thomas

Odynau Chwarel Dolyhir.
Dolyhir Quarry kilns.

Little gems on the Border

The cluster of quarries only metres from the English border around Old Radnor and Presteigne, present an exception to the general dearth of limestone deposits in Mid-Wales. The southern inlier worked at Dolyhir and Strinds and the northern at Nash Scar, belong to the Lower Wenlock of the Silurian, having been deposited c 428M years ago in warm shallow seas. They lie along one of Britain's major structures, the Church Stretton Fault Zone, continuations of which can be traced from Pembrokeshire to Cheshire. The limestones rest on the extremely tough sandstones and conglomerates which are mainly made up volcanic ash debris and intruded by gabbros and dolerites. They belong to the Yat Wood and Strinds Formations of the Neoproterozoic (Precambrian) and provide a good, skid resistant roadstone.

The limestones have been in demand from farmers for 400 years and studied geologically for 150 years. The Old Radnor kilns appear on Greenwood's 1827 map.

In later years, two companies were closely associated with operations here. The Old Radnor Lime, Roadstone and General Trading Co (later, 'ORTCO') was registered in 1875 and its early prosperity, from then until 1900, was closely linked to the coming of the railway. Four old kilns were joined by three new ones in 1877, producing relatively high purity lime with 97% calcium oxide. By the late 1890s, they were employing c100 people, but only half that number in 1925. Certainly into the 1930s annual output rarely exceeded 20,000t. ORTCO was purchased by Tilcon in c1976 which was itself acquired by Minorco in 1996 (See - Introduction - Multinationals Tarmac).

The Nash Rocks Stone & Lime Co, was founded in 1937 to work the limestone quarry of that name, by Listers, the well known engineers from Dursley (Gloucs). Briefly in the 1980s, they also managed Tonfanau quarry, Towyn. Nash Rocks was taken on by Minorco (See: Introduction - Companies - Tarmac) in 1996 and in 2000 became part of Tarmac Western.

The present Dolyhir quarry (north of road) used to be known as Yat Wood (the earlier Dolyhir being south of the road). Most of the limestone has been worked out but some of the large kilns still remain.

Tramway) yn gwasanaethu sawl chwarel ac un neu ddau o byllau cerrig i'r de o Lyn Ceiriog yn y Pandy. Yn Llangynog, Dyffryn Tanat, roedd rheilffordd lydan yn arwain at gyfres o chwareli mawr. Mae gwahanol nodweddion diwydiannol (er enghraifft), incleiniau, yn dal yno mewn dwy neu dair o'r chwareli - roedden nhw'n dal i weithio tan y 1970au. Y chwarel fwyaf o ddigon yng nghanolbarth Cymru yw'r un yn y Breidden lle mae craig fawr yn cael ei chloddio (a chreu'r wyneb chwarel uchaf a mwyaf dramatig yng ngwledydd Prydain) a'r, tu ôl iddi, sefydlwyd system 'glory hole' i gael y cerrig oddi yno (AT5 – Criggion). Roedd yna chwarel fawr yn y Trallwng ar y ffordd i'r dref o Lanfair Caereinion (ger y Welshpool and Llanfair Railway) ac roedd chwarel ychydig yn is na Chastell Trefaldwyn yn cael ei rhedeg gan y Cyngor Sir.

Yn Llandrindod, roedd chwareli i'r gogledd-ddwyrain o'r dref ond, unwaith eto, ychydig o olion sydd yna, cafodd y rhannau isaf eu boddi. Ymddengys fod chwareli wedi bod ar y brigiadau i'r dwyrain o'r dref, yn ysbeidiol, ond rhai bychan, ''min y ffordd.

Mae'r chwarel yn Llanelwedd, ychydig i'r dwyrain o Lanfair ym Muallt, yn dal i gynhyrchu cerrig ffordd. Mae'n chwarel eithaf mawr, ac mae ganddi beiriannau, adeiladau a thomenni modern. (AT5 –BQC).

Mae Old Radnor Quarries yn dal i weithio, er nad yw pob un o'r tair safle (Dolyhir, Strines a Gore) yn gweithio ar yr un pryd.

Ble i ganfod rhagor....

Prin iawn yw'r deunydd ysgrifenedig ar chwareli'r ardal a, chyn belled ag sy'n wybyddus, does yna ddim adnoddau amlwg 'ar y ddaear'. Roedd hen chwarel lechi yng Nglyn Ceiriog ar agor i'r cyhoedd ar un adeg ond mae wedi cau erbyn hyn. Nid yw'n eglur a oedd cloddio yno am ddeunydd heblaw llechi. Mae hanes manwl y rheilffordd a'r chwareli oedd yn eu gwasanaethu wedi'i gyhoeddi *(Milner & Williams 2011 ; Household 1988)*. Mae yna olion diddorol hen odynau calch yn dal yn Nolyhir.

Gemau'r gororau

Y clwstwr o chwareli, dim ond fetrau o'r ffin a Lloegr, o amgylch Hen Faesyfed a Llanandras yw'r eithriad i'r prinder cyffredinol o gerrig calch sydd yng nghanolbarth Cymru. Mae'r mewngreigiau deheuol sy'n cael eu gweithio yn Dolyhir a Strinds ac yn Nash Scar i'r gogledd, yn perthyn i Wenlock Isaf Silwraidd; ffurfiodd y rhain 428 miliwn o flynyddoedd yn ôl mewn moroedd bâs, cynnes. Maen nhw'n gorwedd ar un o strwythurau mawr gwledydd Prydain, Parth Ffawt Church Stretton, a gellir gweld parhad ohono o Sir Benfro i Sir Gaer. Mae'r garreg galch yn gorffwys ar dywodfaen a chlymfeini hynod galed sy'n cynnwys, yn bennaf, weddillion lludw folcanig gyda pheth grabos a doleritau. Maen nhw'n perthyn i'r Ffurfiadau Yat Wood a Strinds y cyfnod Neoproterosoig (cyn Cambrian) ac yn cynhyrchu cerrig ffordd da sy'n lleihau sgidio.

Mae'r garreg galch wedi'i defnyddio gan ffermwyr ers 400 mlynedd ac wedi'i hastudio'n ddaearegol ers 150 mlynedd. Mae odynau Hen Faesyfed yn ymddangos ar fap Greenwood yn 1827.

Yn ddiweddarach, roedd dau gwmni'n gweithio yma. Cafodd yr Old Radnor Lime, Roadstone and General Trading Co ('ORT-

Ardal 5

© Ian A Thomas

Chwarel Dolyhir yn cloddio tywodfaen a cherrig llaid Neoproterosoig eithriadol o galed (Cyn Cambrian Hwyr).
Dolyhir Quarry working extremely tough Neoproterozoic (Late PreCambrian) sandstones and mudstones.

CO', yn ddiweddarach) ei gofrestru ym 1875 ac roedd ei ffyniant cynnar, o hynny tan 1900, yn dibynnu ar ei gysylltiad â'r rheilffordd. Daeth tair odyn newydd at y dair oedd yno eisoes ym 1877, i gynhyrchu calch cymharol bur gyda 97% o galsiwm ocsid. Erbyn diwedd y 1890 roedd tua 100 o bobl yn cael eu cyflogi yno, ond dim ond hanner hynny erbyn 1925. Yn sicr, erbyn y 1930au, prin fod y cynnyrch blynyddol yn cyrraedd 20,000 tunnell. Prynodd Tilcon ORTCO tua 1976 a phrynwyd Tilcon gan Minorco ym 1996 (Gweler - Cyflwyniad - Cwmnïau Rhyngwladol Tarmac).

Sefydlwyd Listers, y peirianwyr adnabyddus o Dursley (Swydd Gaerloyw), y Nash Rocks Stone & Lime Co ym 1937 i weithio chwarel o'r un enw. Am gyfnod byr, yn y 1980, roedden nhw hefyd yn rheoli chwarel Tonfannau yn Nhywyn. Daeth Nash Rocks yn rhan o Minorco (gweler Cyflwyniad - cwmnïau Tarmac) ym 1996 ac, yn 2000, aeth Minorco yn rhan o Tarmac Western.

Arferai'r chwarel Dolyhir bresennol (i'r gogledd o'r ffordd) gael ei galw'n Yat Wood (roedd y Dolyhir gynharach i'r de o'r ffordd). Mae'r rhan fwyaf o'r garreg galch wedi darfod ond mae rhai o'r odynau mawr yn dal yno.

In 1995, to quote David Green (2011), a 'serendipitous discovery' of a specimen in an Oxford museum prompted fifteen years of fieldwork by members of the Russell Society (mineral researchers) and a glossy report, solely on their findings at Dolyhir. As a result, the site has become 'one of the most important British mineralogical sites' and has been officially recognised as such in the government-sponsored Geological Conservation Review. Research by Society members, in collaboration with the National Museum of Wales, has led to the listing of 85 different mineral types found here, of which sixteen have not been previously recorded in Wales. Many of the examples are minute, mostly less than 5mm in length, but include the mercury mineral realgar, unique to Britain, and notable copper mineralisation.

© David Green

Aurfael grisialog (copr carbonad, dim ond 12mm o uchder) Chwarel Dolyhir.
Crystalline azurite (copper carbonate; only 12mm tall), Dolyhir Quarry.

© David Green/Hubbard Collection

Grisial o xanthonfaen (dim ond 1.4mm o hyd), mwyn prin arian/arsenig/swlffwr - fe'i gwelwyd gyntaf yn y DU yn Dolyhir.
Crystal of xanthoconite (only 1.4mm long), a rare silver/arsenic/sulphur mineral - first reported in the UK at Dolyhir.

Ym 1995, i ddyfynnu David Green (2001), arweiniodd 'darganfyddiad serendipaidd' mewn amgueddfa yn Rhydychen at bymtheg mlynedd o waith maes gan aelodau'r Gymdeithas Russell (ymchwilwyr mwynau) ac at gynhyrchu adroddiad sgleiniog yn arbennig ar eu darganfyddiadau yn Nolyhir. O ganlyniad daeth safle'n 'un o'r safleoedd mwynyddiaeth bwysicaf yng ngwledydd Prydain' ac mae wedi'i chydnabod felly'n swyddogol gan y Geological Conservation Review sy'n cael ei noddi gan y llywodraeth. Arweiniodd ymchwil gan aelodau'r Gymdeithas, ar y cyd ag Amgueddfa Genedlaethol Cymru, at restru 85 o wahanol fwynau y gellir eu canfod yma, doedd 16 o'r rhain ddim wedi'u cofnodi o'r blaen yng Nghymru. Mae llawer o'r enghreifftiau'n hynod o fychan, llawer yn llai na 5mm o hyd, ond yn cynnwys y mwyn arian byw, realgar, sy'n unigryw i wledydd Prydain, a mwyneiddidau copr nodedig.

Area 5

The Green Giant

© Ruth Tarplee

Chwarel Criggion, y Trallwng - yn cloddio dolerit a gabro porffyritig.
Criggion Quarry, Welshpool—working porphyritic dolerite and gabbro.

Probably the best known quarry on the border is Criggion near Welshpool. Quarrying of the immense cliffside, 'Breidden Rock' (Y Breidden) was active in 1864. The site was rail linked in 1866, although a collapsed river bridge caused quarry closure (1880-1911) and also reduced sales in the 1940s; the line closed in 1959.

The early lease was held by a Dr H P Blackmore. On reopening in 1911, it was leased formally to Pyx Granite (Malvern); later the lease was jointly extended to Granhams Moor Quarry Co and the Ceiriog Granite Co which appears to have been the operating company. Steam driven plant including a pioneer tarmacadam unit, came in 1912. Setts which formed the main early business, had by then declined to tens of tons, the main product being crushed roadstone. Output of the renowned green roadstone gradually rose to over 40,000tpa towards the end of WWI and approached 70,000tpa a decade later. In addition, lower grade 'top rock' was sold. In 1929, Criggion joined others in forming the British Quarrying Co (See below). In 1942, the admiralty erected VLF (very low frequency) radio masts tethered to the rock face, inhibiting extraction operations. Techniques were still primitive – the single face was a staggering 200m high, with men dangling on ropes to place charges. That was until benches were introduced in 1967 and the number of radio mast anchor points were fortunately reduced. Output then peaked at 0.35Mtpa in the 1973 road-building boom. Sales were even made that year to the Bosphorous Bridge scheme in Turkey.

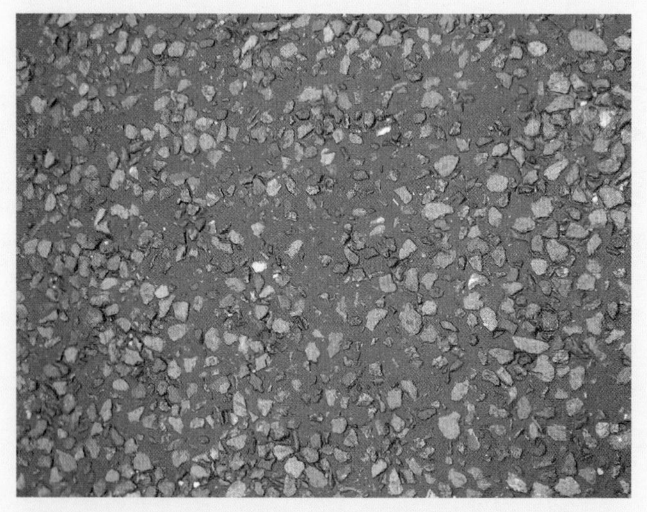

© Ian A Thomas

Wyneb ffordd yn Swydd Derby yn dangos carreg werdd nodweddiadol Criggion.
Road surface in Derbyshire showing distinctive Criggion green stone.

Y Cawr Gwyrdd

Mae'n debyg mai'r chwarel fwyaf adnabyddus ar y ffin yw'r un yn Criggion, ger y Trallwng. Roedd craig enfawr y Breidden yn cael ei chloddio ym 1864. Cysylltwyd y chwarel â'r rheilffordd ym 1866, er, bu'n rhaid i'r chwarel gau pan ddymchwelodd pont (1880-1911) a phan ostyngodd y gwerthiant yn y 1940au. Caeodd y rheilffordd ym 1959.

Roedd y brydles ar y cychwyn yn cael ei dal gan Dr H P Blackmore. Pan ail agorodd y chwarel ym 1911, cafodd ei phrydlesu'n ffurfiol i Pyx Granite (Malvern); yn ddiweddarach, estynnwyd y brydles ar y cyd i Granhams Moor Quarry Co a'r Ceiriog Granite Co ac ymddengys mai'r rhain oedd yn ei rhedeg. Daeth peiriannau'n rhedeg ar stêm, gan gynnwys uned tarmacadam flaengar, yno ym 1912. Roedd gwerthiant setiau, asgwrn cefn y busnes i ddechrau, wedi gostwng i ddegau o dunelli'n unig erbyn hynny, y prif gynnyrch oedd cerrig mân ar gyfer ffyrdd. Cynyddodd cynnyrch y garreg ffordd werdd enwog yn raddol i dros 40,000 tunnell y flwyddyn erbyn diwedd yr Ail Ryfel Byd ac i bron 70,000 tunnell y flwyddyn ddegawd yn ddiweddarach. Hefyd, roedd 'cerrig top', salach, yn cael eu gwerthu. Ym 1929, ymunodd Criggion â chwareli eraill i ffurfio'r British Quarrying Co (gweler isod). Ym 1942, cododd y Llynges fastiau radio amledd isel iawn a'u hangori wrth wyneb y graig a rhwystro rhagor o gloddio. Roedd y technegau'n dal yn gyntefig – roedd yr wyneb sengl anferth yn 200 metr o uchder ac, yn rhyfeddol, byddai dynion yn crogi ar raffau i osod ffrwydron. Parhaodd hyn nes y cyflwynwyd

Ardal 5

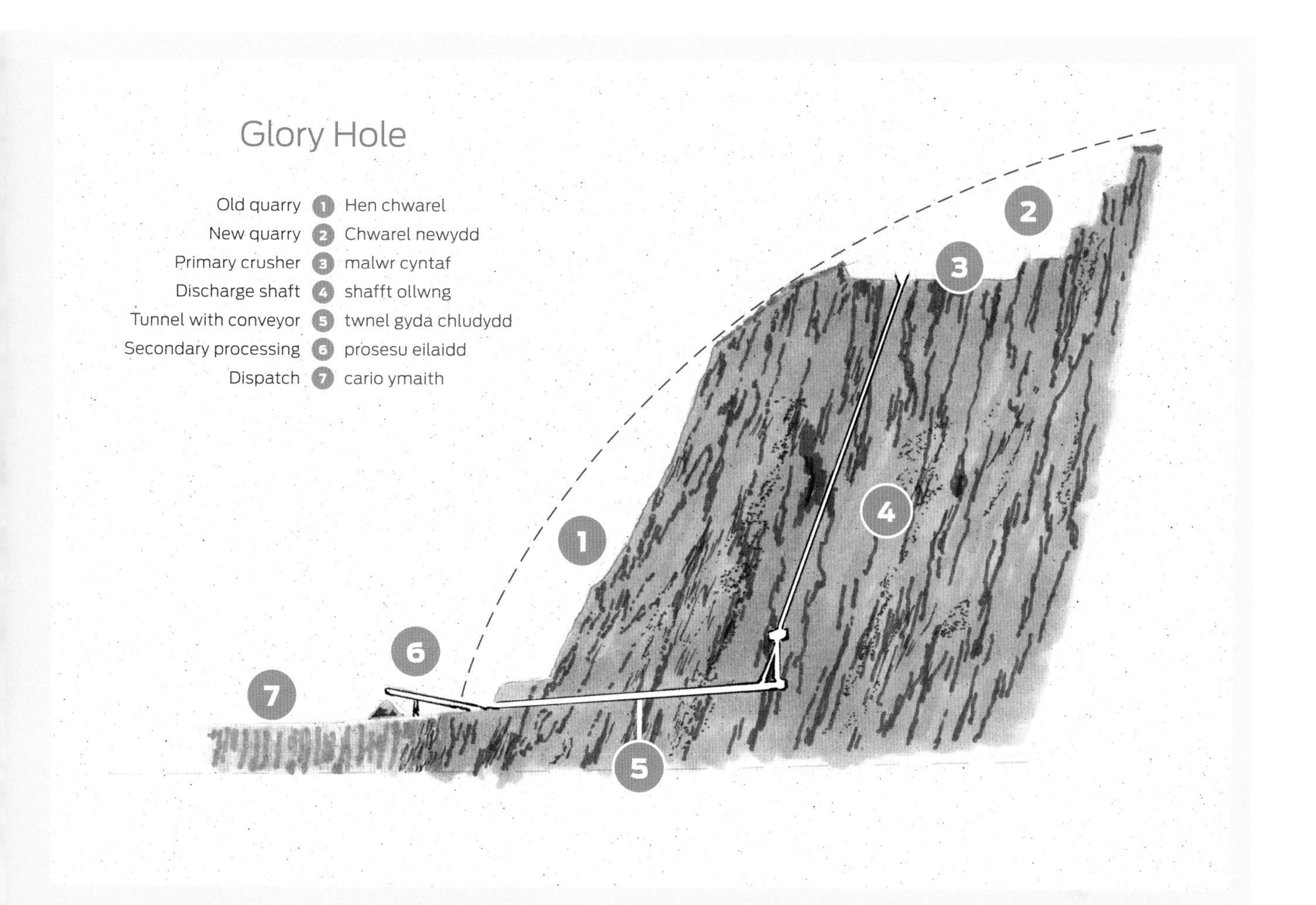

But from the quarry to the plant was a treacherous haul-road with 1in4 gradients dropping 240m. By then the operators were in the Consolidated Gold Fields Group. They had already introduced drilling technology from South African goldmines to their Cornish mines, which offered a solution. In 1978/9, a borehole was drilled from a quarry floor on top of the mountain down to the same level as the processing plant and a gently sloping tunnel then driven to meet it. A very large drilling head was attached to the bottom of the first drillhole and pulled upwards, reaming (widening) the hole below the quarry floor to 1.8m diameter, providing a 'rock pass', effectively a chute. So the 'glory hole' quarry was created. Primary crushing takes place in the quarry feeding broken rock into the pass and down to the remainder of the plant, 180m below. Gravity now replaces the tricky 2.4km route with great energy savings. In 2005, a tracked jaw crusher replaced the fixed plant and raised capacity to 0.75Mtpa.

So, when you next see green road chippings on road surface or bagged at your local DIY store, they probably come from Criggion. And the green colour? – that is mainly a combination of a range of minerals, including chlorite and epidote in this porphyritic dolerite and gabbro.

ponciau yno ym 1967 ac, yn ffodus, cafwyd gwared ar rai o bwyntiau angori'r mastiau. Cyrhaeddodd y cynnyrch ei frig ar 0.35 miliwn tunnell y flwyddyn ym 1973 pan oedd gwaith ffyrdd ar ei anterth. Y flwyddyn honno, gwerthwyd cerrig hyd yn oed i'r cynllun Pont y Bosfforws yn Nhwrci.

Ond roedd y ffordd o'r chwarel at y peiriannau yn serth ac yn beryglus, graddfeydd o 1 mewn 4 wrth ddisgyn 240 metr. Erbyn hynny, roedd yn cael ei rhedeg gan y Consolidated Gold Fields Group. Roedden nhw eisoes wedi cyflwyno technoleg drilio o byllau aur De Affrica yn eu pyllau yng Nghernyw, a oedd yn cynnig ateb. Ym 1978 / 9 cafodd twll ei ddrilio o lawr y chwarel ar dop y mynydd i lawr i'r un lefel â'r peirannau prosesu ac yna dwnnel lefel i'w gyfarfod. Cafodd pen tyllu mawr iawn ei roi ar waelod y twll cyntaf gafodd ei ddrilio a'i dynnu i fyny i ledu'r twll o dan waelod y chwarel i 1.8 metr, a ffurfio llithren. Dyna sut y daeth yn chwarel 'glory hole'. Mae'r graig yn cael ei malu gyntaf yn y chwarel ac yna'n cael ei gollwng i'r twll i gyrraedd y peiriannau lle bydd yn cael ei thrin ymhellach, 180 metr yn is. Mae disgyrchiant wedi disodli'r ffordd beryglus 2.4 cilometr o hyd ac wedi arbed llawer iawn o ynni. Ym 2005, daeth malwr safn ar draciau, a oedd yn gallu trin 0.75 miliwn tunnell y flwyddyn, yn lle'r peiriant sefydlog.

Felly, pan fyddwch yn gweld cerrig mân gwyrdd ar wyneb y ffordd neu mewn bagiau mewn siopau lleol, mae'n debyg eu bod wedi dod o Griggion. A'r lliw gwyrdd? - cyfuniad o, yn bennaf, amrywiaeth o fwynau, gan gynnwys clorid a epidot yn y dolerit porffyritig a gabbro.

Area 5

British Quarrying Co (BQC)

This concern formed in 1929, was effectively the UK's first major quarry industry consortium (alongside ICI, also in 1929). Its main focus was the hard rock operations of the Welsh Borderlands. Founder members were Ceiriog Granite Co (bringing Hendre in Ceiriog Valley, Criggion and Blodwell near Oswestry) and Clee Hill (three companies). Their other interests were in Gloucestershire, Cornwall and Kent. One of the quarries, Llanelwedd at Builth Wells, had been developed by Thomas Lant who initially came to the area to supervise stone supplies for the Elan Valley dams in the 1890s and sourced from here and elsewhere (see Mid Wales Dams). He reopened Llanelwedd in 1908 and also Llanfawr at Llandrindod Wells. BQC took over the lease of Ochr y Craig, Llangynog in 1930s, but didn't exploit it. In 1947, BQC was acquired by Amalgamated Roadstone Corporation (ARC – see Introduction – Multi-nationals – Hanson).

Outside the BQC group in Mid Wales, there were two other concerns at Llangynog, namely Llangynog Granite Co (Lwmbar Quarry) and Cyrniau Granite Co which became part of Berwyn Granite Quarries before closing in 1956. North of Corwen at Gwyddelwen, Hillhead Hughes Ltd, a Buxton company, in 1952 bought Craig Lelo (started in 1921) and then the adjoining Wern Ddu Quarry in 1956. The parent company joined Tarmac in 1965 and both units later closed. ■

British Quarrying Co (BQC)

Y cwmni hwn, a gafodd ei ffurfio ym 1929 oedd, mewn gwirionedd, gonsortiwm mawr cyntaf y diwydiant yn y DU (gydag ICI, hefyd ym 1929). Roedd yn gweithio'n bennaf ar greigiau caled y Gororau. Yr aelodau gwreiddiol oedd y Ceiriog Granite Co (yn gweithio chwarel yr Hendre yn Nyffryn Ceiriog, Criggion, a Blodwel ger Croesoswallt) a Clee Hill (tri chwmni). Roedd y chwareli eraill yn Swydd Gaerloyw, Cernyw a Chaint. Roedd un o'r chwareli, yn Llanelwedd ger Llanfair ym Muallt, wedi'i datblygu gan Thomas Lant a ddaeth i'r ardal yn wreiddiol yn y 1890au i arolygu'r cyflenwad cerrig, o'r chwarel hon ac o rai eraill, ar gyfer cronfeydd dŵr Cwm Elan (gweler Cronfeydd Dŵr Canolbarth Cymru). Ail-agorodd chwarel Llanelwedd ym 1908 a hefyd Lanfawr yn Llandrindod. Cymerodd BQC brydles Ochr y Graig, Llangynog yn y 1930au ond ni fu'n gweithio yno. Ym 1947, prynwyd BQC gan Amalgamated Roadstone Corporation (ARC - gweler Cyflwyniad - Cwmnïau Rhyngwladol - Hanson).

Y tu allan i grŵp BQC yng nghanolbarth Cymru, roedd yna ddwy chwarel arall yn Llangynog, sef Llangynog Granite Co (Chwarel Lwmbar) a'r Cyrniau Granite Co, a ddaeth yn rhan o Berwyn Granite Quarries cyn cau ym 1956. I'r gogledd o Gorwen, yng Ngwyddelwern, prynodd Hillhead Hughes Ltd, cwmni o Buxton, Graig Lelo (a ddechreuodd ym 1921) ac yna Chwarel Wern Ddu gyfagos ym 1956. Ymunodd y rhiant gwmni â Tarmac ym 1965 a chaeodd y ddwy chwarel yn ddiweddarach. ■

© Ian A Thomas

Chwarel Llanmawr, Llandrindod, roedd y safle hon a hefyd chwarel Llanelwedd yn cael eu rhedeg gan Thomas Lant i gyflenwi'r gwaith yng Nghwm Elan, roedd ffynonellau eraill yn cynnwys Cerrig Gwinion, Rhaeadr a Chraig yr Hesg, Pontypridd.

Llanmawr Quarry, Llandrinod; this site was operated by Thomas Lant along with Llanelwedd to supply the Elan Valley dam works; other sources include Cerrig Gwinion, Rhyader and Craig yr Hesg, Pontypridd.

© Ian A Thomas

Chwarel Llanelwedd, Llanfair ym Muallt.

Llanelwedd Quarry, Builth Wells.

Ardal 5

© Ian A Thomas

Cadarnle ar y ffin, mae Castell Trefaldwyn (de) yn eistedd ar gefnen folcanig lle'r oedd chwarel i'r gogledd (uchod).
The borderland stronghold, Montgomery Castle (right), sits on a volcanic ridge which was quarried just to the north (above).

© Ian A Thomas

© Casgliad Robert W Vernon / Robert W Vernon Collection

Chwareli Llangynog yn uchel uwchben y pentref ym mlaen Dyffryn Tanat.
Llangynog quarries looming over the village at the head of the Tanat Valley.

Wayside Quarries

In thinly populated areas there is often not enough demand to support viable quarries over the long term. Parishes and turnpike trusts often opened up small quarries or 'borrow pits' to build and maintain roads. Highways authorities frequently took these over and later, many became works depots as commercial companies operating just a few sites became the main suppliers. In other cases stone from cuttings has been used for roadmaking.

©Ian A Thomas

Chwarel fechan min y ffordd lle y cloddir yn achlysurol am sgri, blaen Bwlch Talyllyn.
Small roadside quarry intermittently extracting scree, head of Talyllyn Pass.

©Ian A Thomas

Roedd y gloddfa hon ar fin y ffordd ychydig y tu allan i Landrindod.
This former wayside digging was just outside Llandrindod Wells.

©Ian A Thom

Wrth wella'r A470 i'r gogledd o Ddolgellau roedd cerrig wedi'u cloddio o doriadau newydd yn cael eu malu gerllaw ar gyfer y gwaith ffordd.
During improvements to the A470 north of Dolgellau, stone extracted from new cuttings was crushed nearby and used in the roadworks.

Chwareli **Min y Ffordd**

eu poblogaeth, does yna ddim digon o ofyn am gerrig i gynnal chwareli hyfyw yn y tymor hir. Byddai plwyfi ac ymddiriedo-laethau tyrpeg yn agor chwareli bychan pyllau benthyg i adeiladu a chynnal ffyrdd. Daeth llawer o'r rhain yn eiddo Awdurdodau Prif-fyrdd yn ddiweddarach, ac, wrth gwmniau masnachol ddod yn bri gyflenwyr cerrig ffordd, daeth y chwareli min y ffordd yn ddepos Mewn lleoedd eraill, roedd cerrig o doriadau i'r tir yn cael eu def-nyddio i adeiladu ffyrdd.

At Cilyrychen Quarry, near Llandybie, Michael Warren recorded the site in 1997 when it was still active, but had already become the habitat of buzzards, ravens and goldfinches. Operations ceased in 2000 and wildlife is rapidly taking control.

Cofnododd Michael Warren Chwarel Cilyrychen, ger Llandybie yn 1997 pan oedd yn dal yn gweithio ond roedd eisoes yn gynefin i'r bwncath, y gigfran a'r nico. Caeodd y chwarel ym 2000 ac mae bywyd gwyllt yn prysur oresgyn y lle.

Michael Warren/Tarmac Archive @NSC / Michael Warren/Archif Tarmac @NSC

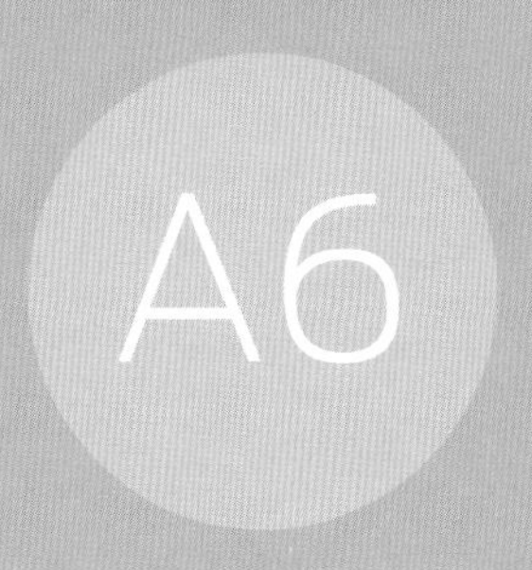

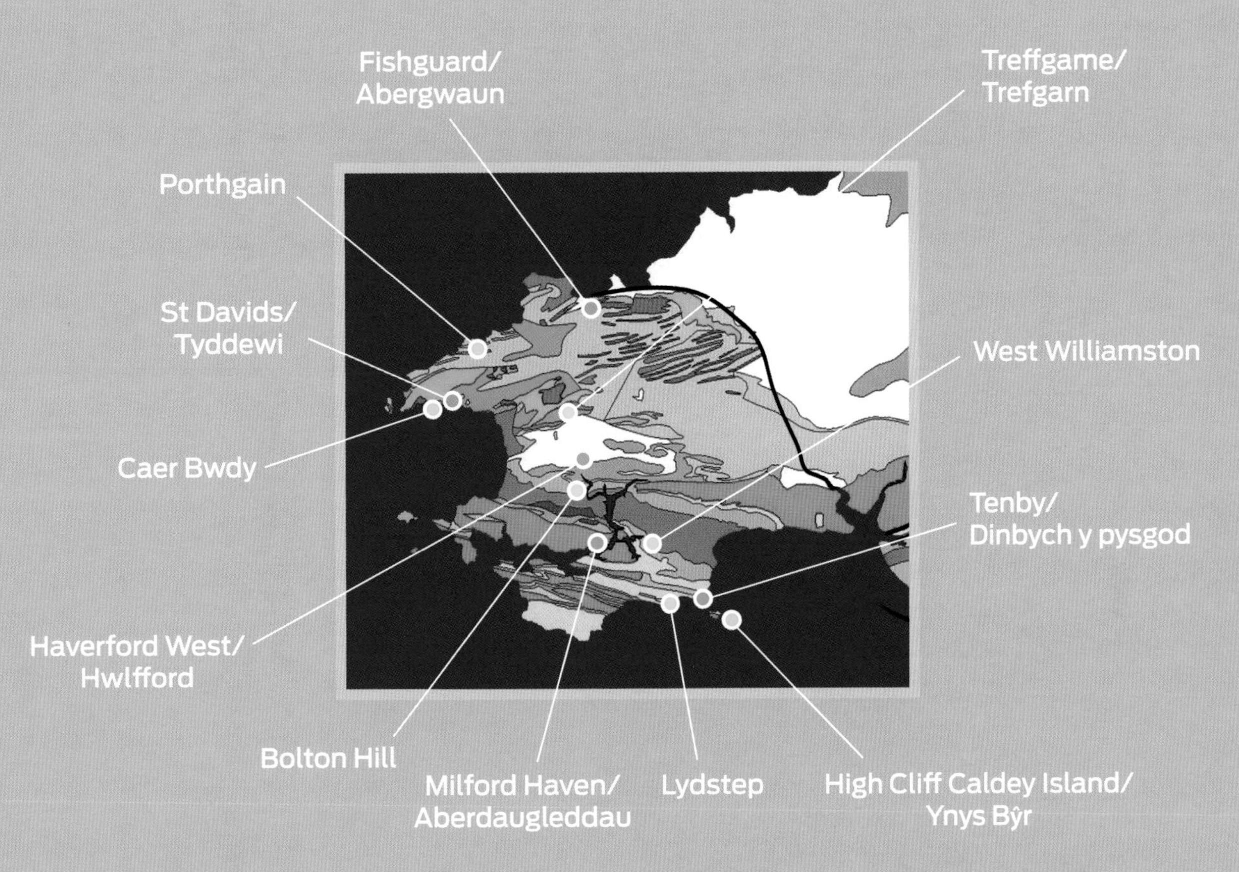

ARDAL 6:

GORLLEWIN CYMRU (SIR BENFRO) (A6)

AREA 6:

WEST WALES (PEMBROKESHIRE) (A6)

Area 6

Ardal 6

WEST WALES (A6) (PEMBROKESHIRE)

GORLLEWIN CYMRU (SIR BENFRO) (A6)

No area of Wales expresses the whole country in microcosm more than Pembrokeshire. The mountains of the north where the Welsh language predominates, are of older rocks including slate and volcanics. The English speaking area to the south is more akin to South Wales as a whole, with its Devonian and Carboniferous strata including a coalfield. Even the overall shape reflects the rugged coast of Wales complete with islands in the north – only the Mesozoic rocks are absent in Pembrokeshire (although they are encountered, but way offshore).

Geograph c area

This includes most of the county of Pembrokeshire, plus part of western Carmarthenshire, east of a line from Dinas Head to St Clears and Laugharne on Carmarthen Bay.

Geological setting

Like Anglesey, this area is geologically complex and offers some of the same variety of rocks. The oldest formations lie mainly north of a line from Newgale eastwards to St Clears. These include heavily faulted and folded Pre-Cambrian rocks. In small areas around St Davids, these are accompanied by larger, but fragmented outcrops of Cambrian strata. Ordovician volcanics lie in the south west of that area on the St David's Peninsula and along the northern edge of the zone. The latter are also accompanied by intrusive igneous rocks (mainly

Lafa rhyolytic a lludw folcanig, Gwdig.
Rhyolitic lava and volcanic ash, Goodwick.

© Ian A Thomas

Does yna'r un ardal yng Nghymru'n rhoi gwell ciplun o'r wlad gyfan na Sir Benfro. Mae mynyddoedd y gogledd, lle mae'r Gymraeg yn gryf, yn greigiau hŷn ac yn cynnwys llechi a cherrig folcanig. Mae ardal Seisnig y de yn debycach i dde Cymru gyfan, gyda'i haenau Ddefonaidd a Charbonifferaidd, ac mae'n cynnwys maes glo. Mae hyd yn oed ei ffurf yn gyffredinol yn debyg iawn i arfordir Cymru gyfan, gyda'i hynysoedd yn y gogledd – dim ond y creigiau Mesosoig sy'n absennol yn Sir Benfro (er eu bod i'w cael, ond ymhell oddi ar y lan).

Ardal Ddaearyddol

Mae'n cynnwys y rhan fwyaf o Sir Benfro a hefyd ran o orllewin Sir Gaerfyrddin, i'r dwyrain o linell o Ben Dinas i Sanclêr a Thalacharn ar Fae Caerfyrddin.

Gosodiad Daearegol

Fel Sir Fôn, mae'r ardal yn un ddaearegol gymhleth ac yn cynnwys peth o'r un amrywiaeth o greigiau. Mae'r ffurfiannau hynaf yn bennaf i'r gogledd o linell i Neigwl i Sanclêr. Creigiau Cyn-gambriaidd sydd yn yr ardal honno gyda ffawtiau a phlygiadau mawr. Mae yna frigiadau hefyd o strata Gambriaidd mwy ond bylchog mewn ardaloedd bychan o amgylch Tyddewi. I'r gorllewin o'r ardal hon, ar Benrhyn Tŷddewi ar ei hymyl ogleddol, mae yna gerrig folcanig Ordoficaidd a hefyd gerrig igneaidd ymwthiol (doleritau'n bennaf). Mae'r rhain yn cynnwys creigiau ymwthiol ac allwthiol megis rhyolit, twffau helaeth a lafâu. Y creigiau caled hyn sydd ar y rhan fwyaf o'r tir uwch yng ngogledd y sir yn ogystal ag ar bentiroedd mwyaf yr arfordir. Mae'r creigiau gwaddod cysylltiedig yn bennaf yn greigiau wedi'u lled drawsffurfio gyda graen mân sydd wedi troi'n llechi ym Mynyddoedd Preseli.

Creigiau iau geir yn bennaf ym mharth deheuol yr ardal, cerrig llaid Silwraidd, tywodfaen Defonaidd a synclin o greigiau Carbonifferaidd gan fwyaf, Mae'r olaf yn cynnwys cerrig calch a Haenau Glo gyda Melinfaen tenau (hynny yw, pob estyniad o frigiadau Maes Glo'r De sydd i'w canfod i'r dwyrain – A7, A8, A9.

Mae'r gwelyau hyn wedi'u plygu'n dynn mewn cyfeiriad dwyrain – gorllewin. Ceir ardaloedd bychan o greigiau Ordoficaidd hefyd yn rhan ogleddol yr ardal yn ogystal ag ychydig i'r gogledd o Aberdaugleddau. Yn ardal Sanclêr, cafodd dilynant rhyfeddol o lawn o'r Cambriaidd, trwy'r Defonaidd, ei ddarganfod gan ffyrwyr addysg oedolion.

Hanes

Magodd dwy chwarel cerrig igneaidd gryn enw iddyn nhw eu hunain y tu hwnt i'r sir, sef Porthgain a Trefgarn. Roedd yna hefyd drydedd un, yng Ngwdig ger Abergwaun, sef chwarel fwyaf cynhyrchiol y sir, mae'n debyg, lle cloddiwyd tua 1.6 miliwn tunnell o lafâu rhyolit a llwch folcanig rhwng 1899 a 1906 i adeiladu'r morglawdd a'r harbwr llongau teithio i Iwerddon.

dolerites). They also comprise acid intrusives and extrusives such as rhyolites, extensive tuffs and lavas. These hard rocks account for much of the higher land in the north of the county as well as key coastal headlands. The associated sedimentary rocks are mainly made up of generally mildly metamorphosed, fine grained rocks, converted to slate in Mynydd Preseli.

The southern zone within this area mainly comprises younger, principally Silurian mudstones, Devonian sandstones, with a syncline of Carboniferous rocks. The latter include limestones and Coal Measures with a thin "Millstone Grit (ie all extensions of the main South Wales Coalfield outcrops found to the east – A7,A8,A9) . These beds are mainly tightly folded in an east-west direction. Smaller areas of Ordovician rocks are also found in the north of the zone as well as just north of Milford Haven. In the St Clears area, a surprisingly full succession from the Cambrian, right through to Devonian has been discovered recently by adult education students.

by Ian A Thomas

Cafodd Castell Normanaidd Maenor Bŷr ei adeiladu bron ar y ffin rhwng carreg galch Garboniffer-aidd Lowermost a thywodfaen pinc Ddefonaidd Aberdaugleddau. Mae cerrig o'r ddau yn y castell.
The twelfth century Norman Manorbier Castle was built almost on the boundary between the Lowermost Carboniferous limestone and the Milford Haven Group pink sandstones of the Devonian. Its stone was drawn from both.

© Ian A Thomas

Chwarel Gwdig a morglawdd (traethell bell).
Goodwick Quarry and breakwater (far shore).

Area 6

© Ian A Thomas

Cromlech Pentre Ifan, Nyfer 3500CC.
Pentre Ifan dolmen, Nevern 3500BC.

History

Two igneous rock sites gained a reputation beyond the county, namely Porthgain and Treffgarne. A third at Goodwick near Fishguard was probably the county's most prolific producer, accounting for about 1.6 million tonnes of rhyolitic lavas and volcanic ashes, quarried between 1899 and 1906 to construct the breakwater and the Irish Ferry port.

The regally coloured purple-red sandstones of the Solva Group were a key decorative feature of St David's Cathedral and were extracted nearby at Caer Bwdy in the C12th. With special permission from the National Park Authority, the quarry was reopened briefly in 1998, to facilitate renovation work on the Cathedral and Bishop's Palace.

© Ian A Thomas

Eglwys Gadeiriol Tyddewi.
St David's Cathedral.

Slate quarrying is strictly outside our brief, but was a big player around 1900 and some of the output, such as that from Clogeu (near Llanfyrnch), Gilfach and Rosebush was effectively thick slabs worked as a general building stone, rather than as fissile slate. Almost all other quarries at this time only engaged less than five people each.

Otherwise, this area displays a number of strong themes. As such it is appropriate to treat these directly as separate short studies, ie covering respectively, the mystery of the Stonehenge bluestones, the lime trade, Porthgain and the more recent industry. The similar lime trade of the Gower is covered in Section 9.

Where to find out more

Details are given under the separate theme headings below. The accounts of Pembrokeshire by Brian John and via the Pembrokeshire Coast National Park (visitor centres, website, interpreted trails eg Porthgain, guided walks etc) often refer to geology and quarrying.

Gwnaed defnydd helaeth o dywodfaen porffor, coch, brenhinol Grŵp Solfach i addurno Eglwys Gadeiriol Tyddewi. Cafodd y rhain eu cloddio o Gaer Bwdy, gerllaw, tua'r 12 ganrif. Gyda chaniatâd arbennig y Parc Cenedlaethol, ail agorodd y chwarel am gyfnod byr ym 1998 pan oedd gwaith adnewyddu'r Eglwys Gadeiriol a Phlas yr Esgob ar y gweill.

Nid yw chwareli llechi o fewn ein cwmpawd o gwbl, ond roedd y rhain yn bwysig iawn tua 1900, megis rhai Clogeu (ger Llanfyrnach), Gilfach a Rosebush, yn cynhyrchu, gan fwyaf, slabiau tewion o gerrig adeiladu yn hytrach na llechi wedi'u hollti. Roedd bron pob chwarel arall yn cyflogi llai na phum person yr un yr adeg hynny.

Ond mae yna nifer o themâu cryfion i'w gweld yn yr ardal. Felly, mae'n briodol eu trafod, yn fyr, ar wahân, hynny yw, dirgelwch carreg las Stonehenge, y fasnach galch, Porthgain a'r diwydiant diweddar. Mae'r fasnach galch debyg ym Mro Gŵyr hefyd yn cael ei thrafod yn yr Adran 9.

Lle i ganfod rhagor....

Ceir manylion o dan benawdau'r gwahanol themâu isod. Mae hanes Sir Benfro gan Brian John a chan Barc Cenedlaethol Arfordir Penfro (canolfannau croeso, gwefan, llwybrau dehongli e.e. Porthgain, teithiau tywys ayb) yn aml yn cyfeirio at ddaeareg ac at chwareli.

by/gan Ian A Thomas

Llun o draeth a chwarel Caerbwdy, o lle daeth rhai o gerrig yr Eglwys Gadeiriol.
Picture of Caerbwdy beach and quarry, one of the sources for St Davids.

Ardal 6

Bluestones – muscle power or ice?

Stonehenge, now a World Heritage Site, is widely assumed to be one of the most researched archaeological features in Europe if not World-wide. The origins of the component stones have attracted attention for centuries. As early as 1858, connections with Wales were being speculated for the more exotic igneous material, most of which is referred to by archaeologists as 'blue stones'. Geologists knew they could not have originated from the Salisbury Plain.

Herbert Thomas, a geologist who had mapped in Pembrokeshire, produced papers in 1913 and 1923 which described the petrography of the 'foreign' elements at Stonehenge. These outcomes are broadly correct according to recent work by the Open University (OU). But Thomas' conclusion that they matched Preseli outcrops at Carn Meini, Carn Carnalw and Foel Drygarn are questioned. Later, others have described 'the quarry' at Carn Meini. Yet others have attempted to stage reconstructions of the journey. While welcomed by many, Thomas' findings regarding source have been challenged in detail also on the basis of the OU investigations. The latter suggest they could have originated from up to 15 different areas in South Wales. The distinctive 'spotted dolerite' turns out to relate to only a limited number of the Stonehenge stones. As far as the spotted stone is concerned, a better match is Carngoedog on the north Preseli flank.

Countless years have been spent devising routes and logistics for transporting the stones to Wiltshire. A far more plausible explanation was put forward by Geoff Kellaway and endorsed by Aubery Burl, Olwen Williams-Thorpe and others. Namely that these materials are erratics, carried by ice eastwards from South Wales and dumped across Wessex. Some of Kellaway's findings arose from his recording of sections through glacial deposits south of Bristol created during the building of the M5.

For a more thorough analysis, readers are referred to 'The Bluestone Enigma' (2010). The author, Brian John, a Pembrokeshire man and former university geography lecturer, has carried out scientific field research in both Polar regions.

The Lime Trade

Apart from relatively low key projects, the main preoccupation of quarry owners from the later sixteenth century to about 1850, was limestone, initially for agricultural lime, later as ironmaking flux and cement. The use of lime mortar in Wales goes back to the Romans if not earlier. West Wales' farmers had recognised the value of liming before the 1550s (at which point it was a matter of comment in north Devon, an area to become a major export destination). By 1603 George Owen was able to record in his treatise (reprinted 1892), the classic Pembrokeshire saying:

> *'a man doth sande for himself, lyme for his sonne and marle for his graunde child'.*

Owen described in detail, the operation of kilns and the limestone outcrops from the Pembrokeshire coast to Carmarthen. He also had a clear understanding of the North and South Crops as far as the English border. Similarly, The Wynnes of

National Stone Centre collection

"Carreg lâs" mynyddoedd y Preselau, dolerit frychiog nodweddiadol gydag ymylon allanol wedi'u treulio gan y tywydd.

Preseli 'bluestone', a distinct spotted dolerite, with weathered outer edges.

Y Garreg Las – nerth bôn braich neu iâ?

Mae'n debyg iawn mai Stonehenge, sydd, erbyn hyn, yn Safle Treftadaeth y Byd, yw'r nodwedd archeolegol sydd wedi cael ei ymchwilio fwyaf yn Ewrop, os nad yn y byd yn gyfan. Mae tarddiad y cerrig sydd yno wedi ennyn chwilfrydedd ers canrifoedd. Roedd yna ddyfalu mor gynnar â 1858 ai o Gymru y daeth y deunydd igneaidd diarth y mae archeolegwyr yn ei alw'n 'gerrig glas'. Roedd daearegwyr yn gwybod na allai fod wedi dod o Wastatir Salisbury.

Ysgrifennodd Herbert Thomas, daearegwr a oedd wedi mapio Sir Benfro, bapurau ym 1913 ac ym 1923 sy'n disgrifio petrograffeg elfennau estron Sonehenge. Roedd ei ganlyniadau'n gyffredinol gywir yn ôl gwaith diweddar gan y Brifysgol Agored. Ond cododd amheuaeth ynghylch casgliadau Thomas fod yr un fath o gerrig i'w cael ar frigiadau Mynyddoedd Preseli yng Ngharn Ingli, Carn Carnalw a Foel Drygarn. Yn ddiweddarach, disgrifiodd eraill y 'chwarel' ar Garn Meini. Mae eraill, eto fyth, wedi ceisio ail greu eu taith. Er yn cael croeso gan lawer, cododd amheuaeth ynghylch manylion canfyddiadau Thomas ynghylch eu tarddiad, sy'n cael eu hategu gan ymchwil y Brifysgol Agored. Mae'r Brifysgol Agored yn awgrymu y gallai'r cerrig fod wedi dod o hyd at 15 ardal wahanol yn ne Cymru. Dim ond rhai o gerrig Stonehenge sydd yn rhai 'dolerit brith' nodweddiadol. O ran y dolerit brith, mae'r rhain yn debyg i'r cerrig yn Ngharngoedog ar ochr ogleddol Mynyddoedd y Preseli.

Bu dadlau am flynyddoedd ynghylch sut a pha ffordd y cludwyd y cerrig i Swydd Wilt. Eglurhad llawer mwy credadwy yw un Geoff Kellaway sydd hefyd yn cael ei goleddu gan Aubery Burl, Olwen Williams-Thorpe ac eraill. Y ddamcaniaeth yw mai meini dyfod yw'r rhain a gafodd eu cario o dde Cymru i'r dwyrain gan rew a'u gollwng o amgylch Wessex. Daw rhai o ganfyddiadau Kellaway o'i gofnodion o lindoriadau drwy waddodion rhewlif i'r de o Fryste adeg adeiladu traffordd yr M5.

Ceir dadansoddiad mwy manwl yn 'The Bluestone Enigma' (2010). Mae'r awdur, Brian John, yn wreiddiol o Sir Benfro, yn gyn ddarlithydd prifysgol mewn daeareg ac wedi cynnal astudiaethau maes gwyddonol ym Mhegwn y Gogledd a Phegwn y De.

Area 6

© Ian A Thomas

Odyn galch ar Skomer.
Limekiln on Skomer Island.

Gwydir (Snowdonia) were acutely aware, not only of their own limestone resources, but of those as far away as Yorkshire. The Carboniferous limestones forming long sections of coastal cliffs in south Pembrokeshire were therefore an important source of lime, tempering acidic soils extending over Mid Wales and South West England.

Although there were coastal kilns at a number of the workings and small harbours in the county, limestone and Pembrokeshire coal (rather than lime – which is potentially dangerous if in contact with water) were shipped out to be burnt nearer the point of use. These commodities were often taken northwards, to be landed at ports or on beaches as feedstock to shore-based kilns for example to build the Castle of Aberystwyth in the1270s or to supply farms from the remote kilns at Wallog, a hamlet a few miles to the north. The limestone was itself of course used as a building material in many of the defensive structures such as Carew, Manorbier and Pembroke

© Ian A Thomas

Odynau calch, Harbwr Solfach.
Limekilns, Solva Harbour.

Y Fasnach Galch

Heblaw am brosiectau cymharol ddi-nod, prif ddiddordeb perchnogion chwareli o ddiwedd y 16 ganrif tan tua 1850 oedd cynhyrchu cerrig calch, i'w troi'n galch i'w chwalu ar dir i ddechrau, yna ar gyfer fflwcs yn y gweithiau haearn ac ar gyfer sment. Mae mortar calch wedi'i ddefnyddio yng Nghymru ers dyddiau'r Rhufeiniaid, os nad ynghynt. Roedd ffermwyr gorllewin Cymru wedi sylweddoli gwerth calchio cyn y 1550au (yr adeg hynny, roedd hyn yn destun trafodaeth yng ngogledd Dyfnaint, ardal a ddaeth yn farchnad allforio fawr). Erbyn 1603, roedd George Owen yn gallu cofnodi yn ei draethawd (a ailargraffwyd ym 1892) ddywediad clasurol o Sir Benfro:

'a man doth sande for himself, lyme for his sonne and marle for his graunde child'.

Disgrifiodd Owen yn fanwl sut yr oedd odynau'n gweithio a hefyd frigiadau'r garreg galch o arfordir Sir Benfro i Gaerfyrddin. Roedd hefyd yn deall yn iawn Frigiadau'r Gogledd a'r De mor bell â'r ffin â Lloegr. Roedd Wyniaid Gwydr (yn Eryri) hefyd yn hynod ymwybodol, nid yn unig faint o'r garreg galch oedd ar eu tir ond hefyd lle'r oedd calch mewn llefydd eraill, hyd yn oed mor bell â Swydd Efrog.

Roedd y garreg calch Garbonifferaidd sy'n ffurfio darnau hir o greigiau arfordirol Sir Benfro yn ffynhonnell bwysig o galch i dymheru priddoedd sur sy'n ymestyn dros ganolbarth Cymru a de-orllewin Lloegr.

Er bod yna odynau mewn llawer o'r chwareli a'r harbyrau bychan ar yr arfordir, y cerrig calch a glo (yn hytrach na chalch - sy'n gallu bod yn beryglus pan ddaw i gysylltiad â dŵr) oedd yn cael eu hallforio fwyaf o Sir Benfro. Cai'r rhain eu llosgi yn nes at lle'r oedd y defnydd. Roedden nhw'n aml yn cael eu cludo tua'r gogledd, i'w gollwng mewn porthladdoedd neu ar draethau i fwydo odynau ar y lan, er enghraifft i adeiladu castell Aberystwyth yn 1270au neu i gyflenwi ffermydd o'r odynau anghysbell yn Wallog, pentref bychan ychydig filltiroedd i'r gogledd. Wrth gwrs, defnyddiodd y Normaniaid y garreg galch i godi llawer o'u cestyll, megis rhai Caeriw, Maenor Bŷr a Phenfro, i gynnal eu goruchafiaeth yn ne Penfro.

Rhwng canol y 17 ganrif a'r Rhyfel Byd Cyntaf, roedd ceioedd bychan yn cael eu hadeiladu blith draphlith yma ac acw a llongau hwyliau, slwpiau a brigiau yn llwytho, a chychod pysgota yn glanio ar draethau, rhwng llanw. Mae mapiau Arolwg Ordnans 1906 o Sir Benfro yn dangos 250 o odynau unigol, bron bob un ar yr arfordir ac, wrth gwrs, gallai llawer fod wedi diflannu cyn hynny. Roedd yna gymaint â deg odyn yng nghilfach fechan Solfach yn unig.

© Ian A Thomas

Odyn fechan ar yr arfordir yn Wallog, Aberystwyth, yn cael ei chyflenwi o Sir Benfro.
Small coastal kiln at Wallog, Aberystwyth, supplied from Pembrokeshire.

Ardal 6

Golygwedel/ Viewpoint

By permission 'Old Maps' www.old-maps.co.uk

Penrhyn West Willliamson ym 1869.
West Willliamson peninsula in 1869.

Chwareli
Quarries

© Dave Willie/Ruth Tarplee

Penrhyn West Willliamson – nifer o gamlesi'n cysylltu chwareli bychan (coediog, erbyn hyn) gyda'r prif sianelau.
West Willliamson peninsula - numerous canals linked small quarries (now wooded) with the main channels.

Castles, to maintain the Norman domination of south Pembrokeshire.

Between the mid C17th and World War I, small quays were built at every conceivable point, or sloops, brigs and smacks were beached and loaded between tides. A count of sites shown on the 1906 Ordnance Survey maps covering Pembrokeshire revealed 250 individual kilns, almost all along the coast and of course, many would have been lost without trace long before that date The small inlet of Solva alone had no less than ten kilns. In 1326, the Bishop of St Davids' records (the Black Book) refer to his tenants producing lime for him and we know that limestone was landed at Portclais and Solva in 1385 for making mortar at the cathedral *(Davies 1989; Moore-Collyer 1988)*.

Indeed mortar and limewashing for rendering buildings (including covering roofs – a local tradition) were the main Medieval uses. The significance of lime in rural economies was such that by the 1840s, high road tolls on farmers' lime were one of the key factors provoking the Rebecca Riots in West Wales *(Williams 1955)*. By comparison, the use of lime in building (for mortar, rendering or limewash), did not return to prominence until at least the 1850s.

Key quarries serving thirty or so kilns in the St Davids Peninsula were at West Williamston near Carew. Quarries alongside the Daucleddau were linked to the main waterway by numerous small 'canals' and through the saltmarshes. Barges were used serving quays here such as at Garron Pill where the wharf was cut into the rock in c1814, in this case for building the strategic Pembroke Dockyard.

Other important limestone quarries were at Lydstep (taking advantage of shelter from severe westerlies) and Caldey Island (see AT Coastal Beauty below).

The markets were geographically extensive, ranging from the Dovey in the north down to north Cornwall. The picturesque kilns for example at Clovelly in Devon, would have been serviced from here.

As the demand for lime declined, especially between the two World Wars, so the requirement for stone for roadmaking and construction in general increased. In response to military needs, demand accelerated and rose again from 1958 onwards with the development of Milford Haven oil terminals.

Cofnododd Esgob Tyddewi ym 1326 (yn y 'Llyfr Du') ei fod yn cael calch gan ei denantiaid ac mae'n wybyddus fod cerrig calch wedi cyrraedd Porthclais a Solfach ym 1385 i wneud mortar ar gyfer yr Eglwys Gadeiriol *(Davies 1989; Moore-Collyer 1988)*.

Mewn gwirionedd, ar gyfer mortar ac i wyngalchu adeiladau (gan gynnwys toeau - traddodiad lleol) y defnyddid calch yn bennaf yn y Canol Oesoedd. Erbyn y 1840 roedd calch yn hynod bwysig i economi ardaloedd gwledig. Tollau trwm y tollbyrth ar gario calch oedd un o'r prif resymau dros Wrthryfel Beca yng ngorllewin Cymru'r adeg hynny *(Williams 1955)*. Ond ni ddaeth defnyddio calch ar gyfer adeiladu (mortar, rendro neu wyngalchu) yn ôl i'w lawn fri tan o leiaf y 1850au.

Y prif chwareli oedd yn cyflenwi'r tua 30 o odynau ar benrhyn Tyddewi oedd y rhai yn West Williamston ger Caeriw. Roedd chwareli ger afon Cleddau yn cael eu cysylltu â'r afon gan nifer o 'gamlesi' bychan drwy'r morfa heli. Badau oedd yn cario'r cerrig i geioedd, megis yr un yn Garron Pill lle torrwyd cei o'r graig tua 1814, ar gyfer adeiladu iard ddociau strategol Penfro.

Roedd yna chwareli calch pwysig eraill yn Lydstep (yn manteisio ar gysgod rhag stormydd garw'r gorllewin) ac ar Ynys Bŷr (gweler AT Harddwch Arfordirol isod).

Roedd y marchnadoedd yn ddaearyddol helaeth, o afon Dyfi yn y gogledd i lawr i ogledd Cernyw. Oddi yma y deuai'r calch i odynau, megis y rhai tlws yn Clovelly yn Nyfnaint.

Wrth i'r galw am galch ostwng, yn enwedig rhwng y ddau ryfel byd, bu cynnydd cyffredinol yn y galw am gerrig ar gyfer ffyrdd ac adeiladu. Bu cynnydd yn y galw hefyd adeg yr ail ryfel byd ac, o 1958 ymlaen, pan ddatblygodd y diwydiant olew yn Aberdaugleddau.

Area 6

By Michael Blackmore; © Pembrokeshire Coast National Park Authority / gan Michael Blackmore, Awdurdod Parc Cenedlaethol Arfordir Penfro

Porthgain - Argraffiad arlunydd 1910.
Porthgain - Artist's impression 1910.

Porthgain

Porthgain – a quarry community revitalised

It is doubtful whether anyone would have described Porthgain as remarkable when in the 1960's, I first visited this remote village a few miles north along the coast from St Davids.

Many properties where unoccupied; some had lost their roofs; most had not been painted for years and the great bulky industrial walls dominated the silted harbour. It was almost a ghost village, which had died economically, when the quarries closed 30 years previously. Things were to get even worse with 15 more years of neglect, until 1982, when the local inhabitants and the Pembrokeshire Coast National Park Authority (NPA) joined forces to buy the main parts of the village. The higher land, excluding the quarries, was bought by the National Trust. A tea shop and an art gallery opened, but others probably thought those ventures were quite mad. Now the village thrives with hardly a parking space available on busy days. The National Park Authority is to be congratulated; far

Porthgain – adfywio cymuned chwarel

Mae'n amheus a fyddai unrhyw un wedi galw Porthgain yn rhyfeddol pan ymwelais i gyntaf, yn y 1960, â'r pentref bychan diarffordd ychydig filltiroedd i fyny'r arfordir o Dyddewi.

Roedd llawer o'r tai'n wag, rhai'n dadfeilio, rhai eraill heb weld paent ers blynyddoedd a waliau enfawr diwydiannol yn fwgan dros yr harbwr llawn mwd. Roedd bron yn bentref gwag oedd wedi marw'n economaidd pan gaeodd y chwareli 30 mlynedd ynghynt. Rodd pethau hyd yn oed yn waeth ar ôl 15 mlynedd arall o esgeulustod tan, ym 1982, i drigolion yr ardal ac Awdurdod Parc Cenedlaethol Arfordir Penfro ddod at ei gilydd i brynu prif adeiladau'r pentref. Prynodd yr Ymddiriedolaeth Genedlaethol y tir uwch, ond nid y chwareli. Agorodd caffi ac oriel gelf, a rhai pobl yn meddwl fod hynny'n wallgofrwydd llwyr. Erbyn hyn, mae'r pentref yn ffynnu heb brin le parcio i'w gael ar ddyddiau prysur. Mae Awdurdod y Parc Cenedlaethol i'w longyfarch, yn hytrach na cheisio cael gwared ar olion di-

Ardal 6

By Graham Brace: © Pembrokeshire Coast National Park Authority/ gan Graham Brace, Awdurdod Parc Cenedlaethol Arfordir Penfro

Porthgain heddiw - Argraffiad arlunydd.
Porthgain today - Artist's impression.

from a policy of "removal of any traces of industry at all costs", it played an active role sustaining regeneration here.

Mineral leases were held by various people and groups, first local, then from 1849, based in London, one being the London Crushed Stone Co. In the early C20th the lease was granted to United Stone Firms, an amalgamation of companies mainly involved in sandstone masonry in Gloucestershire. Most of the later activity in the period until closure in 1931, came under the close control of the village's owners, the aptly name Porthgain Village Industries, a subsidiary of Sheffield-based General Refractories (GR), a producer of materials for furnace linings. GR merged with the Scottish firm John G Stein & Co to become GR-Stein which in turn became part of Hepworth plc in 1970.

wydiannol deued â ddelo, mae wedi chwarae rhan fawr mewn cynnal ac adfywio'r lle.

Roedd prydlesi mwynau'n cael eu dal gan wahanol bobl a grwpiau, lleol yn gyntaf, ac yna, o 1849, gan rai o Lundain. Un oedd y London Crushed Stone Co. Yn nechrau'r 20 ganrif, caniatawyd prydles i United Stone Firms, cyfuniad o gwmnïau oedd yn gweithio'n bennaf yn cynhyrchu cerrig tywodfaen yn Swydd Gaerloyw. Roedd perchnogion y pentref, Porthgain Village Industries, is-gwmni General Refractories (GR) o Sheffield a chynhyrchydd defnyddiau leinin ffwrneisi, yn cadw llygad barcud ar y chwarel nes iddi gau ym 1931. Unodd GR â chwmni o'r Alban John G Stein & Co a ddaeth yn GR-Stein a dod yn rhan o Hepworth plc ym 1970.

Area 6

Hoprannau cerrig a harbwr, Porthgain.
Stone hoppers and harbour, Porthgain.

©Ian A Thomas

The earliest industrial process here was limeburning, using limestone and coal imported from South Pembrokeshire. The complex geology of the area then supported slate quarrying (1850-1910), a large brickworks (1889-1912) and a so called 'granite' quarry (1889-1931). The latter was served by a tramway and actually worked dolerite for road building which was shipped out. At its peak before and during WW1, several thousand tonnes of stone each, were sent annually to ports such as Bristol, Newhaven (Sussex), London and in Ireland, with lesser amounts to Devon and more local harbours. Trade was seasonal, being busy in the summer rising to 1000tpw. The quarries and the walls of fifteen impressive storage bins to separate stone by size, still remain *(Roberts 1979)*. The ALF (Wales) has contributed to the cost of restoring these monumental quayside bunkers.

An informative trail and excellent interpretive panels have been mounted. There is now talk of making a model to show how the various activities took place operated.This would be a most welcome addition.

Y broses ddiwydiannol gyntaf yma oedd llosgi calch, a'r cerrig calch a'r glo'n cael ei fewnforio o dde Sir Benfro. Roedd daeareg gymhleth yr ardal yn cynnal chwareli llechi (1850-1910), gwaith brics mawr (1889-1912) a chwarel 'ithfaen' honedig. Roedd gan y chwarel hon ffordd dramiau i gario'r cerrig dolerit at longau yn yr harbwr. Ar eu hanterth, cyn ac ar ôl y Rhyfel Byd Cyntaf, roedd pob un yn anfon sawl mil o dunelli o gerrig y flwyddyn i borthladdoedd megis Bryste, Newhaven (Sussex), Llundain ac i Iwerddon, a llai i Ddyfnaint ac i sawl harbwr lleol. Tymhorol oedd y fasnach, yn codi i 1000 tunnell yr wythnos yn ystod prysurdeb yr haf. Mae'r chwareli a waliau 15 o finiau cadw trawiadol, i wahanu cerrig yn ôl eu maint, yn dal yno *(Roberts 1979)*. Mae ALF (Cymru) wedi cyfrannu at gostau adfer y bynceri anferth hyn ger y cei.

Mae yna lwybr a phaneli dehongli rhagorol yno. Erbyn hyn mae yna sôn am wneud model i ddangos sut roedd y gwahanol weithgareddau yno'n cael eu rhedeg. Byddai croeso mawr i ychwanegiad o'r fath.

©Ian A Thomas

Bythynnod gweithwyr - noder un o reiliau rheilffordd gul yn cael ei defnyddio fel polyn lein ddillad.
Workers' cottages - note narrow gauge rail used as washing pole.

Coastal Beauty? – appearances can deceive

The extent to which our attitude to the environment has changed is quite remarkable. It may surprise many to learn that some of our now most prized coastal landscapes have been moulded by quarrying. Many of the best examples of change lie in south Pembrokeshire and on the Gower. (A9)

Caldey Island off Tenby appears to be a most improbable place for the hustle and bustle of quarrying, but in 1798 Thomas Kynaston took control and was producing limestone at 20,000 tpa from the High Cliff Quarry on the more sheltered northern shore. On his death in 1812, his son Cabot continued, recruit-

Harddwch Arfordirol? - nid aur yw popeth melyn

Mae'n rhyfeddol gymaint y mae ein hagwedd at yr amgylchedd wedi newid. Bydd yn syndod i lawer fod rhai o'n tirluniau enwocaf ar yr arfordir wedi'u ffurfio gan chwareli. Mae rhai o'r enghreifftiau gorau o hyn yn ne Sir Benfro ac ym Mro Gwyr. (A9)

Prin y byddai unrhyw un yn disgwyl clywed dwndwr gwaith chwarel ar Ynys Bŷr, ger Dinbych y Pysgod, ond, ym 1798, roedd Thomas Kynaston yn cynhyrchu 20,000 tunnell y flwyddyn o'r High Cliff Quarry ar arfordir gysgodol gogledd yr ynys. Daliodd ei fab, Cabot, ati ar ôl iddo farw, cyflogodd ragor o bobl ac roedd yn ddyn cymeradwy iawn, yn cael ei alw'n aml yn 'Cabot King of

ing a larger workforce and was regarded with great affection, being referred to as the 'King of Caldey'. Quarries on the island were described as large in 1843. Quarrying also took place on the neighbouring islet of St Margaret's where in1851, the chapel was converted into barracks for quarrymen. With Cabot's demise, the Island was sold in 1887 to James Wilson Hawksley who continued 'the good works' and quarrying. At this stage, stone broken from the cliffs was barrowed along high planks directly into flat bottomed boats. It was also employed in building the monastery in 1910-13. Later, a high level jetty for loading steam coasters was put in place, but after WWI the operation had a chequered history, being worked by Cardiff-based Roadstone Ltd in 1925.

Another perhaps surprising former quarry was that at Lydstep, now a quality private holiday centre. Here, parts of the quay alongside the large quarry remain as backdrop to the bay. The now delightful Stackpole Quay was built in the C18th to despatch stone and keep the Stackpole estate supplied. There were others at Bosherston and Flimston.

Caldey'. Roedd y chwareli ar yr ynys yn cael eu disgrifio ym 1843 fel rhai mawr. Roedd yna chwareli hefyd ar ynys fechan St Margaret, gerllaw, lle, ym 1851, cafodd y capel ei droi'n farics ar gyfer y chwarelwyr. Ar ôl i Cabot farw, gwerthwyd yr ynys ym 1887 i James Wilson Hawksley a ddaliodd ati gyda'r chwareli. Yr adeg hynny, roedd cerrig yn cael eu torri o'r clogwyni ac yn cael eu cario mewn berfâu ar blanciau uchel at gychod gwaelod fflat. Oddi yno y daeth y cerrig i adeiladu'r fynachlog ar Ynys Bŷr ym 1910-13. Yn ddiweddarach adeiladwyd glanfa uchel i lwytho llongau stêm yr arfordir ond, ar ôl yr Ail Ryfel Byd, hanes brith oedd i'r chwarel, roedd yn cael ei gweithio gan Roadstone Ltd o Gaerdydd ym 1925.

Chwarel annisgwyl arall yw'r hen un yn Lydstep, sy'n ganolfan wyliau breifat foethus erbyn hyn. Yma, mae rhan o'r cei ger y chwarel fawr yn dal yno'n gefndir i'r bae. Cafodd Cei Stackpole hyfryd ei adeiladu yn y 18 ganrif i lwytho cerrig ac i gyflenwi ystâd Stackpole. Roedd yna rai eraill yn Bosherston ac yn Flimston.

Y llong gargo y Firefly yn llwytho yn High Cliffs, Ynys Bŷr tua 1920.
The cargo ship Firefly loading at High Cliff, Caldey Island c1920.

Casglu cerrig calch, High Cliff, Ynys Bŷr, 1906.
Gathering limestone, High Cliff, Caldey Island 1906.

British Geological Survey / Arolwg Daearegol Prydain–ref A315/BGS

Casgliad Hywel Davies, Gwasanaeth Amgueddfeydd Penfro, Maenordy Scolton; ystâd Abaty Ynys Bŷr / Hwyl Davies Colln, Pembs Museum Serv, Scolton Manor; copyright–Caldey Abbey Estate

Area 6

Ardal 6

©Ian A Thomas

Bae Lydstep – chwarel ac olion glanfa ar y dde, Ynys Bŷr yn y pellter.
Lydstep Bay – quarry and remains of quay on right; Caldey Island in distance.

F H Gilman & Co

Porthgain was the best known coastal igneous quarry, but there were many inland. Over the last half century, F H Gilman Ltd became the leader in the Pembrokeshire industry. This Lincolnshire-based family firm was set up in 1949. They began making ready mixed concrete and bought Bolton Hill diorite quarry at Johnston, Haverfordwest, from the aptly named B Roch & Sons in 1964. Although relatively small in area the deposit is deep and very tough. Port facilities, oil refineries and the Lys y Fran Reservoir were important early contracts, the latter consuming 0.45Mt of aggregate. The geologically famous Treffgarne Quarries (now inactive) were purchased in 1973 from the Trafalgar House Group and new plant introduced at both sites. All Gilman's Welsh sites are in the former Dyfed area and also included Alltgoch at Cwrtnewydd (greywacke) and Coygen near Laugharne (limestone). Their other igneous quarry holdings were at Walwyns Castle, Garn Wen, Cerrig yr Wyn, Pantgwyn and Middle Mill, only the last being currently active. This probably made it the largest independent quarry concern then in Wales and by far the largest aggregates producer in Pembrokeshire. Bolton Hill was still the largest of their enterprises and in 2009 received a major planning extension. However in Summer 2011, Gilman's went into administration and in November, their local interests were acquired by Gerald D Harries & Sons of Narberth. ■

©Ian A Thomas

Daeth galw mawr o'r purfeydd olew ar ôl 1960, safle nwy hylif naturiol Dargon, Aberdaugleddau.
Refineries created great demand after 1960; Dragon liquefied natural gas plant, Milford Haven.

F H Gilman & Co

Ym Mhorthgain y mae'r chwarel cerrig igneaidd fwyaf adnabyddus ar yr arfordir, ond roedd yna lawer hefyd yn y mewndir. Yn ystod yr hanner canrif ddiwethaf, daeth F H Gilman Ltd yn flaenllaw yn y diwydiant yn Sir Benfro. Sefydlwyd y cwmni yn Swydd Lincoln ym 1949. Concrid parod oedd yn cael ei gynhyrchu gyntaf a phrynodd y cwmni chwarel diorit Bolton Hill yn Johnston, Hwlffordd oddi wrth B Roch & Sons yn 1964. Er yn fychan mewn arwynebedd mae'r garreg yno yn ddwfn ac yn hynod galed. Roedd gwaith adeiladu ar borthladdoedd, purfeydd olew a Chronfa Ddŵr Llys y Fran yn gontractau cynnar pwysig, aeth 0.45 miliwn tunnell o gerrig mân i'r gronfa ddŵr yn unig. Prynwyd Chwareli Trefgarn, sy'n enwog yn ddaearegol, gan y Grŵp Trafalgar House ym 1973 a daeth peiriannau newydd i'r ddwy chwarel. Yn Nyfed y mae pob chwarel sydd gan gwmni Gilman yng Nghymru, gan gynnwys Alltgoch yng Nghwrtnewydd (llwydgraig) a Cloygen ger Talacharn (carreg galch). Roedd eu chwareli cerrig igneaidd eraill yn Walwyns Castle, Garn Wen, Cerrig yr Wyn, Pantgwyn a Middle Mill, a dim ond yr olaf sy'n gweithio ar hyn o bryd. Mae'n debyg mai hwn oedd y cwmni chwareli annibynnol mwyaf yng Nghymru'r adeg honno a'r cynhyrchydd mwyaf o gerrig mân yn Sir Benfro. Mae Bolton Hill yn dal eu chwarel fwyaf a chafodd ganiatâd cynllunio yn 2009 i ehangu llawer mwy. Fodd bynnag, aeth Gilman i ddwylo'r derbynwyr yn haf 2011 a, fis Tachwedd, prynodd Gerald D Harries & Sons of Arberth eu busnesau lleol. ■

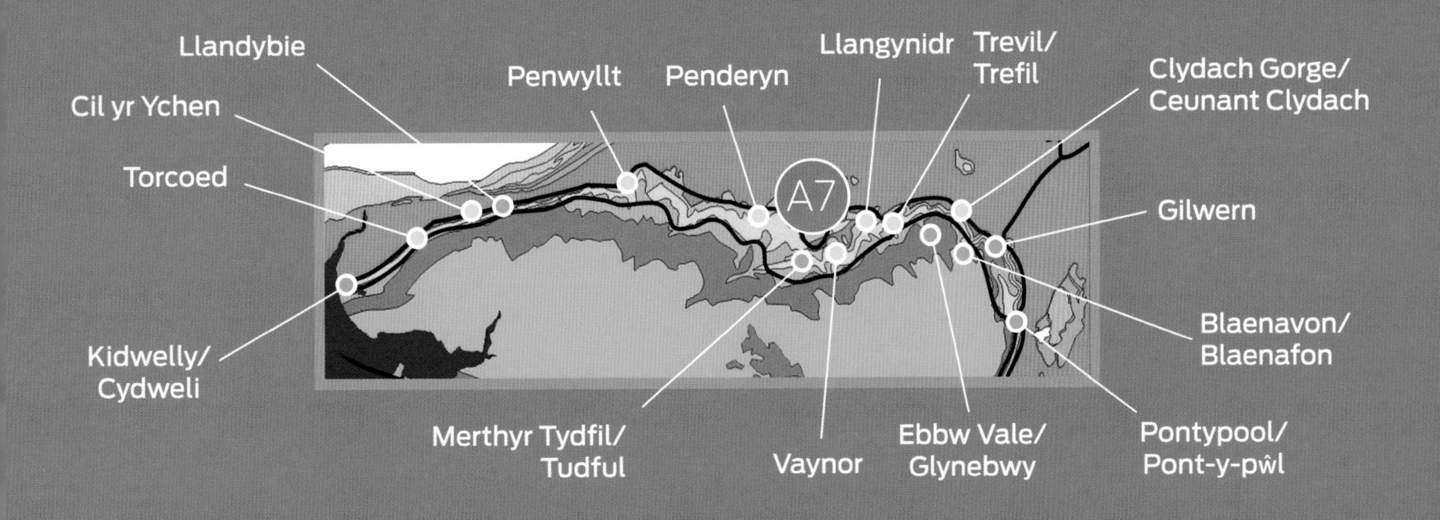

ARDAL 7:
BRIGIADAU GOGLEDDOL Y GARREG GALCH GARBONIFFERAIDD (A7)

AREA 7:
NORTH CROP CARBONIFEROUS LIMESTONE (A7)

Area 7

Ardal 7

NORTH CROP
CARBONIFEROUS LIMESTONE (A7)

BRIGIADAU GOGLEDDOL Y GARREG
GALCH GARBONIFFERAIDD (A7)

Geographic area

The name 'North 'Crop' – a short form of 'North Outcrop' is borrowed from coal miners referring to the coal seams exposed at the surface on the northern fringe of the Coalfield. Grammatically, the word Crop should read 'Crop, but the apostrophe is now usually ignored! The limestone follows a similar pattern a short distance to the north.

This area comprises a narrow (often less than 1-2km wide) and fairly sinuous zone from Kidwelly in the west via Llandybie and the Black Mountain where it broadens to the head of the Vale of Neath and Merthyr Tydfil, narrowing again eastward, sweeping north of Tredegar and Ebbw Vale to Gilwern. The outcrop constricts further, trending south east then southward via Pontypool to Cwmbran where it becomes the South Crop (A 9).

Geological setting

The geological structure of South Wales is like a set of oval dishes, the smaller ones at the top nesting into the larger ones below. The bottom dish represents the oldest beds, namely the Carboniferous Limestone followed by the Namurian (Millstone Grit), then upwards by the Lower and Middle Coal Measures capped by the most recent, ie the Pennant Sandstone.

The limestones of this area form the northern flank of the South Wales Coalfield syncline (downfold). The beds here, therefore have a general regional dip to the south running below the Millstone Grit and Coal Measures. The base rests unconformably on the Devonian. The limestones themselves vary, including thinly and massively bedded, high and lower purity sequences. Until recently, Carboniferous limestones in southern Britain were assigned to a time slot known as the 'Dinantian'. Although technically obsolete, it is still a widely used and helpful term (see geological map). In this area, the bulk of the limestone is of Visean age (ie upper 'Dinantian'), but in the central section (from approximately Llandybie to Mynydd Llangynidr) the lower most limestones are older, deposited in Tournasian times (lower 'Dinantian'). The outcrops are frequently dissected by north-south (or NNW-SSE) cross faulting which offsets outcrops against each other. This is particularly the case between the heads of the Vales of Neath and Taff. Important geomorphological features comprise extensive and in some cases, dramatic karst (cave-related) landscapes; good examples are seen around Dan-yr-Ogof and Pontneddfechan.

Topographically, the limestone forms a series of fault-broken ridges, generally much less pronounced than the Pennant Sandstone scarp which overlooks these areas from the south. However some of the limestone scarps do present major features e.g. that above the Talybont Reservoir.

Ardal Ddaearyddol

Daw'r enw 'North 'Crop' o 'North Outcrop', talfyriad gan lowyr wrth son am yr haenau glo sy'n brigo ar ymylon gogleddol y maes glo. Mae'r garreg galch yn dilyn patrwm tebyg ychydig i'r gogledd.

Mae'r ardal yn un gul (yn aml yn llai na 1 -2 cilometr o led) ac yn eithaf troellog o Gydweli yn y gorllewin drwy Landybie a'r Mynydd Du, mae'n lledu wrth gyrraedd blaenau Cwm Nedd a Merthyr Tudful cyn culhau eto wrth ddilyn llwybr i'r gogledd o Dredegar a Glyn Ebwy i Gilwern. Mae llai o frigiadau wrth symud tua'r de-ddwyrain ac yna i'r de drwy Bont-y-pŵl i Gwmbrân lle y mae'n cael ei galw y Brigiad Deheuol (A9).

Gosodiad Daearegol

Mae strwythur daearegol de Cymru fel set o lestri hirgrwn, y rhai lleiaf ar y top yn gorffwys ar y rhai mwy, islaw. Y llestr isaf sy'n cynrychioli'r gwelyau hynaf, sef y Garreg Galch Garbonifferaidd ac yna'r Namurian (Melinfaen) ac yna, yn uwch yr Haenau Glo Canol ac Is gyda'r mwyaf diweddar ar y top, hynny yw Tywodfaen Pennant.

Carreg galch yr ardal hon yw ymyl gogleddol synclin Maes Glo de Cymru. Mae gwelyau'r rhanbarth, felly, yn gogwyddo'n gyffredinol tua'r de gan redeg islaw'r Felinfaen a'r Haenau Glo. Mae'r gwaelod yn gorwedd yn anesmwyth ar y Defonian. Mae'r garreg galch ei hunan yn amrywio ac yn cynnwys gwelyau tew a thenau, pur iawn ac eithaf amhur. Tan yn ddiweddar, roedd cerrig calch yn ne Prydain yn cael eu gosod mewn cyfnod o'r enw 'Dinataidd'. Er, yn dechnegol, fod yr enw wedi darfod amdano, mae'n dal yn derm defnyddiol sy'n cael ei ddefnyddio'n helaeth (gweler y map daearegol). Mae carreg galch yr ardal hon o'r cyfnod Fiseaidd (hynny yw, Dinatian uchaf) ond, yn y canol (o tua Llandybie i Fynydd Llangynidr) mae'r cerrig calch isaf yn rhai hŷn, wedi'i dyddodi yn y cyfnodau Twrnasiaidd (Dinatian sïaf). Yn aml mae yna ffawtiau croes yn rhedeg o'r gogledd i'r de (neu'r gogledd-gogledd-orllewin i'r de-deddwyrain) sy'n gosod y brigiadau yn erbyn ei gilydd. Mae hyn yn gyffredin ym mlaenau cymoedd Nedd a Thaf. Mae'r nodweddion daearegol pwysig yn cynnwys y tirluniau carst (gydag ogofâu) dramatig, er enghraifft o amgylch Dan yr Ogof a Phontneddfechan.

Yn dopograffigol, mae'r garreg galch yn ffurfio cyfres o gribau ffawtiau toredig, sy'n llai amlwg at ei gilydd na'r llethrau Melinfaen Pennant sy'n edrych dros y rhain o'r de. Fodd bynnag, mae rhai o'r llethrau cerrig calch yn nodweddion amlwg, er enghraifft, uwch ben cronfa ddŵr Talybont.

Ceunant Clydach, wrth edrych tua'r gorllewin: Gwaith Calch Llanelli i'r chwith, Ffordd Blaenau'r Cymoedd yn y canol, Chwarel Darren Ddu/Blackrock i'r dde; gallai un o'r chwareli fod yn gweithio mor gynnar â 1704 ond yn y 1790au y dechreuodd y gwaith o ddifrif.

Clydach Gorge looking west: Llanelly Limeworks left; Heads of the Valleys Road centre; Darren Ddu/Blackrock works right; one of the quarries may have been operating as early as 1704 but the main activity began in the 1790s.

© Ian A Thomas

History

Although this is geographically the smallest area, it is one of considerable historical significance. The area includes some of the World's most important centres of the Industrial Revolution. Its international prominence was recognised by the inscription of Blaenavon as a World Heritage Site in 2000. Geological resources played a critical role in providing all the requisite ingredients – iron ore, clays and siliceous rocks for refractories, coal for fuel, building stone etc. To serve the early iron industry in places such as Blaenavon, Ebbw Vale and Dowlais, limestones were extensively exploited as a source of flux, our key interest. As a result, numerous quarries, usually with kilns (in some cases, large and even still almost intact), were linked by a network of early plateways and tramways with ironworks to the south. The archaeology of these routeways has been recorded in great detail. Some comprise the earliest form of railways anywhere *(van Laun 2001; Hughes 1990)*.

Throughout its length, it is doubtful if there is more than 1km² of outcrop which did not support a quarry and related kilns. Indeed along the limestone outcrop for a few kilometres either side of Llandybie Works , in certain places there are more than sixty kilns in a square kilometre *(Murphy & Sambrook 1994)*.

Hanes

Er, yn ddaearyddol, mai hon yw'r ardal leiaf, mae o gryn ddiddordeb yn hanesyddol. Yma mae rhai o'r canolfannau pwysicaf yn y byd o gyfnod y Chwyldro Diwydiannol. Cafodd ei phwysigrwydd ei gydnabod yn rhyngwladol pan wnaed Blaenafon yn Safle Treftadaeth y Byd yn 2000. Roedd adnoddau daearegol yn chwarae rhan hanfodol wrth ddarparu'r cyfan o'r cynhwysion angenrheidiol – mwyn haearn, clai a cherrig silica ar gyfer y ffwrneisi, glo yn danwydd, cerrig adeiladu ac yn y blaen. Roedd cerrig calch, ein prif ddiddordeb, yn cael eu cloddio'n helaeth fel fflwcs ar gyfer y diwydiant haearn ifanc mewn mannau megis Blaenafon, Glyn Ebwy a Dowlais. O ganlyniad, roedd nifer fawr o chwareli, lle'r oedd odynau'n aml, (rhai'n fawr a rhai'n dal bron yn gyfan) a rhwydwaith o lwybrau a llwybrau tramiau yn eu cysylltu â gweithfeydd haearn i'r de. Mae archeoleg y llwybrau hyn wedi'i gofnodi'n fanwl iawn. Yma y mae rhai o'r ffurfiau cynharaf ar reilffyrdd sydd i'w canfod yn unman *(van Laun 2001; Hughes 1990)*.

Mae'n amheus a oes yna fwy na chilometr sgwâr o'r brigiad lle na bu chwarel neu odyn galch. Yn wir, ar ychydig o gilometrau o frigiad y garreg galch o boptu Gwaith Llandybie, mae yna, mewn rhai mannau, fwy na thrigain o odynau y cilometr sgwâr *(Murphy & Sambrook 1994)*.

Area 7

This pattern of large scale operations to supply heavy industry, includes some quarries, such as those at Clydach/Llanelli, Llangattock, Trevil, Penderyn, Cribarth and Penwyllt , most of which even persisted into the post-1945 period. It overlies a network of numerous smaller scale earlier lime kilns with their products destined for the mid-Wales heartland of acidic soils, virtually devoid of any lime as far as the North Wales Coast 160 miles/260 km away and the English border. In pre-Industrial Revolution times, these also served the farms of the South Wales valleys and this trade was instrumental in the construction of the Brecon and Abergavenny Canal and the Hay Railway (1816).

So, from the head of the Swansea Valley eastwards, for 150 years after 1800, the iron trade dominated, whereas to the west (mainly in Carmarthenshire), agriculture was the principle lime market.

In the eastern section, the largest and most readily accessible complex of remains is that in the Clydach-Black Rock gorge. This was particularly associated with the works at Blaenavon and Ebbw Vale. Much further to the west, one of the most dramatic examples is located at Cilyrychen Quarry near Llandybie, with a large bank of architecturally designed Victorian structures. Other isolated early C20th but large kilns, still stand nearby (AT7 –Llandybie).

Even further west, working steeply dipping limestones, Torcoed and Torcoed Fawr quarries were purchased from local firms by the Hobbs Group (see AT9 Hobbs) in the 1960s and are now operated as a unit by Tarmac.

By 1958 South Wales was producing 6-7Mtpa of limestone, of which an estimated 25-30% was destined for iron and steel.

The considerable evidence of the former lime industry in this Area has attracted probably more interest of industrial archaeologists in stone-related remains, than those of any other area of Wales.

Where to find out more

Probably more has been written about the history of quarrying in this area than any other of comparable size in the UK. Some of the studies such as those by Hughes (1990), van Laun (2001), Burgess (2008 - Penwyllt) and the work by the Dyfed Archaeological Trust (1964) are almost forensic in character. About two thirds of the outcrop lies in the Brecon Beacons National Park (BBNPA) and some of the historical investigations have been supported by the NPA. They are also leading the Forest Fawr Geopark initiative. The Geopark coincides with the western half of the National Park and was endorsed at European level in 2005 then by UNESCO, the following year. Its aim is 'To promote the wider understanding of the area's geological heritage and to encourage the development of sustainable tourism based upon that heritage for the benefit of both residents and visitors to the area'. (*www.breconbeacons.org/fforestfawr*)

The BBNPA Waterfalls Centre Pontneddfechan explains a former gunpowder works and silica mining.

Whereas there are a number of related visitor attractions in the Area, in most cases at present, their connections with quarrying are indirect. These include Blaenavon World Heritage Site where facilities associated with the ironworks and coal mining (the Big Pit) are being actively developed. Trails have been produced by Torfaen around Gilwern. Van Laun's

Mae'r patrwm hwn o weithfeydd mawr i gyflenwi diwydiant trwm yn cynnwys rhai chwareli, megis y rhai yng Nghlydach / Llanelli, Llangatwg, Trefil, Penderyn, Cribarth a Phenwyllt, rhai wedi goroesi i'r cyfnod ar ôl 1945. Mae'r rhain ar safleoedd nifer o odynau calch cynharach, llai, a oedd yn cyflenwi calch ar gyfer priddoedd sur canolbarth Cymru, roedd y calch agosaf ar arfordir y gogledd, 160 milltir / 260 cilometr i ffwrdd, ac ar y gororau. Cyn y chwyldro diwydiannol, roedd y rhain hefyd yn cyflenwi ffermydd cymoedd y de, ar gyfer y fasnach hon yr adeiladwyd Camlas Aberhonddu a'r Fenni a Rheilffordd Gelli Gandryll (1816).

Felly, i'r dwyrain o flaenau Cwm Tawe, am 150 mlynedd ar ôl 1800, y farchnad haearn oedd yn teyrnasu, ond, i'r gorllewin (Sir Gaerfyrddin yn bennaf) cyflenwi calch i'r farchnad amaethyddol oedd bwysicaf.

Yn y rhan ddwyreiniol, mae'r gweddillion mwyaf a'r mwyaf hygyrch yng ngheunant Clydach - y Graig Ddu. Roedd y rhain yn gweithio'n agos gyda'r gweithfeydd ym Mlaenafon ac yng Ngwm Ebwy. Lawer ymhellach i'r gorllewin, mae un o'r enghreifftiau mwyaf dramatig i'w gweld yn Chwarel Cilyrychen, ger Llandybie, lle mae casgliad mawr o adeiladau o bensaernïaeth oes Fictoria ac odynau unigol, mawr, o'r 20fed ganrif, yn dal i sefyll gerllaw (AT7 -Llandybie).

Ymhellach hyd yn oed i'r gorllewin, yn gweithio cerrig calch dwfn, cafodd chwareli Torcoed a Thorcoed Fawr eu prynu gan gwmnïau lleol yr Hobbs Group (gweler AT9 Hobbs) yn y 1960au. Erbyn hyn maen nhw'n cael eu gweithio fel uned gan Tarmac.

Erbyn 1958, roedd 6 - 7 miliwn tunnell y flwyddyn o gerrig calch yn cael eu cynhyrchu yn ne Cymru, 25-30% o hyn, mae'n debyg ar gyfer y diwydiannau glo a dur.

Mae'r doreth o dystiolaeth o hanes y diwydiant calch yn yr Ardal hon wedi cynnau mwy ar ddiddordeb archeolegwyr diwydiannol mewn materion cysylltiedig â cherrig nag mewn unrhyw ardal arall yng Nghymru.

Lle i ganfod rhagor....

Mae'n debyg fod mwy wedi'i ysgrifennu am hanes chwareli yn yr ardal hon nag am chwareli unrhyw ardal arall o'r un faint yn y DU. Mae rhai o'r astudiaethau, megis rhai gan Hughes (1990), van Laun (2001), Burgess (2008 - Penwyllt) a gwaith Ymddiriedolaeth Archeolegol Dyfed (1964) yn ymylu ar fod yn rhai fforensig. Mae tua deuparth y brigiadau ym Mharch Cenedlaethol Bannau Brycheiniog ac mae rhai o'r ymchwiliadau hanesyddol wedi derbyn cefnogaeth Awdurdod y Parc. Y Parc hefyd sy'n arwain y fenter Geobarc Fforest Fawr. Mae'r Geobarc yn hanner gorllewinol y Parc Cenedlaethol a chafodd ei gymeradwyo ar lefel Ewropeaidd yn 2005 ac yna gan UNESCO flwyddyn yn ddiweddarach. Ei nod yw "Hyrwyddo dealltwriaeth ehangach o dreftadaeth ddaearegol yr ardal ac annog datblygu twristiaeth gynaliadwy yn seiliedig ar dreftadaeth er budd trigolion ac ymwelwyr â'r ardal". (*www.breconbeacons.org/fforestfawr)*

Mae Canolfan Rhaeadr Pontneddfechan y Parc Cenedlaethol yn dehongli hen waith powdwr gwn a chloddio am silica.

Er bod yna nifer o atyniadau i ymwelwyr yn yr Ardal, prin, ar hyn o bryd, yw eu cysylltiadau â chwareli. Mae'r rhain yn cynnwys Safle Treftadaeth y Byd Blaenafon lle mae'r adnoddau sy'n gysylltiedig â'r gwaith haearn a phyllau glo (Big Pit) wrthi'n cael eu datblygu. Cafodd llwybrau eu datblygu gan

Ardal 7

© Michael Blackmore

Chwarel y Cwm ar ben yr inclein i waith calch Clydach tua 1880 (darlun ail-greu o Early Limestone Railways).
Cwm Quarry at the top of the incline to Clydach Limeworks c 1880 [reconstruction drawing from Early Limestone Railways].

book (2008) on the Clydach Gorge provides further industrial trails and useful historical background. To the west, in the area around Merthyr Tydfil, various former railway lines have been converted into trails. Parts of these pass by quarry areas such as Vaynor and Ponsticill, as does the Brecon Mountain Railway. Some of the related interpretive material refers to quarrying and the industries they supplied and further information is available from the Merthyr tourist information centre. Other guides are being added, covering geology and history, supported by the ALF (Wales).

Midway along the outcrop, Dan yr Ogof caves provide information on local geology and cave/karst geomorphology.

However a potentially very exciting new initiative, applying innovative technology is being established on Black Mountain, north of Ammanford. A study and visitor centre, known as Calch (Welsh = lime) at Herbert's Quarry is planned which aims to bring to life work carried out by the Dyfed Archaeological Trust on lime burning and quarrying in the area. The project is being supported by ALF (Wales). *(www.calch.org.uk)*

The extensive Carmel/Cilyrychen Quarry estate has in part been converted into a National Nature Reserve with some interpretive provision by the NSC. Some of this land is now managed by the Grasslands Trust (see below: Llandybie)

A number of other sites nearby interpret some associated aspects or have

Gyngor Torfaen o amgylch Gilwern. Mae llyfr Van Laun (2008) ar Geunant Clydach yn dangos rhagor o lwybrau diwydiannol a gwybodaeth gefndir ddefnyddiol. Ymhellach i'r gorllewin, yn yr ardal o amgylch Merthyr Tudful, mae'r hen lwybrau rheilffordd wedi'u troi'n llwybrau cerdded. Mae rhai o'r rhain yn mynd heibio mannau lle'r oedd chwareli, megis y Faenor a Phontsticill, a hefyd Reilffordd Fynydd Brycheiniog. Mae rhai o'r defnyddiau dehongli'n cyfeirio at chwareli ac at y diwydiannau roedd y chwareli'n eu cyflenwi. Mae rhagor o wybodaeth ar gael o ganolfan groeso Merthyr. Mae arweinlyfrau eraill ar y gweill, yn trafod daearyddiaeth a hanes, sy'n derbyn cefnogaeth ALF (Cymru).

Hanner ffordd ar y brigiad, mae ogofau Dan yr Ogof yn cyflwyno gwybodaeth ar ddaeareg a geomorffoleg ogofâu/carstiau'r ardal.

Fodd bynnag, mae menter newydd gyffrous yn defnyddio technoleg arloesol yn cael ei sefydlu ar y Mynydd Du i'r gogledd o Rydaman. Bwriedir sefydlu canolfan astudio ac ymwelwyr, o'r enw Calch, yn Chwarel Herbert a fydd yn dod a gwaith Ymddiriedolaeth Archeolegol Dyfed ar chwareli a llosgi calch yn yr ardal yn fyw. Mae'r prosiect yn cael cefnogaeth ALF (Cymru). *(www.calch.org.uk)*

Mae rhan o ystâd chwarel helaeth Carmel/Cilyrychen wedi'i throi'n Warchodfa Natur Genedlaethol gyda pheth darpariaeth dehongli gan yr NSC. Mae peth o'r tir yn cael ei reoli, erbyn hyn, gan yr Ymddiriedolaeth y Glaswelltiroedd (gweler isod: Llandybie)

Mae nifer o safleoedd eraill yn dehongli rhai agweddau neu â darpariaeth ar gyfer ymwelwyr, megis Amgueddfa Castell Cyfarthfa, Merthyr Tudful (Crawshay a'r diwydiant haearn), cronfeydd dŵr afon Taf uwch ben Merthyr a Rheilffordd Fynydd

© Duncan Schlee/Calch

Chwarel Herbert, y Mynydd Du, Brynaman, safle 'Calch', yn adrodd hanes y diwydiant calch ar y Mynydd Du.
Herbert's Quarry, Black Mountain, Brynaman, the base for 'Calch', telling the story of the lime industry in the Black Mountains.

Area 7

© Duncan Schlee/Calch

Un o'r odynau yn Chwarel Herbert.
One of the kilns at Herbert's Quarry.

visitor provision, such as Cyfarthfa Castle Museum, Merthyr Tydfil (Crawshay and the iron industry), the Taff reservoirs above Merthyr and the adjacent Brecon Mountain Railway, the National Botanic Gardens of Wales (geotrail), and Carreg Cennen Castle, Mynydd y Garreg, and the Industrial Museum (Kidwelly). A number of country parks and picnic sites e.g. Llanelli Hill, Pontneddfechan, Craig y Nos and Llyn Llech Owain are also located in whole or part, on the outcrop.

Studies in this section relate particularly to the two main themes seen here, namely the demand for agricultural lime and for flux in the early iron industry, but they also have a broader relevance to South Wales as a whole. The more modern aspects of the industry are covered in A9.

Brycheiniog gerllaw, Gerddi Botaneg Cymru (geolwybr) a Chastell Carreg Cennen, Mynydd y Garreg a'r Amgueddfa Ddiwydiannol (Cydweli). Mae nifer o barciau gwledig a safleoedd picnic e.e. Bryn Llanelli, Pontneddfechan, Craig y Nos a Llyn Llech Owain, yn gyfan neu'n rhannol, ar y brigiad.

Mae astudiaethau yn yr adran hon yn trafod yn benodol y ddwy brif thema sydd i'w gweld yma, sef y galw am galch ar gyfer amaethyddiaeth ac am fflwcs gan y diwydiant haearn cynnar, ond maen nhw'n berthnasol, yn ehangach, i'r cyfan o dde Cymru hefyd. Mae agweddau mwy modern o'r diwydiant yn cael ei drafod yn A9.

Llandybie

As already noted the relatively thin sliver of an outcrop formed by the Carboniferous limestone is bounded due north by a vast area lacking any limestone more or less as far as the North Wales Coast. The Coalfield to the south was also devoid of lime, but could of course offer coal as the necessary kiln fuel to replace diminishing timber stocks.

As early as 1603 George Owen was advocating the use of lime to Pembrokeshire farmers (A4; see alsoA9). Through the C18th and C19th, not only did numerous small quarries and kilns spring up at every point where roads cross the limestone, they also provided the impetus for road and bridge building across often fairly barren landscapes such as

Llandybie

Fel y nodwyd eisoes, mae rhimyn cymharol gul o frigiad carreg galch Garbonifferaidd ar derfyn ardal helaeth i'r gogledd lle nad oes unrhyw garreg galch o gwbl, fwy neu lai, nes cyrraedd arfordir gogledd Cymru. Does yna ddim calch yn y maes glo i'r de chwaith, ond, wrth gwrs, roedd yno lo i'w ddefnyddio'n danwydd mewn odynau yn lle'r coed oedd yn prysur ddiflannu.

Mor gynnar â 1603, roedd George Owen yn annog ffermwyr Sir Benfro i ddefnyddio calch (A4, gweler hefyd A 9). Drwy gydol y 18 a'r 19 ganrif, nid yn unig datblygodd chwareli ac odynau bychan ym mhobman lle'r oedd ffyrdd yn croesi'r garreg galch, dyma hefyd a roddodd yr anogaeth i adeiladu

Ardal 7

© Tarmac Archive

Darlun Richard Penson o'r odynau y bwriadai eu codi yng Nghilyrychen.
Richard Penson's painting of his proposed Cilyrychen kilns.

Black Mountain as described by Evans (1984). These culminated in the Turnpike Trusts of the 1820s and 30s. The bard Watcyn Wyn wrote of the crown of the Black Mountain between Brynamman and Llangadog as 'Dinas wen yr odynau' – 'the white city of the kilns'. There are also stories of farmers travelling for several days from mid-Cardiganshire to collect a cart load of lime.

Around Llandybie, lime was being produced at Pistyll Lime Quarry by David Thomas well before 1789. Pant y Llyn quarry was active in 1813 and Samuel Lewis noted the employment offered by the industry there in1833.

The account now focuses upon a number of quarries between Cilyrychen and Carmel just north of Llandybie. Within a mile of the central quarry of the group, Glangwenlais , 15 quarries and 20 kilns can be found.

The coming of railways potentially represented a step change, but in practice only five lines connected the outcrop to the northern markets and that through Llandybie completed in 1857 probably offered the best links. The architect Richard Kyrke Penson, working on a commission from landowner Lord Dynevor and, having family connections with the lime industry near Wrexham (A1), seized the opportunity. Penson took on a 60 year lease in 1856, re-establishing Cilyrychen Quarry. Within a year, it was producing lime and by 1859 operating at full capacity. At the time, the operation

© Ian A Thomas

Odynau Cilyrychen, Llandybie yn y 1980au.
Cilyrychen Kilns, Llandybie, in the 1980s.

was one of the largest and most advanced. Explosives were used in the quarry – although stone was then hammered down manually, each man breaking 12 t per10 hour day (contracted-out); tubs on a tramway replaced carts by 1858. Each of the five 50 ft/15m high kilns was elaborately designed in Moorish or Venetian style. They produced 20 tpd each drawn 4 or 5 days after charging. Stationary steam engines provided the power.

On Penson's death in 1886, his widow took over, assisted by Frances Southern. In 1889 they acquired Pant y Llyn works. Mrs Penson passed the business over to Southern in 1898 and he with his mother reassigned it to Penson and Southern Ltd. Meanwhile Pentre Gwenlais Quarry was being

ffyrdd a phontydd ar draws tiroedd, anial yn aml, megis ar y Mynydd Du, fel y disgrifir gan Evans (1984). O'r rhain y datblygodd y Ffyrdd Tyrpeg yn y 1820au a'r 30au. Ysgrifennodd y bardd Watcyn Wyn am gopa'r Mynydd Du rhwng Brynaman a Llangadog fel 'Dinas wen yr odynau'. Mae yna hanesion hefyd am ffermwyr yn teithio am rai dyddiau o ganol Ceredigion i gasglu llond trol o galch.

O amgylch Llandybie, roedd calch yn cael ei gynhyrchu yn y Pistyll Lime Quarry gan David Thomas ymhell cyn 1789. Roedd chwarel Pant y Llyn yn gweithio ym 1813 a nododd Samuel Lewis gymaint oedd yn cael eu cyflogi yn y diwydiant yno ym 1833.

Mae'r hanes hwn yn canolbwyntio ar nifer o chwareli rhwng Cilyrychen a Charmel, ychydig i'r gogledd o Landybie. O fewn milltir i chwarel ganolog y grŵp, Glangwenlais, mae yna 15 o chwareli ac 20 o odynau.

Gallai dyfodiad y rheilffyrdd fod wedi newid hyn yn llwyr, ond, yn ymarferol, dim ond pum rheilffordd oedd yn cysylltu'r brigiadau â'r farchnad i'r gogledd, ac mae'n debyg mai'r un drwy Landybie, a gafodd ei hagor ym 1857, oedd yn cynnig y cysylltiadau gorau. Manteisiodd y pensaer Richard Kyrke Penson ar ei gyfle. Roedd yn gweithio ar gomisiwn gan Arglwydd Dinefwr ac roedd ganddo gysylltiadau teuluol â'r diwydiant calch ger Wrecsam (A1). Cymerodd Penson brydles 60 mlynedd ym 1856 gan ail agor Chwarel Cilyrychen. Roedd yn cynhyrchu calch o fewn blwyddyn ac, erbyn 1859, yn cynhyrchu ar ei hanterth. Yr adeg hynny, hon oedd y chwarel fwyaf a mwyaf blaenllaw. Cai ffrwydron eu defnyddio yn y chwarel - er mai â morthwylion llaw y cai'r cerrig eu malu ar ôl hynny, pob dyn yn torri 12 tunnell bob dydd o 10 awr (contractio allan); roedd tybiau ar lwybr tramiau wedi disodli troliau erbyn 1858. Cafodd pob un o'r odynau 50 troedfedd / 15 metr o uchder ei dylunio mewn arddull Mwraidd neu Fenetaidd. Roedd yr odynau'n cynhyrchu 20 tunnell y dydd yr un ac yn cael eu gwagio 4 neu 5 diwrnod ar ôl eu tanio. Deuai pŵer oddi wrth injans stêm sefydlog.

Area 7

© Ian A Thomas

Odynau rhyfeddol Pentre Gwenlias / Carmel, 1903, ger Llandybie.
The impressive Pentre Gwenlias/Carmel kilns dated 1903, near Llandybie.

operated by rivals Llandybie Limeworks Ltd (incorporated 1900). The two concerns became one in 1906, trading as Lime Firms Ltd. That company continued to be the largest agricultural lime burner in the region, until after WWII and also supplied flux for the steel industry *(Fenn 1997; Thomas 1997)*.

In 1974 Lime Firms was bought by Sir Alfred McAlpine Ltd (Al-McAlpine) to provide a source of aggregates for extending the M4 in 1976 and upgrading the A40. McAlpine Quarry Products were sold to Wimpey in 1995 and then acquired by Tarmac as part of an asset swap in 1996. Production at all the quarries referred to had ceased by 2000.

Pan fu Penson farw ym 1886, cymerodd ei weddw drosodd, a, gyda chymorth Frances Southern, prynwyd chwarel Pant y Llyn ym 1889. Trosglwyddodd Mrs Penson y busnes i Southern ym 1898 ac, yna, cafodd ei ailaseinio gan Southern a'i fam i Penson and Southern Ltd. Yn y cyfamser, roedd Chwarel Pentre Gwenlais yn cael ei rhedeg gan eu cystadleuwyr, Llandybie Limeworks Ltd, (a gafodd ei ymgorffori ym 1900). Unodd y ddau gwmni ym 1906 a masnachu fel Lime Firms Ltd. Tan ar ôl yr Ail Ryfel Byd, hwn oedd y cwmni oedd yn llosgi'r mwyaf o galch ar gyfer y farchnad amaethyddol. Roedd hefyd yn cyflenwi fflwcs ar gyfer y diwydiant dur *(Fenn 1997; Thomas 1997)*.

Ym 1974, prynodd Sir Alfred McAlpine Ltd (Al-McAlpine) Lime Firms i gynhyrchu cerrig mân ar gyfer ymestyn yr M4 ac uwchraddio'r A40. Gwerthwyd McAlpine Quarry Products i Wimpey ym 1995 a daeth Tarmac yn berchennog ym 1996 ar ôl cyfnewid asedau. Roedd pob un o'r chwareli wedi cau erbyn y flwyddyn 2000.

Quarries that changed the Law

In the 1990s, the Llandybie sites became a cause celebre in planning terms, known to planning professionals across Britain. They were embroiled in a dispute which effectively changed the law affecting old planning permissions. Without going into detail, the original decisions in 1948 to grant an Interim Development Order (IDO) allowing working, were ambiguous and definitive plans were missing when it came to bringing the permissions up-to-date in the 1990s. This uncertainty led to significant concerns in respect of potential damage to important conservation interests, viability of tenancies and the amenity of local residents, in the face of potentially very large scale, but undefined quarrying. Acrimony prompted a local action group (SQUIDO) to be formed. Conflicting decisions and legal opinions, a planning inquiry, followed by an appeal lodged to the High Court, failed to clarify the situation. Matters were calmed by a more conciliatory approach adopted after the Wimpey takeover. Effective resolution came only when Tarmac's acquisition resulted in a complete reversal - they offered concessionary access rights and championed the creation of the Carmel National Nature Reserve, opened by HRH the Prince of Wales in July 1999. The main feature of the Reserve is the Pant y Llyn turlogh - a lake which disappears in summer and is unique on the British mainland.

Since establishing the reserve, management of much of the site has been handed over the Grassland Trust based on a peppercorn lease from Tarmac. The Trust has described it as 'one of Wales' finest gems 'and 'one of the UK's richest wildlife areas' exhibiting 14 different habitats.

Chwareli a newidiodd y Gyfraith

Yn y 1990au, daeth chwarel Llandybie yn cause celebre yn y byd cynllunio gwlad a thref ac yn adnabyddus i gynllunwyr proffesiynol ledled Prydain. Cododd anghydfod a newidiodd, mewn gwirionedd, y gyfraith ynghylch hen ganiatadau cynllunio. Heb fanylu, roedd penderfyniadau gwreiddiol Gorchmynion Datblygu Dros Dro ym 1948 i ganiatáu'r gwaith yn Llandybie yn amwys a, pan ddaeth yn adeg diweddaru'r caniatadau yn y 1990au, roedd y cynlluniau diffiniol ar goll. Arweiniodd y dryswch at bryderon sylweddol o ran y difrod y gallai chwareli enfawr, ond heb eu diffinio, ei achosi, nid yn unig i safleoedd cadwraeth pwysig ond i hyfywdra tenantiaethau ac i fwynderau pobl yr ardal. Cododd gymaint o chwerwedd nes y ffurfiwyd grŵp gweithredu lleol (SQUIDO). Arweiniodd penderfyniadau a barnau cyfreithiol croes at ymchwiliad cynllunio ac yna at apêl i'r Uchel Lys. Ond methodd hyd yn oed hynny â datrys yr anghydfod. Tawelodd pethau ychydig pan gymerodd Wimpey'r safle drosodd a chymryd agwedd fwy cymodlon. Ond ni chafodd yr anghydfod ei datrys mewn gwirionedd nes i Tarmac gymryd y safle drosodd a chynnig hawliau mynediad consesiynol a hyrwyddo creu Gwarchodfa Natur Genedlaethol Carmel, a gafodd ei hagor gan Dywysog Cymru fis Gorffennaf 1999. Prif nodwedd y Warchodfa yw turlogh – llyn sy'n diflannu yn yr haf ac sy'n unigryw ar dir mawr Prydain.

Ers sefydlu'r warchodfa, mae llawer o'r gwaith rheoli wedi'i drosglwyddo i'r Ymddiriedolaeth Glaswelltir, yn seiliedig ar brydles ar rent enwol oddi wrth Tarmac. Mae'r Ymddiriedolaeth wedi'i disgrifio fel 'un o emau gorau Cymru' ac 'un o ardaloedd bywyd gwyllt cyfoethocaf y DU' lle mae yna 14 o wahanol gynefinoedd.

Ardal 7

Iron & Steel - begginings

(see also A9 - Making Iron and Steel – the Modern Industry)

Coke (replacing charcoal) was first used to fire blast furnaces by Abraham Darby in 1709 just over the Welsh Border in Shropshire. Its application only a dozen years later at Bersham near Wrexham, marked the first faltering steps in the establishment of the modern iron industry in Wales.

In the following century, the demand for flux defined some important modern limestone quarrying centres, namely the cluster feeding the north Monmouthshire/ Glamorgan ironworks, Minera near Wrexham and on the north Wales Coast, even later, supplying Scotland. Eventually the iron and steel the industry, having migrated to the Coast, prompted the development in the South Crop limestones. (A9)

Not only did the metal industry demand limestone as a flux, dolomite (AT9-Taffs well), silica rock and fireclay were required as refractories, ie for furnace linings.

Henry Cort's reverberatory furnace (1784) separating coal burning from smelting iron, was perfected at Cyfarthfa Works, Merthyr. This was one of a number of World scale groundbreaking innovations initiated in South Wales (see also AT 9 – Taffs Well).

The iron and steel industry in South Wales was first concentrated at the six Heads of the Valleys works at Blaenavon, Tredegar, Rhymney, Dowlais, Cyfarthfa and Ebbw Vale of which only the last survived in partial form into the late C20th, steel production ending in 1978. Some of the World's first railways (technically 'tramways') were built to deliver limestone from quarries to iron works.

North Crop Limestone Quarries

Three of the four limestone quarries in the eastern North Crop active in 2010 namely Penderyn, Trefil and Blaen Onneu, were supplying limestone to ironworks in the 1790s. The fourth, Vaynor, lies just across the valley from others active in that period.

By the early 1820s there were at least twenty ironworks served by 27 limestone quarries linked via a hundred kilometres of tramways *(van Laun 2001; Hughes 1990)*. Almost all were exploiting the Dowlais Limestone Formation, not the purest, but having the broadest outcrop. All except Penderyn were under the control of four large landowners, three of whom were also involved in iron.

Some of the then largest quarries in the UK, active from the late C18th and early C19th, were opened up to supply flux in the form of limestone or lime to the iron and later, the steel industry, particularly between Hirwaun and Blaenavon. There were two principle clusters, one in the east between Clydach and Llangattock and a second to the west, ie north of Merthyr Tydfil.

The history of most of these quarries is very complicated as the following illustrates.

Haearn a Dur – y dechreuad

(gweler hefyd A9 – Cynhyrchu Haearn a Dur – y Diwydiant Modern)

Abraham Darby oedd y cyntaf i ddefnyddio côc i danio ffwrneisi chwyth yn 1709, ychydig dros y ffin yn Sir Amwythig. Pan gafodd ei ddefnyddio, brin ddwsin o flynyddoedd yn ddiweddarach yn Bersham, ger Wrecsam, dyma oedd camau cyntaf, petrus y diwydiant haearn modern yng Nghymru.

© Ilan Peaty/Frank Finch

Iard waith Chwarel Penderyn, ger Hirwaun c1920.
Penderyn Quarry works yard, near Hirwaun c1920.

Yn y ganrif ganlynol, datblygodd canolfannau pwysig o chwareli calch i ddiwallu'r angen am fflwcs, sef y clystyrau yn cyflenwi gweithfeydd haearn gogledd Sir Fynwy a Sir Morgannwg, ym Minera ger Wrecsam ac ar arfordir gogledd Cymru a oedd, yn ddiweddarach, yn cyflenwi hyd yn oed mor bell â'r Alban. Ymhen tipyn, ar ôl i'r diwydiant haearn a dur symud i'r arfordir, dechreuwyd gweithio cerrig calch Brigiad y De. (A9)

Nid yn unig roedd y diwydiant metel angen cerrig calch fel fflwcs, roedd angen dolomit (AT9 - Ffynnon Taf) cerrig silica a chlai tân yn leinin i ffwrneisi.

Cafodd ffwrnais adlam Henry Cort (1784), a oedd yn gwahanu glo'n llosgi odd wrth yr haearn yn toddi, ei pherffeithio yng Ngwaith Chyfarthfa, Merthyr Tudful. Dim ond un oedd hon o nifer o ddyfeisiadau o bwysigrwydd byd-eang a gafodd eu perffeithio yn ne Cymru (gweler hefyd AT9 - Ffynnon Taf).

Tyfodd y diwydiant haearn a dur yn gyntaf mewn chwe gwaith ym Mlaenau'r Cymoedd - ym Mlaenafon, Tredegar, Rhymni, Dowlais, Cyfarthfa a Glyn Ebwy a dim ond yr olaf a oroesodd tan ddiwedd yr 20 ganrif. Daeth cynhyrchu i ben yno ym 1978. Yma y cafodd rhai o reilffyrdd cyntaf y byd (yn dechnegol, llwybrau tramiau) eu hadeiladu i gario cerrig calch i weithfeydd haearn.

Chwareli Calch Brigiad y Gogledd

Roedd tair o'r pedair chwarel carreg calch ar ddwyrain y Brigiad Gogleddol oedd yn gweithio yn 2010, sef Penderyn, Trefil and Blaen Onneu, hefyd yn cyflenwi cerrig calch i weithfeydd haearn yn y 1790au. Roedd y bedwaredd, Vaynor, ychydig ar draws y cwm o'r rhai oedd yn gweithio'r adeg hynny.

Erbyn dechrau'r 1820au roedd yna 27 o chwareli calch yn cyflenwi o leiaf 20 o weithfeydd haearn drwy 100 cilometr o lwybrau tramiau *(van Laun 2001; Hughes 1990)*. Roedd bron pob un yn gweithio Ffurfiant Cerrig Calch Dowlais, nid y puraf, ond

Area 7

KEY/ALLWEDD

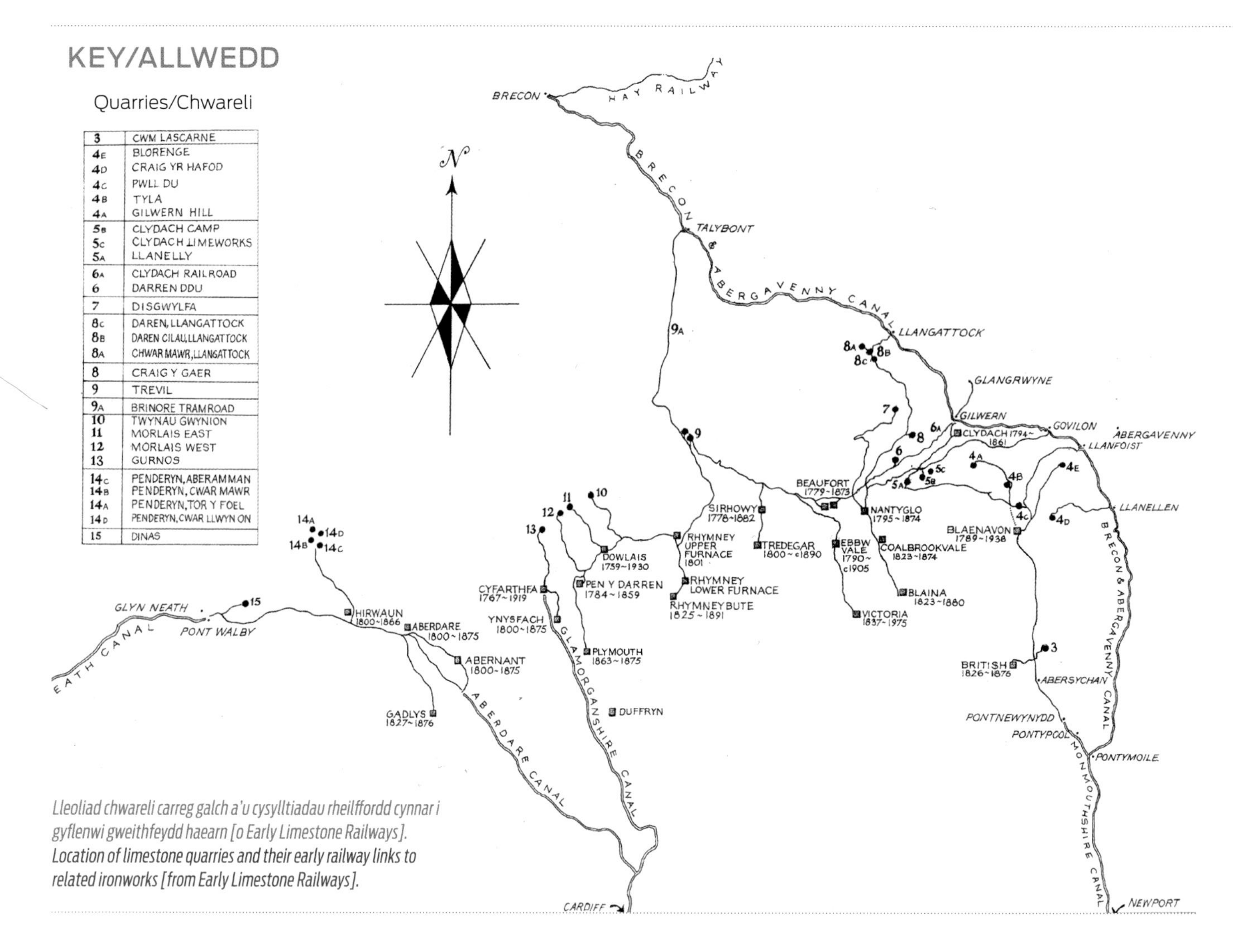

Quarries/Chwareli

3	CWM LASCARNE
4E	BLORENGE
4D	CRAIG YR HAFOD
4C	PWLL DU
4B	TYLA
4A	GILWERN HILL
5B	CLYDACH CAMP
5C	CLYDACH LIMEWORKS
5A	LLANELLY
6A	CLYDACH RAILROAD
6	DARREN DDU
7	DISGWYLFA
8C	DAREN, LLANGATTOCK
8B	DAREN CILAU, LLANGATTOCK
8A	CHWAR MAWR, LLANGATTOCK
8	CRAIG Y GAER
9	TREVIL
9A	BRINORE TRAMROAD
10	TWYNAU GWYNION
11	MORLAIS EAST
12	MORLAIS WEST
13	GURNOS
14C	PENDERYN, ABERAMMAN
14B	PENDERYN, CWAR MAWR
14A	PENDERYN, TOR Y FOEL
14D	PENDERYN, CWAR LLWYN ON
15	DINAS

Lleoliad chwareli carreg galch a'u cysylltiadau rheilffordd cynnar i gyflenwi gweithfeydd haearn [o Early Limestone Railways].

Location of limestone quarries and their early railway links to related ironworks [from Early Limestone Railways].

RAILWAYS

Aberdare		Coal, Iron,
Ashby de la Zouch and Measham &c.	15 Miles	Coal, Lime,
Bollo Pill (Dean Forest)	18 M.	Coal, Flags, Grindstones, Limestone,
Brecon & Hay	24 M.	Coal, Lime
Brampton & Carlisle		Coal,
Carmarthenshire	15 M.	Stone, Coal, Culm, Lead Iron-stone, Limestone
Cardiff & Merthyr	27 M.	Iron, Limestone, and Coal,
branch	9 M.	
Cheltenham & Gloster	9	Coal, Road & Freestone
Dartmoor		
Dean Forest, Severn & Wye, beside branches	13 M.	Coal, Flagstone, Grindstones, Iron, Lime, Ochre,
Monmouth	8 M	
Dewsbury & Birstal	3 M.	Coal,
Peak Forest	6 M.	Limestone,
Penclaudd		Coal, Culm,
Purbeck	3 M.	Pipe & Potters Clay
Sirhowey	28 M.	Coal, Iron, Limestone
Surry or Wandsworth	10 M.	Chalk, Flint, Firestone, and Fullers Earth.
Southern or Mesterham part	16 M.	the same,
Swansea & Oyster Mouth	7¼ M.	Limestone, Coal,
Wibsey Low Moor		Iron, Coal,

William Smith oedd yn cyhyrchu rhai o'r mapiau daearegol cyntaf, mae'r detholiad hwn o 1820 yn dangos y rheilffyrdd cynnar, y rhan fwyaf yn ne Cymru.

William Smith produced some of the World's first geological maps; this 1820 extract listed early railways, most of which were in South Wales.

Tomeni rwbel o'r chwarel garreg galch yn uchel ar Fynydd Gilwern, roedd yn cyflenwi gwaith haearn Blaenafon o'r 1880au.

Waste dumps from the limestone quarry high up on Gilwern Hill; it served Blaenavon Ironworks from the 1880s.

Ardal 7

Gwaith Calch Clydach fu'n cyflenwi'r gweithiau haearn yn y cwm gydol y rhan fwyaf o'r bedwaredd ganrif ar bymtheg.
Clydach Limeworks which served the ironworks in the valley below through much of the nineteenth century.

©Ian A Thomas

The Merthyr quarries

Twynau Gwinion Quarry (Pontsticill) on the Bute Estate, delivered to Dowlais Works from the 1790s and from 1800, to Rhymney Works. In 1825, Bute Ironworks took over operations, merging with Rhymney Works in 1835. This quarry closed in 1891. From 1825, Morlais Castle (or Hill or East Morlais) Quarries served exclusively Dowlais Iron Works until the 1920s from which point, they were retained by GKN (they took over Dowlais Works in 1900) to supplement East Moors Works, Cardiff (the latter being normally served by Creigiau Quarry at Pentyrch (Llantrisant) (A9).

Four ironworks (Cyfarthfa, Pen y Darren, Ynys Fach and Plymouth) relied on Gurnos Quarry from the 1770s, effectively being held to ransom by Crawshay until Pen y Darren joined with Dowlais, to open up Morlais West in 1799.

The Morlais operations were particularly large undertakings with a face of up to ¾ mile (1.2km) long and capable of quarrying 2200-2400 tpw.
The other main quarry in this group, Penderyn, served the earliest ironworks in the area, that at Hirwaun, from 1757. Later it supplied Aberdare, Abernant and Gadlys Ironworks into the mid 1870s, when these works closed.

yr un oedd â'r brigiad lletaf. Roedd pob un heblaw Penderyn o dan reolaeth pedwar tirfeddiannwr mawr, tri o'r rhain hefyd â rhan yn y gweithfeydd haearn.

Cafodd rhai o chwareli mwyaf y DU yn niwedd y 18 a dechrau'r 19 ganrif eu hagor i gyflenwi fflwcs ar ffurf cerrig calch neu galch i'r diwydiant haearn ac, yn ddiweddarach dur, yn enwedig rhwng Hirwaun a Blaenafon. Roedd yna ddau brif glwstwr, un i'r dwyrain rhwng Clydach a Llangatwg a'r llall yn y gorllewin, hynny yw, i'r gogledd o Ferthyr Tudful.

Mae hanes y rhan fwyaf o'r chwareli hyn yn gymhleth iawn, fel y dengys y canlynol.

Chwareli Merthyr

Roedd Chwarel Twynau Gwinion (Pontsticill) ar Ystâd Bute yn cyflenwi Gweithfeydd Dowlais o'r 1790au a Gwaith Rhymni o 1800. Ym 1825, cymerodd Bute Ironworks y gwaith drosodd, a'i uno â Gwaith Rhymni ym 1835.

Area 7

Ardal 7

© Powell Duffryn Quarries

Chwarel Vaynor ym Merthyr Tudful yn y 1980au.
Vaynor Quarry, Merthyr Tydfil in the 1980s.

Vaynor Quarry

By contrast, Vaynor Quarry north of Merthyr, now the largest operation in the area, had a later start. Although it has been claimed to have opened in 1847 to supply Crawshay's Ironworks, this appears a less likely date than the1870s, as it was not rail-linked until the 1860s. In 1895, the Crawshays were employing 40 people here. Later it apparently sold mainly lime to Breconshire farmers and it was Alfred Lewis, a Crickhowell farmer's son who powered its c20th development. Lewis, a trained engineer with an interest in geology, and an outstanding innovator of quarry plant, entered the business in 1903 at Pontsticill, trading as Abercriban Quarries. Before 1912 he had installed one of the UK's earliest tarmacadam plants. In 1922 his son D V P Lewis (later to become Lord Brecon) joined him and in 1924 they took a lease on Vaynor Quarry, closing Pontsticill in 1927. Over the next twenty years, despite the recession, they invested heavily in state-of-the-art plant, introducing electricity in 1944 and a new primary processing system in 1947. Alfred died in 1955, shortly after which, Machen Quarries was acquired. After WWII into the 1970s, Vaynor, on account of its very low silica content, specialised in producing limestone dust used to prevent colliery explosions. In 1964, Powell Duffryn took over Machen and Vaynor Quarries *(Earle 1974)*.

The later ownership history of Penderyn and Vaynor Quarries is covered in the Powell Duffryn case study (AT10). ■

Caeodd y chwarel ym 1891. O 1825, roedd chwareli Morlais Castle (neu Hill neu East Morlais) yn cyflenwi Gwaith Haearn Dowlais yn unig tan y 1920. Yr adeg hynny, cafodd y chwareli gytundeb â GKN (a oedd wedi cymryd Gwaith Dowlais drosodd ym 1900) i gyflenwi'n atodol Waith East Moors, Caerdydd (a oedd yn cael ei gyflenwi fel arfer o Chwarel y Creigiau ym Mhentyrch, (Llantrisant) (A9).

Roedd pedwar gwaith haearn (Cyfarthfa, Pen y Darren, Ynys Fach a Plymouth) yn dibynnu ar Chwarel Gurnos o'r 1770au ac roedd y chwarel, mewn gwirionedd, o dan fawd Crawshay nes yr ymunodd Pen y Darren gyda Dowlais i agor chwarel Morlais West ym 1799.

Roedd chwareli Morlais yn rhai eithriadol o fawr gydag wyneb ¾ milltir (1.2 cilometr o hyd) ac yn gallu cynhyrchu 2200-2400 tunnell yr wythnos.

Roedd prif chwarel arall y grŵp hwn, Penderyn, yn cyflenwi gwaith haearn cynharaf yr ardal, yn Hirwaun, o 1757. Ar ôl hynny, bu'n cyflenwi gweithfeydd haearn yn Aberdâr, Abernant and Gadlys tan ganol y 1870 pan gaeodd y gweithiau.

Chwarel Vaynor

Nid agorodd Chwarel Vaynor, i'r gogledd o Ferthyr, tan yn ddiweddarach. Erbyn hyn, hi yw'r fwyaf yn yr ardal. Er yr honnir iddi agor ym 1847 i gyflenwi Gwaith Haearn Crawshays, ymddengys yn debycach mai ym 1870 yr agorodd ac nad oedd cyswllt rheilffordd ar gael iddi tan y 1860au. Ym 1895, roedd y Crawshays yn cyflogi 40 o bobl yno. Yn ddiweddarach, ymddengys mai calch i ffermwyr Sir Frycheiniog oedd yn cael ei werthu'n bennaf ac mai Alfred Lewis, mab fferm o Grughywel oedd y tu ôl i'w datblygiad yn yr 20 ganrif. Daeth Lewis, peiriannydd hyfforddedig gyda diddordeb mewn daeareg ac arloesydd penigamp mewn peiriannau chwarel, i'r busnes ym 1903 ym Mhontsticill, gan fasnachu fel Abercriban Quarries. Cyn 1912, roedd wedi gosod un o'r peiriannau tarmacadam cyntaf yn y DU. Ym 1922, daeth ei fab D V P Lewis (Arglwydd Brycheiniog, yn ddiweddarach), ato a chymerodd y ddwy brydles ar Chwarel Vaynor a chau Pontsticill ym1927. Yn ystod yr ugain mlynedd nesaf, er gwaethaf y dirwasgiad, buddsoddodd y ddau'n helaeth yn y peirannau diweddaraf, gosod trydan ym 1944 a system brosesu gychwynnol ym 1947. Bu farw Alfred ym 1955 ac, yn fuan wedyn, prynwyd Chwareli Machen. Ar ôl yr Ail Ryfel Byd a hyd at y 1970au, roedd Vaynor, gan mai ychydig iawn o silica oedd yn y calch, yn arbenigo ar gynhyrchu llwch calch a oedd yn cael ei ddefnyddio i rwystro ffrwydradau mewn pyllau glo. Ym 1964, prynodd Powell Duffryn Chwareli Machen a Vaynor *(Earle 1974)*.

Mae hanes diweddar perchnogion Chwareli Penderyn a Vaynor yn cael ei drafod yn astudiaeth achos Powell Duffryn (AT10). ■

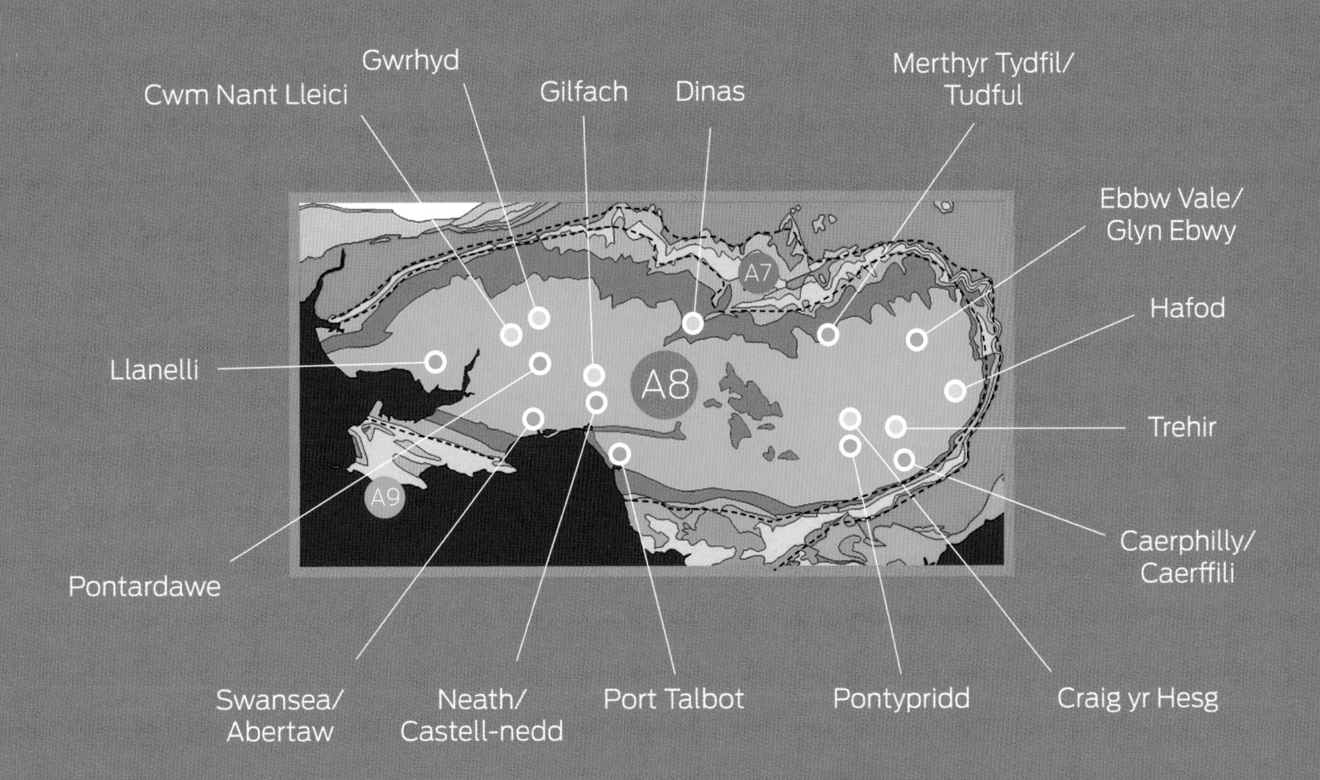

ARDAL 8:
MAES GLO DE CYMRU (A8)

AREA 8:
SOUTH WALES COALFIELD (A8)

Area 8

Ardal 8

SOUTH WALES COALFIELD (A8)

MAES GLO DE CYMRU (A8)

Geographic area

The zone includes the whole of the main South Wales Coalfield, i.e. ranging across Monmouthshire, the former county of Glamorgan and into eastern Carmarthenshire. The southern edge is defined by a line through the north of the Gower across Swansea Bay to Kenfig Burrows, Bridgend and Caerphilly, to Cwmbran and Pontypool on the east. The north Crop (Area 7) runs on from there, marking the northern limit.

Geological setting

The Coalfield takes the form of a long, oval-shaped east-west trending syncline (a downfold). In most British Coalfields, mudstones dominate the succession, that is, as a part of a series of sedimentary cycles. This is the case in South Wales for the Lower (ie Langsettian and/or Westphalian A Stages) and the Middle Coal Measures (Duckmantian and Lower Bolsovian or Westphalian B and part of C stages). However coal seams in the youngest, ie uppermost rocks in the Coalfield (Upper Boslovian/Westphalian C and D) are dominated by a series of exceptionally thick sandstones. The latter are highly siliceous but lithic (containing clay fragments), extremely hard and resilient to weathering. They belong to the Pennant Sandstone Formation and are up to 1500m thick in places. They were the result of advancing river deltas from the south arising from the Variscan Orogeny (mountain building phase). The Pennant, being towards the top of the sequence, coupled with its resistance to weathering, has produced two landforms typical of the South Wales Valleys. Firstly, great slabs of Pennant account for much of the higher moorland. However where erosion has occurred, often accentuated by NNW/SSE or SW/NE trending fault structures, many of the floors in the larger valleys have been cut down into the softer Middle or Lower Coal Measures, ie the sections of the Coal Measures where mudstone predominates. Much of the surface of the Coalfield from Pembrey (Carms) in the west to Pontypool (Gwent), in the east therefore comprises Pennant Sandstone.

Less pervasive, but forming some significant ridges along the north crop, is a band of coarse conglomerates and sandstones edging the Coal Measures. This is the Millstone Grit Series.

History

In terms of stone, the development of this area is so inextricably bound up with Pennant Sandstone that this is taken here as the main theme. The only other material to feature here, and this only on a very minor scale, is Millstone Grit. As such it is treated as a separate theme under silica rock.

Ardal Ddaearyddol

Mae'r parth yn cynnwys y cyfan o brif Faes Glo De Cymru, hynny yw, mae'n cynnwys Sir Fynwy, yr hen Sir Forgannwg a dwyrain Sir Gaerfyrddin. Mae'r terfyn deheuol yn cael ei ddiffinio gan linell drwy ogledd Bro Gwyr, ar draws Bae Abertawe i Dwyni Cynffig, Pen-y-bont ar Ogwr a Chaerffili ac i Gwmbrân a Phont-y-pŵl yn y dwyrain. Mae'r Brigiad Gogleddol (Ardal 7) yn rhedeg ymlaen oddi yma ac yn ffurfio'r terfyn gogleddol.

Gosodiad Daearegol

Mae'r Maes Glo ar ffurf synclin hir a hirgrwn gyda thueddiad dwyrain – gorllewin (isblyg). Yn y rhan fwyaf o feysydd glo gwledydd Prydain, cerrig llaid sydd bennaf yn y dilyniant, hynny yw, fel rhan o gyfres o gylchoedd gwaddod. Dyma sydd i'w gael yn ne Cymru yn yr Haenau Glo Is (hynny yw Cyfnodau Langsetaidd a / neu Westffalaidd A) a'r rhai Canol (Dycmantaidd a Bolofaidd Is neu Westffalaidd B a rhan o gyfnodau C). Fodd bynnag, ar ben yr haenau glo, hynny yw, y creigiau uchaf yn y Maes Glo (Bolsofaidd Uchaf / Westffalaidd C a D), mae cyfresi o dywodfaen eithriadol o drwchus. Mae'r rhain yn hynod o silicaidd ond yn lithig (yn cynnwys darnau o glai) yn eithriadol o galed ac yn gallu gwrthsefyll y tywydd. Maen nhw'n perthyn i Ffurfiant Tywodfaen Pennant ac yn hyd at 1500 metr o drwch mewn mannau. Canlyniad deltâu yn symud o'r de yn ystod y cyfnod Farisgaidd Orogeni (adeiladu mynyddoedd) yw'r creigiau hyn. Mae'r Pennant, gan ei bod tua phen uchaf y dilyniant a'i bod yn gallu gwrthsefyll y tywydd, wedi cynhyrchu dau dirffurf sy'n nodweddiadol o gymoedd de Cymru. Yn gyntaf, y slabiau enfawr o dywodfaen Pennant sy'n gyfrifol am lawer o'r gweundir uchaf. Fodd bynnag, lle y bu yna erydu, a hynny wedi'i ddwysau'n aml gan y ffawtiau sy'n tueddu i redeg o'r gogledd-gogledd-orllewin / de-de--dwyrain neu o'r de-orllewin-gogledd ddwyrain, mae gwaelodion llawer o'r cymoedd mwyaf wedi torri i lawr i'r Haenau Glo Canol neu Isaf, hynny yw, y rhannau o'r Haenau Glo lle mai cerrig llaid yw'r rhai mwyaf cyffredin. Mae llawer o wyneb y Maes Glo o Ben-bre (Sir Gaerfyrddin) yn y gorllewin i Bont-y-pŵl (Gwent) yn y dwyrain, felly, yn cynnwys Tywodfaen Pennant.

Yn llai cyffredin, ond yn ffurfio cribau arwyddocaol ar frigiadau'r gogledd, mae band o glymfeini a thywodfeini ar ymyl yr Haenau Glo. Dyma'r Gyfres Melinfaen.

Hanes

O ran cerrig, mae cyswllt annatod rhwng datblygiad yr ardal hon a Thywodfaen Pennant, a hyn fydd y brif thema yma. Yr unig ddeunydd arall a fydd yn derbyn sylw, ond ychydig iawn, yw Melinfaen. Mae'n cael ei drafod fel thema wahanol o dan greigiau silica.

Castell Caerffili, un o'r mwyaf a adeiladwyd yn Ewrop o 1260 o dywodfaen Pennant o welyau Hughes gerllaw.
Caerphilly Castle, one of the largest in Europe built from 1260 of Pennant sandstone from the nearby Hughes beds.

By Igan Ian A Thomas

Where to find out more

There appears to be almost no written coverage of this remarkably extensive, all-pervasive industry. The coal industry is well served both in general and themed museums - eg Kidwelly, Cyfarthfa Castle (Merthyr), Rhondda Heritage, Afan Argoed, Big Pit and Cefn Coed, - some of which treat in detail social aspects, including urban development in this area. To date no obvious community initiatives relating to quarrying here have been identified although there are numerous local history groups here.

Coity sandstone quarry, opened in 1844, supplied the Blaenavon Iron Co. and still unusually displays the remains of a large self acting winding drum at the head of an incline.

Pennant Sandstone

Pennant sandstone has always been the staple building stone of the Coalfield. The most iconic pre-industrial use was in the massive Caerphilly Castle. Building began in 1266/7 and continued well into C14th. It is still widely regarded as one of the most impressive fortifications in Europe.

Most of the pre-industrial stone buildings, although relatively few in number, would have been of Pennant, the largest category being parish churches and bridges e.g. as at Pontypridd, but the stone only really came into its own with a vengeance in the C19th.

Between 1851 and 1914 the population of Wales increased by 117%; in the same period, coal mining employment rose from 10% to 35% of the male workforce, whereas the pattern in farming was precisely the reverse. The bulk of this change was seen in South Wales. It is therefore hardly surprising that virtually every village and hamlet had its own Pennant Stone quarry - towns often had many. The thicker beds provided

Lle i ganfod rhagor....

Mae'n ymddangos nad oes yna fawr ddim cofnod ysgrifenedig o'r diwydiant eang, holl bresennol hwn. Mae llawer iawn o son am y diwydiant glo mewn amgueddfeydd cyffredinol a rhai thematig er enghraifft, yng Nghydweli, Castell Cyfarthfa (Merthyr Tudful), Parc Treftadaeth y Rhondda, Afan Argoed, Big Pit a Chefn Coed - rhai'n trin agweddau cymdeithasol yn fanwl iawn, gan gynnwys trefoli'r ardal. Hyd yma, does yr un fenter gymunedol wedi ymddangos ynghylch chwareli, er bod yna nifer o grwpiau hanes lleol yma.

Mae chwarel tywodfaen Coity, a agorodd ym 1844 i gyflenwi'r Blaenavon Iron Co, yn anarferol – mae gweddillion drwm mawr hunan weithredol yn dal yno ar ben inclein.

Tywodfaen Pennant

Tywodfaen Pennant oedd prif gerrig adeiladu Maes Glo'r de o'r dechrau cyntaf. Eu defnydd cyn ddiwydiannol amlycaf oedd adeiladu muriau enfawr Castell Caerffili. Dechreuwyd ei adeiladu ym 1266 / 67 a pharhaodd y gwaith ymhell i'r 14 ganrif. Mae'n dal i gael ei ystyried yn un o'r caerau mwyaf trawiadol yn Ewrop.

Byddai'r rhan fwyaf o'r adeiladau cerrig cyn ddiwydiannol, cymharol ychydig o ran nifer, wedi'u codi o gerrig Pennant. Eglwysi plwyf a phontydd oedd y rhan fwyaf o'r rhain, er enghraifft, ym Mhontypridd. Ond ni ddaeth y garreg i'w llawn bri tan y 19 ganrif.

Rhwng 1851 a 1914, cynyddodd poblogaeth Cymru o 117%, yn yr un cyfnod cynyddodd y gyfran o ddynion oedd yn gweithio yn y pyllau glo o 10% i 35% o'r gweithlu, ond roedd y patrwm mewn amaethyddiaeth yn hollol groes. Roedd y rhan fwyaf o'r newid hwn i'w weld yn ne Cymru. Prin ei bod yn syndod, felly, fod gan bron pob pentref ac ardal ei chwarel Cerrig Pen-

Area 8

© Owen Jones

Tai nodweddiadol y cymoedd, yn y Rhondda Fach, brics wedi'u paentio yw'r addurniadau gan fwyaf (heblaw pyst cerrig y ffenestri bwa) sy'n ysgafnhau'r olygfa.
Typical valley houses in Rhondda Fach Valley; the dressings, mainly in painted brick (except the bay window stone mullions) lighten the scene.

walling and general building stone, setts and kerbs. It was a superbly reliable engineering material used both within and often well outside the valleys for docks, tunnel linings, retaining walls, dams, railway arches etc.

To lighten the austere greyness, the more prestigious buildings were dressed with cream oolitic Cotswolds stone or mottled pink Radyr stone, almost echoing Medieval traditions (AT4 – Medieval Builders). More commonly, again reflecting the same idea, yellow and red brick has provided a cheaper option, but often over-painted.

More regularly bedded material was favoured for paving and its non-slip surface properties meant that Pennant could rival "York" stone, although it's more uniform grey colour (locally termed "blue"), was often considered less appealing. At one time the thinnest beds were even used as roofing, but very few stone-roofed buildings survive (there is an example in St Fagan's open air museum in Cardiff).

Smaller stone and waste could be applied to road making. However the very uniformity of the Pennant Sandstone over much of the outcrop, means that it is frequently difficult to differentiate between materials produced in South Wales or the Forest of Dean or Bristol area.

There were therefore hundreds if not more than a thousand quarry sites. Even from modern detailed maps (let alone earlier OS plans), it is quite evident that there was hardly half a square kilometre of sandstone outcrop which had not been worked at some stage, except perhaps on some of the higher more remote stretches of the plateau. In 1895, there were 212 recorded quarries in the Pennant sandstone areas of former Glamorgan and Monmouthshire; at the time, these would have tended to be the larger sites as many smaller ones had yet to be registered. The ready availability of this reliable stone more or less throughout the Coalfield, was so taken for granted that it did not encourage the development of large corporately-managed quarries.

nant ei hunan – a mwy nag un yn aml ar gyfer trefi. Roedd cerrig adeiladu cyffredinol, setiau a cherbiau i'w cael o'r gwelyau mwyaf trwchus. Roedd yn ddeunydd peirianyddol dibynadwy ac ardderchog a oedd yn cael ei ddefnyddio yn y cymoedd, ac yn aml y tu allan, ar gyfer dociau, leinin twneli, waliau cynnal, argaeau, bwâu rheilffyrdd ac yn y blaen.

I ysgafnhau ei lwydni trymaidd, byddai cerrig oolytig y Cotswold neu gerrig pinc brith Radyr yn cael eu cynnwys yn yr adeiladau mwyaf mawreddog, adlais, bron, o draddodiadau'r Canol Oesoedd (AT4 – Adeiladwyr y Canol Oesoedd). Yn fwy cyffredin, ond eto'n dangos yr un syniad, roedd briciau melyn a choch, yn aml wedi'u paentio, yn ddewis rhatach.

Roedd y cerrig yn y gwelyau mwy rheolaidd yn boblogaidd fel cerrig pafin a, gan nad yw'r garreg yn un lithrig, roedd gan gerrig gystal enw a cherrig "York", er nad oedd ei lliw llwyd (neu 'las' fel y'i gelwid yn aml) yn cael ei ystyried mor atyniadol. Ar un adeg, cai cerrig o'r gwelyau teneuaf eu defnyddio hyd yn oed i doi, er mai ychydig o'r toeau hyn sydd wedi goroesi (mae yna enghraifft yn Amgueddfa Werin Sain Ffagan).

Roedd y cerrig llai a'r gwastraff yn cael eu defnyddio ar ffyrdd. Ond mae'r ffaith fod Tywodfaen Pennant mor unffurf ar gymaint o'r brigiad yn golygu ei bod yn anodd, yn aml, gwahaniaethu rhwng cerrig o dde Cymru â rhai o ardal Bryste a Fforest y Ddena. Roedd yna, felly, gannoedd os nad mwy na mil o chwareli. Mae'n amlwg, hyd yn oed o fapiau modern, (heb son am hen fapiau Arolwg Ordnans) nad oedd yna brin hanner cilometr sgwâr lle'r oedd tywodfaen yn brigo nad oedd wedi cael ei gweithio ar ryw adeg, heblaw, efallai, yn y rhannau mwyaf anghysbell yn y mynyddoedd. Ym 1895, roedd yna 212 o chwareli yn ardaloedd tywodfaen Pennant yr hen siroedd Morgannwg a Mynwy; yr adeg hynny, mae'n debyg mai'r chwareli mwyaf oedd y rhain, ni fyddai llawer o'r rhai llai wedi'u cofrestru. Roedd bod digon o gyflenwad dibynadwy ohono ar gael drwy'r Maes Glo, fwy neu lai, yn cael ei gymryd mor ganiataol nes llesteirio datblygiad chwareli mawr, corfforaethol.

Roedd y cyfuniad o ddaeareg, geomorffoleg a thopograffeg yn penderfynu, i raddau helaeth, lle'r oedd y chwareli tywodfaen yn cael eu hagor ar y llethrau a'r creigiau, yn llawer iawn uwch na'r rhan fwyaf o dai ac ychydig islaw gwastadeddau'r ucheldir. Roedd hyn yn golygu y gellid defnyddio disgyrchiant i gyflenwi'r farchnad ar waelodion y cymoedd. Prin fod defnydd arall i'r chwareli uchel hyn ar ôl iddyn nhw gau, er enghraifft, datblygu

Ardal 8

Y Tŵr Cydbwyso Dŵr eiconig yng ngwaith haearn Blaenafon yn dechrau cael ei adnewyddu. Fel yr adeiladau eraill ar y safle, a'r rhan fwyaf yn yr ardal, tywodfaen Pennant oedd y deunydd adeiladu arferol am 150 mlynedd.
The iconic Water Balance Tower at Blaenavon Ironworks in the early stages of restoration. Like the other buildings on site, and the majority of those in the area, Pennant sandstone was the staple building material for 150 years.

© Ian A Thomas

The combination of geology, geomorphology and topography largely determined the location of sandstone quarries on slopes and crags, well above most settlements and just below plateau tops. This enabled gravity to be applied to service the markets on valley floors. These lofty abandoned sites were rarely likely to be of much use e.g. for development or landfill, so most have been left as the day they finished. However any scrap metal would usually have been recycled.

The faces of many of these former quarries have degenerated and become overgrown, some are now important ecologically. For example the Caerphilly Biodiversity Action Plan refers to wildlife at about twenty disused quarries, mainly for sandstone in this area alone. A few sites were suitable for accommodating landfill. One example is the formerly large Trehir Quarry closed in the 1970s after supplying Port Talbot breakwater. It has since been largely lost to landfill.

Towards the end of the C19th, the realisation that silica dust presented a severe hazard to lungs, led to open workshops (e.g. timber structures with removable roofs). Taking all these factors together, few if any buildings remain at most quarry sites.

Another important feature was the control of many of the larger quarry operations, by colliery and iron concerns. They were serving the "captive" requirements of these company estates. So around 1900, iron companies in Tredegar, Dowlais, Ebbw Vale each had a couple of sites; Powell Duffryn Steam Coal Co Ltd (AT 10) and the Ocean Colliery Co each had four quarries (mainly in Monmouthshire and Glamorgan respectively) and there were up to a dozen other more iron and coal linked sandstone workings.

Making safer roads

Peak coal output was reached in 1913. Following World War I, and some rebuilding, the boom was over. Consequently the Pennant stone industry together with the rest of the economy, began to collapse.

But twenty years earlier, the rapid development of road transport and in particular, rubber tyred vehicles, began to force changes in thinking about road construction. Before about 1900, road surfaces were made of loose stones (ie "unbound"), designed on principles devised by Telford or Macadam, or were paved with stone setts or wooden blocks. Rubber tyres created huge amounts of dust and so road makers began to combine stone or gravel with pitch or tar, and later, bitumen. Another concern was slipperiness, but even by the 1930s, the situation was not properly understood. There was general agreement that finer grained igneous rocks (including most granites) and some sandstones had good resistance to skidding. However, very few

neu dir lenwi, felly mae'r rhan fwyaf yn dal yno heb eu cyffwrdd. Ond, byddai metel sgrap yn cael ei ailgylchu, fel arfer.

Mae wynebau llawer o'r hen chwareli hyn wedi dirywio ac wedi gordyfu, erbyn hyn mae rhai yn bwysig yn ecolegol. Er enghraifft, mae Cynllun Gweithredu Bioamrywiaeth Caerffili'n cyfeirio at fywyd gwyllt mewn tuag ugain o hen chwareli, rhai tywodfaen yn bennaf, yn yr ardal honno'n unig. Roedd rhai safleoedd yn addas ar gyfer tir lenwi. Un enghraifft yw hen chwarel fawr Trehir, a gaeodd yn y 1970au ar ôl cyflenwi cerrig i forglawdd Port Talbot. Erbyn hyn, mae'r rhan fwyaf ohoni wedi'i chuddio gan dirlenwi.

Tua diwedd y 19 ganrif, sylweddolwyd fod llwch silica'n gallu niweidio llawer ar ysgyfaint ac arweiniodd hyn at weithdai agored (er enghraifft, adeiladau pren gyda thoeau y gellid eu tynnu). Oherwydd hyn i gyd, ychydig o adeiladau, os oes un, sydd ar ôl ar y rhan fwyaf o safleoedd chwareli.

Nodwedd arall bwysig oedd mai cwmnïau glo a haearn oedd yn rheoli llawer o'r chwareli mwyaf. Roedd y rhain yn cyflenwi gofynion "caeth" ystadau'r cwmnïau hyn. Felly, tua 1900, roedd gan gwmnïau haearn Tredegar, Dowlais a Glyn Ebwy rai chwareli eu hunain; roedd gan Powell Duffryn Steam Coal Co Ltd (AT 10) a'r Ocean Colliery Co bedair chwarel yr un (Powell Duffryn yn Sir Fynwy a'r Ocean ym Morgannwg) ac roedd yna hyd at ddwsin yn fwy o chwareli tywodfaen yn gysylltiedig â haearn a glo.

Gwneud Ffyrdd yn fwy Diogel

Cyrhaeddodd cynnyrch glo ei anterth ym 1913. Ar ôl y Rhyfel Byd Cyntaf, ac ar ôl peth gwaith adeiladu, diflannodd y dyddiau da. Dyna pam y dechreuodd y diwydiant cerrig Pennant, a gweddill yr economi hefyd, ddadfeilio.

Ond, ugain mlynedd ynghynt, roedd twf cyflym cludiant ar ffyrdd ac, yn enwedig, cerbydau â theiars rwber, wedi dechrau gorfodi newid yn y meddylfryd adeiladu ffyrdd. Cyn tua 1900, cerrig rhydd oedd yn wynebu ffyrdd, yn ôl egwyddorion a se-

Area 8

limestones, including most dolomites were suitable for surfacing busy roads. Serious trials on the A40 between 1955 and 1965 showed that, of thirteen different types of aggregate tested, by far the best results as far as "slip resistance" was concerned were produced by using Pennant sandstone, on this occasion, from Gilfach Quarry in the Vale of Neath (measured as polished stone value - PSV). Many of these rocks did not break down readily by traffic wear, ie they had good aggregate abrasion values (AAV). In the early 1970s, only one major company, ARC had Pennant Quarry interests (Craig yr Hesg and Cwmrhydyceirw) and there were only two other active Pennant aggregates operations. Production had fallen to an all time low for the century, of 170,000 tpa.

Around 1980, instigated by the then Welsh Office, a series of geological assessments of hard rock resources, was conducted in the area between Swansea and the south eastern edge of the Coalfield *(Adlam 1982)*. These demonstrated that Pennant Sandstone is remarkably consistent in having exceptional properties, able to meet the most rigorous specifications in respect of strength, AAVs and PSVs. However a further decade elapsed before another study reported systematically, making comparisons between the properties of a large number of roadstone sources across Britain *(Thompson 1993)*. This focussed the attention of major aggregate producers, most of which either acquired interests in Pennant quarries in South Wales or upgraded output at existing plants. Changes in specifications to adopt performance-based specifications, endorsed by Europe (effective 2004), gave the industry a further boost. Stone with a PSV of over 58 and an Aggregate Abrasion Value of under 16, is regarded as being a high specification aggregate (HSA).

Now all the majors except Tarmac have Pennant quarries: Hafod-Lafarge; Gilfach – CEMEX; Craig yr Hesg & Gelligaer – Hanson; Cwm Nant Lleici - Aggregate Industries; Gwrhyd – Marshalls. Hanson also operated a similar hard Silurian sandstone quarry at Cribarth, Builth Wells.

Between c1990 and 2003, sandstone (largely Pennant) production in South Wales doubled to 3.7Mt and in 2005, 0.6Mt was used on English roads.

In parallel, many civic initiatives and a desire to use locally derived robust materials has also created renewed interest in the Pennant as a building, paving and monumental stone.

fydlwyd gan Telford neu Macadam, neu wynebau o setiau cerrig neu flociau pren. Roedd teiars rwber yn creu cymylau anferth o lwch ac felly dechreuodd adeiladwyr ffyrdd gyfuno cerrig neu raean gyda pitch neu dar ac, yn ddiweddarach, bitwmen. Pryder arall oedd llithrigrwydd, ond hyd yn oed erbyn y 1930, doedd hyn ddim yn cael ei ddeall yn iawn. Roedd yna gytundeb cyffredinol fod y cerrig igneaidd gyda graen mân (gan gynnwys y rhan fwyaf o ithfaen) a rhai tywodfeini, yn gallu gwrthsefyll sgidio'n dda iawn. Fodd bynnag ychydig iawn o gerrig calch gan gynnwys y rhan fwyaf o ddolomitiau oedd yn addas ar gyfer wynebu ffyrdd prysur. Dangosodd treialon manwl ar yr A40 rhwng 1955 a 1965, o'r 13 math gwahanol o gerrig mân a gafodd eu profi, mai'r cerrig a oedd yn gallu gwrthsefyll llithro orau oedd tywodfaen Pennant. Daeth y cerrig yn yr arbrawf o Chwarel Gilfach yng Nghwm Nedd (mesurir yn ôl gwerth cerrig llyfn – PSV) Doedd y cerrig hyn ddim yn cael eu malu rhyw lawer gan draffig, hynny yw, roedd ganddyn nhw 'werth ffrithiant da' (AAV). Yn nechrau'r 1970au, dim ond un cwmni mawr, ARC, oedd â chwareli cerrig Pennant (Craig yr Hesg a Chwmrhydyceirw) a dim ond dwy arall oedd yn cynhyrchu cerrig mân Pennant yr adeg hynny. Roedd cynnyrch wedi disgyn i'w ffigwr isaf erioed, sef 170,000 tunnell y flwyddyn.

Tua 1980, ar gais y Swyddfa Gymreig, fel ag yr oedd yr adeg hynny, cynhaliwyd cyfres o asesiadau daearegol o adnoddau cerrig caled yn yr ardal rhwng Abertawe ac ymylon de-ddwyrain y Maes Glo *(Adlam 1982)*. Dangosodd y rhain fod nodweddion eithriadol tywodfaen Pennant yn hynod o gyson ac yn gallu cyfarfod â gofynion y manylebau mwyaf caeth o ran cryfder, gwerth ffrithiol da a gwerth cerrig llyfn. Fodd bynnag, â'i degawd arall heibio cyn i astudiaeth arall adrodd yn systematig, gan gymharu nodweddion llawer iawn o ffynonellau cerrig ffyrdd ledled gwledydd Prydain *(Thompson 1993)*. Denodd hyn ddiddordeb gynhyrchwyr mawr y cerrig mân a phrynodd y rhan fwyaf chwareli cerrig Pennant yn ne Cymru neu gynyddu cynnyrch y chwareli oedd ganddyn nhw eisoes. Cafod y diwydiant hwb ychwanegol pan fabwysiadwyd manylebau'n seiliedig ar berfformiad (o 2004). Ystyrir fod cerrig gyda gwerth cerrig llyfn o fwy na 58 a gwerth ffrithiant llai nag 16 yn gerrig mân manylebion uwch (HSA).

Erbyn hyn, mae gan bob cwmni mawr heblaw Tarmac chwareli cerrig Pennant. Hafod-Lafarge; Gilfach – CEMEX; Craig yr Hesg a Gelligaer – Hanson; Cwm Nant Lleici - Aggregate Industries; Gwrhyd – Marshalls. Hefyd, mae gan Hanson chwarel dywodfaen Silwraidd galed debyg yng Nghribarth, Llanfair ym Muallt.

Rhwng tua 1990 a 2003, dyblodd cynnyrch tywodfaen (Pennant, yn bennaf), yn ne Cymru i 3.7 miliwn tunnell ac, yn 2005, cafodd 0.6 miliwn tunnell ei ddefnyddio ar ffyrdd Lloegr. Yr un pryd, roedd mentrau dinesig a'r dyhead i ddefnyddio cynnyrch cadarn lleol hefyd wedi ail godi diddordeb mewn defnyddio cerrig Pennant ar gyfer adeiladau, palmentydd ac fel cerrig coffa.

Craig Yr Hesg Quarry, Pontypridd

Around 1900, most of the quarry operators were small local family concerns employing less than 15 people. However a few sites were far larger (with up to 50 employees); these included two sites at Pontypridd (including Craig yr Hesg) as well as sites at Penrhiwceiber, and others near Port Talbot and Mor-

Chwarel Craig yr Hesg, Pontypridd

Tua 1900, er mai busnesau teuluol yn cyflogi llai na 15 o bobl oedd yn rhedeg y rhan fwyaf o chwareli, roedd yna ychydig o rai llawer mwy (yn cyflogi hyd at 15 o bobl), roedd dwy o'r rhain ym Mhontypridd (gan gynnwys Craig yr Hesg) a rhai hefyd ym Mhenrhiwceibr a ger Port Talbot, Treforys, Senghennydd a

Ardal 8

© Consolidated Gold Fields

Gweithlu Chwarel Craig yr Hesg, Pontypridd. Mae maint y bloc enfawr yn dangos mor anferth yw gwelyau Aelod Brithdir Tywodfaen Pennant c 1930.
Workforce at Craig yr Hesg Quarry, Pontypridd. The sheer size of this block is a reminder of the massive nature of the bedding of the Brithdir Member of the Pennant Sandstone c1930.

riston, Senghenydd and Briton Ferry all in Glamorgan; Cross Keys and Pontnewydd in Monmouthshire; and straddling the county boundary at Llanbradach.

Slater's Commercial Directory of 1880 lists the quarry owners in the Pontypridd district; all apparently were local owner operators or partnerships, six of which were at Llanvabon. Slater also refers to "excellent stone in the vicinity" but does not mention Craig yr Hesg specifically. The 1885 OS map shows only a small quarry which was probably that run by John Lewis a local timber merchant. These factors and access to rail probably attracted the Cardiff based contractors McKay and Davies in c1890; they were already building railways north of London and this offered good engineering stone. Reports in 1901 suggest a thriving operation with steam cranes and locomotives, some faces up to 120ft/40m high, a switch from hand held steels to compressed air drilling and the use of electric detonators to fire blasts. At the same time, 10t blocks of stone were being supplied to the Elan Valley Dams (AT4 –Mid Wales Dams) alongside the general market of paving, kerbs and channels. In 1913, Craig yr Hesg Quarries Ltd was incorporated, but was dissolved between1916 and 1932. Before closure in 1916, 250 men were turning out 350 tpw of dressed stone. In 1923 it was reopened by Aitken and Morcom Ltd (presumably connected with Penarth cement makers AT11). A crushing plant was producing 200t/day aggregates, together with block for Cardiff Docks (which Coed Penmaen across the valley, also supplied). The company was forced into liquidation in 1938 and a new concern Craig yr Hesg Aggregates (Pontypridd) established. This was acquired by Greenwoods (St Ives) Ltd in 1960, along with Trehir, Quarry, Llanbradach and a hard rock site near Sennybridge. They in turn became ARC in 1968 (see Introduction, Companies – Hanson).

Major new plant was installed in 1969, 1973, 1995 and 2000. By c2007 the quarry was typically producing 0.4Mtpa, the

Llansawel, pob un ym Morgannwg, Cross Keys a Phontnewydd yn Sir Fynwy ac, o boptu'r ffin rhwng y ddwy sir, yn Llanbradach.

Yn ôl y Slater's Commercial Directory am 1880, unigolion neu bartneriaid, lleol, mae'n debyg, oedd yn rhedeg pob chwarel yn ardal Pontypridd, gyda chwech yn Llanfabon. Mae Slater hefyd yn cyfeirio at 'gerrig ardderchog yr ardal' ond nid yw'n crybwyll Craig yr Hesg yn benodol. Dim ond chwarel fechan sy'n cael ei dangos ar fap Arolwg Ordnans 1885, roedd hon, mae'n debyg yn cael ei rhedeg gan John Lewis, gwerthwr coed lleol. Denodd hyn, a'r ffaith fod rheilffordd gerllaw, y contractwyr McKay a Davies o Gaerdydd tua 1890, roedden nhw eisoes yn adeiladu rheilffyrdd i'r gogledd o Lundain ac roedd cerrig peirianneg da ar gael yma. Yn ôl adroddiadau, roedd hon yn chwarel brysur ym 1901 gyda chraeniau ac injans stêm, roedd rhai wynebau gymaint â 120 troedfedd / 40 metr o uchder, dechreuwyd tyllu ag aer cywasgedig - yn lle â llaw â throsolion - a defnyddid offer trydan i danio wrth chwythu'r graig. Yr adeg hynny, roedd blociau 10 tunnell o gerrig yn cael eu cyflenwi i adeiladu cronfeydd dŵr Cwm Elan (AT4 – Cronfeydd Dŵr Cwm Elan) yn ogystal â'r farchnad gyffredinol am gerrig palmant, cerbiau a sianeli. Ffurfiwyd cwmni Craig yr Hesg Quarries Ltd ym 1913 ond aeth i'r wal rhwng 1916 a 1932. Cyn iddi gau, roedd 250 o ddynion yn y chwarel yn cynhyrchu 350 tunnell yr wythnos o gerrig wedi'u naddu. Cafodd ei hail agor ym 1923 gan Aitken and Morcom Ltd (oedd â chysylltiad, mae'n debyg, â'r cynhyrchwyr sment o Benarth AT11). Roedd yno beiriant malu'n cynhyrchu 200 tunnell y diwrnod o gerrig mân, yn ogystal â blociau o gerrig ar gyfer Dociau Caerdydd (roedd chwarel Coed Penmaen, yr ochr arall i'r cwm, hefyd yn eu cynhyrchu deunydd ar gyfer y dociau). Aeth y cwmni i ddwylo'r gweinyddwyr ym 1938 a cafodd cwmni newydd, Craig yr Hesg Aggregates (Pontypridd), ei sefydlu. Fe'i prynwyd gan Greenwoods (St Ives) Ltd ym 1960 a brynodd hefyd Chwarel Trehir, Llanbradach a chwarel cerrig caled ger Pont Senni. Fe'u prynwyd gan ARC ym 1968 (gweler Cwmnïau - Hanson).

© The Quarry

Offer cywasgu awyr canolog yn cyflenwi driliau a pheriannau eraill drwy rwydwaith o bibellau - Chwarel Craig yr Hesg 1901.
Central compressed air plant supplying drills and other machines via a network of pipes – Craig yr Hesg Quarry 1901.

Area 8

by permission of Rhondha Cynon Taf Libraries

by permission of Rhondha Cynon Taf Libraries

Dau ddarlun o Chwarel Craig yr Hesg c1910.
Two views of Craig yr Hesg c1910.

principle output being very high specification PSV (70), low AAV (8) road surfacing aggregate. In order to meet stringent requirements, a significant amount of fine material is produced which, since the introduction of the Aggregates Levy, is uncompetitive compared with recycled aggregates. As a result large stockpiles have built up.

Buddsoddwyd yn drwm mewn peirannau ym 1969, 1973, 1995 a 2000. Erbyn tua 2007, roedd y chwarel yn cynhyrchu tua 0.4 miliwn tunnell y flwyddyn, cerrig mân, yn bennaf, ar gyfer wynebu ffyrdd, rhai arbenigol iawn gyda gwerth cerrig llyfn o 70 a gwerth ffrithiant da o 8. Er mwyn cyfarfod â gofynion caeth, mae llawer iawn o ddeunydd mân yn cael ei gynhyrchu sydd, ers cyflwyno'r Lefi Agregau, yn anghystadleuol o gymharu â cherrig mân wedi'u hailgylchu. O ganlyniad, mae tomeni o ddeunydd wedi cronni.

Ardal 8

The following brief accounts refer to some other Pennant quarries, running from west to east.

Cwm Nant Lleici Quarry at Ynysmeudwy near Pontardulais is another good example. Although the site has probably been worked for a century, albeit on a small scale and for walling and block stone, it was acquired in 1994 by a local firm, S and F Quarries Ltd. Significant capital investment followed. By 1995 output had increased to 250-300,000 tpa. then in 1996, the operation was purchased by Aggregate Industries. It has served markets in Devon, Kent, East Anglia, Cumbria, North Yorkshire and Teesside, again, demonstrating the exceptional quality of the Pennant, in this instance, the Brithdir Beds.

© Marshalls

Cerrig pafin Gwrhyd yng Nghanolfan Siopa Broadmarsh, Bryste.
Gwrhyd paving, Cabot Circus shopping centre, Bristol.

Gwrhyd Quarry. With parts of the farm rising to over 1000ft/330m, after generations, the Davies family were finding life tougher than ever by the 1990s. One particularly stony field at Gwrhyd Uchaf farm, at Rhiwfawr, high above Ystalyfera in the Swansea Valley, was virtually good for nothing. But by 2002 the Davies' had won a coveted Rural Wales Award for the care of the local environment – in respect of their new venture! In that desolate field they had opened up a quarry and it had become one of the very few Pennant sites concentrating on the production of building stone – whereas once across South Wales there had once been many hundreds. They were supplying their distinct air-force blue coloured sandstone across the region and on into the Bristol area. Since 2008, Gwrhyd stone has been marketed across the UK by the Marshall Group of Halifax. Karen, one of the Davies daughters, is still very much involved as an area manager for Marshalls, she and her sister Kate having in the past both worked, hand-splitting blocks at the quarry.

Yn dilyn, mae hanesion byr rhai eraill o chwareli cerrig Pennant, yn rhedeg o'r gorllewin i'r dwyrain.

Mae **Chwarel Cwm Nant Lleucu**, yn Ynysmeudwy ger Pontarddulais yn enghraifft dda arall. Roedd y chwarel wedi bod ar agor ers canrif, mae'n debyg, yn cynhyrchu ychydig o gerrig waliau a blociau, pan brynwyd hi ym 1994 gan gwmni lleol, S and F Quarries Ltd. Buddsoddodd y cwmni'n drwm ynddi. Erbyn 1995, roedd yn cynhyrchu 250-300,000 tunnell y flwyddyn ac yna, ym 1996, cafodd ei phrynu gan Aggregate Industries. Mae wedi cyflenwi marchnadoedd yn Nyfnaint, Caint, East Anglia, Cumbria, Gogledd Swydd Efrog a Glannau Tees, sy'n dangos, unwaith eto, mor eithriadol yw cerrig Pennant, yn dod yma o Welyau Brithdir.

© Kate Davies

Teulu'r Davies, sefydlwyr Chwarel y Gwrhyd.
The Davies family, founders of Gwrhyd Quarry.

Chwarel Gwrhyd. Gyda rhannau o'r fferm yn codi i dros 1000 troedfedd/300 metr ac ar ôl byw yno am genedlaethau, roedd bywyd yn galetach nag erioed i deulu'r Davies erbyn y 1990au. Doedd un cae arbennig o garegog ar fferm Gwrhyd Uchaf, yn Rhiwfawr, yn uchel uwchben Ystalyfera, yn dda i fawr o ddim. Ond erbyn 2002, roedd y teulu'r Davies wedi ennill Gwobr Cymru Wledig am eu gofal am amgylchedd yr ardal - oherwydd eu menter newydd! Roedden nhw wedi agor chwarel yn y cae diffaith hwnnw a hi oedd un o'r ychydig iawn yn canolbwyntio ar gynhyrchu cerrig adeiladu Pennant - er fod yna ar un adeg gannoedd lawer ledled de Cymru. Roedden nhw'n cyflenwi eu cerrig tywodfaen gleision nodweddiadol i bob rhan o'r de ac i ardal Bryste. Ers 2008, mae cerrig Gwrhyd yn cael eu marchnata i bob rhan o wledydd Prydain gan y Grŵp Marshalls o Halifax. Mae Karen, un o ferched teulu'r Davies, yn dal yn brysur fel rheolwr ardal Marshalls, roedd hi a'i chwaer Kate yn arfer gweithio yn y chwarel ar un adeg yn hollti blociau cerrig â llaw.

© Arbenigwr Cerrig Naturiol/Natural Stone Specialist

Gwaith chwarel y Gwrhyd.
Gwrhyd quarry operations.

Area 8

From 1905 a quarry at **Llansamlet** supplied about 450,000 yd^3 (c 1.2Mt) of sandstone (of which 95000 yd^3 was heavy pitching) along a 3 mile/5km long railway to build King's dock Swansea. Blocks of 2-5 tons were used. About 2Mt of sand were also required.

Gilfach near Neath is a long established quarry and in the mid-1970s, was being run by Wotton Brothers of Bath. The stone has a PSV of 68 and works the Grovesend Beds. The company then became part of RMC (UK) Ltd, now controlled by CEMEX.

Penrhiw and **Trallwyn Quarries** at Pontypridd were two of the largest in the 1850s each producing 9-10,000 tons of Pennant sandstone annually from the Marquis of Bute's holdings.

Pwllypant Quarry, Llanbradach on the Glamorgan side of the valley, alongside the Rhymney Railway, was well organised with sidings, finishing sheds etc in the C19th. It was already well known, particularly for supplying all stone for the Roath Dock extension Cardiff in the late 1880s. Pwllpant was operated on Marquis of Bute land in 1903 by Topham Jones and Railton, civil engineering contractors.

In contrast, **Trehir Quarry**, just across the Rhymney Valley in Monmouthshire, by 1880, was not as sophisticated, with a difficult face on a high Pennant sandstone ridge, away from the

Chwarel Hafod, Abercarn -tywodfaen Pennant.
Hafod Quarry, Abercarn - Pennant sandstone.

Adeiladu estyniad Doc y Rhâth, Caerdydd, gan ddefnyddio tywodfaen Pennant o Chwarel Pwllpant, Llanbradach [diwedd y 1880au].
Construction of Roath Dock Extension, Cardiff using Pennant sandstone from Pwllypant Quarry, Llanbradach [late 1880s]

O 1905, roedd chwarel yn **Llansamlet** yn cyflenwi tua 450,000 llathen giwb (tua 1.2 miliwn tunnell) o dywodfaen (tua 95000 llathen giwb o hynny'n gerrig wedi'u naddu) ac yn eu cludo ar reilffordd 3 milltir / 5 cilometr o hyd i adeiladu doc y Brenin yn Abertawe. Defnyddid blociau o 2 – 5 tunnell. Roedd angen tua dwy filiwn tunnell o dywod hefyd.

Mae chwarel **Gilfach**, ger Castell-nedd yn hen chwarel, ac, o ganol y 1970, roedd yn cael ei rhedeg gan Wotton Brothers o Gaerfaddon. Mae gan y garreg werth cerrig llyfn o 68 ac mae'n dod o Welyau Grovesend. Daeth y cwmni'n rhan o RMC (UK) Ltd, sy'n cael ei reoli gan CEMEX erbyn hyn.

Chwareli Penrhiw a **Thrallwyn** oedd y ddwy fwyaf ym Mhontypridd yn y 1850au, pob un yn cynhyrchu 9-10,000 tunnell y flwyddyn o dywodfaen Pennant ar dir Ardalydd Bute.

Roedd trefn dda yn **Chwarel Pwllypant**, ar ochr Morgannwg i'r cwm, ger Rheilffordd Rhymni, yn y 19 ganrif gyda seidins, siediau naddu ac yn y blaen. Roedd yn adnabyddus iawn, yn enwedig am gyflenwi'r holl gerrig ar gyfer ymestyn Doc Roath yng Nghaerdydd yn niwedd y 1880au. Mae chwarel Pwllpant ar dir Ardalydd Bute ac roedd yn cael ei rhedeg gan Topham Jones a Railton, contractwyr peirianneg sifil, ym 1903.

Ond doedd **Chwarel Trehir**, ychydig ar draws Cwm Rhymni yn Sir Fynwy, ddim mor soffistigedig ym 1880 gydag wyneb anodd ar gefnen uchel o dywodfaen Pennant ymhell o'r ffordd. Yn ôl y son, cafodd ei hagor gan Tom Rees. Er ei bod yn agos at reilffordd Brycheiniog a Merthyr, mae'n debyg nad oedd wedi'i chysylltu. Ond, yn rhyfedd iawn, rywbryd yn y 1890au, roedd gan y chwarel lein dramiau ar draws y cwm i Reilffordd Rhymni. Er bod 30 o ddynion yn gweithio yno ym

Ardal 8

road. It was reportedly opened up by Tom Rees. Whereas it was close to the Brecon and Merthyr Railway, it was apparently not directly connected. But at some point in the 1890s, oddly, the quarry had a tramway across the valley to the Rhymney Railway. Although active in 1895 with 30 men, it was dormant the following year and still so in 1906. However in that last year, Trehir reopened and engaged 200 men round the clock. Rees had landed the contract to supply the Queen Alexandra Dock construction in Newport with hundreds of thousands of tons of stone blocks. At the same time, the Barry railway (Rhymney branch) had crossed the valley and the tramway had gone.

Rees also had small or intermittently active operations at Cefn Onn (dolomite) and Furnace Blwm (sandstone) around 1900.

Meanwhile Pwllypant had virtually closed down. In the 1920s both Pwllypant and Trehir were silent. The former was becoming overgrown by the 1940s and appears not to have reopened. But Trehir opened up again post WWII, trading as Blue Pennant Roadstone Ltd, producing kerbs, paving, building and walling stone with small amounts of aggregates.

Greenwoods/St Ives Sand and Gravel Ltd bought Trehir, Craig yr Hesg and Sennnybridge quarries in 1960 which merged with ARC in 1968. In the late 1960s Trehir was one of 22 quarries supplying the Port Talbot harbour project but the site was largely cleared by 1978. It was being filled in early 1980s and became one of the largest landfill sites in the area. Trehir is now in the final stages of restoration.

Hafod Quarry in a remote valley east of Abercarn, had been worked by hand for building stone from the C19th and became a small aggregates producer in the 1970s. In 1983, it was bought out by Redland Ltd (later taken over by Lafarge). The Travers Morgan report identified it as "only one of a handful" capable of producing high PSV (68-70) stone. The unit, works the Hughes Beds. Interestingly the Brithdir Beds below actually have a higher PSV when fresh, but here they tend to deteriorate more rapidly in use. Permission was granted for a major extension based on a comprehensive landscape plan, in 1999.

1895, roedd wedi cau'r flwyddyn ganlynol ac yn dal ar gau tan 1906 pan ail agorodd gan gyflogi 200 o ddynion rownd y cloc. Roedd Rees wedi ennill contract i gyflenwi cannoedd o filoedd o flociau cerrig i adeiladu Doc y Frenhines Alexandra yng Nghasnewydd. Yr un adeg, roedd rheilffordd y Barri (cangen Rhymni) yn croesi'r cwm ac roedd y llwybr tram wedi diflannu.

Roedd gan Rees hefyd chwareli bychan neu ysbeidiol yng Nghefn Onn (dolomit) ac yn Ffwrnes Blwm (tywodfaen) tua 1900.

Yn y cyfamser roedd chwarel Pwllypant bron â chau. Erbyn y 1920au roedd Pwllypant a Threhir yn segur. Roedd Pwllypant wedi gordyfu erbyn y 1940 ac mae'n debyg na wnaeth fyth ail agor. Ond agorodd Trehir unwaith eto ar ôl yr Ail Ryfel Byd, gan fasnachu fel Blue Pennant Roadstone Ltd, yn cynhyrchu cerbiau, cerrig palmant a cherrig adeiladu a waliau ac ychydig o gerrig mân.

Prynodd Greenwoods/St Ives Sand and Gravel Ltd chwareli Trehir, Craig yr Hesg a Phont Senni tua 1960, ac uno ag ARC ym 1968. Yn niwedd y 1960, roedd Trehir yn un o 22 o chwareli yn cyflenwi prosiect harbwr Port Talbot ac roedd y rhan fwyaf o'r safle wedi'i chlirio erbyn 1978. Roedd yn cael ei llenwi erbyn dechrau'r 1980au a daeth yn un o'r safleoedd tirlenwi mwyaf yn yr ardal. Erbyn hyn, mae safle Trehir bron a gorffen cael ei adfer.

Roedd **Chwarel Hafod**, mewn cwm diarffordd i'r dwyrain o Abercarn, wedi cael ei gweithio â llaw i gyflenwi cerrig adeiladu o'r 19 ganrif a dechreuodd gynhyrchu ychydig o gerrig mân yn y 1970au. Cafodd ei phrynu gan Redland Ltd ym 1993 (a gafodd ei gymryd drosodd yn ddiweddarach gan Lafarge). Yn ôl adroddiad Travers Morgan hon oedd "dim ond un o lond dwrn" o chwareli a allai gynhyrchu cerrig gyda gwerth cerrig llyfn uchel (68-70). Mae'r chwarel yn cloddio Gwelyau Hughes. Yn ddiddorol, mae gan gerrig o Welyau Brithdir islaw werth cerrig llyfn uwch yn ffres ond bod y cerrig yn tueddu i ddirywio'n gyflym wrth eu defnyddio. Rhoddwyd caniatâd i ymestyn y chwarel yn helaeth ym 1999, yn seiliedig ar gynllun trirlunio cynhwysfawr.

Ghost Industries

Around the rim of the Coalfield, sandwiched between the limestones and the Coal Measures, is a narrow and irregular outcrop of Millstone Grit (Namurian Age), comprising extremely hard quartz-rich sandstones and conglomerates. These beds were once the focus of a small but thriving industry producing nearly 0.1Mtpa of high silica (99%) stone for lining open hearth furnaces and gas works retorts into the 1960s (In North Wales a slightly smaller volume was won from the comparable Cefn y Fedw sandstone). The Basal Grits were the main target for a string of quarries from Kidwelly to Hirwaun. At Pont Nedd Fechan, the rock was extensively exploited at Dinas Mine from the 1820s to 1964. Its products became so famous internationally that in Russia and other countries, firebricks are still termed 'Dinas Bricks'!

Diwydiannau annelwig

Ar ymylon y Maes Glo, rhwng y cerrig calch a'r Haenau Glo, mae yn frigiadau bychan ac afreolaidd o Felinfaen (Oes Namuraidd), sy'n cynnwys tywodfeini a chlymfeini llawn cwarts caled. Roedd y gwelyau hyn yn cynnal diwydiant bychan ond ffyniannus ac, erbyn y 1960au, roedd yn cynhyrchu 0.1 miliwn tunnell y flwyddyn o gerrig llawn silica (99%) fel leinin i ffwrneisi agored a gweithiau nwy (roedd ychydig yn llai yn cael ei gloddio yng ngogledd Cymru o dywodfaen cyfatebol Cefn y Fedw). Grudfaen Basal oedd yn cynnal y gyfres o chwareli o Gydweli i Hirwaun. Ym Mhont Nedd Fechan, cafodd y graig ei chloddio'n helaeth yn Chwarel Dinas o'r 1820au tan 1964. Daeth ei chynnyrch mor enwog dramor nes, yn Rwsia a gwledydd eraill, bod briciau tân yn dal i gael eu galw'n 'Friciau Dinas'!

Area 8

Decline came rapidly, the result of new steelmaking technology (AT 9 -Taffs Well) and the use of natural gas. By the mid 1970s four quarries remained and now only Allt y Garn is active.

Alongside these operations was an even smaller niche industry, producing fine siliceous sands, known as 'rottenstones', weathered out of the limestone below. The main sites were between Drefach and Pwll Byfre (Penwyllt) and burrowed away until about the 1930s, supplying polishing powders *(Thomas 1961;Burgess 2010).* ■

Ond bu'r dirywiad yn un sydyn, o ganlyniad i dechnoleg newydd ar gyfer cynhyrchu dur (A9 - Ffynnon Tâf) a defnyddio nwy naturiol. Dim ond pedair chwarel oedd ar ôl erbyn canol y 1970au ac, erbyn heddiw, dim ond Allt y Garn sy'n dal i weithio.

Yn cyd-fynd â'r chwareli hyn, roedd yna rai hyd yn oed yn llai yn cynhyrchu tywod silicaidd mân a elwid yn rottenstones, cynnyrch effaith y tywydd ar y garreg galch islaw. Roedd y prif chwareli rhwng Drefach a Phwll Byfre (Penwyllt) yn dal i weithio tan y 1931au, yn cyflenwi powdrau sgleinio *(Thomas 1961;Burgess 2010).* ■

Ardal 8

Chwarel Rottenstone ('pigiadau nodwydd" mân) i'r gorllewin o Graig y Nos, blaenau Cwm Tawe, llyncdyllau naturiol yw'r tyllau mwy.
Rottenstone workings (fine 'pin-pricks') west of Craig y Nos, Upper Tawe Valley; the larger holes are natural swallow holes.

Cynhyrchydd y brics ffwrneisi byd enwog – Pwll Silica Dinas, Pontneddfechan, blaenau Cwm Nedd.
World famous producer of furnace bricks - Dinas Silica Mine, Pontneddfechan, head of the Vale of Neath.

Moving Story

[see/gweler: A1

Moving bulky materials like stone has always accounted for a large proportion of the cost to the customer. Many early canals and railways were developed to reduce these costs. Methods of movement in and beyond quarries have changed dramatically over the years. Greenwoods Quarry, Wenvoe provides some excellent examples of development through much of the C20th.

© Hanson

Mae'r wagen chwarel hon, er ar reiliau, fel trol ac mae'n debyg ei bod yn cael ei symud gan ddynion neu.
The quarry wagon here, although on rails, resembles a cart and was probably moved by men or horses

Craen stêm yn gweithio tan 1924 yn Chware Greenwood, Trwyn yr Odyn, Gwenfô
Steam crane operating until 1924 at Greenwood Quarry Twyn yr Odyn Wenvoe

© Robert Vernon Collection

Cloddiwr cropian yn cael ei yrru gan drydan (a fewnforiwyd o America ym 1931) yn llwytho wagenni rheilffordd 7 tunnell ym Mhenmaenmawr.
Electrically-powered crawler excavator loading 7-ton rail wagons at Penmaenmawr probably in the 1940s Imported from America in 1931.

Gwthio tybiau yn dramiau â llaw. yn y 1950au, Chwarel Llan San Sior, Abergele.
Tramming tubs by hand in the1950s, St George Quarry, Abergele.

Stori'r **Symud**

Mae cludo defnyddiau swmpus megis cerrig yn cyfrif am gyfran helaeth o'u pris i'r cwsmer. Cafodd llawer o'r camlesi a'r rheilffyrdd cynnar eu hadeiladu i leihau costau cludiant. Mae dulliau o gludo mewn chwareli a'r tu allan wedi newid yn ddramatig dros y blynyddoedd. Roedd Chwarel Greenwod, Gwenfô yn enghraifft wych o ddatblygiad trwy lawer o'r 20fed Ganrif.

Hen dryc y fyddin (y Rhyfel Byd Cyntaf) Pierce Arrow o America (peiriant petrol) gyda theiars rwber soled (1920au).
Ex-army (WWI), American Pierce Arrow truck (petrol engine) with solid rubber tyres (1920s).

Wagen stêm Foden yn y 1920au yn Chwarel Greenwood, Gwenfô Roedd costau rhedeg uchel a threthi difrodi'r ffordd (noder, dim teiars) yn eu lladd erbyn y 1930au.
Foden steam wagon in the 1920s at Greenwoods, Wenvoe. High running costs and taxes relating to road damage (note, no tyres) caused their decline in the 1930s.

Lorri ddwmper Aveling Barford, Chwarel Gore, Powys (1966).
Aveling Barford dumper, Gore Quarry, Powys (1966).

Lorri Bedford math 'S' yn Chwarel Greenwood tua diwedd y 1950-60au. Yn y cefndir mae Deric 'Butters' o latis dur a oedd yn codi cerrig o lawr y chwarel.
Bedford 'S' type lorry at Greenwood Quarry c late 1950s-60. In the background, the steel lattice Butters Derrick was then used for lifting stone from the quarry floor.

© Ian A Thoma

Cab lorri dymper fodern.
Modern dumper cab.

© Robert Powell/Finning (UK

Cab lorri stêm.
Steam lorry cab.

© Ray Roberts

Cyn bod offer hydrolig yn gyffredin, roedd rhai chwarel mawr megis Penmaenmawr (tua 1950) yn rhoi sgipiau y tu ôl i loriau a oedd yn cael eu dadlwytho gan winshis
Before hydraulics were widely available, some large quarries such as Penmaenmawr (c1950), added articulated skips to lorries which were unloaded using winches

Lori ddymper hydrolig 40 tunnell yn Chwarel y Pant. Roedd dympers wedi disodli rheilffyrdd yn y rhan fwyaf o chwareli erbyn 1960.
40 tonne capacity hydraulic dumpers at Pant Quarry. Dumpers replaced rail systems in most quarries by 1960.

© Kevin Downton

Roedd cerrig balast yn cael eu cario ar y rheilffordd (A9) ac mae cerrig ffordd arbennig yn dal i gael eu cario arni o chwareli Pennant, Hanson.
Rail used to carry ballast from Machen (A9) but is still employed to deliver high specification roadstone from Hanson's Pennant quarries

Llongau'n cael eu llwytho ag ithfaen Penmaenmawr - dechrau'r 1950au - roedd Hambwrg yn farchnad bwysig yr adeg hynny.
Boats being loaded with Penmaenmawr granite – early 1950s – Hamburg was then an important market

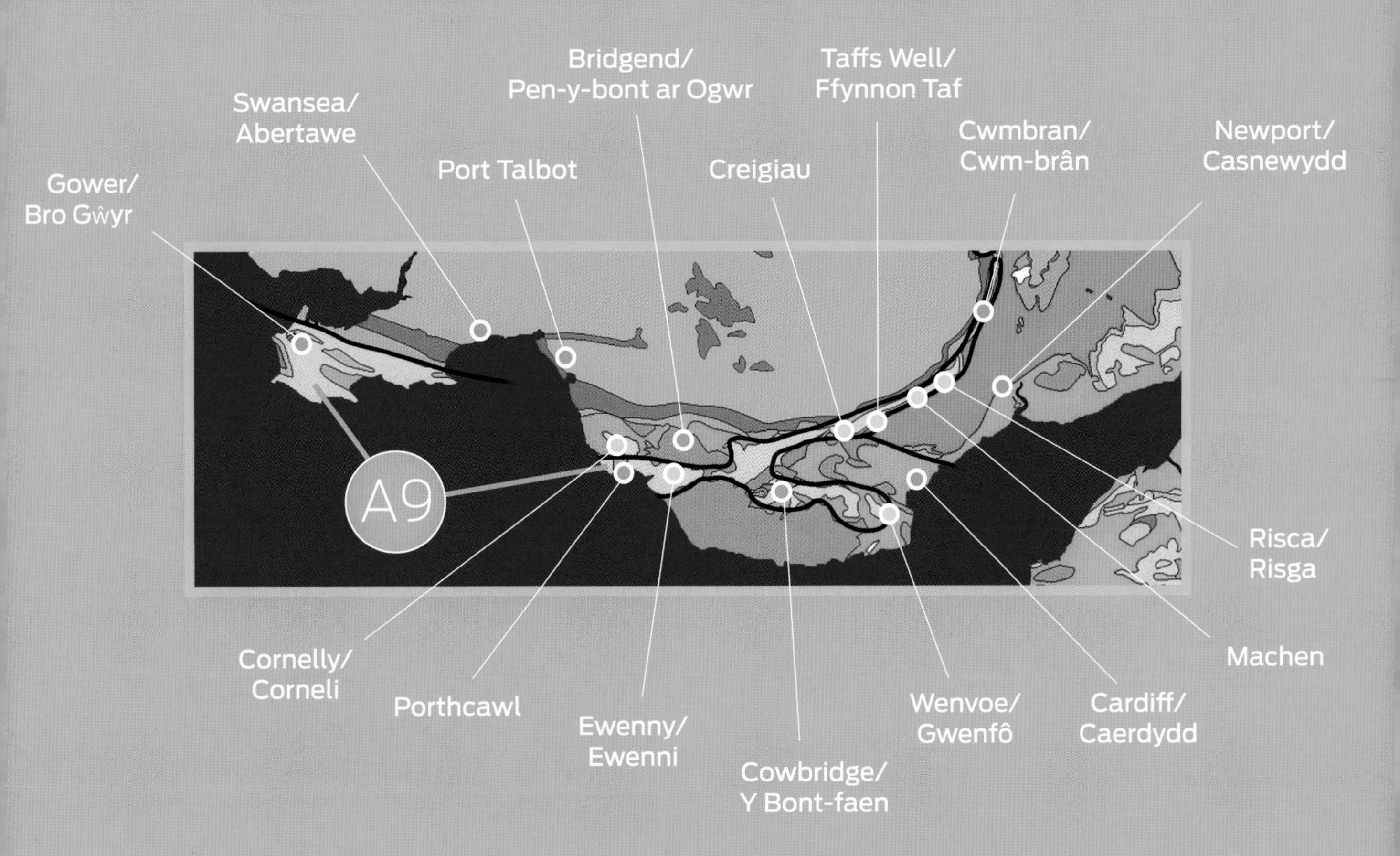

ARDAL 9:

BRIGIADAU DEHEUOL (A9)
CERRIG CALCH CARBONIFFERAIDD

AREA 9:

SOUTH CROP (A9)
CARBONIFEROUS LIMESTONE

Area 9

Ardal 9

SOUTH CROP (A9)
Carboniferous Limestone

BRIGIADAU DEHEUOL (A9)
Cerrig Calch Carbonifferaidd

Geographic area
The name 'South 'Crop' – a short form of 'South Outcrop', is borrowed from coal miners referring to the coal seams exposed at the surface on the southern fringe of the Coalfield. This limestone occurs in irregular outcrops lying to the south of the Coalfield. Grammatically Crop should read 'Crop, but the apostrophe is now usually ignored!

This zone is rather fragmented. It includes the southern part of the Gower, continues eastwards across Swansea Bay from Kenfig Burrows via Taffs Well and Machen to Pontypool, where it continues as the North Crop (A7). From Bridgend eastwards, the limestones often form a steep, broken wooded ridge. A second, more dissected area lies to the south across the Vale of Glamorgan from Porthcawl to Cardiff.

The Carboniferous limestone outcrops east of Newport are included in Area 10.

Geological setting
More than half of the Gower Peninsular is underlain by Carboniferous Limestone. Beyond Swansea Bay, to the east it is seen initially as scattered broad outcrops to the west and east of Bridgend, but then becomes a narrow band only 1-2 km wide, defining the southern limit of the South Wales Coalfield. Folding here during the Variscan Orogeny (ie mountain building episode) was very significant, resulting in frequent high dips and faulting. The beds are folded on Gower, but more generally, dip northwards and (in the far east), dip westwards, relatively steeply below the Coalfield. In the second area, ie Vale of Glamorgan, there are more fragmented, scattered exposures from Cowbridge to Barry. The rocks seen include very pure limestones and dolomites, grading through to dark bituminous or very muddy limestones, all of Carboniferous vintage. Mesozoic rocks also encountered in the Vale are described under A11.

History
The history of the early lime industry in South Wales has been covered in detail including reference to the present area (see AT6 – Lime Trade; AT6 Coastal beauty?). suffice it to note that, in addition to mortar for building, one of the earliest references in the UK to agricultural lime comes from 1575/8, in R Merrick's 'Booke of Glamorganshire antiquities' where he comments ' now of late years since the knowledge of use of lymminge was found, there groweth more plenty of grayne'.

In the century until the 1870s, with few exceptions, the iron and steel industry was firmly located at the Heads of the Valleys, where there was abundant limestone for flux (A7). Driven by technology, diminishing local ironstone reserves and foreign ore suppliers, the pace of migration southwards

© Ian A Thomas

Three Cliffs Bay, Bro Gŵyr, un o'r llawer o safleoedd sydd wedi'u naddu gan yr hen arfer o cliffage – yr hawl i gloddio am gerrig o glogwyni.

Three Cliffs Bay, Gower, one of many sites partly carved away by the ancient practice of 'cliffage' – the right to remove stone from cliffs.

Ardal Ddaearyddol
Daw'r enw Saesneg ar y 'Brigiadau Deheuol', 'South Crop', o dafodiaith y glowyr pan oedden nhw'n cyfeirio at y gwythiennau glo oedd yn agored ar y wyneb ar ymylon deheuol y pwll glo, talfyriad o 'South Outcrop'. Mae'r cerrig calch yma i'w weld mewn brigiadau afreolaidd i'r de o'r maes glo.

Mae'r ardal hon wedi ei darnio braidd. Mae'n cynnwys rhan ddeheuol Bro Gŵyr, yn parhau i'r dwyrain ar draws Bae Abertawe o Dwyni Cynffig trwy Ffynnon Taf a Machen i Bont-y-pŵl. O Ben-y-bont ar Ogwr i'r dwyrain, mae'r garreg galch yn aml yn ffurfio cefnen serth a choediog Mae ail ardal, fwy rhanedig, yn rhedeg i'r de ar draws Bro Morgannwg o Borthcawl i Gaerdydd. Mae brigiadau cerrig calch carbonifferaidd i'r dwyrain o Gasnewydd wedi'u cynnwys yn Ardal 10.

Gosodiad Daearegol
Mae dros hanner Bro Gŵyr yn gorwedd ar haen waelodol o Galchfaen Garbonifferaidd. Y tu hwnt i Fae Abertawe, i'r dwyrain, gellir ei gweld i ddechrau fel brigiadau llydan gwasgaredig i'r gorllewin ac i'r dwyrain o Ben-y-bont ar Ogwr, ond yna mae'n troi'n fand cul, dim ond 1-2 km o led, sy'n dangos terfyn deheuol Maes Glo De Cymru. Ffurfiwyd llawer iawn o blygiadau yn yr ardal hon yn ystod yr Orogeni Fariscaidd (h.y. y cyfnod llunio mynyddoedd) sef bryniau a chymoedd

© Ian A Thomas

Castell Coch, ger Caerdydd, - -ffantasi Fictorianadidd a adeiladwyd o ddolomit lleol wedi'i staenio â hematit.
Castell Coch, near Cardiff - a Victorian fantasy built of local hematite-stained dolomite.

© Ian A Thomas

Cadwodd gwaith adeiladu traffyrdd lawer o chwareli a oedd, cyn y 1960, yn cyflenwi gweithfeydd haearn, ar agor, neu eu hymestyn. Twneli Bryn Glas, M4.
Motorway building kept alive or expanded many quarries which, prior to the mid-1960s, supplied the ironmakers. Bryn Glas Tunnels, M4.

yr ardal. Mae'r gwelyau wedi eu plygu ar Fro Gŵyr, ond yn fwy cyffredinol, maen nhw'n goleddu tua'r gogledd ac (yn y mannau mwyaf dwyreiniol), maen nhw'n goleddu i'r gorllewin ac yn gymharol serth o dan y Maes Glo. Yn yr ail ardal, hy, Bro Morgannwg, mae yna ymddangosiadau mwy tameidiog, mwy gwasgaredig o'r Bontfaen i'r Bari. Mae'r creigiau a welir yn cynnwys carreg galch pur iawn a dolomitiau, yn newid yn raddol i gcarreg galch bitwminaidd tywyll neu fwdlyd iawn, i gyd yn Garbonifferaidd. Mae creigiau Mesosōig, sydd hefyd i'w gweld yn y Fro, yn cael eu disgrifio dan A11,

Hanes

Mae hanes cynnar y diwydiant calch yn Ne Cymru wedi cael ei drafod yn fanwl, gan gynnwys cyfeiriadau at yr ardal bresennol (gweler AT6 – Y Diwydiant Calch; AT6 Harddwch arfordirol?). Mae'n ddigon nodi, yn ogystal â mortar ar gyfer adeiladu, y ceir un o'r cyfeiriadau cyntaf yn y DU at galch amaethyddol yn 1575/8, yn llyfr R Merrick 'Booke of Glamorganshire antiquities' lle mae'n nodi 'nawr yn y blynyddoedd diweddaraf ers darganfod y defnydd o galch, mae mwy o ŷd yn tyfu'.

Yn y ganrif hyd at ddiwedd y 1870au, gyda dim ond ychydig iawn o eithriadau, roedd y diwydiant haearn a dur wedi ei sefydlu'n gadarn ym Mlaenau'r Cymoedd, lle 'roedd yna ddigonedd o garreg galch ar gyfer fflwcs. Yn cael ei yrru gan dechnoleg, prinder cerrig haearn yn yr ardal a chyflenwadau mwyn o dramor, cyflymodd y duedd o symud cynhyrchu dur ar raddfa fawr i'r de yn gynt ac ynghynt yn y cyfnod hwnnw. Felly daeth newid i farchnadoedd cynhyrchwyr cerrig calch. *(Protheroe-Jones 1995).*

Dylanwad mwy diweddar oedd adeiladu'r M4 ymhellach i'r gorllewin, ac, ymhellach fyth, uwchraddio'r A40. Daeth llawer o'r newidiadau mewn rheoli chwareli o ganlyniad i gwmnïau rhanbarthol neu ar draws y DU yn dilyn y galw yma. Mae hanes cymhleth Grŵp Hobbs yn nodweddiadol o hyn (AT9), fel ag y mae hanes Powell Duffryn i'r dwyrain (AT11) a McAlpine i'r gorllewin (AT1). Roedd eraill hefyd wedi prynu chwareli yn gynnar, gan gynnwys Penmaenmawr Granite yn Ewenni cyn 1963.

Ym 1958, roedd yna dair chwarel yn gweithio ym Mro Gŵyr a thua deg ar hugain rhwng Porthcawl, Caerdydd a Phont-y-pŵl, pob un yn gweithio Cerrig Calch Carbonifferaidd. Erbyn 2008/9 dim ond deuddeg chwarel oedd ar ôl. Mae data cymharol ar gynhyrchu cerrig calch yn anghyson, i raddau helaeth oherwydd newidiadau mewn ffiniau awdurdodau lleol. Dros yr un cyfnod yn fras, bu cynnydd yn y cynnyrch cerrig calch mewn ardal ychydig yn ehangach (sy'n cynnwys Brigiad Gogleddol Morgannwg) o tua 2.4 i 3.4 miliwn tunnell y flwyddyn. Ond mae ffigurau ar gyfer Morgannwg Ganol yn y cyfnod tua 1990 yn dal i fod gryn dipyn yn uwch ar 6 miliwn tunnell.

Ble mae darganfod rhagor

Er bod hon yn ardal boblog, cymharol ychydig o ddefnyddiau perthnasol sydd ar gael ynghylch hanes chwareli. Ond mae'n debyg y gwneir mwy na iawn am hynny gan arddangosfa ardderchog Esblygiad Cymru yn Amgueddfa Genedlaethol Cymru gyda'i chasgliad gwych o fwynau. Mae'r diwydiant dur yn cael ei gyflwyno yno hefyd. Mae hanes defnyddiau adeiladu Cymru i'w weld yn Amgueddfa Werin Cymru yn Sain Ffagan ar gyrion y ddinas. Fel un o amgueddfeydd awyr agored cynharaf a mwyaf cynhwysfawr y byd, cafodd ei sefydlu ar ystâd a roddwyd yn rhodd gan Iarll Plymouth, meistr haearn oedd yn berchen ar chwareli cerrig calch (A7). *(Gweler Flynn 1995; Cope 1995).*

Area 9

in bulk steelmaking quickened from that point onwards. So limestone producers in this area switched markets. *(Protheroe-Jones 1995)*

A more recent influence was the westward progression of M4 construction and beyond, the upgrading of the A40. Many of the changes of control of quarries have been due to regional or UK-wide companies pursuing this demand. The complicated story of the Hobbs Group is typical in this respect (AT9), just as the role Powell Duffryn to the east (AT11) and McAlpine played to the immediate west (AT1). Others too bought in early, including Penmaenmawr Granite at Ewenny before 1963.

In 1958, there were three active Gower quarries and about thirty between Porthcawl, Cardiff and Pontypool, all working Carboniferous limestone. This had dropped to twelve active quarries in 2008/9. Comparable data on limestone output is inconsistent, largely on account of administrative boundary changes. Over roughly the same period, limestone output in a slightly broader area (including Glamorgan North Crop) has risen from c2.4Mtpa to 3.4Mtpa. However figures for Mid Glamorgan around 1990 are far higher still at c 6Mt.

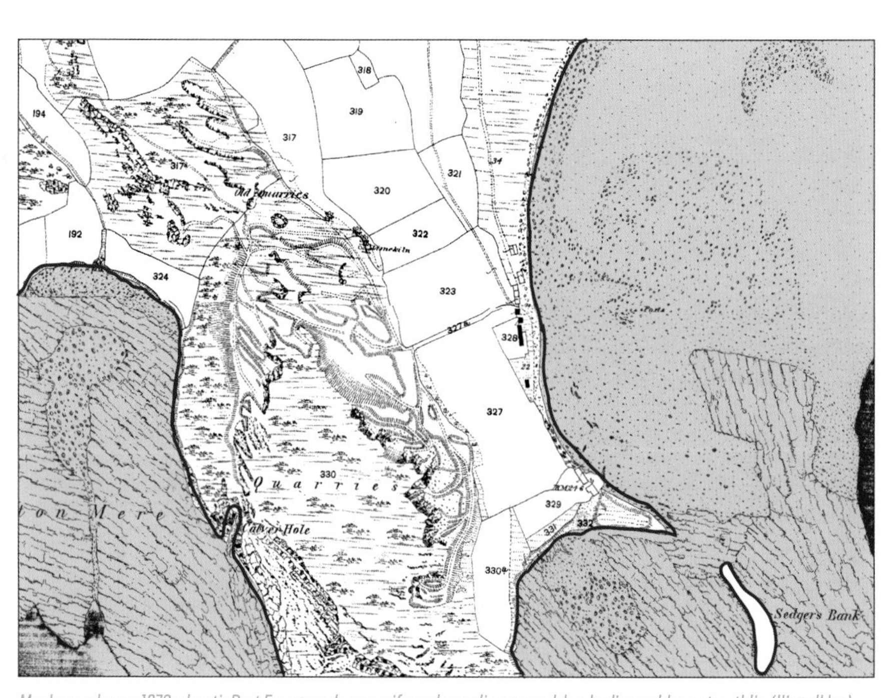

Mae'r map hwn o 1879 o bentir Port Eynon yn dangos nifer o chwareli carreg galch ychydig uwchben y traethlin (llinnell las).

This 1879 map of Port Eynon headland shows numerous limestone quarries just above the shoreline (blue line).

Where to find out more

Despite the high levels of population in this area, there is relatively little dedicated material directly related to telling the story of quarrying. However this is probably more than compensated by the excellent Evolution of Wales exhibition, in the National Museum, Cardiff, with its marvellous arrays of minerals. The steel industry is also presented in the same museum. The history of Welsh building materials is covered in the National History Museum at St Fagans on the edge of the city. As one of the World's earliest and most comprehensive open air museums, it was established on an estate gifted by the Earl of Plymouth, an iron-master who owned limestone quarries (A7). *(See Flynn 1995; Cope 1995).*

Most of the larger quarries (including those featured) are willing to arrange site visits by educational and other groups. Taffs Well has a viewing platform and a classroom is planned.

The Gower

The lime trade of the Gower has close similarities to activities in southern Pembrokeshire - see A6. Britain's first designated Area of Natural Beauty is the Gower. The last quarry to exploit the extensive limestone resources on the peninsula, that at Barland, closed in the 1990s. However much of the form of the Gower Coast is the result of 'quarrying' or the ancient rights of 'Cliffidg' ('cliffage') granted to tenants by the Penrice Estate, as testified in 'A note of the names of them that did load lime stones a ground att ye wormes head

Mae'r rhan fwyaf o'r chwareli mwy (yn cynnwys y rhai a nodir) yn barod i drefnu ymweliadau gan grwpiau addysgol a grwpiau eraill. Mae gan Ffynnon Taf lwyfan gwylio a bwriedir codi ystafell ddosbarth.

Bro Gŵyr

Mae masnach calch Bro yn debyg iawn i'r fasnach yn ne Sir Benfro - gweler A6. Bro Gŵyr oedd Ardal o Harddwch Naturiol Eithriadol gyntaf ynysoedd Prydain. Caeodd y chwarel olaf i gloddio'r garreg galch helaeth ar y penrhyn, yn Barland, yn y 1990au. Fodd bynnag, tenantiaid Ystâd Penrice yn ymarfer eu hawliau hynafol i gloddio arno sy'n gyfrifol am ffurf llawer o'r arfordir fel y gwelir yn "A note of the names of them that did load lime stones a ground att ye wormes head since the 25th day of March, 1672" (Archifau Llyfrgell Genedlaethol Cymru). I Ogledd Dyfnaint yr âi llawer o'r cerrig. Byddai cychod yn cael eu suddo ar draeth tywodlyd ar ben llanw ac yna'n cael eu llwytho'n rhannol ar drai (byddai'r dŵr yn y cwch yn lleihau trawiad y cerrig wrth eu llwytho). Yna, byddai'r cychod yn cael eu draenio pan fyddai'r llanw ar drai ac yn codi pan ddeuai'r llanw i mewn. Yn Rhosili y gwneid hyn yn bennaf ac roedd yn dal yn gyffredin tan ddechrau'r 20 ganrif. Gwneid hynny hefyd yn Oxwich, Port Eynon, y Pwll Du a Thrwyn y Mwmbls.

Cafodd Rheilffordd Ystumllwynarth ei hadeiladu gyntaf i gludo cerrig calch o'r Mwmbwls i ddociau a chamlas Abertawe. Gyda llaw, flwyddyn ar ôl ei hagor ym 1806, hon oedd y rheilffordd gyntaf yn y byd i godi tâl am gario teithwyr. Roedd cerrig yn cael eu cloddio o amgylch Chwarel J K Clement (sy'n faes parcio erbyn hyn) ac yn cael eu danfon i dair odyn galch o amgylch Bae Abertawe. Er nad oedd y rheilffordd bellach yn cario nwyddau, bedwar ugain mlynedd yn ddiweddarach roedd yn o

since the 25th day of March, 1672' (NLW archives). Much of the stone was destined for North Devon. Boats would be scuttled onto a sandy beach at full tide then part-loaded on the outgoing tide (water in the boat breaking the impact loading rock). They were then drained at low tide, then floated off on the next tide. Rhossilli was the main location, where the practice continued into the early C20th. Other centres were Oxwich, Pwll Du and Mumbles Head.

The Oystermouth 'Railway was originally intended to take limestone from the Mumbles to Swansea Docks and Canal. Incidentally, the year after it opened in 1806, it offered the World's first fare-paying passenger service. Stone was worked around J K Clement's Quarry (now a car park) and also delivered to three limekilns along Swansea Bay. Although the line had closed to freight, eighty years later there were at least five activequarries in Oystermouth, some of which were nibbling away at Castle Hill and also burning lime. The nearby Colts Hill Quarry was the source of Mumbles (or Swansea/ Cambrian) 'marble'. *(Austin 1999).*

Evolution of the Industry

The largest operations are at Cornelly, Taffs Well, Wenvoe and Machen. These are described later in more detail as they present special features.

With these few notable exceptions, the quarries in this area follow a perhaps surprisingly consistent historic pattern. Most were developed by individuals or as family run partnerships in the first thirty years of the C20th. The economic pressures of the '30s led to closures with the survivors continuing on an intermittent basis, but displaying a gradual switch from lime burning to aggregates serving very local markets. Although building stone was also produced, it faced strong competition from Pennant sandstone. Between the mid-1930s and the mid-50s, most began to be managed by registered companies, but were effectively operated by the same people and almost invariably took their name from the quarry itself or locality – Longlands, Llithalun, Ewenny, Argoed Isha ,Cwm Leyshon, Wenvoe, Whitehall, Stormy West, Pantmawr, Ruthin, Hendy, Cefn Onn, Cefn Garw were all embodied in the names of single-quarry companies. Even some larger units such as Taffs Well, Risca and Machen took a similar form. Lewis Rugg (Pyle)

leiaf bum chwarel yn dal i weithio yn Ystumllwynarth, rhai yn cloddio yn Castle Hill a hefyd yn llosgi calch. Roedd Chwarell Colts Hill gerllaw yn ffynhonnell 'marmor' y Mwmbwls (neu Abertawe / Cambrian). *(Austin 1999).*

Esblygiad y Diwydiant

Mae'r chwareli mwyaf yng Nghorneli, Ffynnon Taf, Gwenfô a Machen. Caiff nodweddion arbennig y rhain eu disgrifio'n fanylach yn ddiweddarach.

Gyda'r ychydig eithriadau nodedig hyn, mae chwareli'r ardal hon yn dilyn patrwm hanesyddol syndod o gyson. Cafodd y rhan fwyaf eu datblygu a'u rhedeg gan unigolion neu bartneriaethau teuluol yn ystod deng mlynedd ar hugain cyntaf yn yr Ugeinfed Ganrif. Arweiniodd pwysau economaidd y '30au at gau rhai, gyda'r rhai a oroesodd yn parhau i gael eu rhedeg yn ysbeidiol, ond gan newid o losgi calch i gynhyrchu cerrig mân ar gyfer marchnadoedd lleol iawn. Er bod cerrig adeiladu hefyd yn cael eu cynhyrchu, roedd yna gystadleuaeth gref oddi wrth dywodfaen Pennant. Rhwng canol y 1930au a chanol y 1950au, dechreuodd y rhan fwyaf gael eu rheoli gan gwmnïau cofrestredig, ond gyda'r un bobl, fwy neu lai, yn eu rhedeg a, bron yn ddieithriad, yn cael eu henw o'r chwarel ei hunan neu o'r ardal - roedd chwareli Longlands, Llithalun, Ewenni, Argoed Isha, Cwm Leyshon, Gwenfô, Whitehall, Stormy West, Pantmawr, Rhuthun, Hendy, Cefn Onn, Cefn Garw i gyd wedi cael eu cynnwys yn enwau cwmnïau chwareli sengl. Roedd hyd yn oed rhai mwy, megis Ffynnon Taf, Risga a Machen yn defnyddio ffurfiau tebyg. Roedd Lewis Rugg (Pyle) Ltd (yn Stormy Down), Greenwood Brothers (hefyd yng Ngwenfô) a'r teulu Rees (gweler isod), yn eithriadol oherwydd eu bod yn masnachu fel cwmnïau, ond gan ddefnyddio enwau personol. Mae'n debyg mai Gaens

©Ian A Thomas

Gwaith Margam, Port Talbot - un o ddim ond dri gwaith dur cyfun sy'n gweithio yn y DU erbyn hyn.

Margam plant, Port Talbot – one of only three integrated steelworks now operating in the UK.

Area 9

Ltd (at Stormy Down), Greenwood Brothers (also at Wenvoe) and the Rees family (see below) were exceptional in that did trade as companies, but under personal names. Gaens (Cornelly) and Seth Hill & Sons (Pantyfynnonau, Bonvilston), were probably the only ones which long continued as a family partnerships. By the mid-50s only a very small number of quarries processed materials other than aggregates (ie in addition, at most, only supplying iron smelting). As a group, they were historically quite unremarkable, but individually, some have interesting stories to tell. As motorway construction marched westwards in the 1970s, so all these companies (except Cefn Onn) came into the ownership of major regional or national groups.

The late 'Sammy' Rees' concerns were also exceptional in another respect, in that they have continued as independents to the present day, albeit on a small scale. Since WWII, the Rees family has been involved variously at Gaens and Grove both near Cornelly, and at Ton Mawr (Pentyrch) and Cefn Cribbwr (Kenfig), although for parts of the 1960s/70s, ECC Quarries and Mixconcrete also operated at the first two sites.

In the 2000s, about 1Mtpa of limestone produced in South Wales was destined for steelmaking (mostly from Cornelly - see below), almost all the remainder (typically 6-7 Mtpa until 2010), was sold as aggregates, underlining the latest switch in market emphasis.

Cornelly-Stormy Down Quarries

In 1828, the Duffryn Llynvi and Porthcawl Railway was opened to deliver the products of ironworks and collieries around Maesteg, to a newly built harbour at Porthcawl. En route, the line conveniently crossed the Carboniferous limestone outcrops around Cornelly. By 1846, three or four quarries had been opened up, one by the Cambrian Iron and Spelter Co/Llynfi Iron Company, another by the Maesteg Co. In 1864 additional new docks were opened in Porthcawl. Ironmaking ceased at Maesteg in the mid1880s in the face of competition against wrought iron from cheaper, more efficient Bessemer steel works and imports. Those works at Maesteg were some of the very few at that stage, based in the south of the Coalfield. At this point, the main quarries at Cornelly were known as Pant Mawr. By 1895, 'Cornelly Quarry' was being operated by North's Navigation Collieries (1889) Ltd, successor to Llynvi and Tondu Co, one of the defunct iron companies. Not far to the east, Stormy Quarry was being worked by B Daniel Jenkins & Co, extracting both limestone and sandstone on a large scale.

Cornelly Quarry had new plant in 1901-5 to supply Port Talbot Steel Works (est 1906). But it did not really revive until 1916, when large scale quarrying resumed to service the rapidly developing Margam Steel Works to meet Wartime demand. Baldwins Ltd took control of both the works and by then purchased Cornelly Quarry in 1919. They continued to develop the Margam plant into the 1920s, the quarry workforce rising to about 50.

In the mid-1920s, the area was joined by others including Howell Coath Ltd and Messrs Gaens each employing 30 people. Grove Quarry started in 1924 by R Rees and Sons and worked until about 1970, when it came under Mixed Concrete Aggregates, (which was acquired by Pioneer). Meanwhile, involvement on Stormy Down had increased to four enterprises, mainly producing aggregates for the expansion of Bridgend.

(Corneli) a Seth Hill & Sons (Pantyffynnonau, Bonvilston), oedd yr unig rai i barhau fel partneriaethau teuluol. Erbyn canol y 50au dim ond ychydig iawn o chwareli oedd yn prosesu defnyddiau heblaw cerrig mân (h.y. yn ychwanegol at hyn, ar y mwyaf, dim ond cyflenwi ar gyfer cynhyrchu haearn tawdd). Fel grŵp, yn hanesyddol, doedden nhw ddim yn hynod iawn, ond yn unigol, mae hanes diddorol i ambell un. Wrth i'r draffordd ymestyn i'r gorllewin yn y 1970, cafodd y cyfan o'r cwmnïau hyn (heblaw Cefn Onn) eu prynu gan grwpiau rhanbarthol neu genedlaethol mawr.

Roedd chwareli'r diweddar Sam Rees hefyd yn eithriadol mewn ffordd arall, gan eu bod wedi parhau fel rhai annibynnol hyd heddiw, er yn rhai eithaf bychan. Ers yr Ail Ryfel Byd mae'r teulu Rees wedi ymwneud ar wahanol adegau â chwareli Gaens a Grove, y ddwy ger Corneli, ac â Ton Mawr (Pentyrch) a Chefn Cribwr (Cynffig), er, ar rai adegau yn y 1960au/70au, roedd ECC Quarries a Mixconcrete hefyd yn gweithredu yn y ddwy chwarel gyntaf.

Yn y 2000au, roedd tua 1 miliwn tunnell y flwyddyn o gerrig calch yn cael eu cloddio yn ne Cymru ar gyfer cynhyrchu dur (o Gorneli'n bennaf - gweler isod), cafodd bron y cyfan o'r gweddill (fel arfer 6-7 miliwn tunnell y flwyddyn tan 2010) ei werthu fel cerrig mân, sy'n dangos y newid diweddaraf yng ngofynion y farchnad

Chwareli Corneli -Stormy Down

Ym 1828, agorwyd rheilffordd 'Dyffryn Llynvi and Porthcawl' i gario cynnyrch y gweithfeydd haearn a'r pyllau glo o gwmpas Maesteg i'r harbwr oedd newydd ei adeiladu ym Mhorthcawl. Roedd llwybr y rheilffordd, yn gyfleus iawn, yn croesi'r brigiad o Galchfaen Carbonifferaidd o gwmpas Corneli. Erbyn 1846 roedd tair neu bedair chwarel wedi eu hagor, un gan y 'Cambrian Iron and Spelter Co/Llynfi Iron Co', ac un arall gan y 'Maesteg Co'. Ym 1864 agorwyd dociau newydd ychwanegol ym Mhorthcawl. Daeth y gwaith haearn i ben ym Maesteg yng nghanol y 1880au yn wyneb cystadleuaeth i'r haearn gyr gan waith haearn Bessemer, oedd yn rhatach ac yn fwy effeithlon, ac oddi wrth fewnforion. Y chwareli hynny ym Maesteg oedd rhai o'r ychydig oedd y pryd hynny i'r de o'r Maes Glo. Yr adeg honno roedd y prif chwareli yng Nghorneli'n cael eu galw'n 'Pant Mawr'. Erbyn 1895 roedd 'Chwarel Corneli' yn cael ei rhedeg gan 'North's Navigation Collieries (1889) Ltd', olynydd i 'Llynvi and Tondu Co', un o'r cwmnïau haearn a oedd wedi dod i ben. Ychydig i'r dwyrain, roedd chwarel 'Stormy Quarry' yn cael ei gweithio gan B Daniel Jenkins a'i Gwmni ac yn cynhyrchu cerrig calch a thywodfaen ar raddfa fawr.

Cafodd Chwarel Corneli beiriannau newydd ym 1901-5 i gyflenwi Gwaith Dur Port Talbot (a sefydlwyd ym 1906). Ond ni wnaeth adfywio mewn gwirionedd tan 1916, pan ailddechreuwyd cloddio ar raddfa fawr i wasanaethu Gwaith Dur Margam, oedd yn datblygu'n gyflym i gyfarfod â'r galw adeg y rhyfel. Cymerodd cwmni 'Baldwins Ltd' reolaeth ar y ddau waith a phrynu Chwarel Corneli ym 1919. Roedd y chwareli'n dal i gyflenwi gwaith Margam yn y 1920au, gyda'r gweithlu'n cynyddu i tua 50.

Ynghanol y 1920au, agorodd chwareli eraill yn yr ardal, gan gynnwys Howell Coath Ltd a Messrs Gaens, y ddau gwmni'n cyflogi 30 o bobl. Sefydlwyd Chwarel Grove ym 1924 gan R

Ardal 9

MAKING IRON AND STEEL – THE MODERN INDUSTRY

Iron ores are minerals which contain iron oxide and earthy materials such as silica and alumina (sand and clay minerals). To extract the iron, these impurities have to be removed. The purpose of fluxes is to carry out this removal process and also lower the operating temperatures, saving energy. Limestone (and to a lesser extent dolostone) is the main flux used in smelting iron and making steel.

In the blast furnace, coke (carbon) and air (oxygen) combine to produce carbon monoxide which reduces the iron oxide to molten iron containing about 4% carbon. The earthy materials combine with the limestone to form molten slag.

(i) $2C + O_2 = 2CO$

(ii) $Fe_2O_3 + 3CO = 2Fe + CO_2$

(iii) $CaCO_3 = CaO + CO_2$

(iv) $CaO + SiO_2 + Al_2O_3$ etc
complex calcium alumino -silicates (ie slag)

This requires operating temperatures of around 1600°C. The limestone is prepared by being ground to a powder and mixed with iron ore and coke to produce sinter. The limestone must be exceptionally chemically pure as every percentage point of non-carbonate content means that more expensive energy is needed and more slag is produced. However the slag is not wasted. It can be used as a good road aggregate (like a synthetic igneous rock), cement or fertiliser.

Iron is further refined to make steel. Today, any remaining contaminants are removed by injecting high purity lime during the basic oxygen steel making process. Other special materials are added.

Port Talbot is described as an integrated works as it produces both iron and then steel. It is one of only three plants now operating in the UK.

GWNEUD HAEARN A DUR – Y DIWYDIANT MODERN

Mineralau yw mwynau haearn sy'n cynnwys ocsid haearn a defnyddiau pridd fel silica ac alwmina (mineralau tywod a chlai). I gael yr haearn, mae'n rhaid cael gwared â'r amhureddau hyn. Diben fflycsau yw cynnal y broses waredu a hefyd gostwng y tymheredd gweithredu, ac felly arbed ynni. Cerrig calch (ac i raddau llai dolostone) yw'r prif fflwcs a ddefnyddir wrth fwyndoddi haearn a gwneud dur.

Yn y ffwrnais chwyth mae golosg (carbon) ac awyr (ocsigen) yn cyfuno i gynhyrchu carbon monocsid sy'n newid yr ocsid haearn yn haearn tawdd yn cynnwys tua 4% o garbon. Mae'r defnyddiau priddlyd yn cyfuno gyda'r cerrig calch i ffurfio slag tawdd.

(i) $2C + O_2 = 2CO$

(ii) $Fe_2O_3 + 3CO = 2Fe + CO_2$

(iii) $CaCO_3 = CaO + CO_2$

(iv) $CaO + SiO_2 + Al_2O_3$ etc
alwminosilicadau calsiwm cymhleth (hy slag)

I wneud hyn, mae angen codi'r tymheredd i tua 1600°C. Caiff y cerrig calch eu paratoi trwy eu malu'n bowdwr a'u cymysgu gyda mwyn haearn a golosg i gynhyrchu sinter. Rhaid i'r cerrig calch fod yn eithriadol o bur, yn gemegol, gan fod pob pwynt canran o gynnwys nad yw'n garbonad yn golygu bod angen rhagor o ynni, sy'n ddrutach, a bod mwy o slag yn cael ei gynhyrchu. Er hynny, dyw'r slag ddim yn cael ei wastraffu, Gellir ei ddefnyddio fel cerrig mân effeithiol ar ffyrdd (fel craig igneaidd synthetig), sment neu wrtaith.

Mae haearn yn cael ei buro ymhellach i wneud dur. Heddiw mae unrhyw halogyddion sydd ar ôl yn cael eu gwaredu trwy chwistrellu calch hynod bur yn ystod y broses sylfaenol o greu dur gydag ocsigen. Mae defnyddiau arbennig eraill yn cael eu hychwanegu.

Caiff Port Talbot ei ddisgrifio fel gwaith cyfun gan ei fod yn cynhyrchu haearn ac yna dur. Mae'n un o dri gwaith yn unig sydd ar ôl yn y DU.

Area 9

Natur yn ffynnu ger Chwarel Corneli, y fwyaf, mae'n debyg, yn ne Cymru. Mae gwaith dur Port Talbot, y mae'n ei gyflenwi, yn niwl y pellter.
Nature thriving alongside Cornelly Quarry, probably the largest in South Wales. Port Talbot steelworks which it supplies, is in the hazy far distance.

© Ian A Thomas

Following a merger in 1930, Guest, Keen & Baldwins Iron and Steel Co took control. As WWII broke out, employment at Cornelly had risen further to 80, 55 of which were mainly engaged in filling quarry tubs by hand. Baldwins Ltd and Richard Thomas & Co amalgamated in 1945 and reformed locally in 1947, as the Steel Company of Wales (SCOW). That same year, large scale mechanisation was introduced in the quarry, with tracked electric face shovel replacing hand loading and tramways. The new plant was capable of processing 11,000 tpw of limestone. The new Abbey Steel Works, at one time the World's largest, was opened in 1951, the same year as nationalisation. Basic Oxygen Steelmaking (BOS) technology replaced open hearth processes during 1960-2. This change demanded exceptionally high purity lime to be injected into the converters. Very few quarries indeed had stone able to meet these specifications. Initially ICI Ltd at Buxton, Derbyshire was the sole supplier to South Wales, but in 1974, kilns at Batts Combe, Cheddar, Somerset took over supply and two years later also to Llanwern. At its height in about 2000, those kilns were sending over 3000 tpw. Cornelly has also operated a small lime plant which utilised methane drawn from the Stormy Down landfill site.

The chemical requirements for blast furnace limestone flux were also toughened up. Whereas in the early 1950s there were about a dozen quarries on the South Crop supplying

Rees a'i Feibion a bu'n gweithio tan tua 1970, pan ddaeth o dan Mixed Concrete Aggregates, (a brynwyd gan Pioneer). Yn y cyfamser roedd pedair chwarel wedi datblygu ar Stormy Down, yn bennaf i gynhyrchu cerrig mân ar gyfer ehangu Pen-y-bont ar Ogwr.

Yn dilyn cyfuniad ym 1930 aeth y rheolaeth i gwmni 'Guest, Keen & Baldwins Iron and Steel Co'. Ar doriad yr Ail Ryfel Byd, roedd nifer y gweithwyr yng Nghorneli wedi cynyddu i 80; 55 o'r rhain yn gweithio'n bennaf yn llenwi tybiau chwarel â llaw. Cyfunodd Baldwins Ltd a Richard Thomas & Co ym 1945 ac fe'u hail ffurfiwyd yn lleol ym 1947 fel the Steel Company of Wales (SCOW). Yr un flwyddyn, daeth llawer iawn o beiriannau newydd i'r chwarel, gyda rhaw wyneb drydan ar draciau'n disodli llwytho â llaw a thramffyrdd. Roedd y gwaith newydd yn gallu prosesu 11,000 tunnell fetrig yr wythnos o gerrig calch. Agorwyd yr Abbey Steel Works, y gwaith mwyaf yn y byd ar un adeg, ym 1951, yr un flwyddyn â gwladoli. Daeth technoleg Gwneud Dur gan ddefnyddio Ocsigen (BOS) i gymryd lle prosesau ffwrneisi agored yn ystod 1960-2. Roedd y newid hwn yn gofyn am chwistrellu calch eithriadol o bur i mewn i'r trawsnewidyddion. Ychydig iawn o chwareli oedd â chalchfaen digon pur. Yn wreiddiol dim ond ICI Ltd yn Buxton, Swydd Derby oedd yn cyflenwi De Cymru, ond ym 1974, daeth cyflenwadau o odynau yn Batts Combe, Cheddar, Gwlad yr Haf a,

Ardal 9

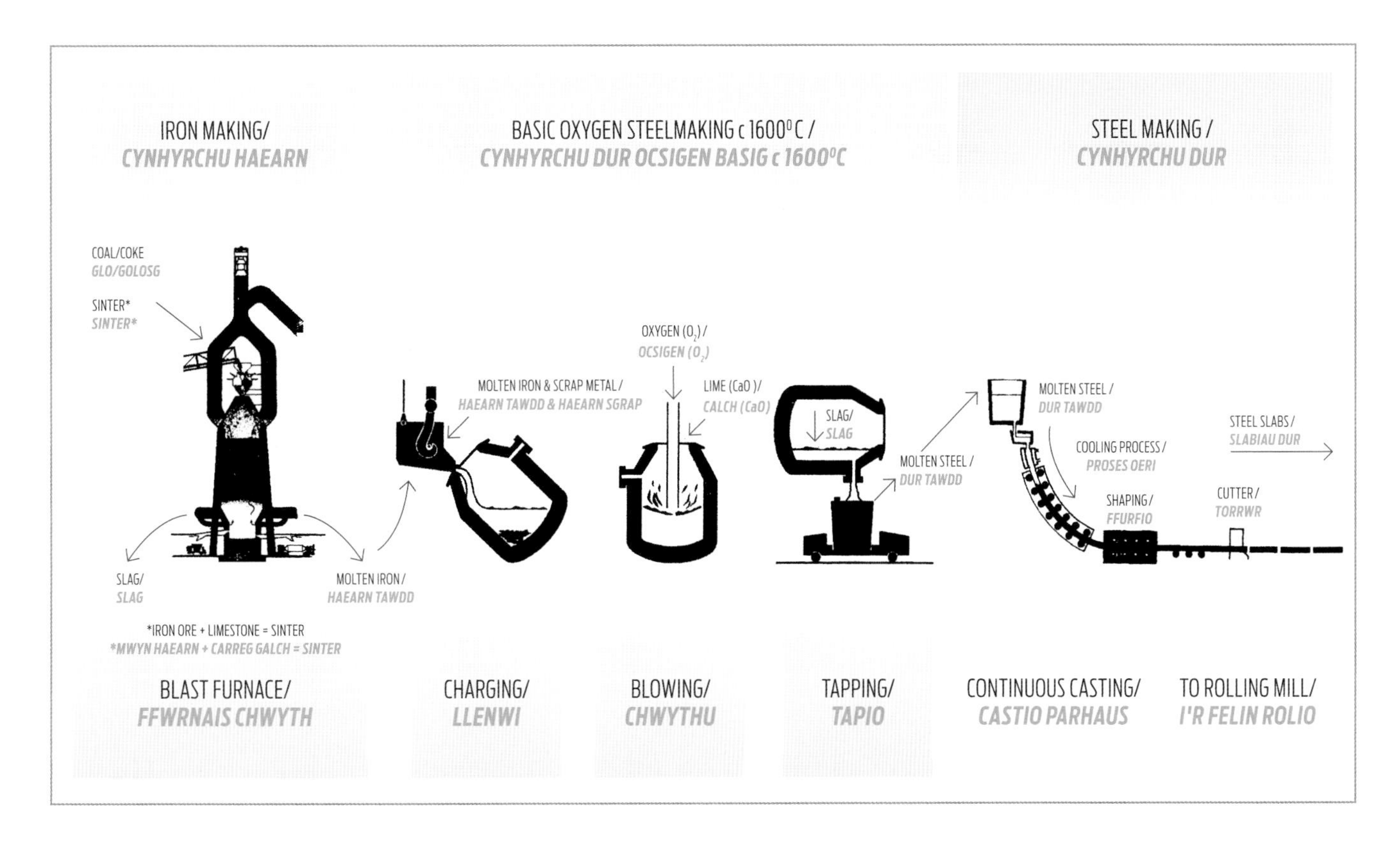

limestone flux and a couple able to produce appropriate dolomite, by the mid 1960s probably only two sources were suitable. Cornelly was by far the dominant supplier, working the Cornelly Oolite Formation. In the 1960s 75t of slag were generated during the production of every 100t of steel.

After denationalisation, assets were renationalised in 1968 as the British Steel Corporation (BSC). In 1982 BSC decided that efficiency could be improved by engaging Hobbs Quarry Holdings to operate Cornelly as a joint venture named Raisescape Ltd. Wimpey Minerals then acquired Hobbs and later Wimpey's mineral assets

© Ian A Thomas

Panel arsyllfan yn edrych dros Chwarel Corneli, dyluniwyd gan y Ganolfan Gerrig Genedlaethol (cafodd ei dynnu ar ôl ei fandaleiddio).
Viewpoint panel overlooking Cornelly Quarry designed by the National Stone Centre (vandalised and since, removed).

ddwy flynedd yn ddiweddarach, roedden nhw hefyd yn cyflenwi Llanwern. Ar ei anterth tua 2000, roedd yr odynau hynny'n anfon dros 3000 tunnell yr wythnos. Mae gwaith calch bychan hefyd yng Nghorneli yn defnyddio methan sy'n cael ei dynnu o safle tirlenwi Stormy Down.

Daeth y gofynion cemegol ar gyfer fflwcs cerrig calch ffwrnais chwyth yn fwy caeth. Yn gynnar yn y 1950au roedd yna tua dwsin o chwareli ar y Brigiad Deheuol yn cyflenwi fflwcs cerrig calch gydag un neu ddwy'n gallu cynhyrchu dolomit addas, erbyn canol y 1960au mae'n debyg mai dim ond dwy ffynhonnell oedd yn addas. Corneli oedd y cynhyrchydd pwysicaf, yn gweithio Ffurfiant Öolit Corneli. Yn y 1960au roedd 75 tunnell o slag yn cael ei gynhyrchu am bob 100 tunnell o ddur.

Ar ôl dadwladoli, cafodd asedau eu hail wladoli ym 1968 fel Y Gorfforaeth Ddur Brydeinig (BSC). Ym 1982 penderfynodd BSC y gellid gwella effeithlonrwydd trwy gyflogi Hobbs Quarry Holdings i weithio Corneli fel menter ar y cyd dan yr enw Raisescape Ltd. Yna prynodd Wimpey Minerals gwmni Hobbs ac yn nes ymlaen cafodd asedau mwynau Wimpey eu cyfnewid am fusnes tai Tarmac. Yna ffurfiodd Tarmac gwmni ar y cyd gyda BSC, Cambrian Stone Ltd gan ddefnyddio enw gweithredol gwreiddiol y cwmni yn y 19eg Ganrif. Daeth BSC yn rhan o'r grŵp Eingl-Iseldireg Corws a chafodd hwnnw ei brynu yn 2006 gan gwmni Tata Steel o'r India.

Mae Corneli wedi cynhyrchu hyd at 1.4 miliwn tunnell y flwyddyn, (yn 2010 – 1.2 miliwn tunnell), mwy ar y pryd, nag unrhyw chwarel arall yng Nghymru, ond mae'n cynhyrchu llai erbyn hyn. Mae cerrig calch, dur a sorod, sy'n dibynnu ar Gorneli, yn ddefnyddiau hanfodol bywyd bob dydd yn

Area 9

were swapped with Tarmac's housing interests. Tarmac then formed a joint company with BSC, Cambrian Stone Ltd reflecting the original C19th operating name.

BSC became part of the Anglo-Dutch Corus group which was taken over in 2006 by Tata Steel of India.

Cornelly has produced up to 1.4Mtpa, (in 2010 – 1.2Mt), at the time, a larger output than any other Welsh quarry, but tonnages are now much lower. Limestone, steel and slag dependent upon Cornelly are essential materials for everyday life in South Wales – for schools, hospitals, roads, railways and houses. Together, they have been widely used in projects such as Cardiff Bay redevelopment, the second Severn Crossing and the Millennium Stadium, Cardiff.

Hobbs Group

Robert Hobbs began in Somerset (a trend coincidentally repeated in the early days of Hanson's Welsh interests). In his teens, he bought a Model T Ford lorry for £20 and hauled for local breweries and cider-makers and then stone for local councils. He purchased Backwell Quarry near Bristol in 1938 and started producing ready mixed concrete in South Wales in 1950. He ran a handful of small units in the east Mendips in the 1960s. Hobbs with other partners began processing Llanwern slag in the early 1960s having also supplied the works with limestone flux. By the early '70s, Hobbs (Quarries) Ltd had gained control of a number of family firms working limestone quarries at Penwyllt (Abercrave – retaining the rail link from 1964 to 1977), Stormy Down (Pyle), Argoed Isha (Llanharry), Pant (St Bride's Major) and Blaengwynlais (Caerphilly), although many continued to trade under their original names. In 1982 Hobbs signed an agreement with British Steel forming Raisescape Ltd to operate jointly, Cornelly Quarry (see above). In parallel, they continued to build up limestone interests on the other side of the Bristol Channel and also bought up Torcoed Quarry (Cross Hands) and Longlands (Bridgend). By the time Robert died in 1982, the group had 16 quarries and a substantial interest was then sold to Wimpey Asphalt, which later acquired the remainder.

Meanwhile Wimpey had interests at Hendy (Pontyclun) in the south, and in the north, Minffordd (igneous rock - Porthmadog), Rorsedd Bach (sand/gravel-near Pwllheli), and Pant (limestone -Halkyn). (see also – Introduction: Multinational Companies- Tarmac).

The construction of the Port Talbot Breakwaters was probably the largest UK marine project since WWI. Totalling almost three miles in length, they were built during 1966-70, demanding a major logistical exercise. They used 2.25Mt of stone. Blocks of limestone up to 8t, came from Cornelly and ECC Quarries at Gaens using a special road, but these sources proved unable to meet all the demand. At its height, 22 quarries were delivering stone, some blocks weighing over 20t each. Quarries as far away as Wicklow (Ireland) were called upon and 0.7Mt of limestone blocks came from the Peak District (Wirksworth/Cauldon Low) alone, by rail. ARC supplied from Graig yr Hesg and Trehir, and Wotton Bros from Gilfach (all three being Pennant sandstone).

ne Cymru – ar gyfer ysgolion, ysbytai, ffyrdd, rheilffyrdd a thai. Gyda'i gilydd maen nhw wedi eu defnyddio'n helaeth mewn prosiectau megis ailddatblygu Bae Caerdydd, Ail Bont Hafren a Stadiwm y Mileniwm, Caerdydd.

Grŵp Hobbs

Dechreuodd Robert Hobbs yng Ngwlad yr Haf (patrwm a gafodd ei ailadrodd yn nyddiau cynnar Hanson pan oedd yn datblygu chwareli yng Nghymru). Yn ei arddegau, fe brynodd lori Model T Ford am £20 a dechreuodd gludo nwyddau ar gyfer bragdai a gwneuthurwyr seidr lleol ac yna cerrig ar gyfer cynghorau lleol. Prynodd Chwarel Backwell ger Bryste ym 1938 a dechreuodd werthu concrid wedi ei gymysgu'n barod yn Ne Cymru ym 1950. Bu'n rhedeg ychydig o chwareli bychan yn nwyrain Bryniau Mendip yn y 1960au. Dechreuodd Hobbs, gyda phartneriaid eraill, brosesu sorod Llanwern yn y 1960au ar ôl bod yn cyflenwi'r gwaith â fflwcs cerrig calch. Erbyn y 70au cynnar roedd Hobbs (Quarries) Ltd wedi dod i reoli nifer o gwmnïau teuluol oedd yn gweithio chwareli cerrig calch ym Mhenwyllt (Abercraf – gan gadw'r cysylltiad trên o 1964 tan 1977), Stormy Down (Y Pîl), Argoed Isha (Llanhari), Pant (Saint y Brid) a Blaengwynlais (Caerffili), er bod nifer wedi parhau i fasnachu dan eu henwau gwreiddiol. Ym 1982 llofnododd Hobbs gytundeb gyda British Steel gan ffurfio Raisescape Ltd i redeg Chwarel Corneli ar y cyd (gweler uchod). Yr un pryd, roedd y cwmni'n dal i ddatblygu chwareli cerrig calch yr ochr arall i Fôr Hafren a phrynodd hefyd Chwarel Torcoed (Cross Hands) a Longlands (Pen-y-bont ar Ogwr). Erbyn i Robert farw yn 1982, roedd gan y grŵp 16 o chwareli a chafodd cyfran sylweddol o'r cwmni ei werthu'n ddiweddarach i Wimpey Asphalt, a lwyddodd i gaffael y gweddill ar ôl hynny.

Yr un pryd roedd gan Wimpey chwareli yn yr Hendy (Pontyclun) yn y de, ac yn y gogledd, Minffordd (craig igneaidd - Porthmadog), Rorsedd Bach (tywod/graean – Llanarmon, ger Pwllheli,), a Phant (cerrig calch – -Helygain). (Gweler hefyd – Cyflwyniad: Rhyngwladol -Tarmac).

Mae'n debyg mai adeiladu Morgloddiau Port Talbot oedd y prosiect morol mwyaf yn y DU ers y Rhyfel Byd Cyntaf. Yn ymestyn am bron i dair milltir, fe'u hadeiladwyd yn ystod y cyfnod 1966-70, gwaith oedd yn gofyn am drefniadau cadarn iawn. Aeth 2.25 miliwn tunnell fetrig o gerrig i'r morgloddiau. Daeth blociau o galchfaen, yn pwyso hyd at 8 tunnell, o Gorneli a Chwareli ECC yn Gaens ar ffordd arbennig, ond doedd dim digon yno i gyfarfod â'r cyfan o'r galw. Ar ei anterth, roedd 22 o chwareli'n cyflenwi cerrig, rhai blociau'n pwyso dros 20 tunnell yr un. Galwyd am gymorth chwareli mor bell i ffwrdd â Wicklow (Yr Iwerddon) a daeth 0.7 tunnell fetrig o flociau cerrig calch o'r Peak District (Wirksworth/Cauldon Low) ar y rheilffordd. Roedd ARC yn cyflenwi o Graig yr Hesg a Threhir, a Wotton Bros o'r Gilfach, tair chwarel tywodfaen Pennant).

Ardal 9

Ewenny Area

The Vale of Glamorgan Railway opened in 1897 and Ewenny Quarry began shortly afterwards producing dolomitic limestone. Almost cross the valley to the west, Pant Quarry where the rock was more calcareous, had been working since at least 1878 and there were a handful of very small disused quarries within a kilometre.

Ewenny Quarry grew during WWI, so that by 1919 it boasted a number of sidings to at least two working faces and a crushing shed. The Ewenny Quarries Co of the 1920s was superseded by Ewenny Quarries (1937) Ltd. The main products were aggregates and fluxes for iron and steel-making. The 1941 OS plan indicates surprisingly that it was producing manganese; hematite is a more probable product although hematite with a high manganese content was extracted at South Cornelly.

Meanwhile Pant and Pontalun Quarries continued to grow, but more slowly than Ewenny. In the 1940s Pontalun was acquired by Lithalun Products Ltd and the quarry changed its name accordingly.

Most out of character for this period, a prominent North Wales concern, the Penmaenmawr & Welsh Granite Co, in 1949, took over the Ewenny company which by then embraced Lithalun. The purchaser already had a string of port facilities between Preston and Liverpool in the north and Swansea and Cardiff more locally, but mainly handling granite.

Ewenny did not expand significantly laterally thereafter. Extraction from the faces apparently ceased in 1961, but from 1959, Ewenny continued to be active, utilising all stone from Lithalun for coating and concrete. A concrete block plant was inaugurated in 1965. 1974 saw the take-over of the parent group by Kingston minerals, a subsidiary of the Bath & Portland Group, at which point, Ewenny was disposed of to Jenkins Garages for vehicle repairs.

Chwarel Ewenni, Pen-y-bont ar Ogwr. Er nad oedd yn cael ei gweithio 'â llaw' erbyn dechrau'r 1950au, mae'r llwythwr ar dractor fferm bychan a'r dymper un dunnell Muir Hill yn awgrymu mai dim ond dechrau oedd gwaith â pheiriannau yma.

Ewenny Quarry, Bridgend. Although no longer 'manually' worked by the early 1950s, the small farm tractor-based loader and 1-ton capacity Muir Hill dumper, suggest that mechanisation was only just beginning here.

Robert Vernon Collection

Gosod blociau cerrig, o Gorneli, mae'n debyg, i adeiladu morglawdd Port Talbot 1966-70, er bod hyd at 22 o chwareli yn cyflenwi cerrig pan oedd y gwaith ar ei anterth.

Placing blockstone probably from Cornelly to build the Port Talbot breakwater 1966-70, although up to 22 quarries supplied stone at its peak.

Ardal Ewenni

Agorodd y Vale of Glamorgan Railway yn 1897 a dechreuodd Chwarel Ewenni gynhyrchu carreg galch ddolomitig yn fuan ar ôl hynny. Bron ar draws y cwm i'r gorllewin, roedd chwarel Pant, lle'r oedd yn graig yn fwy calchaidd, wedi bod yn gweithio ers o leiaf 1878 ac roedd yna lond dwrn o chwareli bychan iawn wedi cau o fewn cilometr.

Tyfodd Chwarel Ewenni yn ystod y Rhyfel Byd Cyntaf ac, erbyn 1919 roedd yno nifer o seidins, o leiaf ddau wyneb gweithio a sied falu. Daeth yr Ewenny Quarries Co o'r 1920au i ben a ffurfiwyd cwmni newydd Ewenny Quarries (1937) Ltd. Y prif gynnyrch oedd cerrig mân a fflwcs ar gyfer cynhyrchu haearn a dur. Mae cynllun Arolwg Ordnans 1941 yn dangos, yn rhyfedd iawn, ei bod yn cynhyrchu manganîs; byddai hematit yn fwy tebygol, ond roedd hematit yn cynnwys llawer iawn o fanganîs yn cael ei gloddio yn Ne Corneli.

Yn y cyfamser, roedd Chwareli Pant a Phontalun yn dal i dyfu, ond yn arafach nag Ewenni. Yn y 1940au, cafodd chwarel Pontalun ei phrynu gan Lithalun Products Ltd a dyna oedd yn cael ei galw ar ôl hynny.

Yn wahanol iawn i arfer y cyfnod, prynodd cwmni amlwg iawn o ogledd Cymru, y Penmaenmawr & Welsh Granite Co, gwmni Ewenni ym 1949 a oedd, erbyn hynny, yn cynnwys Lithalun. Roedd gan y prynwr eisoes gyfres o borthladdoedd rhwng Preston a Lerpwl yng ngogledd Lloegr ac Abertawe a Chaerdydd yn y de, ond i drin ithfaen yn bennaf.

Ni thyfodd chwarel Ewenni lawer iawn ar ôl hynny. Mae'n debyg mai ym 1961 y daeth cloddio wyneb y graig i ben ond, o 1959, roedd Ewenni'n dal yn brysur yn defnyddio cerrig o Lithalun ar gyfer cynhyrchu tarmac a choncrid. Cafodd gwaith cynhyrchu blociau concrid ei sefydlu yno ym 1965. Ym 1974, prynwyd y rhiant gwmni gan Kingston Minerals, is-gwmni o'r Bath & Portland Group ac, yr adeg hynny, gwerthwyd chwarel Ewenni i Jenkins Garages fel safle trwsio cerbydau.

Area 9

To the east, Longlands Quarry began before 1878 but continued to be very small and closed before 1921. Although it had reopened by WWII, it closed in 1947, but was reopened in the '50s by Longlands Quarry Co.

Hobbs Quarries bought Pant in 1961 and Longlands, but production at the latter stopped in 1972. Meanwhile a number of smaller units along the Alun Valley to the south, including Lancaster, Southerndown Road and Cnap Twt , had closed. Pant continue to operate via Wimpey Minerals and now Lafarge-Tarmac.

When Mid Glamorgan County Council sought to prevent resumption of quarrying at Ewenny, by issuing a Prohibition Order, it was over-ruled after a planning inquiry and by a High Court decision in 1996. To regularise the position, a new planning permission was issued in 1999 and Minimix Concrete began to extract and process stone. Then in 2005, the company became part of Lafarge, (continuing to trade as Minimix) which prompted a £1M investment programme, relocating the plant on the quarry floor, shielding local residents from noise and dust. Although Ewenny lost its rail sidings by 1970, it is one of very few quarries in South Wales which could readily be rail-linked.

I'r dwyrain, roedd Chwarel Longlands wedi agor cyn 1878 ond roedd yn dal yn fach iawn a chaeodd cyn 1921. Er ei bod wedi ail agor erbyn yr ail ryfel byd, caeodd ym 1947 ond cafodd ei hailagor yn y 1950au gan Longlands Quarry Co.

Prynodd Hobbs Quarries Pant a Longlands ym 1961 ond daeth cynhyrchu i ben yn Longlands ym 1972. Yn y cyfamser, roedd nifer o chwareli bychan ledled Cwm Alun i'r de, gan gynnwys Lancaster, Southerndown Road a Chnap Twt, wedi cau. Mae Pant yn dal ar agor ac yn cael ei rhedeg gan Wimpey Minerals ac, erbyn hyn, Lafarge-Tarmac.

Pan geisiodd Cyngor Sir Morgannwg Ganol rwystro ail agor y chwarel yn Ewenni, drwy gyflwyno Gorchymyn Gwahardd, cafodd ei drechu mewn ymchwiliad cynllunio a chan ddyfarniad yr Uchel Lys ym 1996. Er mwyn rheoleiddio'r sefyllfa, cyflwynwyd caniatâd cynllunio newydd ym 1999 a dechreuodd Minimix Concrete gloddio a phrosesu cerrig yno. Yna, yn 2005, daeth y cwmni'n rhan o Lafarge (ond gan ddal i fasnachu fel

P E K Fuchs

Chwarel Walnut, Ffynnon Taf, (cyn-1963) mae'r draphont anferth dros afon Taf wedi diflannu erbyn hyn ac felly hefyd y rhes o odynau hynod (a elwid yn cupolas) yn cynhyrchu calch dolomitig.

Walnut Quarry, Taffs Well; (pre-1963) the massive viaduct across the Taff has now gone as has the impressive bank of kilns (known as cupolas) producing dolomitic lime.

Ardal 9

Mynedfa'r twnnel newydd, Chwarel Ffynnon Taf.
Entrance to the new tunnel, Taffs Well Quarry.

Taffs Well Quarries

In the region, Bessemer's 1856 patent, improved steelmaking using an air blown converter, followed in 1862 by Siemens' open hearth regenerative system. Both had important implications for quarrying. However their clay or silica brick linings could not handle plentiful, but low grade UK iron ores as these are high in phosphorous or sulphur. In the late 1870s, two South Wales cousins, Sidney Gilchrist Thomas and Percy Carlyle Gilchrist, both chemists, worked out a method for eliminating these impurities. They introduced basic furnaces with linings of hard burned dolomite. The Steetley Co was established in 1885 (taking its name from the village in north Derbyshire) to make this material which they called 'doloma'.

In the 1900s Steetley began to take on quarries in many of the main steelmaking areas; collaboration during WWI accelerated this trend. Prior to 1920, virtually all the dolomite requirements of the South Wales iron and steel industry were met from England. During the following year Taffs Well, Cefn Onn and Machen were all producing. Steetley bought the high quality dolomite deposits (now known as the Pembroke Limestone Formation) at Taffs Well in 1921. At that point, nu-

©CEMEX

Chwarel Ffynnon Taf, roedd yr offer prosesu'n cael ei symud allan o'r golwg; yn y canol, wrth droed wyneb y chwarel mae'r twnnel newydd i gysylltu'n fwy uniongyrchol â'r A470.
Taffs Well Quarry – the processing plant was being re-located out of general view; in the centre, at the foot of the quarry face is the new tunnel to link more directly with the A470.

Area 9

merous small quarries had nibbled around the edges of Garth Wood and on the crown of the hill, although iron ore had been exploited here possibly from Roman times. Trading initially as the Taffs Well Dolomite Co, it became fully integrated with other subsidiaries as the Steetley Lime and Basic Co in 1930. They developed extensive quarries on the north eastern flank of the steep hill with a bank of limekilns at a high level alongside and served by the railway. Road access was always poor. By the late 1950s Taffs Well, Cefn Onn and Machen accounted for 0.25Mtpa or about half the UK needs. Taffs Well alone was sending 10,000 tpw to Margam in 1960.

In the 1960s, as basic oxygen steelmaking converters rapidly replaced open hearths, Steetley became a Worldwide concern. Taffs Well expanded greatly, but the valley-side kilns closed.

In the 1970s the focus of activity moved to the south east of the hilltop and a large sinter plant was built. By the 1990s output was approaching 1 Mtpa, but still employing the circuitous road access across the brow and through Pentyrch and other small communities. In 1987 the company applied to expand the quarry at which point, villagers began a campaign. In addition to local amenity, the area had all the ingredients imaginable – prominent landscape, wildlife (eg rare blind spiders), water flow issues, industrial heritage and economic recession, with companies strapped for investment cash.

Four changes of ownership (Redland>Lafarge>RMC>Cemex) followed in the period to 2005, which did little to resolve the traffic problem. An agreement reached in 1998 to build road tunnel and relocate the hilltop plant to the quarry floor, had still not been actioned. But within a year, CEMEX started on a tunnel to take traffic directly to the main road system, cutting out village routes and two miles of difficult journey.

© Media Wales

Norma Procter MBE.

Minimix) a chafwyd rhaglen fuddsoddi gwerth £1 miliwn. Symudwyd y peiriannau i lawr y chwarel gan ymochel trigolion yr ardal rhag sŵn a llwch. Er bod chwarel Ewenni wedi colli ei seidins rheilffordd erbyn 1970, mae'n un o'r ychydig chwareli yn ne Cymru y gellid ei chysylltu'n hawdd â'r rheilffordd.

Chwareli Ffynnon Taf

Daeth gwelliant i'r dull o gynhyrchu dur yn yr ardal hon pan ddechreuwyd defnyddio patent Bessemer ym 1856 o chwythu aer wrth drawsnewid ac yna, ym 1862 daeth system atgynhyrchiol tân agored Siemens. Cafodd y ddwy system gryn effaith ar chwareli'r ardal. Ond ni allai leininau briciau clai neu silica y gweithfeydd dur ddygymod â'r mwynau salach oedd ar gael yn helaeth yn y DU gan eu bod yn cynnwys cymaint o ffosfforws neu sylffwr. Yn niwedd y 1870au, llwyddodd dau gefnder o dde Cymru - Sidney Gilchrist Thomas a Percy Carlyle Gilchrist, y ddau'n gemegwyr, i ganfod dull o gael gwared ar yr amhureddau hyn. Fe gyflwynon nhw ffwrneisi basig gyda leininau o ddolomit wedi'u llosgi'n galed. Sefydlwyd y Steetley Co ym 1885 (a gafodd ei enwi ar ôl pentref yng ngogledd Swydd Derby) i wneud y defnydd hwn a gafodd ei alw'n 'doloma'.

Yn ystod y 1900au dechreuodd Steetley brynu chwareli mewn nifer o'r ardaloedd cynhyrchu dur; ac roedd cydweithio yn ystod y Rhyfel Byd Cyntaf yn cyflymu'r tueddiad hwn. Cyn 1920, o Loegr y deuai bron y cyfan o'r dolomit ar gyfer diwydiannau haearn a dur De Cymru. Y flwyddyn ganlynol, roedd Ffynnon Taf, Cefn Onn a Machen i gyd yn ei gynhyrchu. Prynodd Steetley'r chwarel ddolomit o ansawdd uchel (a elwir heddiw'n Ffurfiant Cerrig Calch Sir Benfro) yn Ffynnon Taf ym 1921. Yr adeg honno roedd nifer o chwareli bychain wedi bod yn cloddio i ymylon Coedwig y Garth ac ar gopa'r mynydd, er ei bod yn bosibl bod mwyn haearn wedi ei gloddio yma ers oes y Rhufeiniaid. Gan fasnachu i ddechrau fel y 'Taffs Well Dolomite Co', cafodd ei gyfuno'n llawn gydag is-gwmnïau eraill fel y Steetley Lime and Basic Co ym 1930. Datblygodd y cwmni chwareli helaeth ar lethr gogledd-ddwyrain y mynydd serth gyda nifer o odynau calch yn uchel wrth eu hochr a rheilffordd yn cario'r cynnyrch. Roedd y ffyrdd at y chwareli'n dal yn wael. Erbyn yn hwyr yn y 1950au roedd Ffynnon Taf, Cefn Onn a Machen yn cynhyrchu 0.25 miliwn tunnell y flwyddyn neu tua hanner anghenion y DU. Roedd Ffynnon Taf yn unig yn anfon 10,000 tunnell yr wythnos i Fargam yn 1960.

Yn y 1960au, wrth i gynhyrchwyr dur newid ffwrneisi agored am rai ocsigen basig, daeth Steetley'n fusnes byd-eang. Ehangodd Ffynnon Taf yn helaeth ond caewyd yr odynau ar ochr y dyffryn.

Yn ystod y 1970au symudodd y rhan fwyaf o'r gweithgaredd i'r de-ddwyrain o ben y mynydd ac adeiladwyd gwaith sinter sylweddol. Erbyn y 199au roedd yn cynhyrchu bron filiwn tunnell y flwyddyn, ond gan ddal i gario ar y ffyrdd troellog ar draws y copa a thrwy Bentyrch a chymunedau bychain eraill. Ym 1987 gwnaeth y cwmni gais i ymestyn y chwarel, ond yr un adeg cychwynnodd y pentrefwyr ar ymgyrch. Yn ogystal ag effeithio ar fwyniant yr ardal, roedd y chwarel yn effeithio ar gymaint o elfennau eraill hefyd – tirlun amlwg, bywyd gwyllt (ee corynod dall prin), problemau llif dŵr, treftadaeth ddiwydiannol ac, yn y dirwasgiad economaidd, roedd cwmnïau'n brin o arian i'w fuddsoddi.

Ardal 9

The new access tunnel was opened by Jane Davidson, then Minister for Environment, Sustainability and Housing in June 2009, ending a 17 year local campaign led by Norma Procter. In 2010, Norma was rewarded with an MBE for her efforts. Was it worth it? "the end result was an ideal outcome, but simply should not have taken all those years to achieve" .The result was win-win, in which she notes that the company was eventually persuaded by the right of their case, to the benefit of all concerned. Not only was the local environment greatly improved, 20 years worth of additional reserves were released by relocating the plant and delivery costs reduced by applying this 'glory hole' principle to the operation. The changes also enabled the quarry to take over markets previously supplied by RMC's Wenvoe Quarry (see below).

Machen/Risca

Machen Quarry is distinct in several respects. Not only is the limestone here very much thinner than at Taffs Well, it displays relatively steep dip to the north west and fracturing, lying as it does, on the northern limb of the Machen anticline; the limestone is accompanied by iron and lead ores which are believed to have been worked by the Romans. Machen extracted a particularly hard variety of dolostone belonging to the Pembroke Limestone Group. The stone is probably unique amongst British limestones and dolostones, in that it is sufficiently robust to meet stringent rail ballast specifications and is also unusual in being the only rail-connected 'limestone' quarry in the region. Machen Quarry with many limekilns close-by, was working

Yn y cyfnod hyd 2005, cafwyd pedwar newid mewn perchnogaeth (Redland>Lafarge> RMC>Cemex) nad oedd o ddim help i ddatrys problemau traffig. Doedd y cytundeb a ffurfiwyd ym 1998 i adeiladu twnnel â ffordd yn mynd trwyddo a symud y gwaith o ben y mynydd i lawr y chwarel ddim wedi ei weithredu. Ond ymhen blwyddyn dechreuodd CEMEX ar dwnnel i gario traffig yn uniongyrchol i'r briffordd, gan hepgor taith ddwy filltir anodd trwy bentrefi.

Agorwyd y twnnel newydd gan Jane Davidson, y Gweinidog dros yr Amgylchedd, Cynaladwyedd a Thai yr adeg honno, ym mis Mehefin 2009, penllanw ymgyrch 17 mlynedd yn cael ei harwain gan Norma Procter. Yn 2010 derbyniodd Norma MBE am ei hymdrechion. A oedd y canlyniad yn werth yr ymdrech? "roedd y canlyniad yn ddelfrydol, ond ni ddylai fod wedi cymryd yr holl flynyddoedd i ddod i fwcl". Roedd pawb ar eu hennill yn y pen draw a'r a'r cwmni hefyd, wedi gweld cyfiawnder eu hachos, er budd pawb. Nid yn unig roedd amgylchedd yr ardal wedi gwella'n aruthrol, roedd gwerth 20 mlynedd o gronfeydd wrth gefn o gerrig wedi dod ar gael trwy adleoli'r gwaith, a chostau cyflenwi wedi eu gostwng. Roedd y newidiadau hefyd wedi galluogi'r chwarel i gyflenwi'r marchnadoedd oedd yn cael eu cyflenwi gan Chwarel Gwenfo RMC (gweler isod) o'r blaen.

Machen/Risga

Mae **Chwarel Machen** yn arbennig mewn sawl ffordd. Nid yn unig mae'r galchfaen yma'n llawer teneuach nag un Ffynnon Taf, mae ar lethr serth i'r gogledd-orllewin ac yn hollti. Gan ei bod yn gorwedd ar fraich ogleddol anticlin Machen;

© Phil Jenkins, Industrial Monmouthshire

Hen odynau calch Chwarel Machen, dim ond ychydig o'r llawer sydd yn yr ardal.
Old lime kilns, Machen Quarry - just a few of many in the area.

Area 9

Gweithwyr Chwarel Machen tua 1910, noder y gwahaniaeth oedran a'r diffyg offer diogelwch.
Machen Quarry workforce c 1910 –note the apparent age range and no safety gear.

before 1800 and indeed probably much earlier. It was part of the Tredegar estate. In the 1840s, Sir Charles Morgan owned a quarry at Machen which was supplied with coal from his son's nearby colliery. There are still the remains of four or five pairs of old limekilns in the immediate area.

The present day Machen Quarry (sometimes known as Park Quarry), began producing agricultural lime and building stone on a commercial scale from about 1880, with a bank of two kilns feeding directly into rail wagons on a siding, but the quarry itself was only hand-worked. By the late 1890s, there were about 50 employees, at the time working for the Machen Stone Lime Co.

But frequent name changes were another feature of the site. The Machen Stone Lime & Colliery Co Ltd was established in 1902. In 1908 it was referred to as the Machen Brick, Stone, Lime & Coal Co, then the Machen Stone & Lime Co was incorporated in 1920. The latter heralded the introduction of a crushing plant. The key new markets were fluxes and refractories, mainly directed to Pontmister just to the east, and Cardiff Steelworks. The stone was a reasonably high grade dolomite but the silica content had to be monitored carefully. Machen Quarries Ltd was formed in 1933. In 1957 Vaynor Quarries (see AT7 – Vaynor) under Lord Brecon, took over Machen. Major investment was completed in 1959. Powell Duffryn took over in 1964 (subsequent changes of managerial control are covered in AT 10 Powell Duffryn). A British Rail contract to supply 180,000tpa of railway ballast followed in 1968 and overall plant capacity raised to 1mtpa. Ballast deliveries and aggregates dispatched by rail to the Western Rail division and West Drayton near London continued in various forms until 2010. The typical output over the 20 years until about 2008, has been 0.8-0.9Mtpa. By 2002, the quarry extended over 123a and engaged 175 mostly local people. In following the limestone outcrop, it was 1km long but only 0.2km wide. The current downturn in the economy resulted in temporary closure of extraction at Machen in 2012, although the coating plant still operates and the rail terminal distributes sandstone and high specification aggregates from two other Hanson Quarries (see AT8 – Safer Roads) to England.

Risca Quarry was active in 1880s, with kilns alongside the railway and extraction taking place, both above and below the canal. Risca Quarries Ltd was incorporated in 1931 and extended operations to the north east of the canal. However there appears to have been little change until 1950s when it was taken into the William Adams Group and for 20 years it expanded. Like Machen, it worked the dolomite of the Pembroke Limestone Group and the steep dips of c40°, faulting and

© Hanson

mae'r garreg galch yn gymysg â mwynau haearn a phlwm, a chredir bod y rhain wedi eu gweithio gan y Rhufeiniaid. Mae math arbennig o galed o graig dolomit yn perthyn i Grŵp Cerrig Calch Penfro yn cael ei chloddio yma. Mae'n debyg bod y garreg yn unigryw ymhlith cerrig calch a chreigiau dolomit, gan ei bod yn ddigon cryf i gael ei defnyddio fel balast rheilffordd ac felly mae'n anarferol gan mai dyma'r unig chwarel 'cerrig calch' yn yr ardal sydd â chysylltiad rheilffordd.

Roedd Chwarel Machen, gyda nifer o odynau calch gerllaw, yn gweithio cyn 1800 ac, mae'n debyg, gryn dipyn ynghynt. Roedd yn rhan o stad Tredegar. Yn y 1840au, roedd Syr Charles Morgan yn berchen ar chwarel ym Machen ac yn derbyn glo o bwll glo cyfagos ei fab. Mae yna olion tair neu bedair odyn galch yn dal i fodoli gerllaw.

Dechreuodd y Chwarel sy'n gweithio heddiw ym Machen (sy'n cael ei galw weithiau'n Chwarel y Parc) gynhyrchu calch amaethyddol a cherrig adeiladu ar raddfa fasnachol o tua 1880, gyda dwy odyn yn bwydo'n uniongyrchol i wagenni rheilffordd mewn seidin, ond roedd y chwarel ei hun yn cael ei gweithio'n gyfan gwbl â llaw. Erbyn y 1890au hwyr, roedd yna tua 50 o weithwyr yn cael eu cyflogi yno ac yn gweithio'r adeg hynny i gwmni Machen Stone Lime Co.

Ond roedd newid enwau'n aml yn gyffredin iawn ar y safle. Sefydlwyd 'The Machen Stone Lime & Colliery Co Ltd' ym 1902. Ym 1908 roedd yn cael ei alw'n 'Machen Brick, Stone, Lime & Coal Co', yna cafodd y 'Machen Stone & Lime Co' ei ymgorffori ym 1920. Gosododd yr olaf beiriant malu cerrig yno. Y marchnadoedd newydd allweddol oedd fflycsau a defnyddiau gwrthsafol, a oedd yn mynd, yn bennaf, i Bontymister i'r dwyrain, ac i waith dur Caerdydd. Roedd y garreg yn ddolomit o safon cymharol dda ond roedd rhaid cadw golwg yn ofalus ar gynnwys y silica. Ffurfiwyd 'Machen Quarries Ltd' ym 1933. Ym 1957 cymerodd Vaynor Quarries (gweler A77 - Faenor) o dan yr Arglwydd Brecon, feddiant o Fachen. Cwblhawyd buddsoddiad sylweddol ym 1959. Cymerodd Powell Duffryn yr awenau ym 1964 (mae'r newidiadau yn y cwmnïau oedd yn rheoli yn cael eu trafod yn AT10 Powell Duffryn). Wedyn ym 1968 daeth cytundeb gyda Reilffyrdd Prydain i gyflenwi 180,000 tunnell y flwyddyn o falast rheilffordd a chynyddwyd y cynnyrch i filiwn tunnell y flwyddyn. Roedd balast a cherrig mân yn dal i gael eu hanfon at Western Rail ac i West Drayton ger Llundain mewn sawl ffordd tan 2010. Yn ystod yr 20 mlynedd tan tua 2008 roedd y cynnyrch rhwng 0.8 a 0.9 miliwn tunnell y flwyddyn. Erbyn 2002 roedd y chwarel yn ymestyn dros 123 acer ac yn cyflogi 175 o bobl - pobl leol gan fwyaf. Trwy ddilyn y brigiadau cerrig calch, roedd yn gilometr o hyd ond dim ond 0.2km o led. Oherwydd y dirwasgiad presennol does dim cloddio ym Machen ers 2012, er bod y gwaith tarmac yn dal i weithio ac mae'r derfynfa rheilffordd yn dosbarthu tywodfaen a cherrig mân o safon uchel o ddwy chwarel eraill gan Hanson (gweler AT8 - Ffyrdd mwy Diogel) i Loegr.

Roedd **Chwarel Rhisga** yn gweithio yn y 1880au gydag odynau wrth ochr y rheilffordd a'r graig yn cael ei chloddio uwchben ac oddi tan y gamlas. Cafodd cwmni 'Risca Quarries Ltd' ei ymgorffori ym 1931 gan ymestyn y chwarel i'r gogledd-ddwyrain o'r gamlas. Ond mae'n ymddangos na fu fawr o newid tan y 1950au pan ddaeth yn rhan o'r 'William Adams Group' a bu'n ymestyn am 20 mlynedd. Fel

Ardal 9

Gweithlu Chwarel Osmond, Twyn yr Odyn, Gwenfô gyda chraen stêm Taylor & Hubbard a adeiladwyd yn gynnar yn yr 20g.

Workforce at Osmonds' Twyn yr Odyn Quarry, Wenvoe with a Taylor & Hubbard steam crane built early C20th.

© Ian Moody/Wenvoe History Group

thin bedding made it a challenging site to work until modern working methods were introduced around 1960. New plant was commissioned in the mid '60s and aggregates capacity increased further around 1970. The quarry ceased operating in 1981. Across the valley at Danygraig, Graig quarry was operated by Southwood Jones & Co in the 1920s, then by John F Dymond, who sold it to the Adams Group.

Greenwoods map of 1828 shows a lime kiln near Rudry. Cwm Leyshon, in the same area, began at least before WWI serving limekilns and was worked on a relatively moderate scale. This and Blaengwynlais Quarry, supplied Pontmister steelworks and, following Cefn Onn Quarry, Van Sinter Plant. After major investment in 1967-9, the quarry responded to the road-building boom of the 1970s. Output climbed to 0.35Mtpa, but closure came in 1985 and the site was cleared. It is now held as a back-up site by Hanson, to Machen.

Cefn Onn started in the C19th when it was operated by Thomas Rees around 1900. Its most active period was in the 1930s, when it was managed from 1936 by the Cefn Onn Basic Co. It was producing c 30,000 tpa in the 1940s particularly as steel flux and refractories and delivered via an aerial ropeway to a calcining plant at Van, Caerphilly. The quarry, which was almost above the railway tunnel leading to Caerphilly, closed in about 1960.

Wenvoe Quarries

Just beyond the present western outskirts of Cardiff is an irregular series of Carboniferous limestone outcrops from Culverhouse Cross to Dinas Powis, which have long supplied the urban areas with lime. *(Moody et al 2003)*. As the

Machen, bu'n cloddio dolomit Grŵp Cerrig Calch Penfro, ac oherwydd y goleddfau serth o tua 40°, ffawtiau a haenau tenau roedd yn safle anodd ei gweithio nes cael dulliau modern tua 1960. Daeth peiriannau newydd yno yng nghanol y '60au a chynhyrchwyd mwy o gerrig mân tua 1970. Caeodd y chwarel ym 1981. Ar draws y cwm yn Nhanygraig, roedd Chwarel y Graig yn cael ei rhedeg gan Southwood Jones & Co yn y 1920au ac yna gan John F Dymond a'i gwerthodd i'r Adams Group.

Mae map Greenwood o 1828 yn dangos odyn galch ger Rhydri. Roedd Cwm Leyshon, yn yr un ardal, wedi dechrau gweithio o leiaf cyn y Rhyfel Byd Cyntaf yn cyflenwi ychydig ar odynau calch. Roedd y safle hon a Chwarel Blaengwynlais yn cyflenwi gwaith dur Pontymister, ac ar ôl Chwarel Cefn Onn, Gwaith Van Sinter. Ar ôl buddsoddiad mawr ym 1967-9, tyfodd y chwarel wrth ymateb i'r gofyn enfawr am gerrig ar gyfer ffyrdd oedd yn cael eu hadeiladu yn ystod y 1970au. Ar un adeg, roedd yn cyflenwi 0.35 miliwn tunnell y flwyddyn, ond caeodd ym 1985 a chafodd ei chlirio. Erbyn hyn, mae'n cael ei chadw gan Hanson fel safle wrth gefn ar gyfer Machen.

Cychwynnodd Cefn Onn yn y 19eg Ganrif ac roedd yn cael ei rhedeg gan Thomas Rees tua 1900. Ei chyfnod mwyaf cynhyrchiol oedd y 1930au, pan oed yn cael ei rheoli o 1936 gan gwmni'r 'Cefn Onn Basic Co'. Roedd yn cynhyrchu tua 30,000 tunnell y flwyddyn yn y 1940au, a fflwcs dur a defnyddiau gwrthwres yn cael eu cario ar ffordd raff i waith calchynnu yn Y Fan, Caerffili. Cafodd y chwarel, oedd bron uwchben y twnnel rheilffordd yn arwain i Gaerffili, ei chau tua 1960.

Chwareli Gwenfô

Yn union y tu hwnt i gyrion gorllewinol Caerdydd heddiw mae yna gyfres o frigiadau cerrig calch carbonifferaidd afreolaidd yn arwain o Groes Cwrlwys i Ddinas Powys, sydd wedi bod yn cyflenwi'r ardaloedd trefol â chalch ers cryn amser. *(Moody et al 2003)*. Fel mae'r enw lleol, Twyn yr Odyn, yn ei awgrymu, roedd y gefnen sy'n rhedeg trwy Wenfô yn cael ei gweithio'n gynnar iawn ond mae'n anodd canfod hanes y chwareli cynnar. Er nad oes odynau i'w gweld ar ddrafftiau cynnar Arolwg Ordnans (1811) roedd yna Mr

Area 9

Ian Moody/Wenvoe History Group

Roedd cerrig calch yn cael ei gloddio tan yn ddiweddar yn Chwarel Gwenfô (de) a'r cerrig yn cael eu cario gan gludydd drwy dwnnel at beiriannau prosesu yn Chwarel Alps (isod), mae estyniad arfaethedig i'r de wedi'i ohirio [o'r awyr - gogledd ar chwith].

Limestone extraction took place until recently at Wenvoe Quarry (top) stone was then taken by conveyor through a tunnel to the processing plant in Alps Quarry (below); proposed extension to the south is on hold [from the air – north at left].

local name Tywyn yr Odyn (roughly = heaps/dunes of the kiln) suggests, the ridge running through Wenvoe was an early target, but the ancient quarrying history here is difficult to track down. Although no kilns appear on early Ordnance Survey drafts (1811), a Mr Fowler was operating a quarry at Wenvoe in about 1858. By 1885, the small Sweldon Quarry nearby at Culverhouse Cross, was beingrun by Osmond Brothers of Ely alongside the main road to the city. By the late 1890s it had expanded, had a crushing plant and a workforce of 30 men.

To the south east there were small kilns and a very small quarry near the Alps cottage in the 1880s, and on the other side of the hill to the east, an earlier quarry and mine for hematite (red iron oxide), but by then was abandoned.

Meanwhile in Twyn yr Odyn, some of the limekilns shown on a 1880s map were already marked as 'old'. On either side of Chapel Lane, Greenwoods started a quarry in 1897 to the north (known as Gelli Difyn or Twyn yr Odyn No. 1) and Osmonds had begun operating just to the south. Many very small quarries also appeared.

All this was typical of the time, but the situation on the other side of the valley had changed dramatically. In 1888–9, a branch line from Barry Docks to the central part of Coalfield opened and a siding was driven into Alps Quarry. Within a decade, fifteen smaller sidings ran right up to the quarry face. The site was being managed by Price & Wills, contractors building Barry Docks. Returns made for 1896 indicate a contingent of 226, higher than for any other quarry in South Wales at the time. The first dock was completed in 1889 and further docks were added in 1893, 1898 and 1908. Blocks of about 4 tons each, were required, to build the 14.2m high quays.

Fowler yn rhedeg chwarel yng Ngwenfô tua 1858. Erbyn 1885, roedd y Chwarel Sweldon fechan ger Croes Cwrlwys ger y brif ffordd i'r ddinas yn cael ei rhedeg gan y Brodyr Osmond o Drelái. Erbyn diwedd y 1890au roedd wedi ymestyn, roedd yno beiriant malu cerrig a gweithlu o 30 o ddynion.

I'r de ddwyrain, yn y 1880au, roedd yna odynau bychain a chwarel fechan iawn ger bwthyn yr Alps, ac, ar ochr arall y bryn i'r dwyrain, roedd yna chwarel gynharach a phwll ar gyfer hematit (ocsid haearn coch), ond roedd y ddau wedi cau erbyn hynny.

Yr un cyfnod, yn Nhwyn yr Odyn, roedd rhai o'r odynau calch a ddangoswyd ar fap o'r 1880au eisoes yn cael eu dangos fel rhai 'hen'. O boptu Lôn y Capel, agorodd Greenwoods chwarel ym 1897 i'r gogledd (Gelli Difyn neu Dwyn yr Odyn No. 1) ac roedd yr Osmonds wedi dechrau gweithio i'r de. Agorodd nifer o chwareli bychain hefyd.

Roedd hyn i gyd yn nodweddiadol o'r cyfnod, ond roedd y sefyllfa'r ochr arall i'r cwm wedi newid yn ddramatig. Ym 1888–9, agorwyd rheilffordd o Ddociau'r Bari i ganol y maes glo, gyda seidin ohoni i mewn i Chwarel yr Alps. Ymhen degawd roedd pymtheg seidin llai yn rhedeg at wyneb y chwarel. Roedd y safle'n cael ei rheoli gan Price & Wills, contractwyr oedd yn adeiladu Dociau'r Bari. Roedd y manylion am 1896 yn dangos gweithlu o 226, mwy nag mewn unrhyw chwarel arall yn ne Cymru ar y pryd. Cafodd y doc cyntaf ei orffen ym 1889 ac adeiladwyd dociau eraill ym 1893, 1898 a 1908. Roedd angen blociau tua 4 tunnell yr yn i adeiladu waliau'r dociau, oedd yn 14.2m o uchder.

Caeodd Chwarel yr Alps, ond fe'i hail-agorwyd rhwng 1920 a 1924 ac ehangodd yn araf, er bod y seidins wedi'u codi. Ar draws y bryn, roedd Gwenfô hefyd wedi ei hailagor, ond fel chwarel cerrig calch, ac roedd yn rhaid mynd trwy Cyntwell i fynd iddi. Fe barhaodd i weithio'n ysbeidiol tan y 1960au ar raddfa cymharol fechan o'i gymharu â'r cystadle wyr lleol.

Agorodd Whitehall Quarries Ltd chwarel oddi ar Tarrws Lane, Wallston ym 1931 gan dyfu, yn enwedig ar ôl yr Ail Ryfel Byd. Rywdro cyn 1948, prynodd y cwmni chwarel yr Alps a'r un pryd neu, o bosibl, ychydig yn hwyrach, Wenvoe Quarries (1927) Ltd, ond roedd yr Alps wedi tyfu'n wyllt erbyn y 1960au.

Cynyddodd chwarel Twyn yr Odyn yr Osmonds ychydig mewn maint a dyfnder, ond gan drawo ar ffynhonnau. Roedd dŵr yn dechrau cronni yno a bu'n rhaid ei gadael yn y 1960au. Achosodd hynny i'r Brodyr Osmond ganolbwyntio ar Whitehall, ac yna'r Alps. Yr un pryd roedd Greenwoods yn parhau i ymestyn eu gweithgareddau i'r gogledd orllewin.

Mewn cyfnod o ehangu sylweddol ym 1969 prynodd y grŵp RMC (fel Western Aggregates), Chwareli Greenwood (Gwenfô) a Chwareli Whitehall a rhesymoli. Roedd y gwaith wedi dod i ben yn Chwarel Greenwood erbyn 1974 ac roedd yn cael ei defnyddio fel safle swyddfeydd ac iard cynnal a chadw. Ym 1975–6, caeodd Whitehall a chafodd ei di-

Ardal 9

The Alps Quarry closed, but then reopened between 1920 and 1924 and slowly expanded, although the sidings were lifted. Across the hill, Wenvoe had also reopened, but as a limestone quarry accessed via Cyntwell. It continued intermittently into the 1960s, on fairly small scale compared with its local rivals.

Whitehall Quarries Ltd opened up off Tarrws Lane, Wallston in 1931 and grew particularly after WWII. At some point before 1948, the company acquired the Alps and then or possibly later, Wenvoe Quarries (1927) Ltd, but Alps was becoming overgrown in the late 1960s.

The Osmond's Twyn yr Odyn Quarry grew a little in size and depth, but in doing so, encountered springs which led to increasing problems of rising water levels flooding completely in the 1960s, prompting the Osmond Brothers to concentrate on Whitehall, then the Alps.

Meanwhile Greenwoods continued to extend their activities, north westward

In 1969 the RMC group (as Western Aggregates), in a period of great expansion, purchased both Greenwood Quarries (Wenvoe) and Whitehall Quarries and a rationalisation plan was implemented. Greenwoods Quarry ceased working by 1974 and had become offices and a maintenance yard. In 1975-6, Whitehall closed and was replaced by introducing a primary crusher at Wenvoe quarry, feeding a secondary plant at the Alps. The last two sites were then linked by a tunnel housing a conveyer and later a roadway. Thus all the activity was shifted away from the villages and a direct link with the main road network was possible. Wenvoe expanded significantly in the 1980s and 90s in particular, being well placed to supply the various stages of the A4232 Cardiff Link Road (built 1978-95).

All three sites on the Wenvoe side of the valley were turned over to landfill; Whitehall, with a depth of almost 40m had a capacity to take c1M m^3 of waste.

For about 30 years, Wenvoe was the largest producer of aggregates in Vale of Glamorgan, accounting for 50-75% and 5-7% of the S Wales total. In the mid 2000s output was running at 08-1.0Mtpa but by then, despite some small extensions, permitted reserves were low and had operations continued at that rate, would have run out in 2013.

Land was allocated in an approved Unitary Development Plan as a follow-on site to the south at Cwm Slade, but planning applications there have faced considerable opposition (including the need to protect the dormouse population). Despite additional measures such as proposed access via a tunnel, the objections and the general economic situation effectively put further extraction on-hold. Only the coating plant is still operating, but using stone from Taffs Well, which is not so efficient in its use of bitumen.

Initially men would have been the main power source, although we know that the site had a crusher in 1903 as Walter Greenwood suffered a serious injury, having been caught in the drive gears. As the quarry deepened, the confined space prompted the company to purchase a steam crane to lift out skips of stone filled by men on the quarry floor. The skips were tipped into wooden trucks, succeeded by jubilee wagons running on a 2ft gauge track to a rudimentary processing plant open to the elements, comprising a crusher, bucket wheel elevator and a trommel screen for sorting the stone by size. New, bigger plant was installed and metal cladding was added later and upgraded. A larger heavy duty lattice jibbed crane was introduced, but was superseded by dumpers and conveyors. For deliveries, horses and carts were replaced by ex-US Army WWI petrol lorries in the 1920s, followed by steam lorries until the mid 1930s and diesels thereafter (see: Changing Technologies and Moving Stories).

sodli pan osodwyd malwr cerrig mawr yn chwarel Gwenfô, a oedd yn bwydo peiriant llai yn yr Alps. Cafodd y ddwy safle eu cysylltu â thwnnel oedd yn cynnwys cludydd ac, yn ddiweddarach, ffordd. Felly cafodd yr holl weithgaredd ei symud i ffwrdd oddi wrth y pentrefi gan ei gwneud yn bosibl cysylltu'n uniongyrchol â'r rhwydwaith prifffyrdd. Ehangodd Gwenfô'n sylweddol, yn arbennig yn ystod y 1980au a'r 90au, gan ei bod mewn lle cyfleus i gyflenwi'r rannau o Ffordd Gyswllt Caerdydd, yr A4232 a oedd yn cael eu hadeiladu rhwng 1978 a 1995.

Cafodd y tair safle ar ochr Gwenfô o'r cwm eu troi'n safleoedd tirlenwi; roedd Whitehall, oedd bron iawn yn 40m o ddyfnder, yn gallu cymryd tua miliwn metrau ciwb o wastraff.

Am tua 30 mlynedd, Gwenfô oedd y cynhyrchydd mwyaf o gerrig mân ym Mro Morgannwg, ac roedd yn cynhyrchu 50-75% o gyfanswm de Cymru. Ynghanol y 2000au roedd yn cynhyrchu ar 08-1.0 miliwn tunnell y flwyddyn ond erbyn hynny, er gwaethaf rhai estyniadau bychain, roedd y cronfeydd wrth gefn a oedd â chaniatâd yn prinhau, a phetai'r gwaith wedi dal ati i gynhyrchu cymaint, byddai wedi rhedeg allan erbyn 2013.

Cafodd tir ar safle ddilynol i'r de yng Nghwm Slade ei gymeradwyo yn y Cynllun Datblygu Unedol fel safle ddilynol, ond bu cryn wrthwynebiad i geisiadau cynllunio (gan gynnwys bod angen amddiffyn poblogaeth o bathewod). Er gwaethaf mesurau ychwanegol, fel cynnig adeiladu twnnel, rhoddodd y gwrthwynebiadau a'r sefyllfa economaidd gyffredinol y farwol i'r cynlluniau i ymestyn y chwarel, o leiaf dros dro. Dim ond y gwaith tarmac sy'n dal yno, yn defnyddio cerrig o Ffynnon Taf sy'n defnyddio bitwmen yn llai effeithiol.

Yn wreiddiol nerth bôn braich dynion oedd y brif ffynhonnell o bŵer, er ei bod yn wybyddus fod peiriant malu yno yn 1903 gan i Walter Greenwood gael ei anafu'n ddifrifol ar ôl cael ei ddal yn y gerau gyrru. Wrth i'r chwarel ddyfnhau a chulhau prynodd y cwmni graen stêm i godi sgipiau llawn cerrig ar ôl i'r dynion eu llwytho ar lawr y chwarel. Câi'r sgipiau eu tywallt i dryciau pren, ac, yn ddiweddarach, i wagenni jiwbilî yn rhedeg ar drac 2 droedfedd o led i waith prosesu elfennol yn yr awyr agored a oedd yn cynnwys peiriant malu, codwr olwyn bwced a gogor trommel i ddidoli'r cerrig yn ôl eu maint. Cafodd peiriannau newydd, mwy, eu gosod a chladin metel ei ychwanegu yn nes ymlaen a'i uwchraddio. Daeth craen mwy yno, ar gyfer gwaith trwm â braich fawr ddellt, ond cafodd ei ddisodli gan loriau dympio a chludwyr. Daeth hen loriau petrol Byddin yr Unol Daleithiau ers y Rhyfel Byd Cyntaf yno yn y 1920au i gludo yn lle ceffylau a cheirt, roedd loriau stêm yno tan ganol y 1030au a cherbydau disel ar ôl hynny. (gweler: Technolegau Cyfnewidiol / Stori'r Symud).

Area 9

Ardal 9

Sam Rees was a well known and fiercely independent player in the South Wales industry over the latter half of the C20th.

In the 1930s, he and a number of local men went up to work at the then small Hendre gritstone quarry (then marketed like most similar hardstones in that area, as 'granite'), near Ystrad Meurig in wilds of Cardiganshire, run by a polish émigré.

In the early months of the War, he returned to the South and took a lease on Ballas quarry, just north east of Cornelly village and worked by hand with only six or seven men, feeding a small crusher and shovelling the broken stone onto a 3-ton lorry. When challenged by a government official, he was able to demonstrate the he and his team had a unbeatable record for output per man and that they were supplying essential War materials, ie limestone for the kilns just up the road at Stormy Quarry.

Mr Rees obtained the lease of the nearby Pant Mawr Quarry which served the steelworks at Port Talbot, but he later opted for an arrangement whereby the steel company took over the lease - he concentrated on the sales of aggregates and the steel company quarried and carried out the initial processing, mainly for fluxes. Later, through the 1950s, the steel company began to draw most of their supplies from what is now Cornelly Quarry, south of Heol y Splott. T S Rees Ltd was incorporated in 1964.

Between the two northern quarries was a site run by the Gaens family using steam lorries. The operation produced mainly railway ballast. This market was lost when the rail line closed and as a consequence, so did the quarry, although it was reopened by ECC Quarries to supply the Port Talbot breakwater scheme. Sam took on Gaens Quarry for aggregates and reopened it in 1982.

Meanwhile, to the north of Cardiff, he ran the small Cwm y Fuwch Quarry at Pentyrch in the 1950s, then, bought Ton Mawr farm and opened up a quarry, in the early 1980s, the latter to supply dolomite to Margam Steelworks. Rees' also delivered high quality dolomitic lime (made with anthracite to reduce sulphur) to the ASW steelworks at Tremorfa, Cardiff until that works closed in 2002. A small Millstone Grit Quarry at Cefn Cribwr was also acquired.

Sam died in 2010 in his late 90s and has been succeeded by Sam Junior. ■

Sam Rees (yn gwisgo'r het - chwith) a chwarelwyr yn Chwarel Ballas, Gogledd Corneli (1940au).

Sam Rees (wearing the hat - left) and quarrymen at Ballas Quarry, North Cornelly (1940s).

© Drwy garedigrwydd Sam Rees Ieuengaf/courtesy Sam Rees Jr

Roedd **Sam Rees** yn gymeriad adnabyddus a hynod annibynnol yn niwydiant chwareli de Cymru yn ail hanner yr 20 ganrif.

Yn y 1930, aeth â nifer o ddynion o'r ardal i weithio yn chwarel Hendre, chwarel fechan yr adeg hynny ger Ystrad Meurig yng nghefn gwlad Ceredigion yn cael ei rhedeg gan alltud o wlad Pwyl. Grudfaen oedd yn cael ei gloddio yno, yn cael ei farchnata, fel y rhan fwyaf o gerrig caled tebyg yn yr ardal, fel 'ithfaen'.

Symudodd yn ôl i'r de ym mlynyddoedd cynnar yr Ail Ryfel Byd a chymryd prydles ar chwarel Ballas, ychydig i'r gogledd o bentref Corneli a'i gweithio â llaw gyda dim ond chwech neu saith o ddynion, yn bwydo malwr bychan ac yn codi'r cerrig mâl â llaw i lorri tair tunnell. Pan gafodd ei herio gan swyddog y llywodraeth, roedd yn gallu dangos fod ganddo ef â'i dîm record ddiguro am gynnyrch y pen a'u bod yn cyflenwi deunyddiau hanfodol ar gyfer y Rhyfel h.y. cerrig calch ar gyfer yr odynau ychydig i fyny'r ffordd yn Chwarel Stormy.

Cafodd Mr Rees y brydles ar Chwarel Pant Mawr gyfagos a oedd yn cyflenwi'r gwaith dur ym Mhort Talbot ond dewisodd yn ddiweddarach drefniant lle'r oedd y cwmni dur yn cymryd y brydles - roedd yn canolbwyntio ar werthu cerrig mân ac yn gadel i'r cwmni dur redeg y chwarel a'r gwaith prosesu cyntaf, yn bennaf ar gyfer fflwcs. Yn ddiweddarach, drwy'r 1950au, dechreuodd y cwmni dur gael y rhan fwyaf o'i gyflenwadau o'r chwarel sydd, erbyn hyn, yn cael ei galw'n Chwarel Corneli, i'r de o Heol Splott. Cafodd T S Rees Ltd ei ymgorffori ym 1964.

Rhwng y ddwy chwarel ogleddol oedd un yn cael ei rhedeg gan y teulu Gaens gan ddefnyddio lorïau'n rhedeg ar stêm. Balast ar gyfer rheilffyrdd oedd yn cael ei gynhyrchu'n bennaf. Collwyd y farchnad honno pan gaeodd y rheilffordd ac, o ganlyniad, caeodd y chwarel hefyd, er iddi gael ei hailagor gan ECC Quarries i gyflenwi cerrig ar gyfer cynllun morglawdd Port Talbot. Ail agorodd Sam Chwarel Caens ym 1982 i gynhyrchu cerrig mân.

Yn y cyfamser, roedd yn rhedeg chwarel fechan Cwm y Fuwch ym Mhentyrch i'r gogledd o Gaerdydd yn y 1950au ac yna prynodd fferm Ton Mawr ac agor chwarel yno yn nechrau'r 1980au i gyflenwi dolomit i Waith Dur Margam. Roedd Rees hefyd yn cyflenwi calch dolomitig o ansawdd da (oedd yn cael ei wneud gyda glo carreg i leihau sylffwr) i waith dur ASW yn Nhremorfa, Caerdydd, nes iddo gau yn 2002. Prynodd hefyd chwarel felinfaen fechan yng Nghefn Cribwr.

Bu Sam farw yn 2010 yn ei nawdegau hwyr a chafodd ei olynu gan ei fab, hefyd o'r enw Sam. ■

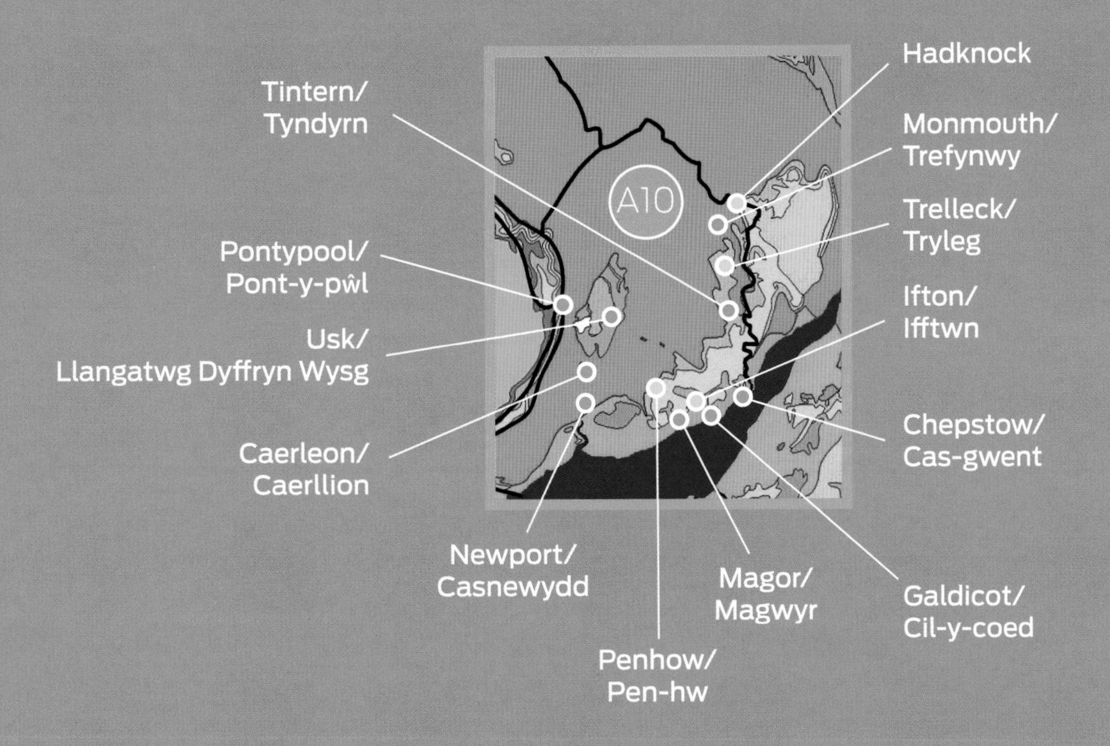

ARDAL 10:

DWYRAIN GWENT/SIR FYNWY A CHASNEWYDD (A10)

AREA 10:

EAST GWENT/ MONMOUTHSHIRE & NEWPORT (A10)

Area 10

Ardal 10

EAST GWENT/ MONMOUTHSHIRE & NEWPORT (A10)

DWYRAIN GWENT/ SIR FYNWY A CHASNEWYDD (A10)

Geographic area

This area includes the whole of the former counties of Monmouth or Gwent apart from the Carboniferous rocks in the west, ie it excludes an area from the northern outskirts of Cardiff via Risca, Pontypool, to Gilwern (ie included in parts of Areas 7 & 9) and approximates to Monmouthshire and Newport local authority areas as currently designated.

Geological setting

This area displays a considerable geological range. Silurian rocks form the heart of the highly faulted Usk inlier. They are mainly made up of mudstones and sandstones similar to those of mid-Wales, but also including thin limestones belonging to the Wenlock and Ludlow stages. These are ringed by the reddish-brown sandstones and mudstones, collectively grouped as the Old Red Sandstone belonging to the Upper Silurian (Pridoli) and the Devonian. These account for most of the rich farmland or probably more than two thirds of the county. They are fringed in turn by Carboniferous Limestone forming low hills in broad zig-zagged band in the south from Caldicot to Chepstow. All the 'Levels' from Cardiff to the Wye are underlain by Triassic red mudstones and sandstones, although they are largely obscured by an extensive cover of sands and gravels, cloaked by silty alluvium. This virtually unbroken sequence, representing 230 million years of geological time, is topped by small outliers, of Lower Jurassic mudstones and limestones, around Llanwern.

History

The sheer variety of the geology here means that, unlike many other areas, this zone does not display a common story. Historically the most important quarried commodity was limestone for treating farmland. Almost every small limestone outcrop was exploited, the western edge being supplied by adjacent areas (Areas 7 & 9) via the Monmouthshire and Brecon Canal. By far the main concentration of quarrying was based on the Carboniferous limestone in the south.

Although the area is relatively extensive, it has probably never supported any really large scale quarries.

The Romans, in building Caerleon and Caerwent relied on local stone supplemented by imports of oolitic limestone from across the Bristol Channel. Within a year of the Norman Conquest, William FitzOsbern, Earl of Hereford, began work on one of the first large stone castles in Britain, strategically placed at Chepstow. This project represented probably the largest single demand in the Area between the departure of the Romans and

Ardal Ddaearyddol

Mae'r ardal hon yn cynnwys dwy hen sir - Sir Fynwy a Gwent ond gan eithrio'r creigiau carbonifferaidd yn y gorllewin, h.y. mae'n eithrio ardal o gyrion gogleddol Caerdydd trwy Risga, Pont-y-pŵl, i Gilwern (hy y rhai sy'n cael eu cynnwys mewn rhannau o Ardaloedd 7 a 9) ac mae'n cyd-fynd yn fras â ffiniau presennol awdurdodau lleol Sir Fynwy a Chasnewydd.

Gosodiad Daearegol

Mae'r ardal hon yn arddangos amrywiaeth daearegol sylweddol. Creigiau Silwraidd sy'n ffurfio craidd mewngraig hynod ffawtiedig Brynbuga. Maen nhw wedi eu ffurfio'n bennaf o gerrig llaid a thywodfeini, tebyg i'r rhai sydd yng nghanolbarth Cymru, ond hefyd yn cynnwys garreg galch tenau sy'n perthyn i gyfnodau Gweunllwg a Llwydlo. Amgylchynir y rhain gan dywodfeini cochlyd-frown a cherrig llaid, sy'n cael eu galw, gyda'i gilydd, yr Hen Dywodfaen Coch sy'n perthyn i'r Silwraidd Uchaf (Pridoli) a'r Dyfnantaidd. Y rhain sydd i gyfrif am y tir amaethyddol cyfoethog sydd ar ddwy ran o dair o'r sir. Ar ymylon y rhain yn eu tro mae yna Garreg galch Garbonifferaidd sy'n ffurfio bryniau isel mawn band igam-ogam yn y de ac yn rhedeg o Gil-y-Coed i Gas-gwent. Mae'r holl Gwastadeddau o Gaerdydd at afon Gwy yn gorwedd ar gerrig llaid a thywodfeini coch Triasig a chlymfeini, er eu bod i raddau helaeth yn cael eu cuddio gan orchudd o dywod a graean, dan lifwaddod lleidiog. Ar ben y gyfres hon sydd fwy neu lai'n gyfan, ac sy'n cynrychioli 230 miliwn o flynyddoedd o amser daearegol, mae yna allgreigiau o gerrig llaid a charreg galch o'r cyfnod Jwrasig isaf, o gwmpas Llanwern.

Hanes

Mae'r ddaeareg amrywiol yma'n golygu, yn wahanol i ardaloedd eraill, nad oes yna hanes cyffredin. Yn hanesyddol, y defnydd pwysicaf a gâi ei gloddio oedd calchfaen ar gyfer trin tir amaethyddol. Roedd bron pob brigiad calch bychan yn cael ei ddatblygu, a'r ardaloedd ar yr ymyl orllewinol yn cael eu cyflenwi gan ardaloedd cyfagos (Ardaloedd 7 a 9) trwy gyfrwng Camlas Mynwy ac Aberhonddu. Roedd y rhan fwyaf o'r chwareli ar y cerrig calch Carbonifferaidd yn y de.

Er bod yr ardal yn un cymharol eang, mae'n debyg nad oes yna erioed chwarel wirioneddol fawr wedi bod yno.

Wrth adeiladu Caerllion a Chaerwent roedd y Rhufeiniaid yn dibynnu ar gerrig lleol ynghyd â cherrig calch öolitig o ochr arall Môr Hafren. Ymhen blwyddyn ar ôl goresgyniad y Normaniaid, dechreuodd William FitzOsbern, Iarll Henffordd godi un o'r cestyll mawr carreg cyntaf ym Mhrydain, wedi ei

Amffitheatr Rufeinig Caerllion, cafodd ei hadeiladu'n bennaf o gerrig brown Defonaidd gydag addurn o dwffa calchog a gafodd eu cloddio ger Brynbuga.
Roman amphitheatre, Caerleon built largely from local Devonian Brownstones, decorated with calcareous tufa produced near Usk.

© Penny Mayes

mid C19th. A number of phases of construction here variously involved locally won Old Red Sandstone, a coarse yellow Triassic sandstone (from Port Skewitt - largely depleted by C14th),) and Jurassic shelly limestones, initially from Dundry, then the Bath area. Its impressive curtain wall was built in 1190-1220 from Carboniferous limestone quarried along the cliffs on both sides of the Wye.

North of the Carboniferous limestone belt, stone excavations would have been relatively small and for very localised building stone markets or lime burning.

Tintern Abbey, begun in 1131, deployed Old Red Sandstone from nearby Barbadoes Quarry (operated intermittently until relatively recently). It was largely rebuilt by Roger Bigod of Chepstow Castle. Could he have been related to Sampson Bigod who, in the early twelfth century leased quarries at Box near Bath to local Cistercians at Stanley Abbey? *(Williams 2000)*. The traffic was certainly not all one way; Tintern Stone was an important component in the much vaunted Bristol Bridge of 1245-7. Might these have been return loads?

© Ian A Thomas

Castell Cas-gwent, un o'r cestyll cerrig cyntaf ym Mhrydain, dechreuwyd ei adeiladu flwyddyn yn unig ar ôl goresgyniad y Normaniaid.
Chepstow Castle, one of the first stone castles in Britain; building started only a year after the Norman conquest.

leoli'n strategol yng Nghas-gwent. Mae'n debyg iddo ddefnyddio mwy o gerrig yn yr Ardal nag unrhyw beth arall rhwng ymadawiad y Rhufeiniaid â chanol y 19 Ganrif. Roedd nifer o gyfnodau adeiladu ar y castell, gydag amrywiaeth o ddefnyddiau - Hen Dywodfaen Coch lleol, tywodfaen melyn bras Triasig (o Borthsgiwed - a ddisbyddwyd erbyn y 14eg Ganrif), a chalchfeini cregynnog, yn wreiddiol o Dundry, yna ardal Caerfaddon. Cafodd y llenfur nodedig ei adeiladu yn 1190-1220 o garreg galch garbonifferaidd a gloddiwyd ar y creigiau ar ddwy ochr afon Gwy.

Chwareli cymharol fychan fyddai yna i'r gogledd o ardal y galchfaen carbonifferaidd, ac yn cyflenwi marchnadoedd adeiladu lleol iawn neu ar gyfer llosgi calch.

Cafodd Abaty Tyndyrn, a gychwynnwyd ym 1131, ei hadeiladu o Hen Dywodfaen Coch o Chwarel Barbadoes gyfagos (a weithiwyd yn ysbeidiol tan yn gymharol ddiweddar). Cafodd ei hailadeiladu i raddau helaeth gan Roger Bigod o Gastell Cas-gwent. Tybed a oedd yn perthyn i Sampson Bigod, a fu, yn gynnar yn y ddeuddegfed ganrif, yn dal prydles chwareli yn Box, ger Caerfaddon gan Sistersiaid Abaty Stanley? *(Williams 2000)*. Ond yn sicr, nid traffig unffordd oedd yno; roedd Carreg Tyndyrn yn elfen bwysig yn y bont y bu cymaint o frolio amdani - Pont Bryste a adeiladwyd ym 1245-7. Tybed a oedd y rhain yn cael eu cario yn y troliau gwag a oedd yn dychwelyd ar ôl cario'r cerrig i adeiladu'r Abaty?

Roedd gan ardaloedd Penallt a Thryleg, i'r de orllewin o Drefynwy, enw am gynhyrchu meini melin o tua 1682 hyd y 1870au. Ffurfiant Clymfaen Cwarts o'r Oes Fameniaidd (Defonaidd) oedd y meini, yn wir roedden nhw mor enwog nes cael yr enw 'Cerrig Cymreig' er bod rhai yn dod o Redbrook, dros y ffin â Lloegr. Yn y blynyddoedd diweddaraf mae'r teulu Hudson wedi canolbwyntio ar wneud cerrig fel hyn hyd at 5 troedfedd (1.6 m) o ddiamedr ar gyfer gweisg seidr. Roedd ganddyn nhw hyd yn oed eu cwch camlas eu hunain ar afon Gwy ac yn allforio i Fryste ac yn achlysurol i Ffrainc.

Enghraifft arall oedd eu bod calch yn dal i gael ei gynhyrchu ym 1895 ar Stad yr Hendre i'r gorllewin o Drefynwy ar gyfer Arglwydd Llangatwg. Y garreg a gai ei chloddio oedd y 'Bishop's Frome Limestone Member' (Grŵp Rhaglan, Silwraidd). Yn wreiddiol roedd yn cael ei alw'n Garreg Galch Psammosteus (ar ôl pysgodyn ffosilaidd), sef pridd calcrete, h.y. pridd ffosiledig.

Roedd ychydig o galch a cherrig adeiladu hefyd wedi cael eu cynhyrchu o galchfeini Gweunllwg ac eraill ym Mewngraig Brynbuga, roed y chwarel yng Nghilwrgi ger Comin Coed y Paen yn dal i weithio tan tua 1960.

Yn y gorffennol roedd yna glwstwr bychan o chwareli ar y brigiadau gwasgaredig o Garreg Galch Carbonifferaidd i'r dwyrain o Drefynwy. Roedd y rhai o gwmpas ardal hardd Symonds Yat yn eithaf mawr, yn bwydo o leiaf ddeuddeg odyn. Roedd y rhain yn dibynnu ar fadau camlas â gwaelod fflat i gyflenwi marchnadoedd ar hyd afon Gwy. Erbyn y 1890au, roedd busnes eisoes yn gwanhau ond roedd Chwarel Hadnock gerl-

Area 10

Abaty Tyndyrn, a adeiladwyd o dywodfaen browngoch Defonaidd, yn bennaf o Chwarel Barbadoes gerllaw, gan ddechrau ym 1131.
Tintern Abbey, built of reddish-brown Devonian sandstone mainly from Barbadoes Quarry nearby, starting in 1131.

J.E. Prentice

The Penallt and Trellech areas just south west of Monmouth had a reputation for making millstones from at least 1682 up until the 1870s, working the Quartz Conglomerate Formation of Famennian Age (Devonian), indeed they were so well known that they acquired the name 'Welsh Stones' although some actually came from Redbrook just across the English border. In the later years, the Hudson family here concentrated on making stones up to 5 ft (1.6 m) diameter for cider presses. They even had their own barge on the Wye and exported to Bristol and occasionally to France.

Another example was that on the Hendre Estate west of Monmouth, still producing lime in 1895 for Lord Llangattock. He exploited the quaintly named Bishop's Frome Limestone Member (Raglan Group, Silurian). Previously called the Psammosteus Limestone (after a fossil fish), this is a calcrete, ie a fossilised soil.

Small amounts of lime and building stone were also produced from the Wenlock and other limestones in the Usk Inlier, the quarry at Cilwrgi near Common Coed y Paen being active around 1960.

In the past, a small cluster of quarries worked isolated outcrops of Carboniferous limestone to the east of Monmouth. Those around the beauty spot of Symonds Yat were significant, feeding at least twelve kilns. The enterprise depended upon trows, ie flat bottomed barges, to deliver to markets along the Wye. By the 1890s, business was already at a low ebb, but nearby Hadnock Quarry, exceptionally, was still active in 1960. Incidentally Captain James Sims of Chepstow operated quarries along the Wye around Tidenham (but mainly on the English bank). He used trows such as the 58t capacity 'Palace', acquired in 1923, one of only half a dozen still sailing in 1939. He supplied sea wall maintenance works on the Upper Bristol Channel and Severn.

law yn dal yn i weithio ym 1960. Gyda llaw, bu'r Capten James Sims o Gas-gwent yn rhedeg chwareli ar afon Gwy o gwmpas Tidenham (ond ar y lan ar ochr Lloegr yn bennaf). Bu'n defnyddio cychod tebyg i'r 'Palace', 58 tunnell, a brynodd ym 1923, un o ddim ond hanner dwsin a oedd yn dal i hwylio ym 1939. Hefyd bu'n gwneud gwaith cynnal a chadw ar y morgloddiau ym mhen uchaf Môr Hafren.

Ym 1925, yn ardal ddeheuol y cerrig calch Carboniferaidd oedd pob un chwarel a gofnodwyd yn yr Ardal gyfan, mae'n rhaid bod y rhai i'r gogledd yn rhy fas i'w cofnodi.

Prin iawn oedd y cerrig calch a gynhyrchid yn y de, chwareli unigol oedd yno yn cael eu rhedeg gan deuluoedd neu gwmnïau preifat. Yr unig bobl oedd yn gweithio mwy nag un chwarel oedd y cynghorau Sir a rhai cynghorau dosbarth, buan y newidiodd hynny. Yn y 1930au, fel yn y rhan fwyaf o ardaloedd eraill, rhoddodd y rhan fwyaf o gynghorau'r gorau i'w busnes gyda'r chwareli, gan droi at y sector preifat. Llwyddodd y cymorthdaliadau calch i ffermwyr a gwerthu i gwmnïau dur o gwmpas Casnewydd i gynnal y cynhyrchu cymharol fychan, ond fel arfer gallai'r olaf gael ei gyflenwi'n fwy economaidd, gan ateb y manylebau cynyddol lymach oedd yn cael eu gosod, o du allan yr ardal, yn benodol o Fachen.

Erbyn y 1950au, ychydig oedd wedi newid yn y chwareli un perchennog o gwmpas Cas-gwent (Hardwick), Caerwent, Ifftwn a Phen-hw a oedd yn cynhyrchu cerrig calch, a gweithiau tywodfaen yn Hadnock (Trefynwy) a Phenllan a Chraig y Trwyn yn Nhyndyrn.

Yna ymddangosodd William Adams & Co, (Newport) Ltd, prynodd chwareli yn Livox a Thyndyrn, roedd eisoes yn rhedeg un yn Rhisga, i'r gorllewin, ac yn glanio tywod a graean wedi eu treillio yn ei ganolfan, Moderator Wharf, Casnewydd.

Ardal 10

However in 1925, the only quarries listed in the whole Area, were in the southern Carboniferous limestone belt, so any operations to the north would have been too shallow to report.

Even the limestone production in the south was modest, generated by family or private companies operating single units. The only operators working multiple quarries were the County and various district councils, but this was soon to change. In the 1930s, in common with most other areas, most councils gave up their quarry interests and sourced from the private sector. The lime subsidies to farmers and some sales to steel works around Newport sustained this modest output, but the latter could usually be supplied more economically and to the increasingly stringent specifications demanded, from outside this area, notably from Machen.

By the 1950s, little had changed with mainly single-owner quarries active around Chepstow (Hardwick), Caerwent, Ifton and Penhow for limestone, and sandstone workings at Hadnock (Monmouth) and Penllan and Craig y Trwyn at Tintern.

Then, William Adams & Co, (Newport) Ltd emerged as a player, having acquired the Livox and Tintern sites, already being active at Risca to the west and landing dredged sand and gravel at their HQ, Moderator Wharf, Newport .

Livox Quarry, working a bluff of Black Rock Limestone Group (Carboniferous) on the Wye near Tintern, was operational before 1882, but did not feature in quarry lists until the 1930s and 40s. The quarry supplied dolostone to the Llanwern Steel Works for a period up to 2001. In that time, although still not large by comparison with other sites in the region to the west, it was probably mainly engaged in fluxing material and aggregates.

By 1963/4 H R Pembro had also built-up a collection of small 'single-company' quarries including limestone units at Five Lanes (Newport), Penhow and Cwmleyshon, Pennant operations at Cefn Garw (Tongwynlais) and Caerllwyn, plus Danygraig brickworks. In anticipation of the imminent construction of the M4 and Severn Bridge, the pace quickened. A take-over battle took place between United Transport Co and Tarmac for Pembro's interests. Although UTC succeeded, Tarmac's large accumulated share resulted in these units being run by UTC (Quarry Holdings) Ltd, as an associate Tarmac company. Prior to this, Tarmac's interest in South Wales was significant, but largely confined to processing slag eg at Dowlais and from 1931, Tremorfa ironworks, Cardiff.

Where to find out more

Without any focal points related to the industry, there are no obvious places to direct people interested in the subject. However, bearing in mind the large role played by building materials, visits to say Chepstow Castle, Tintern Abbey or smaller sites such as Caldicot Castle could be instructive and provoke questions about how the stone was won, brought to the site and used. Much research has been carried out at Roman Caerleon and to a lesser extent at Caerwent, the latter being described as having 'easily the most impressive, town defence to survive in Roman Britain *(Newman 2000)*. Some local museums do have displays on geology (Newport) or engineering (Newport; Chepstow – boats and bridges).

© Powell Duffryn

Chwarel Livox ar afon Gwy isaf. Yn wreiddiol, dim ond ar yr afon y gellid symud cerrig o lawer o chwareli tebyg.

Livox Quarry on the lower Wye. Originally ,the river provided the only means of delivering stone from many such sites.

Roedd Chwarel Livox, ar glogwyn o Garreg Galch Craig Ddu (Carbonifferaidd) ar afon Gwy ger Tyndyrn, yn cael ei gweithio cyn 1882, ond ni ymddangosodd ar unrhyw gofnod o chwareli tan y 1930au a'r 40au. Roedd y chwarel yn cyflenwi dolostone i Waith Dur Llanwern am gyfnod hyd at 2001. Yr adeg hynny, er nad oedd yn fawr o'i chymharu â chwareli eraill yn yr ardal i'r gorllewin, mae'n debyg mai defnydd fflwcs a cherrig mân oedd ei chynnyrch pennaf.

Erbyn 1963/4 roedd H R Pembro hefyd wedi prynu nifer o chwareli 'cwmnïau unigol' gan gynnwys rhai cerrig calch yn 'Five Lanes' (Casnewydd), Pen-how a Chwm Leyshon, Pennant yng Nghefn Garw (Tongwynlais) a Chaer-llwyn, a gwaith briciau Danygraig. Gan ddisgwyl y byddai'r M4 a Phont Hafren yn cael eu hadeiladu yn y dyfodol agos, cyflymodd y gwaith. Cafwyd brwydr meddiant rhwng United Transport Co a Tarmac am fuddiannau Pembro. Er mai UTC fu'n llwyddiannus, roedd Tarmac wedi cronni cymaint o gyfranddaliadau yn y cwmni ac, o ganlyniad, UTC (Quarry Holdings) Ltd fu'n rhedeg y chwareli fel cwmni cysylltiol i Tarmac. Cyn hyn, roedd diddordeb Tarmac yn Ne Cymru'n sylweddol, ond wedi ei gyfyngu i raddau helaeth i brosesu slag e.e. yn Nowlais ac o 1931, gwaith haearn Tremorfa, Caerdydd.

Ble mae canfod rhagor

Gan nad oes gan y diwydiant unrhyw ganolbwynt mawr, does yna ddim llefydd amlwg i gyfeirio pobl sydd â diddordeb yn y pwnc. Er hynny, o gofio mor bwysig oedd defnyddiau adeiladu, gallai ymweliadau â Chastell Cas-gwent, Abaty Tyndyrn neu safleoedd llai fel Castell Cil-y-coed fod yn fuddiol ac i holi sut ac o ble y cafodd y cerrig eu cloddio a'u cludo i'r safle a'u defnyddio. Mae llawer o ymchwil wedi'i gynnal yn y

Area 10

©Ruth Tarplee

Ail Groesiad yr Hafren - aeth rhwng un a dwy filiwn tunnell o gerrig mân i'w adeiladu, defnyddiodd morglawdd Bae Caerdydd rhwng tair a phum miliwn tunnell o gerrig a thywod a gallai morglawdd Môr Hafren fod angen bymtheg gwaith yn fwy.

Second Seven Crossing - this consumed c1-2Mt of aggregates; Cardiff Bay Barrage used about 3-5 Mt of stone and sand; a Severn Barrage might require fifteen times as much.

Penhow Quarry

Penhow Quarry operated just north of Penhow Castle on the A48, east of Newport working the dolomitic limestones of the Black Rock Limestone Group. The earliest activity here predated the 1880s as at least one small site here was mapped as 'disused'. By 1895, people were extracting limestone from small openings known variously as Rock/Rock Houses/Rock House Farm Quarries towards Llanvaches. These included Monmouthshire County Council and E C Duffield Before 1925 production, still on a small scale, at Rock Quarry was managed by Duffield Brothers, then in 1933 Penhow Quarries Co was incorporated. Thomas Pembro, based at Danygraig had two sandstone quarries and at some point before 1960, Penhow came into that group. Shortly afterwards, ownership changed rapidly, through UTC Holdings, Tarmac, Powell Duffryn, ARC and Hanson (now Heidelberg Group). The hard stone here made it suitable for aggregates and the dolomitic content also attracted flux sales to Llanwern Steelworks. These two markets led

Gaerllion Rhufeinig ac, i raddau llai, yng Nghaerwent, gyda'r olaf yn cael ei ddisgrifio fel 'yr amddiffynfa drefol fwyaf nodedig i oroesi yn y Brydain Rhufeinig *(Newman 2000)*. Mae arddangosfeydd ar ddaeareg yr ardal mewn rhai amgueddfeydd (Casnewydd) neu beirianneg (Casnewydd; Cas-gwent - cychod a phontydd).

Chwarel Penhow

Roedd Chwarel Penhow ychydig i'r gogledd o Gastell Penhow ar yr A48, i'r dwyrain o Gasnewydd, yn gweithio ar garreg galch ddolomitig y Grŵp Carreg Galch Black Rock. Roedd chwarel yno cyn y 1880au gan fod o leiaf un yn cael ei dangos ar fapiau'r cyfnod fel 'wedi cau'. Erbyn 1895, roedd pobl yn cloddio am y garreg galch o dyllau bychan tua Llanfaches a oedd yn cael eu galw'n Rock/Rock Houses/Rock House Farm Quarries. Roedd perchnogion yn cynnwys Cyngor Sir Fynwy ac E C Duffield. Cyn 1925, pan oedd yn dal yn fychan, roedd Rock Quarry'n cael ei rheoli gan y Brodyr Duffield, yna, ym 1933, cafodd Penhow Quarries Co ei ymgorffori. Roedd gan Thomas Pembro, a oedd yn gweithio o Danygraig, ddwy chwarel tywodfaen ac yna, rywbryd cyn 1960, daeth Penhow yn rhan o'r grŵp hwnnw. Yn fuan wedyn, bu cyfres o newidiadau sydyn mewn perchnogaeth, drwy UTC Holdings, Tarmac, Powell Duffryn, ARC a Hanson (yr Heidelberg Group erbyn hyn). Roedd caledwch y garreg yma'n ei gwneud yn addas ar gyfer cerrig mân ac roedd y cynnwys dolomit hefyd yn ei gwneud yn ddeniadol fel fflwcs i Waith Dur Llanwern. Ty-

Ardal 10

Drwy gwrteisi Arolwg Daearegol Prydain. CP13/010 Cyfeirif y llun: A801 Reproduced courtesy of the British Geological Survey. CP13/010 Picture ref: A801

Chwarel Ifton, Cil-y-coed, Sir Fynwy, ym 1908. Mae craen stêm yn llwytho blociau o gerrig calch i wagenni rheilffordd cyffredin (ar gyfer ffwrneisi chwyth, mae'n debyg) Y tu ôl, mae odyn galch fawr, fertigol, gyda chladin metel a charreg galch a glo yn cael eu bwydo iddi o'r dde gan ffordd dramiau ar ramp. Roedd hyn yn eithaf blaengar ar y pryd ond daeth yn gyffredin yn y 1920au.

Ifton Quarry, Caldicot, Monmouthshire in 1908. Standard rail wagons are being loaded by steam crane, with blocky limestone (presumably destined for blast furnaces). Behind is a large vertical, metal-clad limekiln fed with limestone and coal from the right via a tramway on a ramp. This was a little advanced for its time but became typical in the 1920s.

to significant expansion through the 1960s to the end of the 1980s, especially for the M48/M4, Severn Crossings and related links, with peak capacity approaching 0.4Mtpa. However flooding restricted winter working and clay or poor stone inhibited extraction at greater depth, leaving only an extension towards Llanvaches village as the logical option. The unit therefore closed in about 2003 and Hanson has relied increasingly on Ifton (itself now mothballed).

Ifton

In 1900, Ifton near Rogiet, was one of a string of small quarries on the extensive inliers of Carboniferous Limestone in southern Monmouthshire – here represented by the Hunts Bay Oolite. Opening in the 1890s, it was being run by a Mrs Hillier with

fodd y ddwy farchnad gryn dipyn drwy'r 1960au tan ddiwedd y 1980, yn enwedig ar gyfer traffyrdd yr M48/M4, pontydd Hafren a chysylltiadau eraill, ac, ar ei hanterth, roedd cynnyrch y chwarel bron yn 0.4 miliwn tunnell y flwyddyn. Fodd bynnag, roedd llifogydd yn cyfyngu ar weithio yn y gaeaf ac roedd clai neu gerrig gwael yn gwahardd cloddio'n ddyfnach. Ymestyn tuag at Lanfaches oedd yr unig ddewis rhesymegol. Caeodd y chwarel tua 2003 ac mae Hanson wedi dibynnu fwyfwy ar Ifftwn (sydd ei hunan wedi cau erbyn hyn).

Ifftwn

Ym 1900, roedd Ifftwn, ger Rogiet, yn un o nifer o chwareli bychain ar y mewngreigiau helaeth o Garreg Galch Carboniffderaidd yn Ne Sir Fynwy - a gynrychiolir yma gan Öolit Hunts Bay. Cafodd ei hagor yn y 1890au a'i rhedeg gan wraig o'r enw Mrs Hillier gyda llai na 10 o ddynion ond yn fuan wedyn sefydlwyd Cwmni Cerrig Calch Ifftwn a buddsoddwyd cryn dipyn yno yn ystod y ddegawd nesaf, gyda 60 o ddynion yn cael eu cyflogi erbyn 1909. Roedd purdeb cymharol y garreg yn sicrhau marchnad ar gyfer fflwcs a calch. Cafodd odyn Spencer gyda chladin dur ei chodi a gosodwyd seidin 1.2km o hyd i'r rheilffordd yng Nghyffordd Twnnel Hafren. Roedd craeniau stêm ar draciau yn perfformio dwy swyddogaeth - cludo a llwytho. Erbyn 1920 roedd yna tua hanner dwsin o chwareli a phonciau bychain (a oedd yn dioddef o nifer o broblemau'n gyda chloddio a llifogydd) ynbwydo'r odyn.

Area 10

less than 10 men, but the Ifton Limestone Co was established shortly afterwards, and for the time, significant investment was made over the next decade or so, with 60 men engaged by 1909. The relative purity of the stone found a market for flux and lime. A steel clad Spencer type kiln was erected together with a 1.2km siding to the main line at Severn Tunnel Junction. Track mounted steam cranes performed the dual function of locomotion and loading. By 1920, there were about half a dozen small quarries and faces (encountering varying amounts of overburden and flooding problems) feeding the plant.

Like so many in the area in the period, the company was reformed as Ifton Quarries and Limeworks (1935) Ltd and continued as such until acquired by Powell Duffryn in the late 1970s, so that it became ARC, then Hanson. Although the quarry closed briefly in 1994, it reopened for a final burst of activity, supplying the Second Severn Crossing and approaches with 2Mt of aggregates, at one point, running at 40,000tpm, after which the operations were mothballed in 1996 pending an increase in demand.

Fel cynifer yn yr ardal, cafodd y cwmni ei ailffurfio a daeth yn Ifton Quarries and Limeworks (1935) Ltd a pharhaodd felly nes cael ei brynu gan Powell Duffryn yn niwedd y 1970au, dod yn ARC, ac yna Hanson. Er i'r chwarel gau am gyfnod byr ym 1994, ail-agorodd am gyfnod o weithgaredd prysur am y tro olaf wrth gyflenwi dwy filiwn tunnell o gerrig mân ar gyfer ail bont Hafren, gan gynhyrchu, ar un cyfnod, 40,000 tunnell y mis, ond cafodd ei chau ym 1996 i ddisgwyl am gynnydd yn y galw.

Powell Duffryn

Powell Duffryn, better known as one of the World's largest coal producers prior to nationalisation and now a leader in the management of British ports, was at one point, probably the largest quarry operator in Wales.

The story begins in Newport when Thomas Powell (born 1779) at the age of 14, with his mother, took over the family's timber yard on his father's death. Seeing a future in steam power, in 1810, he and labourers opened up a small colliery at Llanhilleth in the Lower Ebbw Valley. Expansion followed and legal changes in 1834 prompted him to begin exporting coal using his own fleet. The Powell Duffryn Steam Coal Co (PDSCC) was formed a year after Powell's death in 1863. At which point the company was producing 4% of South Wales coal output. Although the next 50 years saw much growth, the company was also dubbed 'Poverty and Death' after bitter union disputes in the 1870s.

With some of the many coal company acquisitions or mergers, came ancillary interests. In 1867 PDSCC bought the Aberaman Estate from the Crawshay dynasty, including Cwar Mawr, better known now as Penderyn Quarry, north of Hirwaun. In 1906 Powell & Co also leased the nearby Cwar Llwyn Onn quarry, but at some point between 1911 and 1924, it became a subsidiary of Roads Reconstruction (Quarries) Ltd, trading as Penderyn Quarries (Hirwaun) Ltd operating four quarries here with about 100 people in 1925 (see – Introduction - Companies - Hanson).

In 1925 PDSCC was working nine Pennant sandstone quarries in the eastern part of the Coalfield, but with only with a handful of men at each. During 1935, two of the UK's leading companies making mineral and quarry wagons (Cambrian Wagon and Welsh Wagon Works), both based in Cardiff, were acquired.

The shipping company Stephenson Clarke was purchased in 1928, making the concern the UK's largest coal distributor. Further large mergers took place in 1935 and 1942. In 1946 the company produced 37% of South Wales' coal. Nationalisation the following year removed that core

Powell Duffryn

Roedd Powell Duffryn, sy'n fwy enwog fel un o gynhyrchwyr glo mwyaf y byd cyn gwladoli ac sydd, erbyn hyn, yn arweinydd ym myd rheoli porthladdoedd Prydain, hefyd ar un adeg, mae'n debyg, y perchennog chwareli mwyaf yng Nghymru.

Mae'r stori'n dechrau yng Nghasnewydd pan gymerodd Thomas Powell (ganwyd 1779) ac yntau'n 14 oed, gyda'i fam, iard goed y teulu pan fu farw'i dad. Gan weld mai mewn pŵer stêm yr oedd y dyfodol, agorodd, gydag ychydig o labrwyr, bwll glo bychan yn Llanhiledd yng ngwaelod Cwm Ebwy ym 1810. Ehangodd y gwaith ac ar ôl newidiadau cyfreithiol ym 1834 dechreuodd allforio glo gan ddefnyddio'i longau ei hun. Flwyddyn wedi marwolaeth Powell, ym 1863, ffurfiwyd y Powell Duffryn Steam Coal Co (PDSCC). Yr adeg honno roedd y cwmni'n cynhyrchu 4% o gynnyrch glo De Cymru. Er i'r cwmni dyfu cryn dipyn yn ystod y 50 mlynedd nesaf, roedd y cwmni hefyd yn cael ei alw'n 'Poverty and Death' ar ôl brwydrau chwerw â'r undebau llafur yn y 1870au.

Daeth diddordebau eraill i ganlyn prynu ac uno cwmnïau. Ym 1867 prynodd Powell Duffryn Stad Aberaman gan deulu'r Crawshay, a oedd yn cynnwys Cwar Mawr, Chwarel Penderyn erbyn heddiw, i'r gogledd o Hirwaun. Ym 1906 prydlesodd Powell a'i gwmni chwarel gyfagos, Cwar Llwyn Onn, ond ryw dro rhwng 1911 a 1924 daeth yn is-gwmni i Roads Reconstruction (Quarries) Ltd, gan fasnachu fel Penderyn Quarries (Hirwaun) Co yn rhedeg pedair chwarel a oedd yn cyflogi tua 100 o bobl yn 1925 (gwelerCyflwyniad - Cwmnïau - Hanson).

Ym 1925 roedd Powell Duffryn yn rhedeg naw chwarel tywodfaen Pennant yn rhan ddwyreiniol y Maes Glo, ond gyda dim ond llond llaw o ddynion ym mhob un.

Yn ystod 1935, prynodd ddau o'r cwmnïau mwyaf blaenllaw oedd yn cynhyrchu wagenni ar gyfer cario mwynau ym Mhrydain (Cambrian Wagon a Welsh Wagon Works), y ddau yn gwmnïau yng Nghaerdydd.

Prynodd gwmni llongau Stephenson Clarke ym 1928,

business, but in 1955, the Government paid £16M in compensation. Consequently, Powell Duffryn boosted its shipping and engineering interests in the 1960s.

Meanwhile William Robertson & Co, a Glasgow based shipping company founded in 1852, was carrying mainly coal and limestone around the UK coast, Ireland and N Europe. Their boats, under the Gem Line, were named after minerals and precious stones - Ruby, Jasper, Agate etc and frequently feature in the accounts of quarries around the North Welsh Coast. They reformed as Robertson Shipping in 1952. Robertsons bought up Kneeshaw Lupton and set up Robertson Research Group in 1961 (leading industrial geology consultants now operating internationally as Fugro Robertson, based in Llandudno). (for the Group's earlier involvement –see A1;A2) As coastal trade declined, Robertsons sold off their shipping and quarrying interests to Powell Duffryn in 1970, after which, they too were merged with Stephenson Clarke and the Robertson name given up after 1980. Thus the important Llanddulas Quarry became part of Powell Duffryn (AT2).

In parallel, in South Wales, Powell Duffryn took over Machen and Vaynor Quarries in 1964 (AT7 – Merthyr Quarries; AT 8 Machen).

By the mid 1970s, William Adams & Co Newport Ltd (see above in this Section) had added Caerwent and Blackcliff, thus probably accounting for a greater capacity than any other company in Monmouthshire.

In the late 1970s, Powell Duffryn had gained control of the both UTC's (see above) and Adams' quarry interests, as well as Ifton, and Blaen Onneu, effectively making it probably the sole aggregates producer in Monmouthshire and operator of more quarries in Wales than any other company.

In 1983/4, the Hanson Trust launched a hostile bid for Powell Duffryn which it fought off in part by divesting non-core businesses. So, in July 1984, Powell Duffryn contributing the nine quarries (noted above), plus the brickworks at Danygraig etc, merged its quarrying interests with Amey Roadstone Corporation in a joint company, ARC-Powell Duffryn Ltd. These were by then part of Consolidated Gold Fields (CGF) (see Companies – Hanson). ARC added to this collection, Builth Wells (Llanelwedd) , Penderyn, Craig yr Hesg, as well as the inactive Arenig and Cerrig y Llam sites. Later, ARC acquired the remaining Powell Duffryn stake.

Even after these events, Powell Duffryn did not entirely severe links with the quarrying industry; The Powell Duffryn Wagon Co Ltd set up in 1965, continued to make rail freight wagons until the 1990s. ■

© Casgliad NSC Collection

gan wneud y cwmni y dosbarthwr glo mwyaf ym Mhrydain, a phrynwyd cwmnïau mawr eraill ym 1935 a 1942. Ym 1946 roedd y cwmni'n cynhyrchu 37% o lo De Cymru. Gwladolwyd y diwydiant glo y flwyddyn honno a diflannodd y busnes craidd, ond ym 1955, talodd y Llywodraeth £16 miliwn o iawndal. Ar ôl hynny, cynyddodd Powell Duffryn ei fusnes llongau a pheirianneg yn y 1960au.

Yn y cyfamser roedd William Robertson & Co, cwmni llongau o Glasgow a sefydlwyd ym 1852, yn cario nwyddau, glo a cerrig calch yn bennaf, o gwmpas arfordir gwledydd Prydain, yr Iwerddon a Gogledd Ewrop. Roedd eu llongau, rhan o'r Gem Line, yn cael eu henwi ar ôl mwynau a cherrig gwerthfawr - Ruby, Jasper, Agate ac ati ac mae eu henwau i'w gweld yn aml yng nghyfrifon chwareli arfordir gogledd Cymru. Cafodd ei ailffurfio fel Robertson Shipping ym 1952. Prynodd Robertsons Kneeshaw Lupton a sefydlu Robertson Research Group ym 1961 (ymgynghorwyr blaenllaw ym myd daeareg ddiwydiannol sydd erbyn hyn yn gweithredu'n rhyngwladol fel Fugro Robertson o'i ganolfan yn Llandudno). (mae rhagor o wybodaeth am waith cynharach y Grŵp yn A1;A2). Wrth i fasnach yr arfordir ddirywio, gwerthodd Robertsons eu busnesau llongau a'i chwareli i Powell Duffryn ym 1970, ac ar ôl hyn, cafodd y cwmni ei uno â Stephenson Clarke a diflannodd yr enw Robertson ar ôl 1980. Dyma sut y daeth chwarel bwysig Llanddulas yn rhan o Powell Duffryn (AT2).

Yr un pryd, yn ne Cymru, prynodd Powell Duffryn chwareli Machen a Faenor ym 1964 (AT7 – Chwareli Merthyr).

Erbyn canol y 1970au roedd William Adams & Co Newport Ltd (gweler uchod yn yr Adran hon) wedi cael chwareli Caerwent a Blackcliff, ac felly, mae'n debyg, yn gallu cynhyrchu mwy nag unrhyw gwmni arall yn Sir Fynwy.

Yn niwedd y 1970au roedd Powell Duffryn wedi ennill rheolaeth ar chwareli UTC (gweler uchod) ac Adams, yn ogystal ag Ifftwn a Blaen Onnen, ac felly, mae'n debyg, yr unig gwmni oedd yn cynhyrchu cerrig mân yn Sir Fynwy ac yn rhedeg mwy o chwareli yng Nghymru nag unrhyw gwmni arall.

Ym 1983/4, llwyddodd Powell Duffryn i drechu cynnig gwrthwynebus Ymddiriedolaeth Hanson am y cwmni, yn rhannol trwy gael gwared ar fusnesau di-graidd. Dyma sut, fis Gorffennaf 1984 yr unodd Powell Duffryn naw chwarel (a nodir uchod) â'r gwaith brics yn Danygraig gydag Amey Roadstone Corporation i ffurfio cwmni ar y cyd, ARC-Powell Duffryn Ltd. Roedd y rhain erbyn hynny'n rhan o Consolidated Gold Fields (CGF) (gweler Cwmnïau – Hanson). Prynodd ARC hefyd chwareli, Llanelwedd , Penderyn, Craig yr Hesg, yn ogystal â rhai segur Arennig a Carreg y Llam. Yn ddiweddarach prynodd ARC y gweddill o ran Powell Duffryn.

Hyd yn oed ar ôl hyn i gyd, ni thorrodd Powell Duffryn bob cysylltiad â'r diwydiant chwareli; parhaodd The Powell Duffryn Wagon Co Ltd, a sefydlwyd ym 1965, i wneud wagenni ar gyfer cario ar reilffyrdd tan y 1990au. ■

Changing Technologies

Processing stone has progressed from hand 'getting' and shaping to fully automated, computer controlled systems. Apart from building stone, rock is blasted, crushed, sorted into waste and by size then often recrushed and sized.

Wagenni dadlwytho o'r ochr ar reilffordd gul yn bwydo malwr (ddim i'w weld), y cerrig yn cael eu codi ar ôl eu malu gan godwr bwced i sgrin drommel (hidlen) oedd yn didoli rhywfaint ar y cerrig yn ôl eu maint.

A very early photograph [pre 1900] of Greenwood Quarry aggregates plant. Narrow gauge side-tipping trucks fed a crusher [not in view]; crushed stone passed up a bucket elevator to a trommel screen [sieve] which crudely separated stone by size.

Technolegau Cyfnewidiol

Mae prosesu cerrig wedi newid o naddu a ffurfio â llaw i systemau cyfrifiadurol hollol awtomatig. Ac eithrio wrth gloddio am gerrig adeiladu, mae'r graig yn cael ei chwythu, ei malu, ei didoli'n wastraff ac yn wahanol feintiau o gerrig ac yna'n aml ei hail falu a'i didoli.

Greenwood Quarry, Wenvoe [c1920]
Chwarel Greenwood, Gwenfô [c1920]

Peiriant symudol, mwy hyblyg, sydd wedi cymryd lle llawer iawn o beiriannau sefydlog (sylfaen un ar y chwith). Yma yn Hendre, Ceredigion, mae dympers yn bwydo cerrig o wyneb y chwarel i falwr cyntaf (chwith pellaf) – a dau falwr arall a sgriniau (i'r chwith o'r canol) yn gwahanu'r cerrig i wahanol feintiau.

Mobile plant, being more flexible, often now replaces fixed plant (base on right). Here at Hendre, Ceredigion, stone from the quarry face is fed by dumpers into a primary crusher (far left) – two further crushers and screens (left of centre) separate out stone into different sizes.

Melin Falu Eilaidd Penmarian, Penmaenmawr, a godwyd ym 1939 (graddfa - wagenni rheilffordd islaw).

The massive Penmarian Secondary Crushing Mill, Penmaenmawr erected 1939 (for scale - rail wagons below).

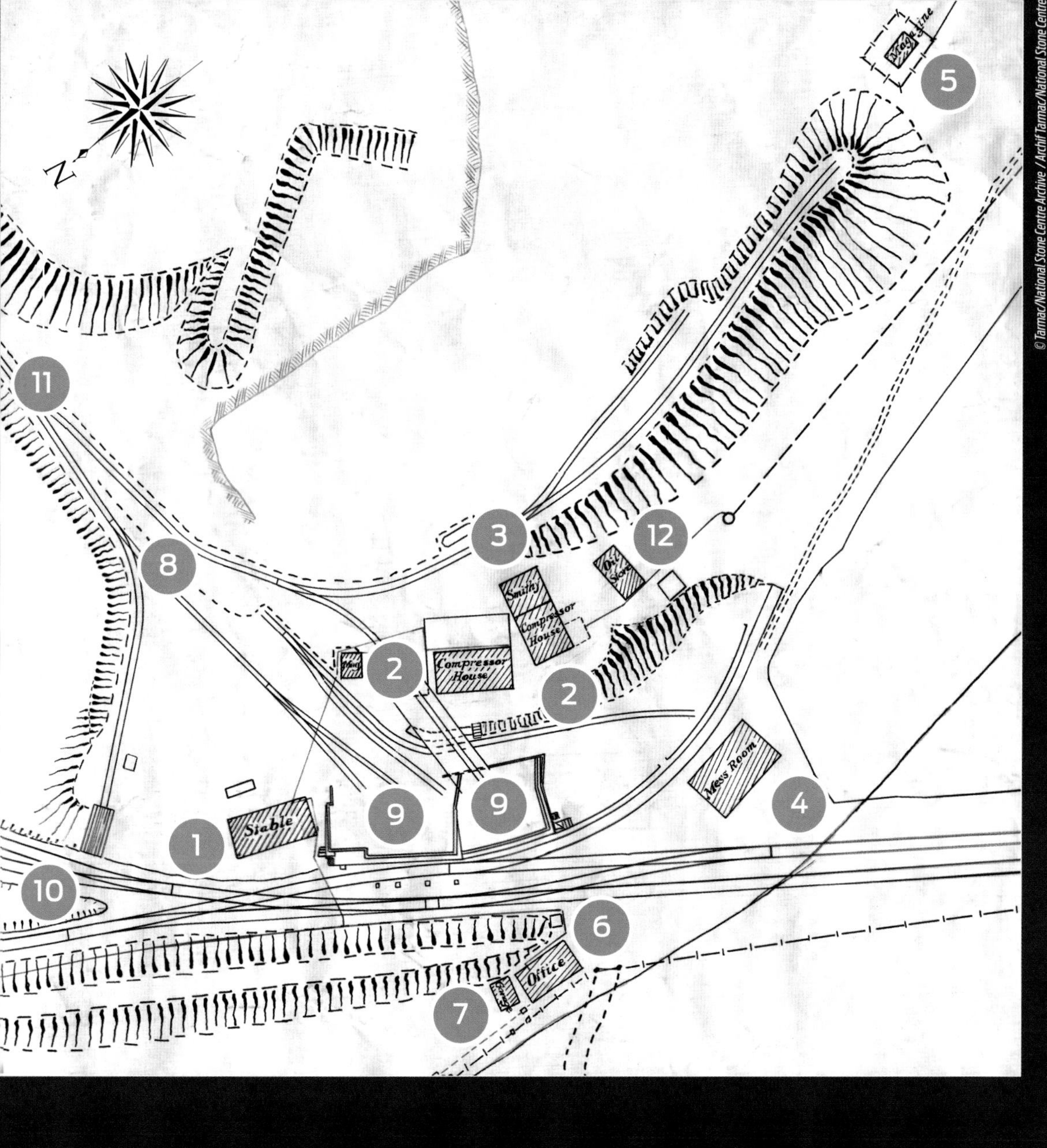

Guest, Keen & Baldwins' Creigiau Quarry **(11)**, Pentyrch: An extract from a large quarry plan originally drawn in 1937, updated until 1954, showing a typical layout of the period. Mains electricity was available, but the main energy source was provided from two oil-powered compressor houses **(2)** supplying air to drills in the quarry (oil store **12**). The smithy **(3)** was vital for sharpening drills and making repairs. Horses (stables – **1**) pulled hand-filled narrow gauge **(8)** trucks, to feed storage bins **(9)** or main line wagons **(10)** – no crushing plant is shown. Lump stone was supplied to their East Moors steelworks. An explosives magazine is located well away, safely behind a tip **(5)**. A mess-room **(4)** was an advance for the time. Little road transport appears to have been used (very small garage **(7)** – for the manager's car? Office **6**). Elsewhere the plan shows one of the quarry faces in 1947 as a single lift of over 100ft (33m), now not allowed for safety reasons. ■

Chwarel **(11)** Creigiau Guest, Keen & Baldwins, Pentyrch: Detholiad o gynllun mawr o'r chwarel a gafodd ei baratoi'n wreiddiol ym 1937 a'i ddiweddaru tan 1954 yn dangos gosodiad nodweddiadol o'r cyfnod. Roedd trydan cyhoeddus ar gael, ond roedd y rhan fwyaf o'r ynni'n dod o ddau adeilad **(2)** lle'r oedd peiriannau cywasgu yn rhedeg ar olew ac yn cyflenwi aer i'r driliau yn y chwarel (ytordy olew – **12**). Roedd yn rhaid cael efail **(3)** y gof i hogi driliau ac i drwsio offer. Roedd ceffylau (stablau – **1**) yn tynnu dramiau oedd yn cael eu llenwi â llaw ac yn rhedeg ar gledrau rheilffordd gul **(8)** i lenwi biniau cadw **(9)** neu wageni rheilffordd cyhoeddus **(10)** – does dim peiriannau malu'n cael eu dangos. Roedd lympiau o gerrig yn cael eu cyflenwi i waith dur East Moors. Mae'r storfa ffrwydrau yn ddigon pell i ffwrdd ac yn ddiogel y tu ôl i domen **(5)**. Roedd ystafell fwyta **(4)** yno, o flaen ei hoes. Ychydig iawn oedd yn cael ei gario ar y ffordd (garej -**7**- fechan iawn – ar gyfer car y rheolwr?;swyddfa **6**). Ar fan arall ar y cynllun mae un o wynebau'r chwarel yn cael ei dangos fel un clogwyn o fwy na 100 troedfedd (33 metr) na fyddai'n cael ei ganiatáu heddiw am resymau diogelwch. ■

Mae Corneli wedi cynhyrchu hyd at 1.4 miliwn tunnell y flwyddyn, (yn 2010 – 1.2 miliwn tunnell), mwy ar y pryd, nag unrhyw chwarel arall yng Nghymru.

Cornelly has produced up to 1.4Mtpa, (in 2010 – 1.2Mt), at the time, a larger output than any other Welsh quarry.

TODAY'S TYPICAL QUARRY

It is interesting to compare some of the earlier quarries with large manual workforces slogging away with the situation now. In South Wales today, a typical quarry produces c0.25–0.5Mtpa usually now with less than 20 people and, unlike in the past not all men, indeed the manager could equally be a female graduate in quarrying. Dumpers are air conditioned, with power-assisted steering, video monitored reversing ; they are capable of carrying 40–60t or more are filled by loaders shifting say 5–10t at a bite and each often costing about £0.25M – the tyres alone might be over 2.5m high, weigh 3–5t and cost up to £10,000 each. The processing plant could even be mobile. Health and safety is top of the agenda – footways marked out, all blasts recorded, high visibility suits, ears/nose/eyes/head/feet all protected; vehicles weighed/ washed/ sheeted; reverse parking; regular reporting to management and local communities; open days for public visits.

CHWAREL NODWEDDIADOL HEDDIW

Mae'n ddiddorol cymharu rhai o'r chwareli cynharach gyda'u gweithluoedd mawr o weithwyr llaw â'r hyn sy'n digwydd heddiw. Heddiw, yn ne Cymru, mae chwarel nodweddiadol yn cynhyrchu tua 0.25-0.5 miliwn tunnell y flwyddyn gyda llai nag 20 o bobl ac, yn wahanol i'r gorffennol, nid o reidrwydd i gyd yn ddynion, yn wir gallai'r rheolwr fod yn ferch â gradd mewn chwarelyddiaeth. Mae loriau cario bellach wedi eu haerdymheru, â llyw pŵer, fideo ar gyfer bacio; yn cario 40-60 tunnell neu fwy, yn cael eu llenwi gan lwythwyr sy'n gallu symud 5-10 tunnell ar y tro a phob un lorri'n aml yn costio tua £0.25M - gall y teiars yn unig fod dros 2.5m o uchder, yn pwyso 3-5 tunnell ac yn costio hyd at £10,000 yr un. Gallai'r offer prosesu hyd yn oed fod yn symudol. Iechyd a diogelwch sydd ar frig yr agenda - mae llwybrau troed wedi eu marcio, pob ffrwydrad yn cael ei gofnodi, siwtiau llachar amlwg yn cael eu gwisgo, offer i ddiogelu clustiau/ trwyn/ llygaid/pen; cerbydau'n cael eu pwyso/golchi/gorchuddio; parcio tuag yn ôl; adroddiadau'n cael eu cyflwyno'n rheolaidd i reolwyr a chymunedau lleol; dyddiau agored ar gyfer ymweliadau cyhoeddus.

TYPICAL QUARRY FLOW CHART/SIART LLIF NODWEDDIADOL CHWAREL

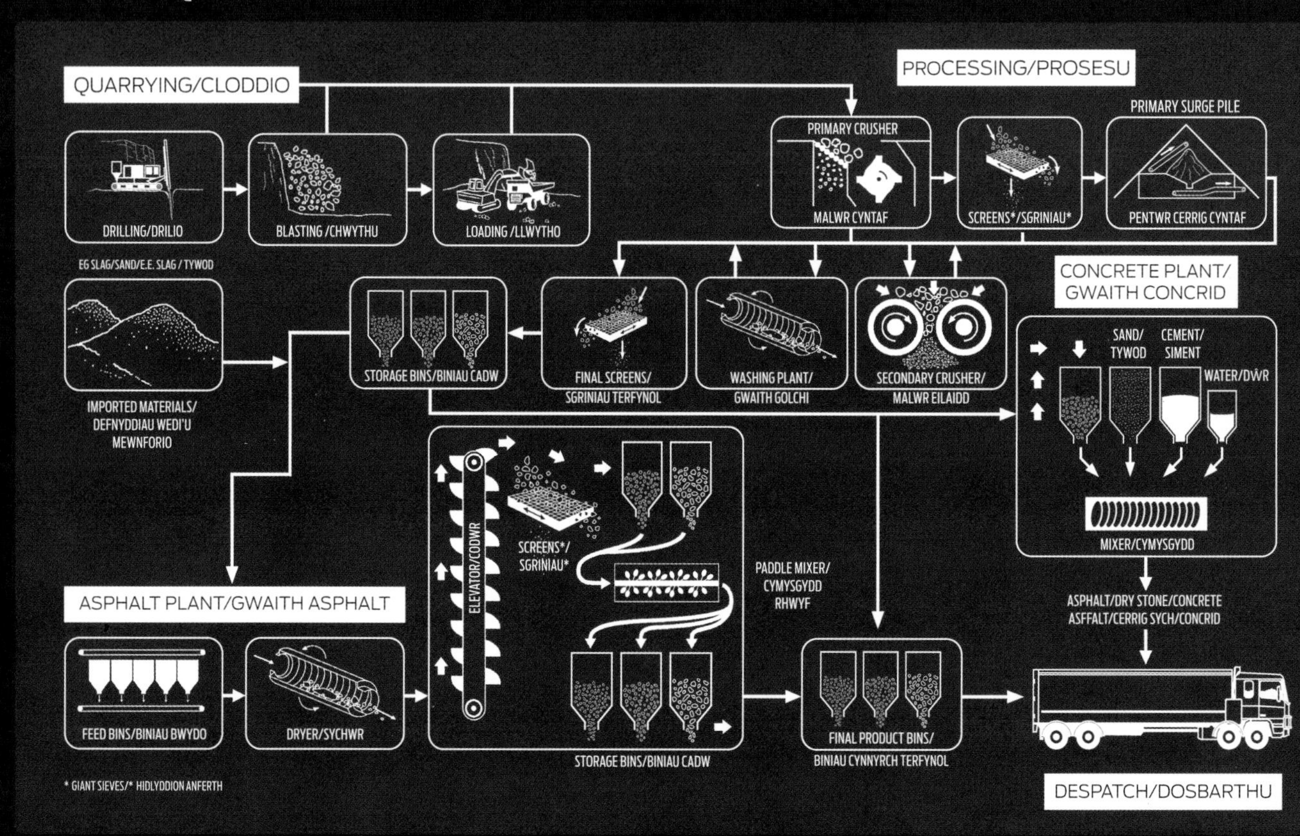

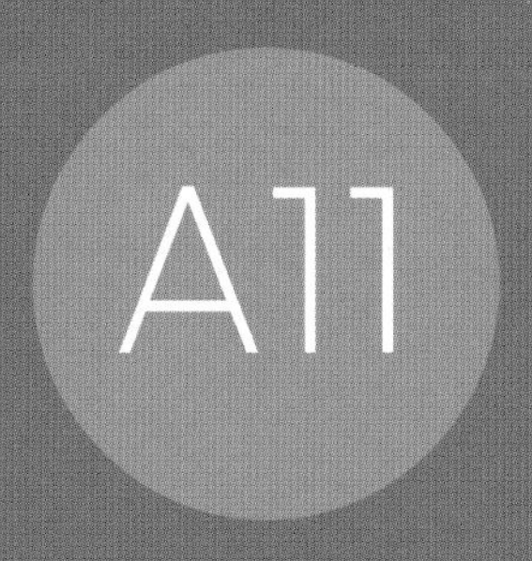

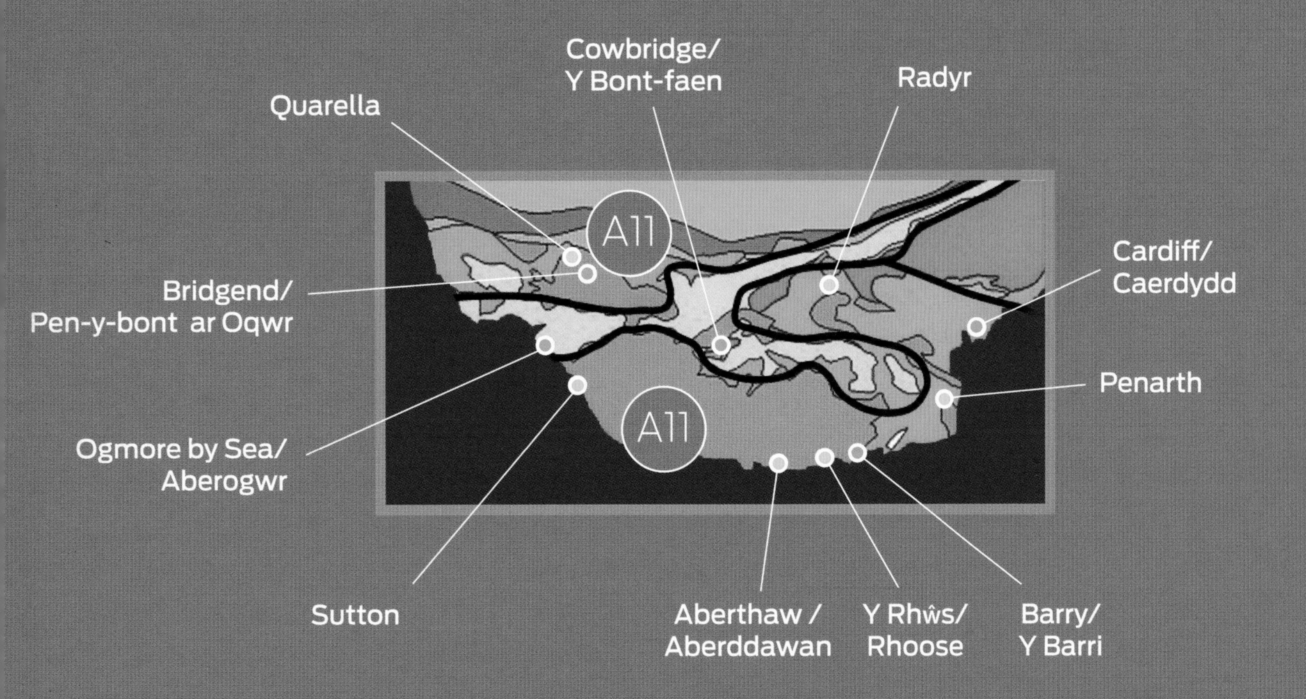

ARDAL 11:

CREIGIAU MESOSÖIG BRO MORGANNWG (A11)

AREA 11:

VALE OF GLAMORGAN MESOZOIC ROCKS (A11)

Area 11

Ardal 11

VALE OF GLAMORGAN MESOZOIC ROCKS (A11)

CREIGIAU MESOSÖIG BRO MORGANNWG (A11)

Geographic area

The main outcrop occupies much of the land surface between the Glamorgan Coast, running northwards to a line from Kenfig via Pontyclun to Cardiff and Penarth. It is only concerned with the Mesozoic rocks.

Geological setting

South of a line from Ogmore-by-Sea to Penarth, the cover of Mesozoic rocks is almost complete. To the north, the Carboniferous limestone forms a series of far more fragmented but extensive inliers which are described under Area 9.

The rocks form the most extensive accessible and varied expression of the Mesozoic in Wales. They were deposited in the Triassic and Lower Jurassic periods. The Triassic rocks mainly comprise mudstones, fine sandstones and conglomerates. The Jurassic is dominated by typical Liassic Limestones, ie a thick sequence of muddy limestones, interleaved with mudstones. They were deposited firstly in deserts then shallow tropical seas. In the process, protruding 'islets' of rugged Carboniferous limestone were weathered by wind, then waves. As a result, beds deposited at any given time vary greatly laterally, as the ancient rock stands are approached.

Away from 'shores', the Mesozoic beds are similar to those found elsewhere in Britain, but locally, along former coasts,

© Vale of Glamorgan CC

Dilyniant carreg galch Liasig nodweddiadol, cafodd ei dyddodi yn y cyfnod Jiwrasig - cerrig calch mwdlyd, tenau am yn ail â siâl.
Typical Liassic Limestone sequence deposited during the Jurassic period – alternating thin muddy limestones and shales.

Ardal Ddaearyddol

Mae'r prif frigiadau'n gorchuddio rhan helaeth o arwynebedd y tir ar arfordir Morgannwg ac yn rhedeg i'r gogledd at linell o Gynffig drwy Pontyclun i Gaerdydd a Phenarth. Y creigiau Mesosõig sy'n cael eu trafod yma.

Gosodiad Daearegol

Mae creigiau Mesosõig yn gorchuddio bron y cyfan o'r ardal i'r de o linell o Aberogwr i Benarth. I'r gogledd, mae'r garreg galch Garbonifferaidd yn ffurfio cyfres o fewngreigiau mwy bylchog ond helaeth sy'n cael eu disgrifio yn Ardal 9.

Yma y mae'r creigiau Mesosõig mwyaf a mwyaf hygyrch ac amrywiol yng Nghymru. Fe'u dyddodwyd yn y cyfnodau Triasig a'r Jwrasig Isaf. Mae'r creigiau Triasig yn cynnwys, yn bennaf, greigiau llaid, tywodfaen a chlymfeini. Mae'r rhai Jwrasig, yn bennaf, yn Garreg Galch Liasig nodweddiadol, hynny yw. cyfres drwchus o gerrrig calch lleidiog, am yn ail a chreigiau llaid. Fe gawson nhw'u dyddodi yn gyntaf mewn anialwch ac yna mewn moroedd trofannol bas. Yn y broses, cafodd ynysoedd bychan o garreg galch gargonifferaidd oedd yn ymwthio allan eu hindreulio gan wynt, yna gan donnau. O ganlyniad i hyn mae cryn amrywiaeth yn y ffordd y mae'r creigiau'n gorwedd ger creigiau mwy hynafol.

I ffwrdd oddi wth y 'glannau' mae'r gwelyau Mesosõig yn debyg i'r rhai a geir mewn mannau eraill ym Mhrydain, ond, yn lleol, lle'r oedd y glannau ar un adeg, maen nhw'n cynnwys creigiau hŷn wedi erydu. Enghraifft nodedig o hyn yw'r 'Glymfaen Dolomitaidd' (Triasig), sydd mewn gwirionedd yn frecia anarferol o garreg galch Garbonifferaidd llwyd golau wedi ei hindreulio mewn matrics o gerrig llaid oren-binc.

Er eu bod yn 'fodern' ac nid yn Fesosõig, ym Merthyr Mawr y mae'r twyni tywod mwyaf yn Ewrop.

Hanes

Cynhyrchodd y gwaddodion 'ymylol' a nodwyd dri math arbennig o gerrig adeiladu a ddefnyddir yn helaeth. Cafodd yr hynaf, y Glymfaen Ddolomitig, ei chloddio'n helaeth iawn yn Chwareli Radyr, i'r gogledd-orllewin o Gaerdydd, fel carreg addurniadol ond hefyd, ac yn hynod o annhebygol gan ei bod yn graig sy'n ymddangos mor annibynadwy, fel defnydd peirianegol yn enwedig ar reilffyrdd. Dyma sut y cafodd y brif chwarel ei hymestyn yn sylweddol pan gyrhaeddodd Rheilffordd Cwm Taf ym 1859.

I'r dwyrain o Ben-y-bont ar Ogwr, cafodd Tywodfaen Quarella (Triasig - y Cyfnod Rhetaidd) ei defnyddio'n helaeth fel carreg adeiladu wyrddlwyd. Daw'r enw o'r gair Cymraeg 'cwarelau'.

O gwmpas Aberogwr, roedd Carreg Sutton (Jwrasig – yn dechnegol Ansawdd Ymylol Liasig) yn cael ei chloddio mewn

Chwarel Radyr, gogledd-orllewin Caerdydd 1884. Roedd y 'Clymfeini Dolomitig' o'r cyfnod Triasig yn cael eu cloddio yma. Mae'r defnydd anarferol hwn, gyda charreg galch Garbonifferaidd lwyd mewn matrics pinc mân, yn rhyfeddol o gryf ac yn cael ei defnyddio'n helaeth ar gyfer gwaith adeiladu a gwaith peirianyddol yn y ddinas.
Radyr Quarry, north west of Cardiff 1884. The Triassic age 'Dolomitic Conglomerate' dug was here. This unusual material comprising grey Carboniferous limestone in a fine grained pink matrix, is often surprisingly strong and was widely used for building and engineering works in the city.

they are composed of the eroded products of older rocks, most notably the so called 'Dolomitic Conglomerate'(Triassic), in reality an unusual breccia of light grey weathered Carboniferous limestone, in an orange-pink mudstone matrix.

Although 'modern' and not Mesozoic, Merthyr Mawr has the largest sand dunes in Europe.

History

The 'marginal' deposits just noted produced three distinctive and widely used building stones. The oldest, the Dolomitic Conglomerate was particularly exploited at Radyr Quarries, north west Cardiff, both as a decorative stone but also, and most unlikely for such an apparently unreliable rock type, as an engineering material especially for railway works. Hence the main quarry was expanded considerably when the Taff Vale Railway arrived in 1859.

East of Bridgend, Quarella Sandstone (Triassic - Rheatian Stage) was widely exploited as a slightly greenish-grey building stone. The name comes from 'chwarelau', the Welsh for 'quarries'.

Around Ogmore by-Sea, Sutton Stone (Jurassic – technically, Liassic Marginal Facies) was worked on a small scale. It was highly regarded in Medieval times, but resources were largely exhausted by the end of that period. It is a beautiful creamy white freestone, ie a stone which largely lacks bedding and can therefore be cut as easily in any direction.

By far the most significant extractive industry in this area is associated with the manufacture of lime and cement, located at the eastern edge. (see Dylan Moore's excellent website – *www.cementkilns.co.uk*)

Where to find out more

Cosmeston Lakes Country Park, with 100ha of wetlands was created from the former Penarth Works' quarry. It has a visitor centre open all year. A number of local geological trail guides at various levels of technicality, have been produced, including one describing the Heritage Coast and guided walks are run from the Heritage Coast Centre at Southerndown. *(See Cope 1995).*

chwareli bychan. Roedd enw da iddi yn y cyfnod Canoloesol, ond roedd y cyflenwad wedi dod i ben, fwy neu lai, erbyn diwedd y cyfnod hwnnw. Roedd yn garreg wen lliw hufen a safai'n rhydd, hy carreg sydd heb lawer o haenau ac felly yn hawdd ei thorri mewn unrhyw gyfeiriad.

Mae'r rhan fwyaf o chwareli'r ardal hon ar yr ymylon dwyreiniol ac yn gysylltiedig â chynhyrchu calch a sment. (gweler gwefan ardderchog Dylan Moore - *www.cementkilns.co.uk*).

Ble i ganfod rhagor....

Cafodd Parc Gwledig Llynnoedd Cosmeston gyda 100ha o wlypdiroedd ei greu o chwarel hen Waith Penarth. Mae yno ganolfan ymwelwyr sydd ar agor drwy'r flwyddyn. Mae nifer o lawlyfrau llwybrau daearegol wedi eu cynhyrchu, gan gynnwys un yn disgrifio'r Arfordir Treftadaeth a mae teithiau tywys wedi eu trefnu o Ganolfan yr Arfordir Treftadaeth yn Southerndown *(gweler Cope 1995).*

Calch hydrolig yn troi'n sment

Roedd adeiladwyr Rhufeinig yn defnyddio math o 'goncrid' a oedd yn cael ei wneud o galch yn cynnwys defnydd adweithiol (ee lludw folcanig, llwc brics, crochenwaith wedi ei falu) gyda nodweddion pozzola. Roedd hefyd yn hydrolig, hy yn gallu caledu dan ddŵr. Gwnaed ymdrechion i efelychu'r dechneg mor gynnar â'r 16eg Ganrif, trwy fewnforio lludw folcanig ("tras") o ddyffryn y Rhine trwy'r Iseldiroedd, ond y defnydd cyntaf ohono a gofnodwyd yn wyddonol oedd gan John Smeaton o Leeds ym 1756. Fe ddewisodd galch o Garreg Galch Liasig oedd yn cynnwys llawer o glai (cleiog) o Watchet,

Parc Gwledig Llynnoedd Cosmeston a'r Pentref Canoloesol a ail-grewyd, ger Penarth - enghraifft dda o ail ddefnyddio hen chwareli, yma, lle cloddiwyd carreg galch Liasig.
Cosmeston Lakes Country Park and recreated Medieval Village, near Penarth – a good example of the after-use of former quarries, in this case extracting Liassic limestones.

Area 11

was any difference, to have the preference. Hence I concluded, there was no need to burthen ourſelves, with carrying out *freſh* water to the Edyſtone for making the mortar: and in conſequence all future trials, except it is otherwiſe mentioned, were made with ſalt water †.

Q. 3d. What difference reſults from different *Qualities* of limeſtone, ſo far as I could procure the ſpecimens?

Having heard of a lime produced from a ſtone found at *Aberthaw*, upon the coaſt of *Glamorganſhire*, that had the ſame qualities of ſetting in water as *Tarras*, I was very anxious to procure ſome of the ſtone; which I did, and burnt it into lime. I found it to require a good deal of fire to make it, by quenching, fall into a fine powder. This ſtone, before burning, was of a very even, but dead ſky blue, with very few ſhining particles; but when burnt and ſifted, it was of a bright *buff colour*. Having made up a couple of balls, according to each of the former proportions; and alſo a couple of balls with common lime (by which I mean Plymouth lime) the difference of hardneſs after twenty-four hours was very remarkable: the compoſition of two meaſures of *Aberthaw* to one of *Tarras*, conſiderably exceeded in hardneſs that of common lime and *Tarras*, in equal parts: the compoſition of Aberthaw and Tarras in equal parts was ſtill conſiderably harder, and this difference was the more apparent, the longer the compoſitions were kept.

172. THUS encouraged, I was willing to try farther; and particularly to examine the validity of the notion entertained by workmen, reſpecting *Tarras Mortar*, that the longer it was kept and the oftener

© Plymouth City Museum & Art Gallery

Dyfyniad o adroddiad Smeaton ar arbrofion calch hydrolig 1756.
Extract of Smeaton's report on hydraulic lime experiments, 1756.

© Ian A Thomas

Melin Flawd Weaver ger dociau Abertawe 1970 - fe'i dyluniwyd gan François Hennebique - a'i hadeiladu ym 1898, oedd adeilad ffrâm goncrid cyfnerthedig cyntaf gwledydd Prydain (ac efallai, Ewrop) (cafodd ei ddymchwel ym 1984).
Weaver's Flour Mill, near Swansea docks 1970s – designed by François Hennebique – constructed in 1898, it was Britain's (and possibly Europe's) first large reinforced concrete framed building (demolished 1984).

Hydraulic lime becomes cement

Roman builders were using a form of lime-based 'concrete' which incorporated reactive material (eg, volcanic ash, brick dust, crushed pottery) with pozzolanic properties. It was also hydraulic, ie capable of setting under water. Attempts were made to replicate this technique as early as C16th by import-

Gwlad yr Haf, a'i gymysgu â ludw folcanig (tras) i ailadeiladu Goleudy Eddystone. Roedd yn amlwg ei fod wedi arbrofi gyda ffynonellau eraill o Liasig mor bell i ffwrdd ag Aberddawan (Morgannwg), Rugby a Barrow on Soar (Swydd Gaerlŷr) ac mae ei adroddiad yn cynnig golwg ddiddorol ar y diwydiant y pryd hwnnw *(Smeaton 1791)*.

Roedd **Aberddawan** ('Aberdo', ar lafar) felly'n adnabyddus trwy Gymru a Lloegr yn y 18fed Ganrif os nad ynghynt fel ffynhonnell arwyddocaol o galch hydrolig, rhagflaenydd i sment Portland. Roedd yr ardal mor enwog nes i'r enw 'Aberdo' gael ei fenthyg wrth werthu cerrig calch o wneuthuriad tebyg yn Sir y Fflint (A1).

Er hynny, hyd yn oed ganrif ar ôl Smeaton, nid oedd chwareli yn cael eu dangos ar fapiau yno, felly mae'n debyg bod y garreg yn dal i gal ei gweithio ar yr wyneb. Gan fod calch, ac yn enwedig calch hydrolig, ar gael yno, dyma oedd y lle amlwg i arbrofi gyda gwahanol sment, a arweiniodd at y sment Portland sydd ar gael heddiw.

Bu nifer o gamau gwag. Roedd peth calch o ger Pen-y-bont ar Ogwr yn cael ei werthu fel 'sment' mor gynnar ag 1815 ac roedd yna gwmni hefyd yn cynhyrchu 'sment' yn Lady Hill ger Casnewydd tua 1860, er ei bod yn amheus a oedd hwn yn sment Portland go iawn. Mae'r dystiolaeth am yr 'Hydraulic Portland Cement Syndicate Ltd' a gorfforwyd yn Llansawel ym 1892 yn brin, ond mae'n bosibl ei fod wedi masnachu tan 1908, yn fwy diweddar fel 'Atlas Cement'. Roedd gwaith arall byrhoedlog yn Llandaf hefyd a oedd wedi cau cyn 1900 *(Francis 1997; Moore 2012)*.

Yn ystod y 130 mlynedd diwethaf mae llawer weithiau sment wedi bod yn yr ardal drefol rhwng Penarth ac Aberddawan. Nid yn unig roedd yr adnoddau yno (Carreg Galch Las) a oedd yn cynnwys y cydbwysedd o galch a chlai oedd ei angen ar y pryd, roedd yno reilffordd a phorthladd o fewn cyrraedd.

Roedd odynau poteli **Penarth** yn cynhyrchu sment Portland ym 1886 o dan W Ll Morcom. Cafodd nifer o odynau eraill eu profi yma, gan gynnwys odynau troi arloesol o 1892, yn masnachu fel y South Wales Portland Cement & Lime Co. Ym 1911 cymerodd British Portland Cement Manufacturers (Blue Circle) drosodd ac, erbyn 1927, roedd yr odynau i gyd yn rhai troi. Y defnydd crai oedd carreg galch las oedd yn cynnwys 73% o galsiwm carbonad a oedd yn golygu bod rhaid cael gwared ar beth o'r clai fel gwastraff. Wrth i'r manylebau cynhyrchu, newid, doedd y garreg galch lias ddim yn gwbl effeithiol ac felly roedd carreg galch Garbonifferaidd burach o Chwarel Ruthin, Pencoed, yn cael ei chario yno ar reilffordd 'i felysu'r gymysgedd' ar ôl 1939. Yn y

Ardal 11

ing volcanic ash ("trass") from the Rhine valley via the Netherlands, but its first scientifically recorded use was by John Smeaton of Leeds in 1756. He selectively employed lime made from clay-rich (argillaceous) Liassic Limestones produced at Watchet, Somerset, mixed with trass to rebuild Eddystone Lighthouse. In the course of his experiments, it was clear that other operational Liassic sources as far away as Aberthaw (Glamorgan), Rugby and Barrow on Soar (Leicestershire) were considered and his account provides a useful insight into the industry of the time *(Smeaton 1791)*.

Aberthaw (colloquially, Aberdo) was therefore recognised throughout England and Wales in the C18th if not earlier as a significant source of hydraulic lime, a precursor to the Portland cement. So famed was the area that the name 'Aberdo' was borrowed to trade limestones of similar composition in Flintshire (A1).

However, even a century after Smeaton, no obvious quarries were mapped here, so presumably the stone was still being worked from the cliffs. Well established lime and particularly, hydraulic lime made it the obvious place for experimenting with cements, leading to the Portland cement we know today. There were a number of false starts. Some limes produced near Bridgend were being sold as 'cement' as early as 1815 and a company was also producing 'cement' at Lady Hill near Newport c1860 although it is doubtful that even this was Portland cement as such. The evidence for the Hydraulic Portland Cement Syndicate Ltd incorporated at Briton Ferry in 1892 is sparse, but it possibly traded until 1908, latterly as Atlas Cement. Another works at Llandaff was also short-lived and closed before 1900 *(Francis 1997; Moore 2012)*.Over the last 130 years, much of the unurbanised area between Penarth and Aberthaw has seen activities associated with cement making. Not only did it have a resource (Blue Lias Formation) which was initially chemically close to the then required balance of lime and clay, it was served by rail and had port potential.

Penarth's bottle kilns were making Portland cement in 1886 under W Ll Morcom. They tried a whole variety of other kilns including pioneering rotaries from 1892, operating as the South Wales Portland Cement & Lime Co. In 1911 British Portland Cement Manufacturers (Blue Circle) took over and had phased in rotary dry kilns by 1927. Feedstock was Blue Lias limestone running at about 73% calcium carbonate which necessitated removal of some of the clay as waste. As specifications changed, Blue Lias wasn't totally effective and so purer Carboniferous limestone from Ruthin Quarry, Pencoed, was railed in 'to sweeten the mix' after 1939. Meanwhile, Penarth continued to produce hydraulic (Liassic) lime. Blue Circle and the Aberthaw company jointly purchased Ruthin Quarry in 1947. Closure of the Penarth works during some War years and growing collaboration with Aberthaw led first to a switch solely to lime production from shaft kilns and closure in 1969. The works were replaced by housing and the Lias quarries became Cosmeston Lakes Country Park.

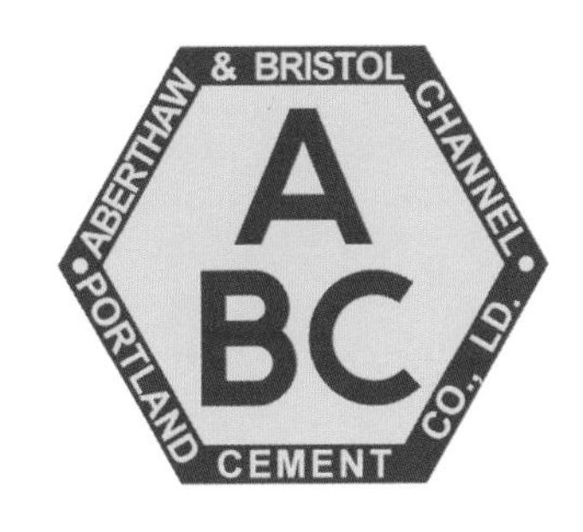

Logo cwmni Aberddawan tan y 1970au.
Logo of the Aberthaw company until the 1970s.

cyfamser roedd Penarth yn dal i gynhyrchu calch hydrolig (Liasig). Prynodd Blue Circle a chwmni Aberddawan Chwarel Rhuthun ar y cyd ym 1947. Canlyniad cau gwaith Penarth yn ysbeidiol yn ystod y rhyfel a chydweithio cynyddol gydag Aberddawan oedd , yn gyntaf, newid i gynhyrchu calch yn unig o odynau siafft ac at gau'n gyfan gwbl ym 1969. Codwyd tai ar y safle a daeth Parc Gwledig Llynnoedd Cosmeston yn lle'r chwareli carreg Lias.

Cychwynnodd **Gwaith y Rhws** ym 1914, ond ym 1919 fe'i prynwyd gan Aberddawan. Roedd yn gweithio'n ysbeidiol yn ystod blynyddoedd y Dirwasgiad ond ni chyrhaeddodd ei botensial tan 1936. Roedd yn dilyn yr un patrwm o gymysgu cerrig calch pur a chalchfaen Lias. Bu Turner & Newall yn rhedeg gwaith sment asbestos i'r gorllewin o'r safle o 1935 hyd 1992, sydd erbyn hyn yn Barc Busnes Maes Awyr Caerdydd. Ar ôl nifer o newidiadau i wella effeithlonrwydd ynni, peidiodd y prif waith â chynhyrchu clincer ym 1979, ond parhaodd gweithgareddau eraill tan yn hwyr yn yr wythdegau. Cafodd y gwaith ei ddymchwel ym 1990au a chafodd rhannau o'r safle'u defnyddio ar gyfer tai a hamdden.

Roedd yna ddau waith mewn enw yn Aberddawan. Dechreuodd **Aberthaw Lime** gynhyrchu 'sment' ym 1888 ar lan de-ddwyreiniol yr aber. Yn rhyfeddol iawn gellir gweld yn o'r odynau poteli cynnar hyd heddiw, er y daeth y gwaith yno i ben tua 1917.

Cwmni'r '**Aberthaw** and Bristol Channel Cement Co' gychwynnodd brif waith Aberddawan, yml914. Er ei fod, yn dechnegol, yn gwmni annibynnol roedd wedi

Yn groes i rai honiadau, efallai nad y math o sment Portland rydyn ni'n ei adnabod heddiw oedd gwaith cynnar Aberddawan yn ei gynhyrchu ond, yn hytrach, calch wedi'i gyfnerthu â slag ffwrneisi chwyth.
This early works at Aberthaw, contrary to some claims, may never have produced Portland cement as we know it today, but may have made lime fortified with blast furnace slag.

©Mick Lobb

gweithio'n agos am nifer o flynyddoedd agos gyda Blue Circle. Adeiladodd yr olaf gronfa o'i gyfranddaliadau, a'i gymryd trosodd ym 1983; cyn hyn roedd y cynhyrchu yn yr ardal eisoes wedi'i resymoli. Erbyn diwedd y 1950au roedd y peirannau wedi heneiddio a dechreuwyd newid i broses sych, fwy effeithiol. Pan gafodd odyn newydd ei gosod ym 1967, hi, am gyfnod byr oedd y mwyaf ym Mhrydain. Fel nodwyd, deuai'r 78% angenrheidiol o galsiwm carbonad o Chwarel Rhuthun.

Area 11

Ardal 11

Rhoose Works started in 1914, but in 1919 was taken over by Aberthaw. In the Depression years, it ran on an intermittent basis, only realising its potential in 1936. It followed the same pattern of mixing pure and Liassic limestone. Turner & Newall ran an asbestos cement plant to the west of the site from 1935 to 1992, now Cardiff Airport Business Park. After a number of changes to improve energy efficiency, the main plant ceased clinker production in 1979, but other activities continued into the late eighties. The plant was demolished in the 1990s and parts of the site used for housing and recreation.

There were ostensibly two works at Aberthaw.

Aberthaw Lime began producing 'cement' in 1888 on the south east shore of the estuary. Quite remarkably one of the early bottle kilns can still be seen, although activities stopped c 1917.

The main **Aberthaw** operation was started in 1914 by the Aberthaw and Bristol Channel Cement Co. Although technically independent, for many years it had a close working relationship with Blue Circle. The latter built up an equity stake, until taking over in 1983, prior to which production in the area had already been rationalised. By the late 1950s the plant had become rundown and a switch to the more efficient dry process was instigated. When a new kiln was installed in 1967, it was briefly the UK's largest. As noted, Ruthin Quarry was used to create the necessary 78% calcium carbonate feed. That quarry was effectively extended into the adjacent Garwa Farm site in the 1970s which had a consistently higher purity stone. This reflected a Worldwide trend, ie to blend two materials of known composition rather than attempting to utilise a less predictable natural material which only approximates to the requirements. ■

Yn y 1970au cafodd y chwarel honno'i hymestyn i safle gyfagos Fferm Garwa lle'r oedd y garreg yn burach, yn gyson. Roedd hyn yn adlewyrchu tueddiad byd eang h.y. cymysgu dwy elfen sicr eu cyfansoddiad yn hytrach na cheisio defnyddio defnyddiau llai sicr nad oedd yn cyrraedd y gofyniom yn llawn. ■

© Mid Glamorgan CC

Chwarel Aberddawan yn y 1980au.
Aberthaw Quarry in the 1980s.

© Dylan Moore

Gwaith sment Aberddawan yn dangos y tŵr cyn twymo ar y chwith, y storfa glincer to cromen ar y dde a'r odyn dro (tiwb brown) yn troi rhwng y ddau.
Aberthaw Cement works showing the pre-heater tower on the left, the finished clinker store domed building on the right with the rotary kiln (brown tube) revolving between the two.

Sand from the Sea

The shortage of sand deposits on land means that South Wales depends on dredging from the Bristol Channel for a greater proportion of its sand requirements than anywhere else in the UK. In the 2000s this amounted to over 1 Mt annually.

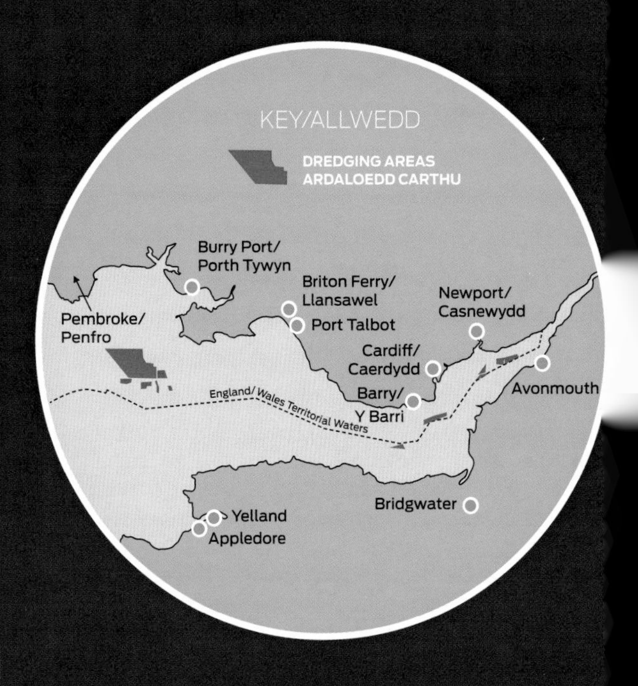

Glen Helen, llong garthu, yn gadael Dociau Abertawe tua 1950.
Glen Helen dredger leaving Swansea Docks c1950.

© BMAPA archive

Tywod o'r Môr

Oherwydd prinder tywod ar y tir, mae de Cymru'n dibynnu ar garthu tywod o Fôr Hafren am fwy o gyfran o'i dywod nac unman arall yng nghwledydd Prydain. Yn y 2000au, roedd hyn gymaint ag un filiwn tunnell y flwyddyn.

© Falcon D. Hildred, 1988 reproduced with permission of Newport Museum & Art Gallery

Glanfa Moderator, Casnewydd
Moderator wharf, Newport.

© Ian A Thomas

Carthwr yng Nghas-gwent yn gollwng tywod o Aber Afon Hafren.
Dredger at Chepstow, discharging sand from the Severn Estuary.

© Ian A Thomas

Glanfa ym Mhorth Penrhyn lle'r oedd tywod yn cael ei ddadlwytho ar ôl ei gloddio ym Mae Lerpwl.
Wharf at Port Penrhyn used for landing sand dredged in Liverpool Bay.

© BMAPA

Llong garthu City of Cardiff a gafodd ei hadeiladu yng ngogledd Dyfnaint yn gweithio ym Mae Hafren
Dredger City of Cardiff built in N Devon and operating in the Bristol Channel

Appendices

General Sources of Information

Historical Material

The main articles are listed in the bibliography. Local authority and other archive and record offices (*www.archiveswales.org.uk*), particularly those in North Wales hold considerable amounts of information relating to the industry. Libraries, especially those with local history collections, are another useful source of articles, books and newspaper coverage. Some museums also carry related material. They may also be able to point to relevant material including maps, newspapers, academic and government papers on-line or in digitised form; some of these may only be accessible under licence, which fortunately, many libraries (especially academic) may hold.

The National Library of Wales (NLW), Aberystwyth (*www.llgc.org.uk*) and the National Archive (TNA), Kew, W London (*www.nationalarchives.gov.uk*) also have records, but you will need to apply for a reader's card. If you have a Welsh postcode, you may be able to access some additional NLW items on-line.

Four archaeological trusts cover Wales and their work and contacts can be seen on *www.archwilio.org.uk*

The Association for Industrial Archaeology has produced gazetteer booklets for Swansea, North West, Mid and South East Wales

The 'Old Maps' website now displays detailed plans of most areas from the late C19th to recent years (*www.old-maps.co.uk*). These can be viewed free of charge or are downloadable for a small charge.

Trade journals

A number of specialist technical magazines have been published, especially from the late 1890s and initially include: 'The Quarry' (1896-1921 then under variants of this title to 1938); from the 1918 the Quarry Manager's Journal (and successors, up to the present Quarry Management) (*www.quarrymanagement.com*) and, Cement Lime and Gravel (ceased 1974), Mine & Quarry and the Stone Trades Journal (and successors, up to the present, Natural Stone Specialist) (*www.naturalstonespecialist.com*). There are very few libraries still retaining back copies of these journals apart from the 'Copyright Libraries' (NLW). Some of these publishers and the BGS have also produced directories.

From the 1970s

Trevor Thomas' groundbreaking account 'The mineral wealth of Wales and its exploitation' describes the industry in the 1950s stands alone and in terms of detail cannot be matched. However since 1970, a whole raft of information has been published on the industry, but it has never been brought together in a single volume in a comparable form. Publications include UK Minerals Yearbook (previously 'Statistics') annually since 1974 by BGS (*www.bgs.ac.uk*) and now online. Statistics are also produced by the National (previously 'Business') Statistics Office – *www.*

Ffynonellau Cyffredinol O Wybodaeth

Defnydd Hanesyddol

Mae'r prif erthyglau'n cael eu rhestru yn y llyfryddiaeth. Mae gwybodaeth helaeth ynghylch y diwydiant mewn archifdai a swyddfeydd cofnodion awdurdodau lleol ac eraill (*www.archiveswales.org.uk*), yn enwedig y rhai yng ngogledd Cymru. Mae llyfrgelloedd, yn enwedig rhai â chasgliadau hanes lleol, yn ffynhonnell ddefnyddiol arall o erthyglau, llyfrau a straeon papur newydd. Mae rhai amgueddfeydd hefyd yn cadw defnyddiau perthnasol ac yn gallu cyfeirio, efallai, at ddefnyddiau eraill megis mapiau, papurau newydd, papurau academaidd a rhai'r llywodraeth ar-lein neu ar ffurf ddigidol; efallai y bydd rhai o'r rhain ar gael drwy drwydded yn unig ac mae nifer o lyfrgelloedd (yn enwedig rhai academaidd) yn berchen ar drwydded o'r fath.

Mae Llyfrgell Genedlaethol Cymru, Aberystwyth (*www.llgc.org.uk*) a'r Archifau Gwladol, Kew, Gorllewin Llundain (*www.nationalarchives.gov.uk*) hefyd yn cadw cofnodion, ond bydd rhaid i chi wneud cais am docyn darllenydd. Os oes gennych chi gôd post yng Nghymru efallai y gallwch gael at rhai eitemau ychwanegol sydd gan Lyfrgell Genedlaethol Cymru ar-lein.

Mae pedair ymddiriedolaeth archeolegol yn gweithio ar draws Cymru a gellir gweld eu gwaith a'u cysylltiadau ar *www.archwilio.org.uk*.

Mae'r Gymdeithas Archeoleg Ddiwydiannol wedi paratoi llyfrynnau mynegai ar gyfer Abertawe, Gogledd-orllewin, Canolbarth a De-ddwyrain Cymru.

Mae'r wefan 'Old Maps' erbyn hyn yn arddangos cynlluniau manwl o'r rhan fwyaf o ardaloedd o ddiwedd yr 19eg Ganrif hyd y blynyddoedd diweddar (*www.old-maps.co.uk*). Gellir eu gweld am ddim neu eu lawr lwytho am dâl bychan.

Papurau Masnachol

Mae nifer o gylchgronau technegol arbenigol wedi eu cyhoeddi, yn enwedig o ddiwedd y 1890au gan gynnwys, i ddechrau, 'The Quarry' (1896-1921 yna dan amrywiadau o'r teitl hwn hyd 1938); o 1918 y 'Quarry Manager's Journal' (a'r rhai a'i olynydd, hyd y 'Quarry Management' presennol) (www.quarrymanagement.com) a 'Cement Lime and Gravel' (a ddaeth i ben ym 1974), 'Mine & Quarry and the Stone Trades Journal' (a'r rhai dilynol, hyd y presennol 'Natural Stone Specialist') (*www.naturalstonespecialist.com*). Mae yna ychydig o lyfrgelloedd sy'n dal i gadw ôl-rifynnau o'r cylchgronau hyn heblaw'r 'Llyfrgelloedd Hawlfraint' (Llyfrgell Genedlaethol Cymru). Mae rhai o'r cyhoeddwyr hyn ac Arolwg Daearegol Prydain hefyd wedi cynhyrchu cyfeirlyfrau.

O'r 1970au

Mae llyfr arloesol Trevor Thomas 'The mineral wealth of Wales and its exploitation' yn disgrifio'r diwydiant yn y 1950au ac mae'n unigryw yn ei fanylder. Er hynny ers 1970, cyhoeddwyd amrywiaeth eang o wybodaeth ar y diwydiant ond nid

Atodiadau

statistics.gov.uk search for 'Minerals PA 1007'. From the mid-1970s a series of survey reports have been produced (annually since c 1990) by the North and South Wales Aggregates Working Parties and in c 2008 published Regional Technical Statements which carry considerable analysis and back series of data. (Go to *www.grhgca-cymru.org.uk* or *www.swrawp-wales.org.uk*).

Planning authorities are responsible for determining the future pattern of mineral working. Although they and their duties have changed since the introduction of controls in the 1940s, particularly since the 1970s, many have produced very detailed reports on the industry in their areas eg for Clwyd and Mid/South Glamorgan. Local authorities are now in the process of producing Local Development Plans for each area under the 2004 Planning Act.

Geological Maps

The BGS has been publishing geological maps at various scales since the mid-C19th. One or two areas (eg part of Lleyn) have no recent mapping, but for most other areas, this can be viewed on-line (with links to a lexicon defining the rock at any given point). Also available at the same source are mineral resource maps of Wales which also indicate locations of mineral operations (all via *www.bgs.ac.uk*). The BGS publication – Regional geology: Wales provides an up to date detailed if rather technical account of the geology of Wales *(Howells 2007). (See also Owen 1974).*

Contacts

Representing all the larger companies

Mineral Products Association (MPA – Wales)
(previously QPA)
Penyfron, Fron
Montgomery SY15 6SA
Tel: 01686 640630
e-mail: dh@hardingpr.co.uk
Web Site: www.mineralproducts.org

Some smaller companies

British Aggregates Association (BAA)
Peter Huxtable, (Secretary)
10 Brookfields
Calver, Hope Valley
Derbyshire
S32 3XB
Tel: 01433 639879
Mobile: 07711 492378
e-mail: phuxtable@british-aggregates.com
Web Site: www.british-aggregates.co.uk

Building stone companies

Stone Federation Great Britain
Channel Business Centre
Ingles Manor
Castle Hill Avenue
Folkestone
Kent

yw erioed wedi cael ei gasglu mewn un gyfrol, debyg. Mae'r cyhoeddiadau'n cynnwys 'UK Minerals Yearbook' (cyn hynny, 'Statistics') yn flynyddol ers 1974 gan Arolwg Daearegol Prydain (*www.bgs.ac.uk*) sydd ar-lein, erbyn hyn. Mae'r Swyddfa Ystadegau Gwladol (cyn hynny 'Busnes') – www.statistics.gov.uk hefyd yn cyhoeddi ystadegau, gallwch chwilio am 'Minerals PA 1007'. O ganol y 1970au, cyhoeddodd Gweithgorau Agregau Gogledd a De Cymru gyfres o adroddiadau arolygon (yn flynyddol ers tua 1990) a, thua 2008, Ddatganiadau Technegol Rhanbarthol sy'n cynnwys dadansoddiadau sylweddol a chyfresi o hen ddata. (Ewch i *www.grhgca-cymru.org.uk* neu *www.swrawp-wales.org.uk*).

Mae awdurdodau cynllunio yn gyfrifol am benderfynu patrwm gweithio mwynau yn y dyfodol. Er eu bod nhw a'u dyletswyddau wedi newid ers cyflwyno rheoliadau yn y 1940au, yn enwedig felly ers y 1970au, mae nifer wedi cynhyrchu adroddiadau manwl iawn ar y diwydiant yn eu hardaloedd e.e. ar gyfer Clwyd a Chanol/De Morgannwg. Mae awdurdodau lleol, erbyn hyn, yn cynhyrchu Cynlluniau Datblygu Lleol ar gyfer pob ardal dan y Ddeddf Gynllunio 2004.

Mapiau Daearegol

Mae Arolwg Daearegol Prydain wedi cyhoeddi mapiau daearegol ar wahanol raddfeydd ers canol y 19eg Ganrif. Mae un neu ddwy ardal (ee rhannau o Lŷn) lle nad oes yna fapiau diweddar, ond mae'r rhan fwyaf o ardaloedd eraill â mapiau, a gellir eu gweld ar-lein (gyda dolenni i restr o ddiffiniadau o greigiau ar unrhyw bwynt). Yno hefyd mae mapiau adnoddau o fwynau Cymru sydd hefyd yn nodi lle mae gweithfeydd mwyn (i gyd ar *www.bgs.ac.uk*). Mae cyhoeddiad Arolwg Daearegol Prydain – 'Regional geology: Wales' yn rhoi cyfrif cyfredol manwl, os braidd yn dechnegol, o ddaeareg Cymru *(Howells 2007). (Gweler nefyd Owen 1974).*

Cysylltiadau

Yn cynrychioli'r cwmnïau mawr i gyd

Y Gymdeithas Cynhyrchion Mwynol (Cymru) QPA gynt)
Penyfron, Fron
Trefaldwyn SY15 6SA
Ffôn: 01686 640630
e-bost: dh@hardingpr.co.uk
Gwefan: www.mineralproducts.org

Rhai cwmnïau llai

British Aggregates Association (BAA)
Peter Huxtable, (Ysgrifennydd)
10 Brookfields
Calver, Hope Valley
Swydd Derby
S32 3XB
Ffôn: 01433 639879
Symudol: 07711 492378
e-bost: phuxtable@british-aggregates.com
Gwefan: www.british-aggregates.co.uk

CT20 2RD
Tel: 01303 856123
e-mail: enquiries@stonefed.org.uk
Web Site: www.stone-federationgb.org.uk

Other contacts

Welsh Stone Forum via *www.museumwales.ac.uk*
Association of Welsh RIGS *www.geologywales.co.uk*
Countryside Council for Wales *www.ccgc.gov.uk*
Royal Commission on Ancient and Historical Monuments of Wales *www.rcahmw.gov.uk*
On-line database *www.coflein.gov.uk*
Welsh Mines Society *www.welshmines.org*
National Stone Centre *www.nationalstonecentre.org.uk*
National Association of Mining History Organisations (NAMHO) *www.namho.org*
Cement industry *www.cementkilns.co.uk*
Jeremy Wilkinson's gazetteer of N Wales quarries *www.hendrecoed.org.uk*
National Museum Wales *www.museumwales.ac.uk*

Ideas for Schools & Colleges – Curriculum Relevance

Arden Early Learning Centre, Aberduna (AT1 Cluster of Learning) *www.ardenel.co.uk*
Millennium EcoCentre, Borras (AT1 Cluster of Learning) *www.millennimecocentre.org.uk*

The quarry industry offers some excellent opportunities for educational study for all ages which potentially could cover a considerable spectrum of the National Curriculum in Wales (*www.wales.gov.uk* then education).

Health and Safety and Visits

Although Britain's quarries have probably the best safety record in the World, they are not places for play, fooling around or informal recreation. Visits can often be arranged either directly with a quarry manager or though the main trade federations (see Appendix 1).

It is also sometimes possible to arrange for someone from the quarry industry to visit schools, (especially just before summer holidays to talk about health and safety).

Educational Use of Aggregate Sites

Although this project was prepared some years ago, many of the 230 pages of free information are still relevant. There a many activities for all ages and covering a large range of themes in the National Curriculum for Wales. To take just three examples – use of Earth resources and construction materials eg limestone; sustainability/recycling; informed decision-making and role play. Go to: *www.nationalstone-centre.org.uk/euas*

The Earth Science Teachers' Association offers a wide range of educational resources at all levels *www.esta-uk.net*

Cwmnïau cerrig adeiladu

Stone Federation Great Britain
Channel Business Centre
Ingles Manor
Castle Hill Avenue
Folkestone
Caint
CT20 2RD
Ffôn: 01303 856123
e-bost: enquiries@stonefed.org.uk
Gwefan: www.stone-federationgb.org.uk

Cysylltiadau eraill

Fforwm Cerrig Cymru trwy *www.museumwales.ac.uk*
Cymdeithas Safleoedd Geoamrywiaeth Pwysig Rhanbarthol Cymru *www.geologywales.co.uk*
Cyngor Cefn Gwlad Cymru *www.ccgc.gov.uk*
Comisiwn Brenhinol Henebion Cymru *www.rcahmw.gov.uk*
Cronfa ddata or-lein *www.coflein.gov.uk*
Cymdeithas Mwyngloddiau Cymru *www.welshmines.org*
Y Ganolfan Gerrig Genedlaethol *www.nationalstonecentre.org.uk*
National Association of Mining History Organisations (NAMHO) *www.namho.org*
Y Diwydiant Sment *www.cementkilns.co.uk*
Rhestr Jeremy Wilkinson o chwareli Gogledd Cymru *www.hendrecoed.org.uk*
Amgueddfa Cymru *www.museumwales.ac.uk*

Syniadau Ar Gyfer Ysgolion A Cholegau – Perthnasedd Â'r Cwricwlwm

Canolfan Addysg Gynnar Arden, Aberduna (AT1 Cluster of Learning) *www.ardenel.co.uk*
Canolfan Eco'r Mileniwm, Borras (AT1 Cluster of Learning) *www.millennimecocentre.org.uk*

Mae'r diwydiant chwareli'n cynnig cyfleoedd gwych ar gyfer astudiaethau addysgiadol a allai gynnwys sbectrwm sylwed-dol ar gyfer pob oed o'r Cwricwlwm Cenedlaethol yng Nghymru (*www.wales.gov.uk* yna addysg).

Iechyd a Diogelwch ac Ymweliadau

Er ei bod yn debyg mai gan chwareli Prydain y mae'r record ddiogelwch orau yn y Byd, dydyn nhw ddim yn fannau i chwarae'n wirion nac i hamddena'n anffurfiol. Yn aml gellir trefnu ymweliadau unai'n uniongyrchol gyda rheolwr y chwarel neu drwy'r prif ffederasiynau masnach (gweler Atodiad 1).

Mae hefyd weithiau'n bosibl trefnu i rywun o'r diwydiant chwareli i ymweld ag ysgolion, (yn enwedig yn union cyn gwyliau'r haf i siarad am iechyd a diogelwch).

© Cath Wright a Gail Bale [ardenel.co.uk]

Examples of Teaching Opportunities:

History

This book is all about the historical development of the industry. So many themes will be quite evident, but could well include comparative work covering employment conditions and communities over time. For example the working lives of people in places such as Penmaenmawr or the Nant Gwrtheyrn Quarries (Gwynedd) in the period 1900–1939, could be contrasted with those experienced in a more recent operations eg in terms of health, safety, numbers employed, comfort, working situations could all be considered (AT1-Halkyn; AT9 – Wenvoe Quarries). See also 'Moving Stories' and 'Changing Technologies'. *www.mineralproducts.org*

Geography

A number of key questions can be posed, eg:

Why are quarries where they are today?
- i) Geological resources
- ii) Transport
- iii) Markets

What has been / is the impact on the environment?
How has this changed over time and why has it changed?
How can quarries be used when working finishes?
  Think about neighbours and water pollution
  Will the rocks hold water?
  What is needed locally ? Houses? Places to work or do sports?
Compare different types of quarries in different areas
How is quarry shape affected by landscape or materials being dug?

Science

What is sometimes known as "the World's most useful Rock" ? [Limestone].
Why is it the most useful rock ?

Defnydd Addysgol o Safleoedd Cerrig mân

Er y cafodd y prosiect hwn ei baratoi rai blynyddoedd yn ôl, mae nifer o'r 230 o dudalennau o wybodaeth rhad ac am ddim yn dal i fod yn berthnasol. Mae yna nifer o weithgareddau ar gyfer pob oed, yn trafod ag amrywiaeth eang o themâu yng Nghwricwlwm Cenedlaethol Cymru. I nodi dim ond tair enghraifft – y defnydd o adnoddau'r Ddaear a defnyddiau adeiladu ee cerrig calch; cynaladwyedd/ailgylchu; gwneud penderfyniadau deallus a chwarae rôl. Ewch i: *www.nationalstonecentre.org.uk/euas*

Mae'r gymdeithas Earth Science Teachers' Association yn cynnig amrywiaeth eang o adnoddau addysgol ar bob lefel: *www.esta-uk.net*

Enghreifftiau o Gyfleoedd Dysgu:

Hanes

Mae'r llyfr hwn yn trafod hanes datblygiad y diwydiant. Felly bydd nifer o'r themâu'n eithaf amlwg, ond fe allen nhw gynnwys gwaith cymharol yn delio ag amodau cyflogaeth a chymunedau dros wahanol gyfnodau. Er enghraifft, gallai bywydau gwaith pobl mewn mannau fel Chwareli Penmaenmawr neu Nant Gwrtheyrn (Gwynedd) yn y cyfnod 1900–1939 , gael eu cyferbynnu â'r rhai oedd yn bodoli mewn rhai mwy diweddar ee o ran iechyd, diogelwch, y nifer a gyflogid, cysur, amodau gwaith (AT1- Helygain; AT9 – Chwareli Gwenfô. Gweler hefyd 'Technologau Cyfmewidiol' a 'Stori'r Symud'. *www.mineralproducts.org*)

Daearyddiaeth

Gellir gofyn nifer o gwestiynau allweddol, ee:
Pam mae chwareli yn y mannau lle maen nhw heddiw?
- i) Adnoddau daearegol
- ii) Cludiant
- iii) Marchnadoedd

© Cath Wright a Gail Bale [ardenel.co.uk]

How is it used? – by what processes and for what uses and why?

Where is it found in Wales ?

What are the properties of various key rocks? [sandstone, limestone, slate, granite]

Eg colour (what makes colour?), hardness – can you scratch it/can you break it – if so, with what?; shape, the way it breaks, is it rough or smooth, look at it under a magnifying lens

How can we use these characteristics to tell them apart and sort them into categories? (different types)

ICT / Mathematics

There are many opportunities for handling and presenting data in various forms. This could include plotting production data over time or for different parts of Wales. Graphs or charts of different uses could be prepared (eg General Sources of Info:- see BGS and PA1007), or from a direct contact with quarry company, information on say tonnage, journeys, fuel consumption.

Language / Role Play

Almost any aspect could be covered by creative writing using different forms of language or interpretive projects – such as aspects of planning a quarry (players representing different interests and needs),writing news reports or a "verbatim" account of an incident; graphic descriptions of quarry environments or processes.

Art

Quarries can represent a tremendous resource to stimulate ideas [but STAY SAFE! see Health & Safety Cautions] – whether it be rock faces, industrial buildings, mobile or processing plant, people, wildlife, offering colour, texture, scales, shape, contrast, interpretation of images in different media / techniques / expression.

Design/Technology

Quarries can offer an unbelievably stimulating array of examples for making simple products and basic machines, appreciation of the properties of materials – big ideas about methods of moving materials, using tools, sorting materials, lifting, measuring, mixing. Also, important health and safety issues, protective clothing, efficient and sustainable use of materials, minimising waste. Use of levers and springs, creative solutions, need for pre-planning, strength of materials, simple controls of mechanisms.

Beth oedd/yw eu heffaith ar yr amgylchedd?

Sut mae hyn wedi newid dros wahanol gyfnodau a pham?

Sut y gellir defnyddio chwareli pan fo'r gwaith yn gorffen?

Ystyriwch y cymdogion a llygredd dŵr

A fydd y creigiau'n dal dŵr?

Beth sydd ei angen yn lleol? Tai? Llefydd i weithio neu i gynnal chwaraeon?

Cymharwch wahanol fathau o chwareli mewn ardaloedd gwahanol

Sut mae siâp chwarel yn cael ei effeithio gan y tirlun neu'r defnydd gaiff ei gloddio?

Gwyddoniaeth

Beth sy'n cael ei alw weithiau'n "Graig fwyaf defnyddiol y Byd" ? [cerrig calch].

Pam mai hon yw'r graig fwyaf defnyddiol ?

Sut mae'n cael ei defnyddio? - trwy ba brosesu ac i ba bwrpas a pham?

Ble mae hi i'w chanfod yng Nghymru?

Beth yw nodweddion creigiau allweddol amrywiol? [tywodfaen, cerrig calch, llechi, gwenithfaen]

Ee lliw (beth sy'n gwneud lliw?), caledwch – allwch chi ei grafu/allwch chi ei dorri – os gallwch chi, gyda beth?; siâp, y modd mae'n torri, a yw'n arw neu'n llyfn, edrychwch arno dan lens chwyddwydr

Sut allwn ni ddefnyddio'r nodweddion hyn i'w gwahanu oddi wrth ei gilydd a'i didol i gategorïau? (gwahanol fathau)

TGCh/ Mathemateg

Mae yna nifer o gyfleoedd i drafod a chyflwyno data ar ffurfiau gwahanol. Gallai hyn gynnwys plotio data cynhyrchu dros gyfnodau neu ar gyfer gwahanol rannau o Gymru. Gellid paratoi graffiau neu siartiau o wahanol ddefnyddiau (ee Ffynonellau Cyffredinol o Wybodaeth:- gweler Arolwg Daearegol Prydain a PA1007), neu o gyswllt uniongyrchol gyda chwmni chwareli, gwybodaeth am, er enghraifft, faint o gynnyrch, y defnydd o danwydd.

Iaith a Chwarae Rôl

Gallai bron bob agwedd gael eu trafod trwy ddefnyddio ysgrifennu creadigol yn defnyddio ffurfiau gwahanol o iaith neu brosiectau deongliadol – megis agweddau o gynllunio chwarel (chwaraewyr yn cynrychioli gwahanol fuddiannau ac anghenion), ysgrifennu adroddiadau newyddion neu adroddiad gair am air o ddigwyddiad; disgrifiadau graffig o amgylcheddau neu brosesau chwareli.

Celf

Gall chwareli fod yn adnodd gwych i annog syniadau [ond BYDDWCH DDIOGEL! Gweler y Rhybuddion Iechyd a Diogelwch] – boed hynny'n wynebau creigiau, adeiladau diwydiannol, peiriannau symudol neu brosesu, pobl, bywyd gwyllt, yn cynnig lliw, ansawdd, graddfeydd, siâp, gwrthgyferbyniad, dehongli lluniau mewn gwahanol gyfryngau / technegau / mynegiant.

Dylunio / Technoleg

Gall chwareli gynnig amrywiaeth anhygoel o ddiddorol o enghreifftiau ar gyfer gwneud nwyddau syml a pheiriannau sylfaenol, gwerthfawrogi nodweddion defnyddiau – syniadau mawr ynglŷn â'r dulliau o symud defnyddiau, defnyddio offer, didol defnyddiau, codi, mesur, cymysgu. Hefyd materion iechyd a diogelwch pwysig, dillad diogelwch, defnydd effeithlon a chynaliadwy o ddefnyddiau, gan leihau gwastraff. Defnyddio liferi, sbringiau, atebion creadigol, yr angen am gynllunio ymlaen llaw, cryfder defnyddiau, rheolyddion syml ar fecanweithiau.

Acronyms and abbreviations

A/AT	Area of Wales as defined in Area Section/ Area Theme
ALF (Wales)	Aggregates Levy Fund (Wales)
C18th / C19th / C20th etc	C = Century, hence C18th = eighteenth century
c	Circa = approximately/around/about
PSV	Polished Stone Value; measurements above 60 offer high resistance to skid-ding
AAV	Aggregate Abrasion Value; measures breakdown of stone through traffic wear; values below 16 are good
AIV	Aggregate Impact Value : a measure of impact
NPA	National Park Authority
WSF	Welsh Stone Forum
POW	Prisoner of War
BGS	British Geological Survey
OS	Ordnance Survey
AONB	Area of Outstanding Natural Beauty
HSA	High Specification Aggregate (see AT8 Safer Roads)
t	Tons (before 1970); tonnes (after 1970) – see Introduction – conventions used
ARC	Amalgamated (later Amey) Roadstone Corporation Ltd/ARC Ltd
NSC	National Stone Centre (publishers of this book)
NLW	National Library of Wales
UAC	United Alkali Company
ICI	Imperial Chemical Industries Ltd/plc
tph / d / w / m / a	Tons or tonnes per hour / day / week / month / year
Mt/kt	Million/thousand tons/tonnes
TNA	The National Archive at Kew, west London
RIGS	Regionally Important Geological and Geomorphological Sites (recently, 'Local' is replacing the word 'Regional')

Acronymau a byfroddau

A/AT	Ardaloedd Cymru fel y'u diffinnir yn Adrannau Ardal / Themâu Ardal
ALF (Wales)	Cronfa'r Ardoll Agregau (Cymru)
PSV	Gwerth Cerrig Llyfn; mae mesuriadau uwch na 60 yn golygu fod cerrig yn rhai da iawn am rwystro sgidio
AAV	Gwerth Ffrithiant Agregau; mesur o ba mor gyflym mae traffig yn dinistrio cerrig, mae cerrig â gwerth o lai nag 16 yn rhaid da
AIV	Gwerth Trawiad Agregau : mesur o drawiad
WSF	Fforwm Cerrig Cymru
NSC	Y Ganolfan Gerrig Genedlaethol
BGS	Arolwg Daearegol Prydain
HSA	Agregiad Manyleb Uwch (gweler AT8 Ffyrdd Diogelach)
ARC	Amalgamated (yn ddiweddarach, Amey) Roadstone Corporation Ltd/ARC Ltd
NSC	Y Ganolfan Gerrig Genedlaethol (cy-hoeddwyr y llyfr hwn)
UAC	United Alkali Company
ICI	Imperial Chemical Industries Ltd/plc
TNA	The National Archive yn Kew, gorllewin Llundain
RIGS	Safleoedd Daearegol a Geomorffolegol o Bwysigrwydd Rhanbarthol (yn ddiwed-dar, mae 'Lleol' yn disodli'r gair 'Rhan-barthol')

Glossary of Technical Terms

acidic rock	conventionally, an igneous rock composed of more than 10% quartz (although they are not particularly acidic)
aggregate	granular materials used to provide bulk and or structure in construction (see primary/secondary)
alluvium	silt, mud or clay deposited in geologically recent times by rivers
arenaceous	sandy
argillaceous	clay bearing
armour stone	large stone blocks used in river/sea defences to prevent erosion (aka rip rap) or retaining walls
basic	conventionally, an igneous rock lacking quartz (although they are not particularly chemically 'basic')
bedrock	unweathered rock below drift cover
borrow pit	quarry specifically linked to a construction project
boulder clay	see 'till'
breccia	a coarse sedimentary rock containing angular fragments up to boulder size
calcareous	lime (calcium oxide) bearing
calcrete	pebbles or layers of calcareous tufa
carbonate rock	limestone including dolostone
Carboniferous limestone	limestone belonging to the (lower) Carboniferous period
chert	siliceous nodules, beds or bands often found in limestones (like flint in chalk)
chlorite	a magnesium silicate mineral often green in colour
Coal Measures	rocks deposited in the Westphalian stage of the Carboniferous period
conglomerate	a coarse sedimentary rock containing fragments up to boulder size
crop ('crop)	abbreviated form of outcrop (see A7 North Crop & A9 South Crop)
Dinantian	Lower Carboniferous ie Tournasian and Visean stages jointly (technically obsolete but still widely used)
dolostone/ dolomite	a rock containing high percentage of dolomite mineral (Ca Mg 2[CO_3])
dome	geological rock structure in which rocks dip in 360° from a central point
drift cover	superficial material such as geologically recent deposits from glaciers and rivers masking bedrock
dyke	an intrusive rock aligned approximately vertically
epidote	an alumino-silicate mineral usually indicating metamorphic origin
erratic	rock left by a melting ice flow
extrusive rock	rock resulting from material ejected by volcanic process at the Earth's surface
fault	a fracture in rock
flux	material added to furnace charge which lowers melting point and aids removal of waste as slag
fold	rock beds which have been flexed by earth movements (see syncline/anticline/dome/pericline)
formation (geological)	a coherent mappable reasonably extensive set of 'members'; a number of formations form a group
greywacke	sandstones of fine to coarse (usually interlayered) angular lithic and quartz grains set in a clayey matrix
group (geological)	a group of formations
gyratory crusher	rock crusher using a large central vertical grinder operating eccentrically like a pestle against a mortar
hand /loading/ filling	gathering quarried rock and filling wagons by hand
hydraulic lime/ cement	material which sets under water
igneous rock	rock resulting from the cooling (usually crystallisation) of molten magma (see extrusive/intrusive)
impact crusher	rock crusher using a series of hammers or breaker bars attached to horizontal rotor in an enclosed box
inlier	area of older rocks surrounded by younger rocks
intrusive rock	rock resulting from molten magma, solidifying (crystallising) below the Earth's surface
jaw crusher	rock crusher using two serrated plates - similar action to a nutcracker
lava	molten rock material ejected by volcanic process at the surface

Geirfa o Dermau Technegol

craig asidig	yn draddodiadol, craig igneaidd yn cynnwys mwy na 10% o gwarts (er nad ydyn nhw'n eithriadol o asidig) (acidic rock).
cerrig mân, agregau	defnydd gronynaidd i roi swmp neu strwythur mewn adeiladwaith (gweler agregau sylfaenol / eilaidd) (aggregate)
llifwaddod	silt, mwd neu glai wedi'i ddyddodi ar adegau daearegol diweddar gan afonydd
cerrig amddiffyn	blociau mawr o gerrig i amddiffyn rhag erydiad afonydd neu'r môr (gelwir hefyd yn rip rap) neu waliau cynnal (armour stone)
basig	fel arfer, craig igneaidd heb gwarts (er nad yw'n 'basig' iawn yn gemegol (basic)
craigwely	craig heb ei gwisgo gan dywydd o dan yr haen ddrifft (bedrock)
pwll neu chwarel fenthyg	chwarel cysylltiedig â chynllun adeiladu penodol (borrow pit)
clog-glai	gweler 'til'
brecia	craig waddodol fras yn cynnwys darnau onglog hyd at faint clogfeini (breccia)
calchog	yn cynnwys calch (calsiwm ocsid) (calcareous)
Carreg galch garboniferaidd	carreg galch yn perthyn i'r cyfnod Carbonifferaidd (is) (carboniferous limestone)
siert	nodiwlau, gwelyau neu fandiau sydd i'w canfod yn aml mewn cerrig calch (fel fflint mewn sialc) (chert)
clorid	mwyn magnesiwm silicad, lliw gwyrdd yn aml (cholrite)
haenau glo	creigiau wedi'u gwaddodi yn y rhan Westffalaidd o'r cyfnod Carbonifferaidd (coal measures)
clymfeini	craig waddodol fras yn cynnwys darnau hyd at faint clogfeini (conglomerate)
brigiad	gweler A7 Brigiad y Gogledd ac A9 Brigiad y De ('crop)
dinantiaidd	Carbonifferaidd Isaf h.y. cyfnodau cyfun Twrnasaidd a Fiseaidd (term hen ffasiwn erbyn hyn ond yn dal yn boblogaidd)
dolomit	craig yn cynnwys canran uchel o fwyn dolomit (Ca Mg 2[CO_3])
cromen	strwythur creigiau daearegol lle mae'r creigiau'n gwyro 360° o bwynt canolog (dome)
epidot	mwyn alumin-silicaidd yn dangos tarddiad metamorffig fel arfer (epidote)
meini dyfod	meini wedi'u gadael ar ôl gan lif rhew
craig allwthiol	craig a ffurfiwyd wrth i ddeunydd gael ei wthio drwy broses folcanaidd i wyneb y ddaear (extrusive rock)
ffawt	toriad mewn cragi (fault)
fflwcs	deunydd sy'n cael ei ychwanegu at ddeunydd mewn ffwrnais sy'n gostwng y pwynt toddi ac o help i gael gwared ar wastraff fel slag (flux)
plygiad	gwelyau o greigiau wedi'u plygu gan symudiadau'r ddaear (fold)
ffurfiad (daearegol)	set o 'aelodau' trefnus, mapadwy, rhesymol eang, mae nifer o ffurfiadau'n gwneud grŵp (formation)
llwydgraig	tywodfaen mân i fras (fel arfer mewn gwahanol haenau), gronynnau onglog, lithig a chwarts mewn matrics cleiog (greywacke)
grŵp (daearegol)	grŵp o ffurfiadau
malwr cerrig tro	malwr cerrig sydd â pheiriant malu mawr, canolog, fertigol yn gweithio'n allganol megis pestl yn erbyn mortar
llwytho â llaw	casglu cerrig mewn chwarel a llenwi wagenni â llaw
sment / calch hydrolig	deunydd sy'n caledu o dan ddŵr (hydraulic lime/cement)
craig igneaidd	craig a ffurfiwyd wrth i fagna sydd wedi toddi oeri (a chrisialu, fel arfer) (gweler allwthiol / ymwthiol)
malwr taro	malwr cerrig yn defnyddio cyfres o forthwylion neu fariau torri ynghlwm wrth rotor llorweddol mewn blwch caeedig (impact crusher)
mewngreigiau	ardal o greigiau hŷn wedi'u hamgylchynu gan greigiau ieuengach (inlier)
craig ymwthiol	craig a ffurfiwyd wrth i fagna toddedig galedu (crisialu) o dan wyneb y ddaear (intrusive rock)
malwr safn	malwr cerrig yn defnyddio dau blât danheddog – tebyg i sut y mae craciwr cnau'n gweithio (jaw crusher)
lafa	craig wedi toddi'n cael ei gwthio drwy broses folcanaidd i wyneb y ddaear (lava)

Glossary of Technical Terms

lithic	rock fragments
marble	geologically - a crystalline metamorphic rock; historically - any crystalline rock capable of being polished
member (geological)	rock beds mappable over a limited area; a number of members make a formation
metamorphic rock	rock formed by the effects of heat and or pressure and chemical change on earlier rock within the Earth's crust
metasediments	metamorphosed sedimentary rocks
Millstone Grit	rock deposited in the Namurian stage of the Carboniferous period
mud rock	clay size grained rock; including, mudstone, shale and 'soft rocks' such as clay
mudstone	clay size grained laminated/unlamented rock
ophicalcite	a variety of marble (metamorphic) in which forsterite often gives a slight green colour
orogeny	period of mountain building
outcrop	area over which a rock appears at the surface
outlier	area of younger rocks surrounded by older rocks
Pennant	Coal Measure sandstone outcropping extensively in South Wales (see A8)
pericline	an anticline which plunges at each end of its axis - effectively an elongated dome
Permo-Trias	the Permian and Triassic periods together (in Britain often indistinguishable)
petrography	study of rocks/rock analysis
polychromatic	multi-coloured
porphyry	igneous rock with larger crystals set in a matrix of finer crystals
primary aggregate	aggregate produced from natural mineral deposits
quartzite	a sedimentary or metamorphic rock with a very high quartz (silica) content
refractory	heat resisting materials eg in kilns and furnaces
rip rap	large blocks of stone used in river and sea defences to prevent erosion (aka armour stone)
rock	the words stone and rock are often used interchangeably; more correctly it is natural material in the ground
secondary aggregate	aggregate processed from by-products eg furnace slag, of other industries or recycled eg reclaimed concrete, brick
sedimentary rock	rock formed by the breakdown of earlier rocks by natural surface erosion and weathering then deposition
serpentine	a magnesium silicate mineral or rock containing the mineral
sets/setts	1) cuboid stone paving blocks 2) a defined section of a quarry face assigned to a group of labourers to work (aka a bargain)
shale	clay size grained laminated rock
silica	silicon dioxide (SiO_2)
siliceous	containing silica
sill	an intrusive rock aligned approximately horizontally
slag	material separated from a metal when smelting an ore
slate	geologically - a laminated fine grained metamorphic rock; historically - any laminated roofing rock
stage (geological)	a high level geological age-related category - below geological period
stone	the words stone and rock are often used interchangeably; more correctly stone is a commercial product
till	glacial deposit mainly composed of clay with sand and rock
tufa/calc tufa	calcareous deposit formed by emerging springwater
tuff	fine grained volcanic rock mainly made up of ash
tunnel blast	an old blasting technique in which tunnels into quarry faces are packed with explosives and detonated
turbidite	a rock formed by sub-marine turbidity currents. They are typically greywackes
unconformity	a geological feature which indicates a break in continuity of deposition

Geirfa o Dermau Technegol

lithig	darnau o graig (lithic)
marmor	yn ddaearegol – craig fetamorffig grisialog, yn hanesyddol – unrhyw graig risialog y gellir ei sgleinio (marble)
aeldo (daearegol)	gwelyau o greigiau y gellir eu mapio dros ardal benodol, mae nifer o aelodau'n gwneud ffurfiad (member)
craig fetamorffig	craig a ffurfiwyd drwy effeithiau gwres a neu bwysau neu newid cemegol ar graig hŷn o dan wyneb y ddaear (metamorphic rock)
metawaddodion	creigiau o waddodion metamorffedig (metasediments)
Grudfaen	creigiau wedi'u gwaddodi yn y rhan Namwraidd o'r cyfnod Carbonifferaidd (Millstone Grit)
cerrig llaid	craig â gronynnau maint clai wedi neu heb eu lamineiddio (mudrock)
ophicalcite	math o farmor (metamorffig) y mae ffosterit ynddo yn ei wneud yn lliw gwyrdd gwan (ophicalcite)
orogeni	cyfnod o adeiladu mynyddoedd (orogeny)
brigiad	ardal y mae craig yn ymddangos ynddi ar yr wyneb (orogeny)
allgraig	ardal o greigiau ieuengach wedi'u hamgylchynu gan greigiau hŷn (outlier)
Pennant	tywodfaen y mesurau glo yn allfrigo'n helaeth yn ne Cymru (gweler A8)
periclin	anticlin sy'n plymio ar ddau ben ei echel – cromen hir, mewn gwirionedd (peicline)
permo-triasig	y cyfnod Permiaidd a Triasig ynghyd (anodd eu gwahaniaethu'n aml yng ngwledydd Prydain) (Permo-Trias)
petrograffeg	astudiaeth neu ddadansoddiad o greigiau (petrography)
cwartsit	craig waddodol neu fetamorffig gyda llawer iawn o gwartsit (silica) (quartzite)
gwrth wres	defnyddiau sy'n gallu dal gwres mewn odynau a ffwrneisiau (refractory)
rip rap	blociau cerrig mawr sy'n cael eu defnyddio mewn amddiffynfeydd afonydd a'r môr i rwystro erydu (fe'u gelwir hefyd yn gerrig amddiffyn)
craig	mae'r geiriau creigiau a cherrig yn cael eu cymysgu weithiau, defnydd naturiol yn y ddaear yw craig (rock)
creigiau gwaddod	creigiau sy'n cael eu ffurfio wrth i wynebau creigiau hŷn gael eu herydu gan y tywydd a'u gadael (sedimentary rock)
sarff-faen	mwyn magnesiwm silicad neu graig yn cynnwys y mwyn (serpentine)
set / setiau	1) blociau palmant ciwbaidd 2) rhan o wyneb chwarel wedi'i chlustnodi i griw o chwarelwyr ei gweithio (fel bargen)
siâl	craig â gronynnau maint clai wedi'u lamineiddio (shale)
silica	craig yn cynnwys silicon deuocsid (SiO_2)
silicad	yn cynnwys silica (siliceous)
sil	craig fewnwthiol gydag aliniad cymharol lorweddol (sill)
slag	defnydd sy'n cael ei wahanu oddi wrth fetel wrth doddi mwynau
llechi	yn ddaearegol – craig haenog fetamorffig â graen mân, yn hanesyddol – unrhyw graig haenog i doi (slate)
cyfnod (daearegol)	categori oedran daearegol uchel
cerrig	mae'r geiriau craig a cherrig yn cael eu cymysgu'n aml, mewn gwirionedd, cerrig yw'r cynnyrch masnachol (stone)
til	dyddodion rhiflew yn cynnwys clai gyda thywod a cherrig (till)
twffa	dyddodion calchaidd yn cael ei ffurfio gan ddŵr ffynnon yn brigo (tufa/calc tufa)
tyfon	craig folcanig graen mân yn cynnwys llwch yn bennaf (tuff)
ffrwydrad twnnel	hen dechneg chwythu o bacio ffrwydron mewn twnnel ar wyneb y chwarel a'u tanio (tunnel blast).
tyrbidit	craig a gafodd ei ffurfio gan gerrynt tyrbidit is-forol. Fel arfer, llwydgraig yw'r rhain (turbidite)

Location Index   Mynegai lleoliad

Location Index – towns and cities omitted.

Mynegai lleoliad – trefi a dinasoedd a adawyd allan.

X=Quarry/Chwarel
Colly/PG= Colliery/Pwll Glo
Res/Cron=Reservoir/Cronfa
E=England Ll=Lloegr
NGR/CGC = National Grid Reference/ Cyfeirnod Grid Cenedlaethol

PLACE	AREA	NGR
LLE	ARDAL	CGC
Aberddawan X	11	ST0367
Aberdo X Halkyn	1	SJ1873?
Aberduna X	1	SJ 2062
Abergele	1	SJ 9577
Aberogwr	11	SS8674
Aberstrecht X	3	SH 5086
Aberthaw X	11	ST0367
Acrefair	1	SJ 2743
Afonwen X	1	SJ1371
Allt y Garn X	8	SN 5816
Alltami X	1	SJ 2665
Alltgoch X	4	SN 4949
Alps X	9	SS1264
Alwen Res/Cronfa	4	SH 9453
Arden Early Learning	1	SJ2062
Arenig/Arennig X	2	SH 8239
Argoed Isha X	9	SS 9979
Bagillt	1	SJ 2275
Barbadoes X	10	SO5700
Barland X	9	SS 5789
Benllech	3	SH 5282
Bersham	1	SJ 3049
Black Rock X	7	SO2112
Blackcliffe X	10	ST5498
Blaen Onneu X	7	SO 1517
Blaenqwynlais X	9	ST1484
Bolton Hill X	6	SM 9111
Borras X	1	SJ 3652
Bosherston	6	SR 9995
Braich Llwyd X	2	SH7175
Breakwater X	3	SH 2283
Breidden, Y	5	SJ 2914
Brenig Res/Cronfa	4	SH9653
Briton Ferry	8	SS 7494
Bryn Mawr X Halkyn / Helygain	1	SJ 1873
Bryn y Garreg Llwyd	1	SJ 1970
Bryncir X	2	SH 4844
Buckley	1	SJ 2864
Bulkeley Estate/Ystad	3	SH6381
Burley Hill X	1	SJ 2060
Bwcle	1	SJ 2864
Bwlch Gwyn X Wrexham/ Wrecsam	1	SJ 2653
Bwlch GwynX Llangefni	2	SH 4872
Bwlch Llyn Bach X	2	SH 7514
Caban Coch X	4	SN9264
Cadole	1	SJ 2062
Caer Glaw X	3	SH 3876
Caer Nant X	2	SH 3545
Caerbwdy X	6	SM 7624
Caerfai X	6	SM 7624
Caergwrle	1	SJ 3057
Caerllwyn X	8/10	ST1892
Caerwent X	10	ST4689
Caldey Island	6	SS 1496
Cambrian X	2	SH 3330
Capel Celyn	4	SH 8640
Carmel X	7	SN 5916
Carn Meini	6	SN1432
Carnalw	6	SN1333
Carreg Cennen	4	SN6718
Carreg y Defaid X	2	SH 3432
Carreg yr Imbill X	2	SH 3834
Castell Mawr	3	SH5781?
Cefn /Cefn Mawr Ruabon	1	SJ 2742
Cefn Cribbwr X	9	SS 8782
Cefn Garw X	9	ST 1983
Cefn Mawr X Mold/ Yr Wyddcrug	1	SJ 2063
Cefn Onn X	9	ST1785
Cerrig Gwinion X	4	SN 9765

Location Index Mynegai lleoliad

PLACE LLE	AREA ARDAL	NGR CGC
Cerrig yr Wyn X	6	SN 3316
Cerrigydrudion	4	SH 9548
Cil Maen Llwyd X	4	SN6620
Cilyrychen X	7	SN 6116
Clements X	9	SS 6189
Clogau X Llangynog	4	SJ 0526
Clogeu X Preseli	6	SN 2232
Clydach, Brynmawr	7	SO 2312
Clynnog X	2	SH 4568
Coed Penmen	8	ST0790
Coity	9	SS 9281
Colemendy X	1	SJ 1962
Constitution Hill X	4	SN5882
Colt's Hill X	9	SS6189
Conwy	1	SH 7877
Corndon	5	SO3096
Cornelly/Corneli X	9	SS 8380
Cosmeston X	11	ST1769
Coygen X	6	SN 2809
Craig Glas X	4	SN5882
Craig Goch	4	SN8968
Craig Lelo X	5	SJ 0649
Craig Llwyd X	2	SH 7175
Craig Llwyd X	2	SH7175
Craig y Nos	7/8	SN 7318
Craig y Twyn X	10	SO5200
Craig yr Hesg X	8	ST0791
Craig yr Odyn	7	SN 6517
Creigiau yr Ogo	1	SH 8878?
Creigiau Eglwysig	1	SJ 2244
Creigiau X	9	ST 0881
Cribarth X Abercraf/ Abercrave	7	SN8314
Cribarth X Builth/ Llanfair ym Muallt	4	SN9552
Criggion X	5	SJ 2914
Cross Keys	8	ST 2291
Crymych	6	SN3418
Culverhouse Cross X	9	ST1174
Cwar Llwyn Onn X	9	SN9509
Cwar Mawr X	7	SO 1915
Cwm Nant Leici X	8	SN 2297

PLACE LLE	AREA ARDAL	NGR CGC
Cwmleyshon X	9	ST 2186
Cwmrhydyceirw	8	SS6798
Cynffig	9	SS8081
Dan yr Ogof	7	SN 8416
Danygraig X	9/10	ST2390
Daren Ddu X	7	SO 2212
Dinas X Llansawel	4	SN 6235
Dinas X Pont Nedd Fechan	8	SN 9108
Dinmor X	3	SH 6380
Dinorben X	3	SH 5882
Dolyhir X	5	SO 2458
Dyserth	1	SJ 0678
East Morlais X	7	SO 0610
Efyrnwy, CronfaX	4	SJ0220
Eglwysig Rocks	1	SJ 2244
Egryn X	2	SH 6020?
Eisteddfod X	1	SJ 2552
Erbistock X	1	SJ 3541
Ewenny/Ewenni X	9	SS 9076
Faenor Y X	7	SO0309
Felin Fawr	3	SH 6382
Felinheli	2/3	SH 5261
Ffynon Tâf X	9	ST 1282
Five Lanes X	10	ST4590
Flagstaff X	3	SH 6380
Flimston	6	SR9394
Fron/Y Fron X	1	SJ 2741
Frongoch	4	SN 7275
Gaens X	9	SS 8280
Garn Wen X	6	SN 1628
Garron Pill	9	SN 0107
Garth Wood X	9	ST1182
Garwa Farm X	9	SS9779
Gelligaer X	8	ST 1199
Gilfach X	8	SS 7599
Gilwern	7	SO 2413
Gimlet X	2	SH 3834
Glangwenlais X	7	SN 6116
Glyn Ceiriog	5	SJ 1934
Gogarth Fechan	1	SH 8182
Goginan X	4	SN 6881
Goodwick	6	SM 9437

Location Index Mynegai lleoliad

PLACE LLE	AREA ARDAL	NGR CGC
Gore X	5	SO 2559
Graig Ddu X	7	SO2112
Graig X Denbigh	1	SJ 0566
Graig X Llanarmon	1	SJ 2056
Grange X	1	SJ 1675
Great Orme	1	SH 7783
Greenfield	1	SJ 1977
Greenwood X	9	ST 1174
Gresford Colly/PG	1	SJ 3454
Groes Cwrlwys X	9	ST1174
Gronant	1	SJ 0983
Gurnos X	7	SO 0307
Gwaith Ganol X	2	SH 3330
Gwalchmai X	3	SH 3976
Gwenfô X	9	ST 1374
Gwernymynydd	1	SJ 2162
Gwesp(b)yr X	1	SJ 1182
Gwrhyd X	8	SN 7308
Gwylwyr X	2	SH 3242
Gwyndy X	3	SH3979
Haearn Ffordd X	1	SH 8878
Hafan X	4	SN 7388
Hafod Colly/PG	1	SJ3146
Hafod X	8	ST 2296
Halkyn	1	SJ 2070
Hardnock X	10	SO5315
Hardwick X	10	ST5393
Helygain	1	SJ 2070
Hendre Estate/Ystad	10	SO4613
Hendre X Glyn Ceiriog	5	SO 1934
Hendre X Mold/ Yr Wyddcrug	1	SJ 1967
Hendre X Ystrad Meurig	4	SN 7269
Hendy X Pontyclun	9	ST 0581
Hengae X	3	SH 4368
Herberts' X	7	SN 2809
High Cliff X	6	SS 1497
Holt	1	SJ 4043
Holywell	1	SJ 1977
If(f)ton X	10	ST4688
Kenfig	9	SS8081
Kinnerton X	1	SJ 3261

PLACE LLE	AREA ARDAL	NGR CGC
Lady Hill Newport	11	ST3487
Little Orme	1	SH 8182
Livox X	10	ST5497
Llanbradach X	8	ST 1489
Llanddewi Brefi X	4	SN6655
Llanddulas X	1	SH 9077
Llanelidan	1	SJ 1050
Llanelli Hill X	7	SO2212
Llanelli X	7	SO 2212
Llanelwedd X	5	SO0525
Llaneurgain	1	SJ 2468
Llanfairfechan	2	SH 6874
Llanfawr X	5	SO0662
Llangattock	7	SO 2015
Llangwestenin X	1	SJ 2962
Llangynidr, Mynydd	7	SO1213
Llangynog	5	SJ 0526
Llanv(f)abon	8	ST 1193
Llanymynech X	1	SJ 2621
Llithalun X	9	SS8976
Llwyn Isaf	5	SN 4548
Llyn Brianne	4	SN7948
Llyn Llech Owen	7	SN 5618
Llynclys X	E/Ll	SJ 2624
Llysfaen X	1	SH 8978/9078
Llywernog	4	SN 7581
Loggerheads X	1	SJ 1962
Longlands X	9	SS 9277
Lwmbar X	5	SJ 0526
Lydstep X	6	SS 0998
Machen X	9	ST 2288
Maenorbyr	6	SS0699
Maes y Droell X	1	SJ 2156
Malltraeth	3	SH 4573
Manobier	6	SS0699
Manod X	2	SH 7044
Marchwiel	1	SJ 3547
Merllyn X	1	SH8878
Middle Mill X	6	SM 8025
Middle Quarry X	2	SH 3330
Millennium Centre	1	SJ3651

Location Index   Mynegai lleoliad

Location Index   Mynegai lleoliad

PLACE LLE	AREA ARDAL	NGR CGC
Rhossilli	9	SS 4189
Rhuddlan	1	SJ 0278
Rhuddlan Bach X	3	SH 4880
Rhug	4	SJ 0542
Risca/Risga X	9	ST 2391
Rivals X	2	SH 3545
Rorsedd Bach	3	SH4139
Rosebush	6	SN 0830
Ruabon	1	SJ 3043
Ruthi(u)n X	9	SS 9779
Rws X	11	ST0666
Sant Siôr X	1	SJ 9675
Segontium	2	SH 4862
Senghenydd	8	SS 1191
Soar y Mynydd X	4	SN7853
St George X	1	SJ 9675
Stackpole	6	SM 9995
Stanner X	5	SO 2658
Stormy West X	9	SS 8480
Strata Florida	4	SN7465
Strines X	5	SO 2457
Sutton	11	SS8675
Symonds Yat	E/Ll	SO5515
Taffs Well X	9	ST 1282
Talacre	1	SJ 1284
Talwrn	3	SH 5078
Tan Dinas	3	SH 5882
Tanygraig X	2	SH 3946
Tanygrisiau ResCron	2	SH 6744
Tanymynydd (W) X	2	SH 3230
Tanymynydd Gorll X	2	SH 3230
The Cob	2	SH 5837
Ton Mawr X	9	ST 1882
Torcoed Fawr X	7	SN 4813
Torcoed X	7	SN4914
Traeth Coch	3	SH 5381
Tref(f)garn(e) X	6	SM 9523
Trefil X	7	ST 1213
Trefnant	1	SJ 0570
Trefor/Trevor X	2	SH 3646
Trehir X	8	ST 1589
Trelleck	10	SO5007

PLACE LLE	AREA ARDAL	NGR CGC
Trelogan X	1	SJ 1280
Tremorfa	10	ST2076
Trimm Rock X	1	SJ 1966
Trwyn Du	3	SH 6381
Trwyn Môn	3	SH 6381
Trwyn y Gogarth	1	SH 8182
Trwyn y Gorlech X	2	SH 3545
Trywerin Res/Cronfa	4	SH 8640
Twr X	3	SH 2283
Twyn yr Odyn X	9	ST1173
Twynau Gwinion X	7	SO 0610
Tyddyn Hywell X	2	SH 3947
Tyddyn Sieffre X	2	SH 6313
Vaynor X	7	SO0309
Voel X	1	SJ 0678
Vyrnwy Res X	4	SJ0220
Wallog	4	SN 5885
Walwyn's Castle	6	SM8710
Wenvoe X	9	ST 1374
Wern Ddu X	5	SJ 0648
West Williamson X	9	SN 0606
Wheeler Valley	1	SJ 1570
Whitehall X	9	ST 1173
Wynnstay X	1	SJ3143
Ynys Pyr	6	SS 1496
Ysbyty Ystwyth	4	SN 8074
Ystrad Fflur	4	SN7465
Ystumllwynarth X	9	S6188

Credits & Acknowledgements

The author wishes to thank most sincerely all those who have assisted in the preparation of this book. Neil Branston, Geoff Selby-Sly, Al Selby and Tony Holmes, colleagues at the National Stone Centre were invaluable in gathering information, processing images and ensuring that IT systems worked; Pernilla Alfredsson typed up the early drafts. Steve Chadburn did a first class job throughout, being responsible for working closely with the author on design and layout. Wil Roberts of Inc Cyfieithu Cyf in translating text and Pit Dafis and colleagues at the Gomer Press very much operated as part of the team, totally reliable and in tune.

Russell Dobbins, Sue Martin and Phil Griffiths (of ALF [Wales]) together with Steve Bool and Dafydd Gareth Jones made welcome and constructive comments on drafts - Russell's patience when progress didn't go to plan, was greatly appreciated.

Tributes go to all those who without hesitation, provided information and images, a number of whom went the extra mile. Notably, individuals and those working with small organisations included, Catherine Tudor Jones, Carl Clowes, Robert Vernon, Dave Linton, Jeremy Wilkinson, Dennis Roberts, Ian Peaty, Andy Kendal, Alison Hall, Gareth Thomas, Chris Williams, Bryn Ellis, Jack Burton, Ena Jones, Ian Moody, Norma Proctor, Ruth Tarplee, Alun Jones , Jan van Laun, Dai Taylor, Phil Lloyd, Alan Watt, Goronwy Roberts, Tony Brewis, Cath Wright, Gale Bale, Peter Fuchs, Rev R W Fenn, Kimberley Tuck, Robert Wilson, Nick Catford, David Powell, Phil Jenkins, Mark Raynes Roberts, Kevin Downton, Dylan Moore, Mike Lobb, David Green, Frank Finch, Simon Timberlake, Brother Teilo, Harald Hagnerud, Brita Jordal, Graham Brace, Michael Blackmore, Andrew Davidson, David Longley, Jacqui Malpas, Ruth Henderson, Jane Edwards, Stafford Holmes, Derek Burton, Duncan Schlee, Chris Ebbs, Falcon Hildred, Michael Warren and Penny Mayes. A number are highly professional illustrators and photographers; they willingly gave permission to use their work.

Those associated with the quarry industry and properties have greatly assisted and include David Weeks, Mark Frampton, Mark Russell, Elizabeth Young, Jack Berridge, Sam Rees jnr, Trevor Davies, Mike McGee, Karen Edwards, Kate Davies, Bev Hill, Sam Hatchard, Richard Hulse, David Harding, Elizabeth Clements, Ian Phillips, Steve Walton, Andy Howdle, Justin Kellett,

Many of the staff of record offices, museums, libraries and related services at the following, have aided considerably: Llandrindod, Ruthin, Mold, Hawarden, Llangefni, Caernarfon, Plymouth, Cardiff, Newport, Aberystwyth, Tenby, Scolton Manor, Aberdare, Oddo, Birmingham and Liverpool

Individuals in other local authority departments and official agencies have gone out of their way to provide or confirm information and include: Dafydd Gareth Jones, Graham Dorrington, Owen Jones, Gareth Lloyd, Ruth Amundson, Steve Bool, Don Cameron, Rachel Kendal, Ray Roberts, Alan Bowring and Elaine Jones,

Sincere apologies are offered to anyone omitted.

The demise of a number of those just acknowledged is an unfortunate salutary reminder of just how transitory and vulnerable information on this industry can be; so much of it is unrecorded and only held in the minds of those who worked therein.

Permission from the British Geological Survey and from Old Maps for use of maps under licence is gratefully acknowledged; the services of both are highly recommended.

Every reasonable attempt has been made to ensure the accuracy of the content of this book which is presented in good faith, but it should be stressed that the writer has had to depend on many hundreds of accounts and sources. The reader should not rely solely upon information for decision-making, without checking other sources. Future, additional or corrective information would be most welcome

Equally, considerable efforts have been made to trace the origins of many of the images used and to obtain permission to use where copyright applies. Apologies are offered in the event of unintentional infringements - most owners of copyrights have been exceptionally helpful but occasionally some relevant images have not be used where reasonable agreement could not be reached with copyright holders.

I AT asserts rights as author

Cydnabod a Diolch

Dymuna'r awdur ddiolch, yn ddiffuant iawn, i bawb sydd wedi helpu i baratoi'r llyfr hwn. Roedd help Neil Branston, Geoff Selby-Sly, Al Selby a Tony Holmes, cydweithwyr yn y National Stone Centre yn amhrisiadwy wrth gasglu gwybodaegth, prosesu lluniau a sicrhau fod y systemau cyfrifiadurol yn gweithio, a hefyd Pernilla Alfredsson a fu'n teipio'r drafftiau cyntaf. Roedd gwaith Steve Chadburn yn rhagorol drwyddo draw, roedd yn gyfrifol am gydweithio'n agos â'r awdur wrth ddylunio a gosod allan. Roedd Wil Roberts, o Inc Cyfieithu Cyf a gyfieithodd y testun, a Pit Dafis a'i gydweithwyr yng Ngwasg Gomer, yn gweithio fel aelodau llawn o'r tîm, yn gyfan gwbl ddibynadwy ac yn cadw at y cywair.

Cyflwynodd Russell Dobbins, Sue Martin a Phil Griffiths (o ALF [Cymru]) a hefyd Steve Bool a Dafydd Gareth Jones sylwadau adeiladol a hynod dderbyniol ar y drafftiau - ac mae amynedd Russell pan oedd pethau'n mynd ychydig o chwith yn glod iddo.

Diolchiadau hefyd i bawb sydd, heb feddwl ddwywaith, wedi cyflwyno gwybodaeth a lluniau, llawer wedi mynd y filltir ychwanegol. Yn neilltuol, y rhai sy'n gweithio gyda sefydliadau bychan, gan gynnwys, Catherine Tudor Jones, Carl Clowes, Robert Vernon, Dave Linton, Jeremy Wilkinson, Dennis Roberts, Ian Peaty, Andy Kendal, Alison Hall, Gareth Thomas, Chris Williams, Bryn Ellis, Jack Burton, Ena Jones, Ian Moody, Norma Proctor, Ruth Tarplee, Alun Jones , Jan van Laun, Dai Taylor, Phil Lloyd, Alan Watt, Goronwy Roberts, Tony Brewis, Cath Wright, Gale Bale, Peter Fuchs, Rev R W Fenn, Kimberley Tuck, Robert Wilson, Nick Catford, David Powell, Phil Jenkins, Mark Raynes Roberts, Kevin Downton, Dylan Moore, Mike Lobb, David Green, Frank Finch, Simon Timberlake, Brother Teilo, Harald Hagnerud, Brita Jordal, Graham Brace, Michael Blackmore, Andrew Davidson, David Longley, Jacqui Malpas, Ruth Henderson, Jane Edwards, Stafford Holmes, Derek Burton, Duncan Schlee, Chris Ebbs a Penny Mayes. A hefyd nifer o ffotograffwyr a darlunwyr hynod broffesiynol sydd wedi rhoi caniatad parod i ddefnyddio eu gwaith.

Mae rhai sy'n gysylltiedig â'r diwydiant ac eiddo chwareli wedi bod o gymorth mawr, gan gynnwys, David Weeks, Mark Frampton, Mark Russell, Elizabeth Young, Jack Berridge, Sam Rees jnr, Trevor Davies, Mike McGee, Karen Edwards, Kate Davies, Bev Hill, Sam Hatchard, Richard Hulse, David Harding, Elizabeth Clements, Ian Phillips, Steve Walton, Andy Howdle a Justin Kellett,

Bu llawer o staff swyddfeydd cofnodion, amgueddfeydd, llyfrgelloedd a gwasanaethau tebyg o gryn gymorth yn y lleoedd canlynol: Llandrindod, Rhuthun, yr Wyddgrug, Penarlâg, Llangefni, Caernarfon, Plymouth, Caerdydd, Casnewydd, Aberystwyth, Dinbych y Pysgod, Scolton Manor, Aberdâr, Oddo, Birmingham a Lerpwl.

Aeth unigolion o adrannau awdurdodau lleol eraill ac asiantaethau swyddogol allan o'u ffordd i ddarparu neu gadarnhau gwybodaeth, gan gynnwys, Dafydd Gareth Jones, Graham Dorrington, Owen Jones, Gareth Lloyd, Ruth Amundson, Steve Bool, Don Cameron, Rachel Kendal, Ray Roberts, Alan Bowring ac Elaine Jones,

Ymddiheuriadau diffuant i unrhyw un sydd wedi'i adael allan.

Mae nifer o'r rhai sy'n cael eu cydnabod wedi marw, sy'n ein hatgoffa, yn anffodus, o ba mor fyrhoedlog a bregus yw gwybodaeth ynghylch y diwydiant hwn, cymaint sydd heb ei gofnodi ac mai dim ond yng nghof y rhai oedd yn gweithio ynddo y mae ar gael.

Cydnabyddir yn ddiolchgar ganiatâd gan Arolwg Daearegol Prydain a chan Old Maps i ddefnyddio mapiau o dan drwydded, argymhellir yn fawr wasanaeth y ddau.

Gwnaed pob ymdrech resymol i sicrhau fod cynnwys y llyfr hwn yn gywir, ac fe'i cyflwynir mewn ewyllys da, ond dylid pwysleisio y bu'n rhaid i'r awdur ddibynnu ar gannoedd lawer o hanesion a ffynonellau. Ni ddylai'r darllenydd ddibynnu ar yr wybodaeth, heb fynd yn ôl i'r ffynhonell, ar gyfer cymryd penderfyniadau. Byddai croeso mawr i wybodaeth bellach, yn ychwanegol neu i gywiro.

Hefyd, gwnaed cryn ymdrech i olrhain tarddiad llawer o'r lluniau ac i gael caniatâd os yw hawlfraint yn berthnasol. Ymddiheuriadau os tramgwyddwyd yn anfwriadol - bu'r rhan fwyaf o berchnogion hawlfraint yn hynod o gymwynasgar ond mae rhai lluniau na ellid eu defnyddio oherwydd na ellid cael cytundeb rhesymol gyda pherchogion yr hawlfraint.

Further reading & references Darllen pellach a chyfeiriadau

Adlam, Mc L and Harrison D J, 1983, **Hard-Rock Resources of Caerphilly, South Wales, Mineral Assessment Report 141**, British Geological Survey HMSO

ARUP Environmental, 2001, **North Wales Slate – Tips**, Sustainable Source of Secondary Aggregates Report for Welsh Assembly Government

Austin R L, 1999, **Mumbles Marble and its association with Swansea and district**, Minerva/ Trans Royal Inst of South Wales v7 pp19-32

Bennett, J, 1995, **Minera - Lead Mines and Quarries**, Wrexham Maelor Borough Council

Berridge J, 2012, **A brief history of the Institute of Quarrying - officers and offices 1917-2012**, Quarry Management Nov 2012

Blagg, T F C, 1976, **Tools and Techniques of the Roman Stonemason**, Britannia v7 pp152-172

Boyd, J I C, 1970, **Narrow Gauge Railways in Mid-Wales [British Narrow Gauge Railways - No 3]**, Hazell Watson and Winey Ltd

Breese, G, 2001, **The Bridges of Wales**, Gwasg Carreg Gwalch

Burgess, P, Penwyllt, 2009, **The Story of a South Wales Community**, Peter Burgess

Burn, M, 1980, **The Age of Slate**, Quarry Tours Ltd

Cattermole, P J and Romano M, 1981, **Introduction to the geology of the Lleyn Peninsular**, Geologists' Association Guide no.39

Clark P, 2005, **Dry stone walling in Wales**, in Coulson, 2005 pp41-43

Clough, McK and Cummins, W, 1979, **Stone Axe Studies**, Council For British Archaeology: CBA Research Report 23

Clough, McK and Cummins, W, 1988, **Stone Axe Studies 2**, Council For British Arcaeology: CBA Research Report 67

Clowes, C, 2008, **Nant Gwrtheyrn: rebirth of a lost village**, Ymddiriedolaeth Nant Gwrtheyrn

Colvin, H.M. (Ed), 1963, **History of the King's Works vols 1-2: The Middle Ages**, London: HMSO

Conway, J, 2010, **Rocks and Landscapes of the Anglesey Costal Footpath**, Geoparc GeoMon

Conway, J, 2010, **Creigiau a thirluniau Llwybr Arfordiriol Ynys Mon**, Geoparc GeoMon

Cope, P, 1995, **Minerals Local Plan: Deposit Copy - Written Statement**, South Glamorgan County Council

Coulson M [Ed], 2005, **Cerrig yng Nghymru : deunyddiau, tretadaeth a chadwraeth**, papuyrau o Gynhadledd Cerrig yng Nghymru, Caerdydd 2002 Cadw

Coulson M [Ed], 2005, **Stone in Wales: Materials, heritage and conservation**, papers from the Welsh Stone Conference, Cardiff 2002 Cadw

Crane D, 2005, **The stones of Valle Crucis Abbey - their life story**, in Coulson 2005 pp44-48

Culhane K, 1973, **Flintshire Mineral Workings Report**, Flintshire County Planning Office

D avies G, 2009, **Nant Gwrtheyrn: The enchantment**, Glyn Davies Photoartist Menai Bridge

D avies G,2009, **Nant Gwrtheyrn: Y swyngyfaredd**, Glyn Davies Photoartist Porthaethwy

Davies I E, 1974, **A history of the Penmaenmawr Quarries**, Trans Caerns Historical Society v 35 pp27-72

Davies J H, 2005, **The stones of Cwmhir Abbey**, in Coulson 2005 pp49-53

Davies, P B S, 1989, **Dewisland Limekilns: :The Limeburning Industry In North-West Pembrokshire**, Merrivale Books

Dodd, A H, 1990, **The Industrial Revolution In North Wales**, Bridge Books

Earle, J B F, 1971, **A Century of road materials - The history of the Roadstone Division of Tarmac Ltd**, Basil Blackwell Oxford

Earle, J B F, 1974, **Black Top - A History of the British Flexible Roads Industry**, Basil Blackwell Oxford

Ebbs C, 2008, **The Milwr Tunnel - Bagillt to Loggerheads**, Chris Ebbs [2nd edn]

Elis-Gruffydd D, 2008, **Owain Glyndwr, China and Trefor Quarry**, Welsh Stone Forum Newsletter no 5 pp3-4

Ellis, B, 1998, **The History of Halkyn Mountain**, Helygain

Ellis, B, 1995, **Quarrying and limeburning**, in Bennett, [ed] 1995]

Ellis, B, 1994, **The History of Quarrying In The Maeshafn- Llanarmon Area**, Denbighshire Historical Society Trans v43 p45-65

Ellis, B, 1996, **Limestone Quarrying In North-East Wales Before 1900**, The Welsh History Rev. vol18 no 1 pp125-139

Evans T, Messenger M, Rowson S, Wakelin P, Williams R, 2003, **A guide to the industrial archaeology of South East Wales: Powerhouse of industry**, Association for Industrial Archaeology

Evans, M C S, 1985, **Forgotten roads of Carmarthenshire: 2. Llangadog to Trecastell, Brynamman and Swansea**, Carmarthenshire Antiquarian v21 pp37-47

Fenn R W D, Thomas I C, 1999, **Cilyrychen Quarry: a contribution to quarry history**, Tarmac Papers [special publication]

Fenn, R W D, 1997, **R K Penson, architect, watercolourist and lime-burner**, Tarmac Papers vol1 pp67-98

Fenn, R W D & Sinclair, J B, 2000, **The Revd Sir Gilbert Lewis, Bart, and his quarries**, Tarmac Papers vol 4 pp 169-216

Flynn, M J, 1995, **Limestone Quarrying In Mid Glamorgan: Deposit Report - Mineral Local Plan**, Mid Glamorgan County Coouncil

Francis, A J, 1997, **The cement industry 1796-1914, A History**, David and Charles

Gray T, 1987, **The road to success: Alfred McAlpine 1935-1985**, Park Lane Press

Green, D, Cotrell T, Hubbard N, Mason J, Starkey R, 2011, **Dolyhir Quarry**, UK Journal of Mines & Minerals no. 32 [Dolyhir Special Edition] pp5-61

Green, H. S, 1984, **Pontnewydd cave: a lower Palaeolithic homonid site in Wales – First Report**, National Museum of Wales

Greenly, E, 1932, **The stones of the castles**, Trans. Anglesey Antiq Soc pp 50-56

Gwyn, D, 2000, **Caring for industrial heritage of slate**, Gwynedd Archaeological Trust /Cadw

Gwyn, D, 2000, **Gofalau am etifeddiaeth ddiwydiannol llechi**, Ymddiriedolaeth Archaeolegol Gwynedd /Cadw

Hayter, H, 1876, **Holyhead New Harbour**, Min. Proceedings Institution of Civil Engineers 1875-6 v44 pp95-130

Horák, J, 2005, **Mona Marble: Characterization and Usage**, in Coulson 2005 pp2-5

Howells M F, 2007, **British Regional Geology : Wales**, British Geological Survey

Hubbard, E, 1986, **The Buildings of Wales Clwyd**, Penquin Books

Hughes, H. and North H.L, 1908, **The old cottages of Snowdonia**, Bangor

Hughes, M, 2001, **Conwy Mulberry Harbour**, Gwasg Carreg Gwalch

Hughes, S, 1990, **The Brecon Forest Tramroads: the archaeology ofan early railway sytem**, Royal Commission on Ancient and Historical Monuments in Wales

Hughes, S and Reynolds, P, 1988, **Industrial Archaeology of The Swansea Region**, Association for Industrial Archaeology/ Royal Commission on Ancient and Historical Monuments in Wales

Jacobs, C A J, 1973, **Quarrying and the environment: study of bulk mineral extraction In Clwyd (Old Denbighshire Area)**, Clwyd County Planning Office

Jarvis, A, 1998, **Dinorben Quarry in Anglesey and the Mersey Docks & Harbour Board**, Tarmac Papers vol 2 pp 67-74

John, Brian, 2010, **The Blue Stone Enigma, Stonehenge, Preseli and the Ice Age**, Greencroft Books

Further reading & references   Darllen pellach a chyfeiriadau

Jones, G a Williams, D, 2006, *Trefor*, Canolfan Hanes Uwchgwyrfai
Jones, R M, 1982, *The North Wales Quarrymen 1874-1922*, University of Wales Press
Judge, C W, 1987, *The Elan Valley Railway: the railway of the Birmingham Corporation Waterworks*, Oakwood Press
Laun J van, 2001, *Early Limestone Railways; How railways developed to feed the furnaces of the Industrial Revolution in S E Wales*, The Newcomen Society
Lewis, M J T, 1976, *Llechi*, Cyngor Sir Gwynedd
Lewis, M J T, 1976, *Slate*, Gwynedd County Council
Lott G , 2010, *The building stones of Edwardian castles*, in Williams and Kenyon 2010 pp114-120
Lott, G K & Barclay, W J, 2002, *The Geology of Building Stones of Wales*, in Coulson 2005 pp6-13
Manning I, 1998, *Broad gauge rolling stock at Holyhead Breakwater*, Industrial Gwynedd Volume 3: Plateway Press pp17-22
Manning, A, 2000, *The excavation of three 'flare' lime kilns at Garn-ffrwd Farm, Llanddarog, south-east Carmarthenshire*, Tarmac Papers vol 4 pp49-64
Moody I, Jones S K, Jervis E, Jenkins A, Hopkins B, 2003, *Images of Wales: Wenvoe and Twyn yr Odyn*, Wenvoe History Group/Tempus
Moore-Collyer, R.J, 1988, *Of lime and men: aspects of the coastal trade in lime in south west Wales in the eighteenth and nineteenth centuries*, The Welsh History Rev. vol14 no 1 pp54-77
Morgan, D M, 1995, *Minerals Local Plan: Deposit Copy - Written Statement*, Mid Glamorgan County Council
Morton, R, 1997, *The Building of the Elan Valley Dams*, Rita Morton
Murphy K & Sambrook P, 1994, *Southeast Dyfed Minerals: A Survey of the Archaeological Resource Threatened by Mineral Extraction*, Unpublished Report for Cadw PRN30171 available at the Dyfed HER
Nash-Williams, V. E, 1954, *The Roman frontier of Wales*, University of Wales Press
Neaverson, E, 1947, *Mediaeval castles in North Wales: a study of sites, water supply and building stones*. University of Liverpool
Neaverson, E, 1954, *Mediaeval quarrying in north-eastern Wales*. Flints. Hist.Soc.Jnl. vol14 1953-4 pp1-20
Owen T R [ed], 1974, *The Upper Palaeozoic and Post-Palaeozoic rocks of Wales*, University of Wales Press
Owen, G (1603) 1892, *A description of Pembrokshire by George Owen of Henllys*. Cymrod. Rec. Series reprint
Palmer T, 2003, *Egryn Sandstone: a lost and rediscovered Welsh freestone*, Welsh Stone Forum Newsletter no 1 pp7-9
Peate, I C, 2004, *The Welsh House*, Llanerch Press
Peaty, I P, 2006, *Moving mountains by rail: a history of quarry railways*, Tempus
Penfold, A, 1981, *Thomas Telford: 'Colossus of roads'*, Telford Development Corporation
Perkins J W, 1984, *The building stones of Cardiff*, University College Cardiff Press
Pratt, D & Grant, 1999, *M, Borras: From fighter station to gravel pit: RAF Wrexham part 1*, Tarmac Papers vol3 pp 301-324
Pratt, D & Grant, M, 2000, *Borras: From fighter station to gravel pit: RAF Wrexham part 2*, Tarmac Papers vol4 pp 137-168
Protheroe-Jones, R, 1995, *Welsh Steel*, National Museum of Wales
Rees, D M, 1969, *Mines, Mills and Furnaces*, National Museum of Wales
Richards, A J, 1995, *Slate quarrying in Wales*, Gwasg Carreg Gwalch
Richards, A J, 1991, *A gazeteer of the Welsh slate industry*, Gwasg Carreg Gwalch
Richards, Moorhead and Laing Ltd, 1995, *Slate tips and workings in Britain, 1995*, report for Dept of the Environment
Roberts J G, 2002, *Hard men, hard stone , hard bricks - a story of a mountain and its men [Holyhead]*, J G Roberts Holyhead
Roberts, Tony, 1979, *Round and About Porthgain*, Abercastle Publications
Rowlands, G and Pitchard A, 2004, *Trains and Boats and Planes: Holyhead past andpresent*, Cambrian Printers
Samuel, R [ed], 1977, *Miners, quarrymen and saltworkers*, Routledge and Kegan Paul
Sivewright, W J [ed], 1986, *Civil engineering heritage: Wales and Western England*, Thomas Telford Ltd
Smeaton J, 1791, *Experiments on water cements*
Stanier, P, 2000, *Stone Quarry Landscapes*, Tempus
Taylor, A J, 1986, *The Welsh castles of Edward I*, Hambleton Press
Taylor, A J, 1961, *Castle building in Wales in the later C13th: a prelude to construction*, Studies in Building history [ed H M Jope]
Thomas I C, 1997, *The development of a Victorian enterprize: Richard Kyrke Penson and the Cilyrychen Limeworks*, Tarmac Papers vol1 pp99-119
Thomas, E, 2007, *Capel Celyn: Deng mlynedd o chwalau: 1955-1965*, Cyhoeddiadau Barddas a Chyngor Gwynedd
Thomas, E, 2007, *Capel Celyn: Ten years of destruction: 1955-1965*, Cyhoeddiadau Barddas and Gwynedd Council
Thomas T M, 1972, *The mineral industry in Wales - a review*, Proc Geol Assoc v 83 pt 4 pp365-384
Thomas, T M, 1961, *The Mineral Wealth of Wales and Its Exploitation*, Oliver and Boyd Ltd
Thompson A, Greig J, Shaw J, 1993, *High specification aggregates for road surfacing materials: Technical report*, Travers Morgan [for Dept of Environment]
Timberlake, S, 1994, *Archaeological and circumstantial evidence for early mining in Wales*, Bull. Peak District Mines Historical Society vol 12 no 3 pp133-143. (papers to conference: Mining before powder) .
Treagus, J, 2008, *Daeareg Ynys Mon - arweinlyfr maes*, Menter Mon
Treagus, J, 2008, *Anglesey Geology - A Field Guide*, Menter Mon
Walters, R C S, 1962, *Dam geology*, Butterworth and Co/The Institution of Water Engineers
Webb, E M, 1983, *This valley was ours*, Gwasg Carreg Gwalch
Williams C J, 1986, *Industry In Clwyd*, Clwyd Record Office
Williams D M, and Kenyon J R [eds], 2010 *The impact of the Edwardian castles in Wales*, Oxbow Books
Williams Perry, R, 2010, *Industial Heritage of Slate*, Gwynedd Archaeological Trust / Welsh Historic Monuments
Williams, A J, 2000, *Vaynor Quarry - Appraisal Document*, Mid Glamorgan County Council
Williams, A J and Parkinson, E W, 1974, *Carboniferous Limestone*, Mid Glamorgan County Council
Williams, D H, 2000b, *The Cistercians and Quarrying pp109-118*, Tarmac Papers vol 4 pp109-118
Williams, D., 1955, *The Rebecca Riots – a study in rural discontent*, University of Wales Press
Williams, H., 1991, *Davies the Ocean: railway king and coal tycoon*, University of Wales Press
Williams, M C a Lewis M J T, 1987, *Chwarelwyr cyntaf Ffestiniog*, Parc Cenedlaethol Eryri

© Tarnia McAlester

About the author

Ian was born in Nottinghamshire, coming from a family of builders and where his great grandfather had once operated a quarry in Mansfield Woodhouse which had supplied the rebuilding of the Houses of Parliament. Another great grandfather was an Aberystwyth master mariner.

His parents moved the family back to their Welsh roots in the 1950s. An interest in geology began when he and school friends explored long abandoned lead mines in North Cardiganshire. Ian attended Ardwyn Grammar School, Aberystwyth, studying geology, geography, chemistry and art (architecture option). He trained in the family printing, stationery and poster-writing business and was one of nineteen close relatives taking part in a family art exhibition. He still operates occasionally as a freelance designer and artist.

Ian studied geology with geography, physics and biology and also undertook a post graduate diploma course in cartography at the University of Swansea. After gaining a degree in geology, he moved to London to work in the Mineral Intelligence Unit of the Institute of Geological Sciences (later part of the British Geological Survey - BGS) where he advised on industrial minerals worldwide. He then took up a post in minerals planning with Derbyshire County Council. In this connection from 1974, he became technical secretary of the East Midlands Aggregates Working Party and in much of the 2000s, performed a similar role in North Wales as well as assisting the South Wales Working Party.

Acting with others, he established the National Stone Centre to 'tell the Story of Stone' throughout the United Kingdom, becoming Director in 1988. He retired as Director in 2012 but continues as Honorary President.

He served on the BGS Programme Board. At various times, he has chaired the Earth Science Teachers' Association, the Joint Earth Science Education Initiative, the Standing Joint Committee on Natural Stones and been President of the East Midlands Geological Society. He currently chairs the National Association of Mining History Organisations and the Derbyshire and Peak Regionally Important Sites Group. He is a founder member of Earth Science Education Forum, the English Stone Forum, the Welsh Stone Forum and Midlands Heritage Skills Training Group. He is a Fellow of the Geological Society and a Churchill Fellow.

He has researched and written extensively on his passion - the history of the quarry industry and when time permits, paints and exhibits landscapes. He has two sons and lives with his partner in a former quarry village near Derby. ■

Ynghylch yr Awdur

Ganwyd Ian yn Swydd Nottingham, i deulu o adeiladwyr. Roedd ei hen, hen dad-cu, ar un adeg, yn rhedeg chwarel yn Mansfield Woodhouse a oedd wedi cyflenwi cerrig ar gyfer ail adeiladu'r Senedd yn Llundain. Roedd hen dad-cu arall yn gapten llong yn Aberystwyth.

Symudodd ei deulu yn ôl at eu gwreiddiau yng Nghymru yn y 1950au. Dechreuodd ei ddiddordeb mewn daeareg wrth chwilota mewn hen weithfeydd mwyn yng ngogledd Ceredigion. Aeth Ian i Ysgol Ramadeg Ardwyn yn Aberystwyth ac astudio daeareg, daearyddiaeth, cemeg a chelf (y dewis pensaernïol). Cafodd ei hyfforddi ym musnes argraffu, deunydd swyddfa a dylunio posteri'r teulu ac roedd yn un o 19 o berthynasai agos a gymerodd ran mewn arddangosfa gelf deuluol. Mae'n dal i weithio'n achlysurol fel dylunydd ac artist llawrydd.

Astudiodd Ian ddaeareg gyda daearyddiaeth, ffiseg a bioleg ym Mhrifysgol Abertawe, a chafod ddiploma yno hefyd mewn cartograffiaeth. Ar ôl graddio mewn daeareg, symudodd i Lundain i weithio gydag Uned Gwybodaeth Mwynau Sefydliad y Gwyddorau Daearegol (a ddaeth, yn ddiweddarach, yn Arolwg Daearegol Prydain - BGS) lle bu'n cynghori ar fwynau diwydiannol yn fyd eang. Yna, derbyniodd swydd mewn cynllunio mwynau gyda Chyngor Sir Derby. Yn y swydd hon, o 1974, bu'n ysgrifennydd technegol Gweithgor Cerrig Mân Dwyrain Canolbarth Lloegr ac, yn y 2000au, bu'n gwneud swyddi tebyg yng ngogledd Cymru ac yn cynorthwyo Gweithgor De Cymru.

Gydag eraill, sefydlodd y Ganolfan Cerrig Genedlaethol i 'adrodd hanes y cerrig' drwy'r Deyrnas Gyfunol a daeth yn Gyfarwyddwr y Ganolfan ym 1988. Ymddeolodd fel Cyfarwyddwr yn 2012 ond mae'n dal yn Llywydd Anrhydeddus.

Mae wedi gwasanaethau ar Fwrdd Rhaglen Arolwg Daearegol Prydain. Ar wahanol adegau, bu'n cadeirio Cymdeithas Athrawon Gwyddorau'r Ddaear, y Gyd-fenter Addysg Gwyddorau'r Ddaear, y Cyd-bwyllgor Sefydlog Cerrig Naturiol a bu'n Llywydd Cymdeithas Ddaearegol Dwyrain Canolbarth Lloegr. Ar hyn o bryd, mae'n gadeirydd Cymdeithas Genedlaethol Sefydliadau Hanes Cloddio Mwynau ac yn gadeirydd Grŵp Safleoedd o Bwysigrwydd Rhanbarthol Swydd Derby ac ardal y Peak. Mae'n un o aelodau gwreiddiol Fforwm Addysg Gwyddorau'r Ddaear, Fforwm Cerrig Lloegr, Fforwm Cerrig Cymru ac o Grŵp Hyfforddi Sgiliau Treftadaeth Canolbarth Lloegr. Mae'n Gymrawd o'r Gymdeithas Ddaearegol ac yn Gymrawd Churchill

Mae wedi ymchwilio ac ysgrifennu'n helaeth ar ei ddiddordeb pennaf - hanes y diwydiant chwareli a, phan mae ganddo amser, bydd yn paentio ac yn arddangos tirluniau dyfrlliw. Mae ganddo ddau o feibion ac mae'n byw gyda'i bartner mewn hen bentref chwarel ger Derby. ■